이비인후과 醫師가 들려주는 醫學콩트

메타버스(가상+현실)

한자 여행

漢字

상상을 뛰어넘는 황홀한
假像世界로 가보자

의학박사 조 홍 주

에코미디어

조홍주 의학꽁트

한자(漢字)여행

인쇄_ 2021년 11월 25일
발행_ 2021년 11월 30일

지은이_ 조 홍 주
펴낸이_ 정 찬 애
인쇄·기획_ 도서출판 에코미디어
주소_ 광주시 동구 양림로119번길 21 - 1(학동)
전화_ (062)224 - 5319
팩스_ (062)225 - 5319
E - mail | jcapoet@hanmail.net

ISBN 978 - 89 - 97482 - 44 - 3 03880

값 30,000원

공급처 ■ 한국출판협동조합
경기도 파주시 적성면 가월리 1859-9 한국출판협동조합 적성물류센터
주문전화 (02)716-5616, 070-7119-1740

메타버스(가상+현실)

한자 여행

漢字

상상을 뛰어넘는 황홀한
假像世界로 가보자

장비(張飛)가 극장 매표서 앞에서 놀라는 표정을 짓습니다.
"아니, 조조만 할인해 주다니, 유비. 관우 형님들은?"
으 하하하!

어려운 漢字 때문에 曹操(조조)와 早朝割引(조조할인)을 혼동한 것이지요. 장비가 이 정도이면 우리들의 漢字 실력은 보나마나 입니다.

早朝의 早는 해(日) 뜨고 오전 10시(十)까지는 이른 아침(早)이라
할인해 주고요, 조조(曹操)의 操(잡다 조)는 나무(木) 위에 새들이
입(口口口)을 벌리고 떠들썩하게 울어대는(喿: 새떼지어 울 소) 것을
손(扌)을 써서 조절하는 모양새입니다. (貞操 정조. 體操 체조)
나무(木) 위 새들의 품격(品格)을 조절하는 것이지요.
割(벨 할)은 칼(刂)로 해치니(害) '베다. 나누다' 이고,
引(끌 인)은 화살을 활로 당겨 '끌다' 는 뜻입니다.

火攻을 펼쳐 조조 군을 불태울 때 강
언덕의 절벽이 온통 붉게 비쳤다고
이름 붙은 적벽대전(赤壁大戰 208년)에서 유비와 손권의 연합군에게
패한 후, 겨우 1천명의 군사를 이끌고 달아나는 조조는 요소요소에
군사들을 매각 시켜놓은 제갈량의 군사들에게 혼쭐이 납니다.
그 중 화용도에 매복했던 관우는 과거에 조조에게 입은 은혜가
있어 차마 조조를 죽이지 못하고 길을 내줘 달아나게 해줍니다.
그 죄 때문에 제갈량이 관우를 참수하려고 하였으나 유비의 간청에

못 이겨 관우를 살려주었습니다.
"천문을 보니 조조는 아직 죽을 운명이 아니었습니다.
그래서 지난날 조조에게 은혜를 입었던 관우에게
그 은혜를 갚으라는 술책을 썼을 뿐입니다."라고
유비에게 제갈공명이 속사정을 이야기합니다.
이것이 사람으로서 해야 할 일은 다 하고 나서
하늘의 뜻을 기다린다는
修人事待天命(수인사대천명. 盡人事待天命 진인사대천명)입니다.

이 앞에 출간한 '박혁거세와 클레오파트라는
BC 69 동창생이다'에서
漢字에 대한 흥미로운 관심이 의외로 많다는 것을 알았습니다.

요즈음 적폐 청산이 화두입니다,
푸른 시냇물(綠水)은 흘러 흘러가지만
靑山(푸른 산)은 변하겠는가의 황진이 청산인가?
靑山은 나를 보고 말없이 살라고 하는 나옹선사의 청산인가?
헷갈립니다.
오랫동안 쌓인 폐단, 잘못된 관행, 부정부패, 비리, 악습 등을 깨끗이
씻는다는 積弊 淸算(적폐 청산)의 淸(맑을 청)은 물(氵)이 푸른색이니
'맑다. 깨끗하다'는 뜻입니다.
積(쌓을 적)은 주인이(主) 쌀(禾)과 돈(貝)을 쌓는다는 것이고,
弊(폐단 폐)는 두 손(廾)으로 수건(巾)을 두 번 찢고(八八) 때리는(攵)
폐단이라는 뜻입니다.

정사각형(正四角形)의 면적을 구하는 공식은 '가로 X 세로' 입니다.
만물이 모두 정사각형이 아닌 동구란 것, 찌그러진 것 등은

그 모양을 잘게 정사각형으로 나누어 무한대로 나누어진 사각형을 더하면 원의 면적도, 물의 양도 구할 수 있는 것이 積弊의 積자가 들어간 微積分(미적분) 이지요.

漢字라면 무조건 피하고 싫어하는 습관을 적폐청산 하고
쉽게 배울 수 있는 해답을 微積分으로 풀어봅시다.
漢字를 잘하고 못하고는 일단 하늘에 맡기고(待天命)
사람으로서 해야 할 漢字 공부를 열심히 한번 해보는(盡人事)
제갈공명의 술책을 써 볼 때가 되었다고 생각합니다.

하늘은 스스로 돕는 자만 돕는다고 했으며,
天地不仁(천지불인), 공짜는 없다고 했습니다.

2021년 11월
조홍주

차례

한자(漢字)가 보인다

이비인후과 판소리

동방이 예의지국이라
어찌 불량한 이비인후과 의사가 있으리요 마는
하여튼
이비인후과 한자 뜻도 모르고
칼질(수술)만 하는 이비인후과 전문의도 있으리렸다
에라 모르겠다
뺨 맞고 고막이 터지더라도
방정맞은 조동아리 놀리고 싶어 견딜 수가 없으니
이야길 하나 쓰것다

이(耳)는 귀 모양을 본 딴 것이고
비(鼻)자는 자기를 가리킬 때
코를 가리키므로
스스로 자(自) 밑에 콧물의 형상을 닮게 만들었겼다

아니 그런디 비(鼻)자를
자기 앞에(自) 밭(田)이 2십(二十) 마지기가 있는
땅 부자라고 해석을 해놓고 웃고 자빠져 있으니
어찌하면 이비인후과 의사들의 흠을 찾아낼까하고
밤낮으로 집안에 들어 앉아 심술 공부를 허던
본디 심술이 사나운 놀보란 놈이 나타나

꼭 이렇게 하던 것이었다.
삼강을 아느냐 오륜을 아느냐
이런 모질고 독헌 놈이 세상천지 어디가 있드란말이냐
놀랠놀짜로다. 도독놈 심뽀 아닌가?

목구멍 인(咽)과 목구멍 후(喉)는
돗자리(口)에 누운 사람을 '인할 인(因)'이라 하는디
자리에 눕거나 영토를 넓히는 계기의 뜻을 가졌으므로
입(口)이 말을 하거나 먹을 수 있는 계기가
바로 '목구멍 인(咽)'이고

입(口)을 아! 하면
골프 처음 배운 놈이 온통 천지가 공으로 보이듯이
목젖이 천막과 화살(矢) 그리고
사람(亻)이 활 쏘는 과녁(목구멍 후 喉)으로만 보인다니
환장할 지경이네.

의원(醫院)의 의(醫)라 하난 것은
수술 도구를 넣는 상자(匚)
살을 째는데 사용하는 화살(矢)
촉 같은 칼(殳)
소독용 알코올 병(酉)이나 그릇 등으로
구성된 글자이고(醫),
의원의 원(院)은
담(阝)으로 완벽하게(完) 둘러쌓인 집이라네.

의사(醫師)의 사(師)는?

한 폭의 천을 허리에 차고(巾) 전쟁터에서 쌓아놓은 고기(𠂤)를
관리하는 자를 장수(將帥)라 하는디
'장수 수(帥)'에 한 획(一) 더해서 언덕(𠂤)처럼 높고
두루두루 덕을 쌓은 것이 '스승 사(師)'라네

개(犭)의 스승은 사자가 되겠구나
사자(獅子)의 獅를 풀어보소! 犭(견)+師(사) 아닌가?
간호(看護)는?
눈(目) 위에 손(手)을 올리고 멀리 바라보는 것이
'볼 간(看=手+目)'이고, 호(護)는 새(隹)를
손(又)으로 감싸고 좋은 말(言)로 보호한다는 뜻이렸다

환자(患者)란?
조갯살(貝)을 꼬챙이(串 곶)에 꽂아 놓으면 부패하기 쉬운데
여기에 마음(心)을 더했으니 상하기 쉬운 마음. 근심을 뜻하는
'근심할 환(患)' 이렸다

사람이 아프면(병들 녁 疒) 탁자(丙)에 기댄다고 '병 병(病)'
화살(矢)에 맞으면 '병 질(疾)'
병(疒)이 여러 사람에게 돌고 돌면(殳) '전염병 역(疫)'
마음이 비어(甬) 정신적으로 아프면(疒) '아플 통(痛)'
껍질을 벗긴 2 구루의 삼베(林)가 마비되는
질병(疒)처럼 거칠고 뻣뻣하면 '저릴 마(痲)'
뼈와 고기(肉=月)가 만난 것이 '뼈 골(骨)'
뼈(骨)에 붙은 살점(月)을 입(口)으로 뜯으면
입이 비뚤어진다고 '입 비뚤어질 괘(咼)'

소용돌이를 연상하는 물(氵)이 들어가면
와사증(渦斜症. 안면신경마비)의 '소용돌이 와(渦)'
뱀이 웅크린 모양의 虫(충)과 만나면 '달팽이 와(蝸)'
소(牛)처럼 느리게 간다고 蝸牛(와우)
굽어 있는 등뼈(咼)와 '구멍 혈(穴)'이 만나면 '집 와(窩)'
窩(와)가 '고요한 정(靜)'과 만나면 靜窩(정와. 조용한 집)
벌(蜂)과 만나면 봉와(蜂窩 벌집)
홍반·열감·부종·통증과 함께
피부조직(組織)이 마치 송송 뚫어진
'벌집의 많은 방(蜂窩)'처럼 푸석푸석' 하면
蜂窩織炎(cellulitis, phlegmon 봉와직염)이라 한다네

무조건 외우는 한자가 아니라
논리적으로 이해하고
즐겁게 사색하니
이 얼마나 재미있는가!

라틴어 도케레(docere)가 어원인
doctor(의사)는 '가르치다'는 뜻이므로
의사들은 환자들에게 친절하게 가르쳐주고,
education(교육)은 라틴어 educare(에듀카르)가
어원으로 밖에서(e) 이끌어내다(ducare)는 뜻이므로
잠재력을 밖으로 끄집어 내어 잘 교육시키는 게
옳은 교육 아니겠는가

젊은이들 좀 들어보소
과거(history)는 남자(his)들의 이야기(story)

미래는 미스터리
오늘(present)은 神의 선물(present)이니
오늘, 지식의 영역인 말하는 것은 2년,
지혜의 영역인 듣는 것은 60년 걸린다는 공자님의
이순(耳順)에 대해서 알려 드리겠습니다

여기 보소! 젊은이들
뼈에도 계급이 있다는 사실은 지금까지 몰랐겠지요
특별한 중심 뼈는 ○○추(椎)라 하고
보통 뼈는 ○○골(骨)이라 통역하고 하는디
경추·흉추·요추·천추·미추의
'쇠몽둥이 추(椎)는 아래로 향하는 물(水)처럼
무게 중심이 위에 있는 것이 아니라
重力의 법칙대로 위에서 아래로 향하면서
이 어지러운 세상 분분할 적에
중심과 균형을 잡아주겄다

고막 뒤에 붙어있는 첫 번째가
무슨 뼈(耳小骨 이소골)인지는 아시겠지
추골(망치뼈) 아니여. 골(骨)자가 붙었구나
추골의 추는 시계에 붙어있는 '메달 추'라고 설명해줘야
요즘 젊은이들은 쉽게 알아먹제

그런데 말이여 의(醫)와 후(喉) 속에 들어있는
화살(矢)처럼 곧게 말(口)하려면
잘 알아야 한다는 뜻이 '알 지(知)'이고,
알지(知) 밑에 있는 일(日)이 60년간(耳順) 메달 추를

수련해야 태양(日)처럼 밝아져 듣는 영역의
'지혜 지(智)'가 되어 어떤 소리가 들려와도 모두 지혜롭게
이해한다고 그렇게도 강조했는디
요새 젊은이들은 '듣는 지혜' 보다는 돈만 좋아하다 보니까
먹고(口) 먹고(口) 또 먹어서(口)
돈이 산(山)처럼 쌓여 암(癌)이라는
염병에 걸려 오사할까 걱정되어 환장 허겄네.

할아버지의 구수한 판소리가 끝나자
외국어고 3학년생인 손녀 조채연(趙彩延)이 할아버지에게
다정하게 질문을 합니다.

"할아버지, 醫師로 개업하면서 환자들을 어떻게 치료하셨어요?"
"醫師는 환자에게 doctor의 어원처럼 티칭(Teaching)이 아니라
코칭(Coaching))이 되어야 해요. 환자와 함께 배우고
이해하는 코치가 되어야 하지요.

그리고 수십만 명의 환자 정보와 수천만 페이지의 의학정보를
담고 있는 AI(왓슨)를 이길 수 없기 때문에 AI가 할 수 없는
교감(交感). 감성적인 소통 즉 仁術에 힘써야 한단다."

盡人事待天命

이번에는 이화외고 2년생인 손녀 문 지유(文智裕)가
미소 띤 얼굴로 이야기 합니다.
"50 에 知天命(지천명), 60에 耳順(이순),
70세 이후부터는 종심(從心 종놈)으로
우리 몸의 恒常性(항상성·체온·혈당·삼투압·Ca·옷)처럼
恒常 盡人事 待天命(진인사 대천명)으로 天命을 기다리면서
건강(健康)하게 장수(長壽)하시기를 기도(祈禱)드리면서
'진인사대천명' 순으로 건강하게 사시는 방법을 알려드릴게요."

첫째 진인사대천명의 '盡'

70대 이전에까지 할아버지 할머니는
우리 한 식구 먹이려고 손(ㅋ)에 삽 한 자루(丨) 들고 열심히
일(事)하셨고 특히 할아버지는 男자라 열(十) 식구(口)를 먹여
살려야 할 정도로 열심히 노력(力)하셨습니다.
할아버지는 혼자(單=口口田十) 여러 식구(口口) 먹이려고
10개(十)의 밭(田)을 경작하신 편이라
화로(皿) 불(灬)판(一) 위에서 진(盡)을 뺄 때까지

열심히(다하다. 없어지다. 극진하다. 다할 진盡) 일을 하셨고
땀을 흘릴 때 나온다는 행복 호르몬 세로토닌 때문에
행복하시기도 하셨겠지요.
할아버지께서 손에 삽 들고 일하실(事) 때
저희들은 꼿꼿이 세운 붓(聿)으로
글씨(書, 붓聿 과 벼루日)도 쓰고
그림(畵, 田은 그림)도 그리고 붓을 끌고 갈 때는(쉬엄쉬엄 착 辶)
세워서 가야하는 것처럼(세울 건 建=聿+辶),
사람(人)이 서 있어도
피로하지 않고, 외출 후 손(彐)도 씻으면서(水)
건강(健康, 健=人+建, 康=广+水+彐)을 잘 지켜가고 있어요.

그런데 할머니,
'福(=示 + 一 + 口 + 田) 많이 받으라는' 깊은 뜻은 무엇이에요?"
"한(一) 식구(口)가 집(宀)에서 살려면 땅(田)이 있어야
부(富=宀+一+口+田)의 福을 받고 추수 후 곡식을
정성스럽게 상위에 차려놓고 보이는(보일 시示) 神에게 고맙다는
기도(祈禱)를 하면서 神의 은총을 받는 것을 의미한단다."
"그럼 '제사 사(祀)' 자에 왜 뱀(巳)이 있어요?"
손자 문 세연(文勢淵)이가 재빠르게 대답을 가로챈다.
"향을 피울 때 연기가 구불구불 뱀처럼 올라가니까 그렇지."

"그럼 행복이란 무엇인가요?"
"행복(幸福 happy)의 幸(=土+羊)은 땅(土)에 풀이 있어 양(羊)이
먹을 수 있어 다행하다는 뜻이므로
행복이란 다행히(幸) 먹을 밥(福)이
넉넉하여 마음이 즐겁다(만족하다 知足者富 지족자부)라는 뜻이

란다."
"밥이 하늘(食爲民天)이라고 말씀하신 세종대왕이 생각나네요."
"福자를 거꾸로 붙여 놓은 이유는 무엇인가요?"
"하늘에서 떨어지는 것을 받기 위해서
복조리랑 같이 나둔 거란다."
"우리 조상들은 일찍부터 하나님의 은혜를 알고 계셨군요."
"하나님도 福 주시기가 힘드실 거야."
"왜요?"
" '받을 수(受)'를 보면 손이 2개(爪. 又)이지만, '줄 수(授)'는
손이 3개(扌. 爪. 又), 하나님의 손은 4개(救援의 援=扌爪㐅又)가
필요하므로 준다는 것이 얼마나 어려운지 짐작하겠지."

"하여튼 福은 밥이고 동시에 겸손(謙遜)이란다."
"겸손이라고요"
"그렇지. 겸손의 謙(겸)에는 두 개의 쌀(禾 화)이 들어있단다.
禾禾를 한손(彐)으로 잡으니(兼=禾+禾) '겸하다'는 뜻도 있고,
겸손의 겸(謙)처럼 손자를 조심스럽게 손잡고 가면서(辶)
할아버지처럼 말(言)로 도와주면 '겸손하다'는 뜻도 있단다.
겸손의 손(遜)은 자식(子)에서 자식으로 이어지니(系)
자손(子孫)이란 뜻이지."
"휴먼(인간)의 뜻이 흙이고, 아담이란 이름의 뜻도 흙이란 것은
땅처럼 엎드려 겸손 하라는 뜻이었군요. 지구가 머리를 23.5도로
겸손하게 숙이면서 도는(자전 自轉)이유도 겸손이었군요."
"몸무게도 23 이 중요하지."
"23 이라니요?"
"만성질환 관리에 필수적인 4대 건강수치란게 있단다.
체중·혈압·혈당·콜레스테롤

이 중에 체중에 키를 반영한 체질량지수(BMI 체중을 키의 제곱으로 나눈 값)가 23 미만이 정상이란다(25 이상은 비만). 물론 아빠 엄마가 태어나는 아기에게 똑같이 염색체를 23개씩 주어서 46개로 만든 것도 겸손의 뜻이란다."

"으 하하하!
지구의 자전과 몸무게의 겸손 수치가 '23' 이라 신통하네요.
늪의 땅이란 뜻의 피사의 사탑이 5도만 머리를 숙였어도
세계인들의 사랑을 받는 이유가 겸손 때문이었군요.
福, 땅, 밥, 겸손, 그 깊은 뜻을 이제야 알겠어요. 할아버지."

할아버지가 이어서 말씀하십니다.
"인생에는 3가지 불행이 있단다.
남보다 일찍 출세했다고 교만한 것,
부모 형제 잘 만났다고 노력을 게을리 한 것,
남보다 뛰어난 재주와 능력을 가졌다고
안일함에 빠지는 것이므로
3가지 불행을 경계(警戒)해야 된단다.

일본의 어느 재벌은 성공한 3가지 이유를 이렇게 말했단다.
첫째는 간난 때문에 열심히 일했고
두 번째는 허약하게 태어나서 일찍부터 건강의 소중함을 알았고,
세 번째는 못 배운 것 때문에 이 세상 모든 사람을 나의 스승으로 여기고 배우는 데 노력했기 때문이라고."

"으 하하하! 3가지 불행이 오히려 행복이네요.
천(千) 식구(口)를 거느린 혀(舌=千+口)가
성경의 바벨탑 사건 이후로 천 가지 소리(언어)로

異口同聲(이구동성)이 아닌 衆口難防(중구난방)으로
다르게 말(口)을 하고, 마음(心)의 소리(音)를 사람(人)들이
돈(億=人+音+心)으로만 생각하고 허풍 떨기 때문에
스티브 잡스의 말 대로 다르게 생각하면서(Think different)
Analytical thinking(분석적 分析사고)보다는
Elastic thinking(유연한 柔軟 사고)을 가지려고 합니다.
물론, 훌륭한 분들은 5각(五覺:청각·후각·미각·시각·촉각) 외에
육감(六感)이 있고, 더 훌륭한 분은 영감(靈感)도 있지요."
고등학교 3학년인 채연(彩延)이가 말을 합니다.

교회에 열심히 다니시는 할머니께서 말씀하신다.
"세상의 모든 종교는 2가지 공통점이 있다고 하더라.
참고 열심히 살면 좋은 날이 온다는 고진감래(苦盡甘來)와
선(善)은 권장하고 악(惡)은 징계해야 한다는 권선징악(勸善懲惡).
그러나 교회에 출석하고, 적당한 헌금을 내는 종교적 행위가
좋은 신앙인의 길이라고 착각하게 하고
그 보상으로 구원을 받는다고
믿게 하는 마일리지 시스템보다는 '생명과 사랑과 빛'을 통해
구원을 받는다고 말씀하셨고
시작은 낮아짐을 뜻하는 말구유에서 탄생하셨고,
희생을 뜻하는 십자가에서 끝을 맞이하셨던
예수님을 기억해야 한다.

교회를 이루는 두 요소는 '말씀과 성령'이므로
성경 말씀을 직접 읽고
스스로 묵상하는 것이 큰 은혜를 경험할 수 있단다.
건물, 땅 그리고 세습을 중시하는 교회는 영성의 교회가 아니고,

제도상의 교회일 뿐이란다.
종교의 핵심(황금률)은 3가지란다.
1) 자기도 이롭고 남도 이롭게 하라(自利利他 자리이타. 불교).
2) 자기가 하고 싶지 않은 것을 남에게 시키지 말라
   (己所不欲 勿施於人 기소불욕 물시어인. 논어).
3) 너희는 남에게 바라는 대로 남에게 해주어라(마태복음).

권선징악의 勸은
키 크고(++) 두 개의 눈(口口)을 가진
황새(황새 관雚+ 새 추隹)처럼
노력(力)하라는 뜻이라고 그러더라."
"권선징악의 징계할 징(懲)은 한문이 너무 어려워요."

두 번째, 진인사대천명의 '人'

"仁은 두 사람 이상 모여야 하며, 혼자는 안 된다는 뜻이고
두(=) 사람이 같이 서는(立立) 보(普)통의 두(=) 사람(人)으로
친절하고 어질게 살아있는 가정(宀)을 이루게 하심이 만복의
근원인 가족(Family)을 完(완)성한다는 뜻이지.
*참조: 仁과 不仁
'안녕(安寧)하십니까'의 뜻은
집안에는(宀) 여자(女)와 집을 지켜주는 장정(壯丁)과
음식이 가득찬 그릇(皿)이 있어야 마음(心)이 편안하다는
뜻이란다. 五福중의 하나인 강녕(康寧) 역시 같은 뜻이란다.

人間은 절대로 혼자 살지 말고 2명 이상이 함께 사랑하면서

살아야 한다는 인(仁=人+ 二)의 정신을 기억하면
어렵다는 懲(징)자도 쉽게 풀린단다.
山에 갈 때(彳) 혼자(一) 가면 王일지라도 몽둥이찜질(夊)로
징(懲=彳+山+一+夊+心)계 당하고
山에 갈 때(彳) 아무리 작은 것이라도 1인용(一) 벤치(几)는
몽둥이찜질(夊) 감이고(작을 미 微=彳+山+一+几+夊) 또한
아무리 아름다울지라도 1인용 실(糸)은 몽둥이 찜질감이란다.
(아름다울 휘 徽=彳+山+一+糸+夊)."
"으 하하하! 이제는 절대 잊지 않겠어요. 너무 쉬워요."
고등학교 2학년생인 문 지유(文 智裕)가 물었습니다.

세 번째, 진인사대천명의 '事'

"할아버지 할머니, 마음속의 집착(執着)은 버리시고
육신은 열심히 일하시고, 운동하시고
술. 담배는 사정(事情)없이 끊어주시라는 뜻이에요."
"으 하하하! 고맙구나."

네 번째 진인사대천명의 '待'

a) 웃으면 福이 온다
"무의미하게 기다리지 마시고 무언가를 하세요.
웃으면 복이 온다고 했지요."
"그렇지. 일사천리(一瀉千里)로."
"일사천리?"

"얼굴에는 웃는 근육이 14개(일사), 찡그리는 근육이 72개(칠이=천리)가 있으므로 웃는 것이 더 쉽지. 14개 근육만 움직이면 되니까."

"일사(一瀉)의 瀉자는 어려워요."
"까치가 절구(臼)처럼 집을 짓는다고 '까치 석(舃=臼+鳥)'이고
까치(舃)가 집(宀)을 지으니 '만들다. 베끼다 는 뜻이
'베낄 사(寫)'이지. 그리고 물(氵)을 계속 베끼니(寫)
'쏟다'는 뜻의 '설사할 사(瀉) 또는 쏟을 사(瀉)' 가 되는 거지."
"아하! 그래서 泄瀉(설사)란
30년 세대의 '세상 세(世= 十 十 十)'와
물(氵)이 세상(世)으로 나오니 '새다'는 뜻의 '샐 설(泄)' 이었군요.
너무 재미있어요. 이야기 더 해주세요."
"철따라 나타나는 신용의 상징으로 결혼식에 등장하는 새(鳥)로
사람(人)이 바위기슭(厂)에서 기른다는 기러기(기러기 안 雁),
작은(少) 새(隹)라고 참새(참새 작 雀),
화살(矢)로 잡을 만큼 큰 새(隹)라고 꿩(꿩 치 雉),
새 중에 1등 甲이라고 오리(오리 압 鴨),
강(江)에 사는 대표적 철새(鳥)라고 기러기(기러기 홍(鴻),
사람(人)이 집(广)에서 기르는 새 2마리(隹鳥)가 응응(yes. yes)
하면서 말을 잘 듣는다고 꿩 잡는 매(鷹 매 응)라고 한단다."
"으 하하하! 재미있어요."

"할아버지 요즈음 젊은이들은 福 받으려고 코 성형을 합니다.
옛날에는 사람을 평가할 때 신언서판(身言書判)으로 했기 때문에
열개의(十) 눈(目)을 갖고 一心으로 듣는 것(耳)이 王(聽 청)이라고
이목구비(耳目口鼻) 중 귀(耳)를 최고로 평가했으며
생일을 귀(耳) 빠진 날 이라고 했지요.

그러나 지금의 저의들은 땅(田)이 최고이기 때문에 스스로(自)
자기 앞에 땅(田)이 20마지기(二十, 十十)가 있는
코(鼻)를 좋아할 수밖에 없지요.
福이 땅(田)이고 밥이니까요.

b) 사랑(나눔 .희생犧牲. 섬김)하세요

사랑하고 용서(달라이 라마 :平常心是道)하세요.
남을 용서할 줄 모르는 인간은 자기 자신이 건너가야 할 다리를
부수는 인간이라고 한데요.
이번에는 희생(犧牲)이라는 한자에 대해서 풀어주세요."
"犧牲(희생)를 풀어 보면 ,
犧(희생 희)는 牛+羊+秀+戈
즉 흠 없는(秀) 羊과 소(牛)을 창(戈)으로
잡아 희생시킨다는 뜻이고,
牲(희생 생)은 소(牛)를 산채로(生) 잡아
제물로 희생시킨다는 의미이지."
"그럼 소(牛)에게 도망치라고 말을 하면 안 될까요?"
"우이독경(牛耳讀經 소귀에 경 읽기)이라 가르치고 일러주어도
알아듣지 못한단다."
"하나님의 소리가 담긴 성경(聖經)의 經(경)을 모르니 할 수 없군요.
그래서 성경을 모르는 소(牛)같은 사람들 때문에
목사(牧=牛+攵+師)님의 牧 자에 몽둥이(攵)가 들어있었군요.
때려야(攵) 민첩(敏捷)해지니까.
神에게 바쳐지는 소(牛)와 양(羊)은 누가 더 행복하나요?"
"소"
"왜요?"
"羊은 반드시 죽지만, 소(牛)는 영리하거든. 불교는 살생을

하지 않는다는 것을 알고 있기 때문에 절(寺)로 피신한 것이지.
그래서 특별하다고 특(特=牛+寺)자를 붙인 것이란다."
하나님이 사람을 처음 만드실 때 '살아가면서 알아라(삶)'는
뜻의 이름을 붙여 준 이유도 사람의 생(生=牛+一 .삶)은 소(牛)가
외나무(一)다리를 건너듯이 매사에 조심하라는 뜻도 있단다.
물론, 덩치 큰 소(牛)가 살려고 羊의 꼬리 뒤로 숨을 정도로
부끄러운(부끄러울 수. 羞=羊+丑) 면도 있긴 있지만."

c) 감사하세요

"감사하세요. 한 가지 병이 있다 해도 감사하세요.
병이 없다고 자신만만하면 일찍 죽는다고 합니다.
(無病短命 一病長壽 무병단명 일병장수)"
"그렇지. 감사할 줄 알아야 은혜(恩惠)를 받는단다."
"은혜(恩惠)라는 한자도 쉽게 풀어주세요."
"하나님의 말씀(心)을 따르고(따를 인 因),
법도(寸)만을 오로지 물레처럼 따르면(專) 하나님께서
보살펴 주시고 사랑해주시는 선물을 은혜라 한단다.
은혜는 神으로부터 받은 돌봄 즉 구원이란다.
은혜의 복음은 용서로 시작해서 용서로 끝난다.
神은 항상 용서해 주시지만 우리가 등을 돌릴 뿐이다.
'나 같은 죄인 살리 신.....'
은혜만이 비은혜를 녹인단다."

"오로지 전(專)이 들어간 專門醫(전문의)란 무엇인가요?"
"할아버지처럼 이비인후과라는 오로지(專) 한 가지 문(門)만
전공하는 의사(醫師)를 말한단다."
"그럼 목사는 죄(罪)의 전문의이고 처방은 십자가가 되겠네요."

"으 하하하!"

d) 참으세요

참으세요.
(百忍, 두려워 말고, 새옹지마, 타타타, 지나가려니, 如如如).
또한 믿음(Trust. 普信閣)이 있어야 하고
변화(諸行無常)에 순응(順應)하셔야 불안이 안 생깁니다.
불평도 하지 마세요. 말 많은 집은 장맛도 쓰다고 했어요.
말 많으면 기침도 심해지지요.
말하면 백량이요, 입 다물면 천량이라고 했어요.

e) 듣고 침묵하세요

말로 베인 상처는 오래 가므로 가는 말이 고와야
(回歸 회귀신경: 심장 근처를 돈다) 오는 말도 곱다고 하신
말씀과 말 배우기는 2년, 말을 잘 듣는 법은 60년(耳順)
걸린다는 것 그리고 말(口)은 천(千) 번 할 수도 있게끔
혀(舌=千+口)가 만들어졌지만 듣는 것(침묵)이 더 중요하다는
말씀도 잘 기억하겠습니다(靈. 器. 癌).
그리고 지구가 23.5도로 자전(自轉)하듯이
저희들도 항상 겸손하게 고개를 숙이겠습니다.

f) 공수래공수거(空手來空手去)　*空手處

공수래공수거 세상이므로 단순(Simple)하게 사세요.
수탉은 뇌 속 빛을 예민하게 감지하는 송과체(松果體)가 발달해서
새벽 여명(黎明)의 빛에도 예민하게 반응해서 울어 대고
저기압이 되어 비구름이 몰려 올 것 같으면 울기 때문에
'저녁에 수탉이 울면 비가 온다'는 속담(俗談)이 있습니다.

사람도 겨울이 되어 밤이 길어지고 햇빛 받는 시간이 줄면
체내 비타민D와 세로토닌 분비가 줄어 우울증이 생기기 쉽습니다.
교만. 초조. 분노. 미움을 떨쳐버리고 평정을 찾는 닭만이
최고의 투계(鬪鷄)가 될 수 있다는 목계지덕(木鷄之德)이라는
이야기를 참고삼으세요. 실수(失手)하지 마세요. 실수하면
손(手)이 없으니 이 세상 오도가도(공수래공수거) 못하지요.

g) 치매를 예방하세요
나무(木) 아래가 아니라 위에서 입(口)을 벌리고
감 떨어지는 것을 기다리고(치매 매 呆),
발(疋. 足자의 간략형)을 찌르는 것이 비수(匕)인지 화살(矢)인지
장식이 달린 창(矛)인지 의심스러워(疑) 하는(치매 치 癡)
치매를 예방하세요.

h) 소식(小食)하고 음식을 사치하지 마세요.
하루(日)에 4번(目) 먹고도 또(又) 먹고 싶은
식사인 만두(만두 만饅=食+曼)와
생선인 뱀장어(뱀장어 鰻 만=魚+曼),
배가 바람 든 자루처럼 생겼고
거듭(夊) 먹고 싶은 고기(魚) 전복(全鰒) 이라도
소식하고 먹을 것을 사치하지 마세요
그래도 콩(豆)은 잡수세요."
"왜?"
"콩(豆)을 열개(十)씩 먹으면(口) 기쁠 희(喜)가 되거든요.
노력(力)까지 하시면 아름답기까지(嘉=喜+力) 하지요."
"사람들이 왜 등산을 하는지 그 이유를 아느냐?"
"왜요?"

"등산(登山)하는 이유는 콩(豆) 먹으려고 올라(癶)간단다.
그 중에 유명한 사람이 등소평(鄧小平)이지."
"으 하하하! 그게 정말이에요?
그런데, 할아버지 귤은 맛있는데, 귤(橘)자는 너무 어려워요"
"그렇구나.
'멀 경 (冂)'은 멀리 떨어진 성의 모양을 본 뜬 글자이지만,
일단 '껍질'이라고 생각을 해보자.
그럼 '귤 귤(橘)'은 창(矛)으로 과일 껍질(冂)을 벗겨(八) 먹는(口)
귤나무(木)가 되는 거지.

南 남녘 남 -껍질(冂) 속에 + 羊이 있는, 남쪽 십자가 十
內 안 내 -껍질(冂)을 한 번 깨고 + 안으로 들어감(入)
껍질(冂)을 두 번 깨면 肉(고기 육)
두루 주(周) - 껍질을(冂) 그대로 나두니 두루두루 좋구나(吉)
새길 조(彫) - 껍질(冂)에 무니(彡)를 두루두루 새기다
고를 조(調) - 껍질에 두루두루 말(言)까지 해주니 더 고르게 되구나
돌 주(週) - 껍질(冂)을 두루두루 돌아간다(辶)

장사 상(商) - 큰(大) 상인은 창을 사용하지 않고
껍질(冂)을 벗겨(八) 먹는다(口)
향할 향(向) - 껍질(冂)에 창문(口)과 연기 구멍(丿)을 만든다
빛날 형(炯) - 껍질(冂)에 창문(口)을 내고 불(火)을 비춘다
한 가지 동(同) - 껍질 안(집 안)에 한 식구
고을 동 (洞) - 공동 우물을 먹는 한 동네(껍질)

한자는 절묘한 추상화를 그리는 거란다.
한자가 어려울 때면 극복하려들지 말고 상상력을 동원해서
돌아 가보는 것도 한 방법이란다.

이제, 신(辛)라면을 먹어봐라. 맛이 어때?"
"아! 너무 매워요."
"辛라면을 좋아하는 직업이 변호사란다. 辯(변)자에 辛라면이 2개나 있지. 宰相(재상)도 좋아하고, 부처(釋尊)님도 좋아하시지. '말씀 사'가 2가지(辭. 詞) 있는데 사표(辭表)의 辭(사)에는 言 대신 辛라면이 들어 있기 때문에 더 매운 맛이 나는 거란다.
아무리 행복하더라도 행(幸)자에서 한 획(一)만 빠지면 십자(十)가 위에 서있는(立) 매운 辛자로 변한단다.
거꾸로 사람들이 매운맛을 좋아하는 이유는 한 번(一)만 먹으면 辛이 행복한 幸이 되기 때문이란다."

i) 기록하세요

기억력이 좋은 머리보다 무딘 연필이 더 낫다(聰明不如鈍筆)고 했으므로 저도 할아버지 말씀을 적어야 겠습니다.
적어야 생존한다고 했으니까요(적자생존).
할아버지. 할머니
거꾸로 외우기(독도 - 다케시마. 자살 - 살자. stressed - desserts)와 복습을 하세요(復 돌아올 복, 習 익힐 습) 그러면 기억력이 살아난다고 했어요.

j) 서서히 사세요

세상의 앞일은 알려하지 말고 서서히 사시는 것이 더 좋을 듯합니다.
돈오돈수(頓悟頓修)보다 돈오점수(頓悟漸修)가 더 좋아 보입니다.
'山은 山이고 물은 물이다'는 뜻을 마술의 뒷면을 보듯 알아버리면 세상(世上)이 재미없을 것 같아요.

저도 천천히(slow 돈오점수) 성공할 거예요.
운이 70% 노력이 30%(운칠기삼)라 했지만, 지금은
후성유전학에서 노력이 80%로(운 20%) 밝혀져 기회가 늘어났고,
강북의 탱자가 강남(江南)에서는 귤(橘)이 될 수 있고,
108세의 나이에 18년 마다(108/18년. 36. 54. 72. 90. 108)
6번의 기회가 있다고 했으니
최후까지 살아남은 자(찰스 다윈)가 되겠습니다.

레오나르도 다빈치는 '자연은 최고의 스승이다'라고 말했지요.
오늘도 해가 떠오르는 이유는 자연 속에 묻혀버린 보물들을
천천히 불러 보라는 의미이므로 그 말에 귀를 기울이겠습니다.
천천히 걷는 낙타만이 사막을 건널 수 있고, 산속의
산삼(山蔘)은 100년이 지나야
가치가 있다는 것도 기억하겠습니다."

다섯 째 진인사대천명의 天

이번에는 이화초등학교 5학년인 문세연(文勢淵)이 말합니다.
"天 을 보세요.
神은 인간에게 물(생명水. Blue oil)을 선물로 주셨고,
인간은 神에게 술과 풀(++)만 먹는(口) 양(羊)이
善(善=++ + 羊+ 口)하다고 양(羊)을 선물(膳物)로 드렸다고 합니다.

손(手)으로 羊을 쳐서(戈) 드리는 것이 義(의)이고,
상(示) 위에 羊을 올려놓으면 상서로울 상(祥)이 되고,
神에게 큰(大) 양(羊)을 바칠수록 아름다운(美=羊+大) 것이고

神에게(日月=朝) 신선한 고기와 양을 바치는 朝鮮은
만사형통(亨=高+羊)하기 위함이 아닌가 생각됩니다.

神만이 먹는 술이라 할아버지는 절대로 드시지 마세요.
음주(飮酒) 운전은 절대로 안 되고
神이 주신 물(水)만 잡수셔야 합니다.
물 하나만 주신 것이 아니라 4대 명약도 보너스로 더 주셨지.
모르핀(아편), 항생제, 아스피린, 스테로이드.
그런데 神에게는 술을 몇 잔 올려야 하나요?"
"8잔."
"왜요?"
'추장 추(酋)'라는 글자를 보면
'八+酉(술)' 이라는 해답이 나오지.
지도자가 되려거든 8 병 정도는 마셔야 한다는 뜻이지.
神에게 높여 바치거나(寸. 높일 존(尊),
神에게 술을 바치며 따르려면(辶. 따를 준遵)
八+酉+寸처럼 8잔이 필요하다는 이야기란다."

"으 하하하! 8잔이라. 알았습니다.
집착(執=幸+丸=丮. 着=羊+目)은 꼭 버리셔야 합니다.
神에게 바치는 羊이 2마리나 들어있기 때문이지요."

여섯 번째 진인사대천명의 '命'

하나님이 입(口)으로 명령(令)하는 것이 목숨(壽 수)이라 하니
손자들이 할아버지 할머니를 위해서

엄숙한 마음으로 두 손을 도끼날(刀)처럼 모아놓고 소원을
빌고(빌 기 祈), 神에게 요구사항이 오래가도록(壽)
간구(빌 도 禱)하는 기도(祈禱)를 하겠습니다.

70은 종심(從心)이라고 공자님이 하신 말씀은
쉽게 말하면 갈 때(彳) 앞사람(人)을 따라만 가는(止)
종(從=彳+人人+止)놈'이 되라는 뜻이겠지요.(順從. 耳順)

다툼이 있을 수 없지요.
태어난 별(姙娠)에서 별로 돌아갈 때까지(七星板)
天命을 기다리면서 종놈처럼 앞 사람만 따라가세요.
옛날에는 땅을 9번 파야(穴) 물(水)을 얻을 수 있으므로
9라는 숫자가 중요해서(究=穴+九) 九龍. 九穴.
성령의 9가지 열매 등 9자가 붙는 가 봅니다.
종놈이 안 되면 될 때까지 9번 노력하셔야 합니다.
포기(抛棄)한다의 抛(扌+九+力) 역시 9번은 노력하라고 했지요.

모든 것을 완벽하게 다하려고 생각하면 불행합니다.
뿔난 짐승은 예리한 이빨이 없다고(각자무치 角者無齒)했습니다.
개(犭)처럼 푸른색(靑)을 볼 수 없다고 시기(猜忌)해서는 안 됩니다
한 사람이 모든 福을 다 누리기는 어렵지요.
이현령비현령(耳懸鈴鼻懸鈴) 아닌가요?
생각하기 마련입니다(Different Think).

할아버지 할머니 사랑합니다.
지족자부(知足者富), 恒常(항상) 스스로 만족하십시오.
天命을 기다리면서 항상 건강(健康. 康寧)하세요."

손자들과의 아름답고 감동적인 이야기는 늙어가는 할아버지
할머니에게 큰 위로와 기쁨이 되었고
꿈과 희망을 불어 넣어 주어
할아버지 할머니의 가슴이 점점 뜨거워집니다.

천국에 들어가면 믿음. 소망은 필요 없지만
사랑은 계속되듯이(endless love 끝없는 사랑).
천국 가기 前의 어느 정도 소망과 믿음을 이룬 노년의 시기에도
사랑은 필요 하리라고 생각합니다.
성령의 첫 번째 열매인 사랑과 함께 나머지 8가지 열매인
희락(喜樂), 화평(감사), 오래 참음(인내. 待천명. 기다림),
자비(용서), 양선(선행, 착함), 충성, 온유(겸손), 절제까지 모두
맛보면서 기다린다면(盡人事待天命) 얼마나 행복 할까요.

漢字 가나다라마바사 - - 索引

*가각간갈감갑강개객갱거건걸검겁게격견결겸경계고곡곤골공
과곽관괄광괘괴굉교구국군굴궁권궐궤귀규균귤극근금급긍기긴길

콩(斗)을 10개(十)씩 먹으면(口)
기뻐진다던데(喜=十+豆+口)
가로수(樹)도 콩(豆)을 먹더니
기뻐서 손(寸)을 흔들구만
하여튼 그 노력(力)하는 모습,
참으로 아름답네(嘉).

*콩(豆) - 痘. 天然痘 *綠豆 장군

嘉 아름다울 가. 기쁘게(喜) 힘(力)을 쓰니 '아름답다. 착하다'
家 집 가. 모든 집(宀)에 다산을 뜻하는 돼지(豕)를 키우는 '집'
돼지가 없으면 집이 아니다(居無豕 不成家 무거시 불성가)
肥猪拱門(비저공문) - 살진 돼지가 문을 열 듯,
뜻밖에 돼지의 상징인 건강·재물·화목이
들어오기를 바라는 소망
살찔 비(肥) - 뱀(巴) 먹으면 몸(月)에 살이 찐다.
*참조: 色 끊어 앉아 권력자(人) 낮 빛 보지 말고 먹어라
멧돼지 저(猪). 猪突(저돌)
개 견(犬)자가 들어간 짐승은 4발 달린 짐승으로

사납고 교활하고 미친듯한 성격을 가졌다.

팔짱낄 공(拱) *拱 참조

歌 노래 가. 막혀서(ㄱ) 말을 못하는 입(口)을 크게 벌려(欠) 노래한다.

街 거리 가. 흙을 돋우어(圭) 많은 사람들이 다닐(行)수 있게 만든 거리.

假 거짓 가, 빌릴 가, 순식간(暇 가), 멀리(遐 하)

바위언덕(尸)에서 두 손(匚 뒤집은 글자. 손의 변형, 又)으로 광물(- -)을 채취하는 모습. 광물의 원주인은 자연이므로 일시적으로 빌린 것임. 자기 것이라 우기는 것은 가짜

*가게(假家 가가의 변형). 거리에 있는 임시 집. 남의 집을 빌림

生者 假借也 假之而生, 莊子

*生者 假借也 假之而生(생자 가차야 가지이생) - 莊子
인간의 삶은 빌려온 것이다. 빌려서 태어난 것이다.

*假髮(가발). 假名(가명). 반야심경의 假合(인연 따라 맺어진 가짜)
假像(가상. 메타버스) - 신기루처럼 허상이 실물처럼 보이는 거짓현상

假像(가상. 메타버스)-신기루처럼 허상이 실물처럼 보이는 거짓현상

*偶像(짝퉁)=假像 *참조: 메타버스

*metaverse=meta 초월.가공.추상 + universe 현실세계=거짓형상

*실생활이 똑같이 이루어지는 또 다른 1.2.3... 세상

*현실과의 경계가 갈수록 무너져 나중에는
어느 쪽이 진짜인지 분간하기 어렵다
내가 나비 꿈을 꾼 것인지, 나비가 내 꿈을 꾼 것인가?(장자)
非夢似夢(비몽사몽)-꿈인지 생시인지 어렴풋한 세상. *참조: 蒙
이 태백(酒狀세계). 詩狀세계

*메타버스 속의 내가 진짜로 여겨지는 세상. 현실 너머 세상

*偶像(짝퉁)=假像 *참조: 메타버스

*metaverse=meta 초월·가공·추상 + universe 현실세계=거짓형상

假想(가상) - 진짜인 것처럼 가정하는 것

*假象(가상) - 철학용어. 假相(가상) - 불교용어

* 狐假虎威(호가호위) - 여우가 호랑이의 위엄을 빌려 호기를 부린다. 남의 위세를 빌려 위세를 부림.

*狐(여우 호) - 오이(瓜 과)처럼 외롭게 생긴 개(犭)

*威(위엄 위) - 죄 있는 여인(女)에게 도끼(戌)를 보이는 '위엄'

가스 라이팅(Gas light 가스등) - 정신적 학대

角 뿔 각 - 角者無齒 뿔난 사람은 예리한 이가 없다 *참조: 解

殼 껍질 각 –곡식 낟알이나 과일의 껍질을 벗기려면 두드려 패라(몽둥이 수殳)

脚 다리 각. 신체(月) 부위 중 무릎이 있는 부위

*脚光(각광) -무대에서 배우가 돋보이도록 다리부터 비춰주는 조명

脚氣病(각기병)과 닭

- 각기병은 전염성 질병을 일으키는 세균(미생물)이 아닌 영양소 부족으로 생긴다.
- 옛날에는 집단으로 생기므로 세균으로 오해
- 각기병은 사람과 닭에서 생긴다.
  닭 모이 주는 사람이 바뀐 후부터 병이 사라짐.
  백미를 주던 前 사람과 달리 현미를 주었더니 치료됨.

却 물리칠 각. 청탁을 물리치다. 물러나다.

웃어른 앞에서 뒤로 물러날 때 다리를 구부려(卩) 무릎을 보이며 물러간다.(去) 却=去+卩 *참조: 會者定離 去者必返

忘却(망각) - 잊어(忘) 버림(却). 잊음. 棄却(기각). 却下(각하)

各 각각 각. 뒤쳐오니(夊) 입(口)으로 각각 전해진다 *참조: 冬

角者無齒(각자무치) - 뿔이 있는 동물은 치아가 없다 *참조: 解

- 새(이빨이 없다 - 뇌를 발달시키기 위해 새들은 턱의 근육과 이빨을 포기)

간질(癎疾)과 門

癎疾(간질) - *참조: 門의 간질

間 사이 간. 間隔(간격) 暫間(잠간) 離間(이간)

間諜(간첩) - 적의 영역 안에 들어가 기밀을 탐지하는 사람

間腦(간뇌) - 대뇌와 소뇌 사이에 시시하게 작은 부위

시시(시상과 시상하부)(門틈 사이로 바람이 분다. 체온조절)

曷 어찌 갈 -해(日)가 쨍쨍 내려쬐는데 도망(亡)친 사람이 몸을 웅크리고(勹) 배고프다고 걸식하니 '어찌할꼬'

*匃=丐= (빌 개) - 빌다. 구걸(乞)하다

葛 칡 갈 -해는 쨍쨍 째고 배고플 때 먹는 풀(++), 칡

渴 목마를 갈 -해가 쨍쨍 째고 배고플 때 어찌 목이 마르지 않겠는가 渴症(갈증). 解渴(해갈)

褐 굵은베 갈 (칡 색깔. 똥 색깔. 褐色. 밤색. Brown. 올리브 색).

*褐藻類(갈조류)-갈색 또는 올리브색을 색소를 띠는 바닷말

-미역. 다시마. 톳. 감태/항암(간암). 비만. 수면장애. 갑상선에 도움

*謁(아뢸 알) -윗사람에게 말(言)할 때 어떻게 드려야 할지

어찌(曷) 고민하지 않을 수 있을까 *謁見(알현)

*曹操(조조). 喿(울 소).

*藻(마름 조) -풀(艹)이 물(氵)위에서 때를 지어 나무위의 새떼가 울듯이 시끄럽게 씻기며 행구는 모양

喝 꾸짖을 갈. 해가 쨍쨍 쬐고 배고플 때, 어찌 소리(口)를 치지 않겠는가.

*恐喝(공갈)- 恐=工+凡+心(장인이 처음 위험한 물건을 만들 때는 실수할까봐 마음속으로 두렵게 느낀다)

*拍手喝采(박수갈채)-손뼉을 치고 소리를 지르면서, 오색실을 흔든다.

*拍(손뼉칠 박)-손이 말씀(白)처럼 서로 주고 받는다. 손뼉을 치다

*采(캘 채. 나무의 새싹을 딴다(캔다). 菜(채)-풀(艹)을 따놓은 것

葛藤(갈등. 칡 나무와 등나무)-서로 적대시 하거나 충돌

-장점: 더운 여름 그늘을 만들어 준다(藤身).

*藤身(등신)같은 좋은 사람. 등지면 악연, 등대면 인연, 등대고 살자

*等神(등신)-나무. 쇠. 흙. 돌 등으로 사람과 비슷하게 만든 神像 -아둔하고 어리석은 사람을 얕잡아 이르는 말

*等身 -팔등신. 미인.

*藤(등나무 등. 물 솟을 등)= 艹 + 月 + 火 + 二 + 氺

水昇火降(수승화강)을 두 번(二)이나 방해하므로 몸(月)에 열불나 위로 올라가면서 우측으로 뒤틀리는 나무(艹)

*칡나무(좌측으로 뒤틀림)

*화투 4월 그림: 등나무와 비둘기(예절바른 새)

甘 달 감. 들고 다니기에 좋은 손잡이(廾) + 먹기(口)에도 달콤한 음식

甘言(감언)=달콤한 말씀. 단거(Danger)는 위험해(Danger)!

甘呑苦吐(감탄고토) - 달면 삼키고, 쓰면 뱉는다.

*苦탄甘토 *吐瀉각란

하늘(天) 입(口)=삼킬 탄(呑), 땅(土) 입(口)=토할 토(吐)

感歎(감탄)하다 - 마음 속 깊이 느끼어 탄복함. 놀라 칭찬하다

歎=堇+欠 - 진흙(堇)에 빠졌을 때 하품(欠) 하듯이 탄식함.

- 다른 사람이 어려운(堇) 일을 거뜬히 해내면 입을 떡 벌려(欠) 감탄하다. *晩時之歎

凵 입 벌릴 감.

*감출 혜(匸)와 상자 방(匚):실제 쓰임에는 큰 구별 없음.

感 느낄 감. 心을 다하여(咸) 느낀다.

*減(덜 감) - 같은 마음(咸)이 물(氵)에 씻겨 덜해짐.

* 減速. 減稅

*cam(感) - bridge - Cam江에 다리를 놓은 도시. 학생들이 感을 잡을 수 있도록 교량(다리)역할을 한다.

感氣(감기) -외부에서 내부로 들어오는 나쁜 사기(邪氣)운

중국(感冒 감모), 일본(風邪 풍사), 한국(고뿔), 영어권(cold)

氣에 感하다(邪氣 사기를 느끼다) *참조: 風門穴. 破傷風

咸(함)-성을 뚫고 공격해서 들어간다(외부에서 내부로 들어간다)

感 - 외부에서 마음(心)으로 들어오는 느낌.

感染(감염) - 나쁜 기운으로 물들여진다.

傳染病 - 다른 사람에게 전달되어(傳) 물들이는 병(病).

*染病=感染症

感動(감동) - 크게 느끼어 마음이 움직임. 六感. 靈感

感謝와 謝謝

感謝(감사) - 중국어(謝謝)

＊謝(사례할 사)=言+身+寸

- 말(言)과 몸(身. 행동)으로 상대방을 헤아리다(寸)
- 言+身+矢의 변형 寸

射(=身+矢. 쏠 사)의 謝(말을 떠나게 하니 '사례하다')

＊하늘나라에서는 섬기는 자가 최고가 된다.
식사를 대접 받는 자보다 서비스하는 사람.
우유 먹는 자보다 배달하는 사람
(추사 1786~1856, 70세 : 초의선사 1786~1866, 80세) 茗禪

＊감사하다는 말 듣기가 힘들다.
예수님이 10명의 문둥병 환자를 치료해주었는데,
감사하다고 찾아온 사람은 1명 뿐 (馬耳東風, 牛耳讀經)
기독교 감사 - 범사에 감사(즐거울 때만 아니라, 슬플 때도)
반드시 예물과 함께 감사 - 무교절. 칠칠절. 초막절 때
믿음 없는 예물 감사 -가치가 없다(가인과 아벨)
감사의 2 방향 -하나님을 향하여, 사람을 향하여

＊생각하다(Think)=Thank=말이 씨가 된다. 감사=웃음
- 암 치료제

監 살필 감. 볼 감. 監督. 校監. 國政監査

찾아라 , 감시하라, 살펴봐라

신하(臣)는 엎드려(臥) 그릇(皿) 속의
먼지(丶)를 감시하고(監)
여성들은 그릇에 담긴 물이
순식간에 넘쳐서 사방으로 넘칠가 봐(넘칠 람 濫)
물을 감시하고(監)
염색 전문가들은 푸른색을 내는 쪽 풀을 찾아
(쪽 남.누더기 남 藍=++ + 監)
풀(++)을 잘 살펴보고(監)
소금업자들은 소금을 만들려고
염분(소금 염 鹽)이 있는 바닷물을 잘 살펴본다(監)
옷 수선업자들은 올이 낱낱이 드러나 헤진 상태인가(襤)
남루(襤褸)한 옷을 잘 살펴보고(監)
상인들은 접시(皿)의 품질(品)이 어떤가 살펴보고(臨)
선장은 큰 배(艦)를 잘 살펴본다.

*出監(감옥에서 나오다). 出藍(출람. 쪽에서 나오다)
*큰 배 함(艦) *臨床 *菴
*藍藻類(남조류) - 물속의 풀, 깊은 곳에 있으므로 푸른색
*참조: 藍 *임할 임(臨)

甲 첫째 갑. 갑옷 갑. 껍질 갑(생명을 보호하는 껍질. 전쟁에서는 갑옷)
1) 두개 이상의 사물이 있을 때, 甲 乙
2) 차례. 등급을 매길 때, 첫째(갑을병정..)
3) 싸움 할 때 - 창검. 화살을 막기 위해 입던 옷 *참조: 膝甲盜賊
*밑으로만 갑질(甲) / 상하로 갑질(申. 神) / 위로만 갑질(由. 宙)

江 강 강. 江南(강남). 물(氵)을 만드는 공장(工)

强 강할 강. 큰(弘) 벌레(虫)는 강하다.

康 편안할 강. 몸 튼튼할 강. 广+ ⺕ + 氺 (집에서 손 씻기). 健康. 康寧

*유대인 - 1일 9회 손 씻기 *참조: 九

*매너(manner) - 상대방에 대한 존중과 배려

- manner의 어원은 라틴어 man(손)+uarius(방법. 방식)
- 전염병 최고의 예방법 : 손 씻기, 매너 있게!

薑 생강 강. 밭(田) 사이에 심은 맛이 매운 풀(艹)

*출혈: 강황.생강.아스피린.와파린.아스트릭스. 플라빅스. 크리드. 티클로돈. 프레탈

지경 강(畺) - 밭(田)과 밭 사이의 경계선(三).

*강황: 생강이 노란색으로 변하면 카레의 강황(薑黃)?

강황의 터마신(Turmacin) 성분이 통증완화. 치매예방

- 생강처럼 피응고를 방지(출혈성)하므로 코피, 수술 전 환자 주의
- 관절염 원인
  1) 습도가 높고 기압이 낮으면 관절 내 압력이 상승해서 관절조직이 팽창되어 주변 신경 압박
  2) 추우면(겨울. 에어콘) 근육긴장. 뼈와 뼈 사이 윤활유(관절액)가 굳어짐
- 관절염 치료제 3가지
  1) 식이유황(MSM 메틸 설포닐 메탄)
     - 연골. 인대조직을 구성하는 콜라겐 재료.
     - 설탕처럼 흰색. 쓴맛.
     - 24시간 통증으로 고통 받는 '섬유종(纖維腫) 통증' 에 좋다.
     - 당뇨. 피부염 등에 효과가 있다.
  2) 강황.
  3) 비타민 D

*강은 강인데 먹는 강은? 생강. *물기 없는(堇) 강(氵)은? 漢

彊(強과 同字) 굳셀 강. 활(弓)처럼 강하고 굳센 땅(畺))
疆(畺과 同字) 지경 강

弓 은 그 당시 길이를 재는 대표적인 휴대품이었는데,
활의 시위처럼 굳셈만 뜻하게 되어 土를 넣어 땅(土)을 강조

* 만수무강(萬壽無疆) - 疆=흙 土+ 굳셀, 활궁 弓
만년을 살아도 그 목숨은
경계(疆)가 없어 한없이 끝이 없다.
만수無江 - 다뉴브 江이 없어야 오래 산다고?

* 나이가 많으면 오래 산다(長壽). 욕먹으면 오래 산다 - 으 하하하!

* 생강 - 맛과 향이 강한(彊) 풀(艹)
- 천연 방부제. 살균제. 연육제,
몸을 따뜻하게(열 발생. 고로 다이어트). 콜레스테롤 감소.
혈압 하강제

* 출혈성 성향이 있으므로 항응고제를 먹을 때, 수술 후 출혈 주의
- 생강은 속을 데워줘서 울렁거리는 구역질을 멈추게 한다(溫中止嘔)
- 찬 기운 때문에 뭉쳐서 생긴 한담(寒痰)을 따뜻하게 데워 수액으로 배출(기침을 멎게 한다)
- 한(寒)을 풀어준다.
- 온열효과 - 체온 1도가 높아지면 신진대사효율 12%증가. 기침 완화

* 熱이 나면
1) 구역질이 멈추고, 어지럼증 예방
2) 바이러스 죽고
3) 가래 녹이고, 기침 줄인다.
4) 神에게도 잘 익은 음식을 바친다(燔祭. 마음의 면역력)
5) 마늘은 熱을 가해야 '알리신'이 '아조엔'이 되어 항혈전(혈소판 응집을 억제) 효과로 혈류를 개선

* '敎'처럼 썰거나 으깨야(때려야 攵) 마늘 껍질에 있는 '알

린' 이라는 유황성분이 알리신(항산화의 왕)으로 바뀐다. 음식을 조리할 때는 마늘을 한 알씩 넣지 말고 쪼갠 마늘에 불을 가하는 것이 좋다.

*溫熱性 - 마늘·파·양파·부추(起陽草·越譚草·破壁草·精久持)

강삼조이(生薑 생강과 대추 棗)

- 강삼조이(薑三棗二 생강3+대추2) - 소화를 돕고, 독성을 약화 시킨다.
  *棗 대추나무 조. 朿=木+冂. 키가 큰 가시나무 조(棗)
  朿+朿=棘(가시나무 극) - 대추나무보다 키가 작다.
- 대추나무=가시나무에 가시가 있는 이유는 동물들에게 새순을 먹이지 않으려고 *예수님의 가시 면류관
- 불 탄(벼락 맞은) 대추나무 - 벼락으로 사악한 기운들이 한순간에 소멸되어 악귀를 쫓는다고 도장재료로 인기가 높다. 霹棗木(벽조목)
  *서울 大棗洞(대조동) - 큰(大) 대추나무(棗)가 있는 동네
  *青天霹靂(청천벽력) - 맑은 하늘에 벼락. 벼락 벽(霹), 벼락 력(靂)
- 생강과 계피는 오래 될수록 맛과 향이 강해진다.
  늙어서 더욱 강직해지는 사람 - 薑桂之性(강계지성)
- 계피는 소화촉진을 돕는다 (활명수의 주성분)
  또한 인슐린 유사활성이 있어 당뇨병에 좋다.

康 편안할 강. 굴 바위 집(广)에서 손(彐)을 물(氺)로 씻으니 '편안하다'.

改 고칠 개. 자신(己)을 때려(攵) 잘못을 고친다 *참고: 修繕

皆 다 개. 하얀 것이 나란히 있으니 '같다. 모두'

*화이트(白) 콤플렉스 –흑인들이 백인들에 느끼는 감정

*참조: 階(섬돌 계)

介 끼일 개. 중개할 개 人+八(갑옷) - 사람이 갑옷 속에 끼어 있다.

個 낱 개. 사람(人)이 굳은 것을(古) 헤아리는 단위 '낱. 낱 개'

客 손 객 - 뒤에 오는(夂) 사람들의 말(口)은 모두 다르다(各)

- 집(宀)에 각각(各各)으로 오는 사람은 손님이다(客)

喀 토할 객. 입(口)에 음식물이 들어간 것이나 나오는 것은 客이니 '토하다' 喀血(피를 토하다).

據 의지할 거. 근거 거 *참조: 證. 證據(증거)

擧 들 거 *참조 携擧(휴거). 擧筋(올림근. levator)

코끼리 뿔(与)은 크고 귀중하므로 두 손(廾 臼 手)으로 들어 올린다 '참여하다. 주다'. *줄 여(與)

巨 클 거. 상자 안에 상자가 또 있으니 '크다'

去 갈 거. 죽다(逝去 서거) 흙(토)의 마늘(厶) 냄새 때문에 '가다'

*法(법) - 물(氵)처럼 정확히 가니 '법' *참조 厶

居 살 거. 집(주검 시. 집 시 尸 +古) 집에서 오래 하는 것 '삶'

建 세울 건. 聿 붓은 세워서 + 廴 끌고 간다.

腱 힘줄 건. 몸(月)을 세우게(建) 해주는 힘줄

健 굳셀 건. 健康. 사람은 서 있어야 굳세고 건강하다.

巾 수건 건 *참조: 師의 帝 *깃발 잡(帀)

乾 하늘 건. 높은 하늘에(卓) 비(氵) 오라고 빈다(乞)

乾燥(건조)

燥(마를 조) - 불(火)이 나서 새가 때지어 울다보니 목이 마르다

불로 말리다. 침이 마르다. 애태우다. 焦燥(초조)하다.

*Sjorgren(쉐그렌. 스웨덴 안과의사) 증후군. Sicc(건조) 증후군

乾達(건달) - 빈둥빈둥 놀거나 게으름을 부린다.

- 불교용어 건달바(음악을 맡은 神)에서 유래

乾電池(건전지)

傑 뛰어날 걸. 人+舛(천. 왼발+오른발)+木
  *舛(천) 참조. 이순신(舜)
乞 빌 걸. 사람(人)이 乙이 되면 빌게 된다.

가장 뛰어난 사람, 傑

*가장 뛰어난 사람 - 뛰어날 걸(傑, 杰 = 傑의 俗字 속자)
- 나무(木)위에 서서(入) 자식들을 바라보는(見) 어버이(親) 마음보다, 나무(木) 위에서 양 발(어그러질 천 舛)로 춤추는 사람(人)이 훨씬 재주가 빼어나다.
  빼어날 걸(桀). 빼어나고 뛰어난 사람(傑)

*춤추는 걸 그룹이 최고
- 걸작(傑作) - 매우 뛰어난 작품

'어그러질 천(舛)'에는 다른 깊은 뜻도 숨어있다.
큰 신발을 신은 좌우의 두 발과 광채를 내는 인 가루를 바르고 米자 밑으로 오면 '도깨비 불 인(燐)'이 되어 푸르른 불빛을 내는데 이 불을 보면 '슬픔. 불쌍히 여기다. 어여삐 여기다'라는 뜻의 슬픈 마음(忄)이 깃들게 되어 불쌍한 동네사람들과 쌀(米)을 서로 주고받는(舛) 마음(忄)이 생긴다(불쌍히 여길 련 憐).

醫師가 없는 곳에서 사람이 죽으면 쌀(米)을 서로 주고받으며(舛) 사는 마을(阝)이란 뜻의 '이웃 린(隣)'을 사용한다.
이것이 隣友(인우 보증제도)이다.

劍 칼 검 –끝이 날카롭고(첨 僉)+뾰족한 칼(도 刂)
檢 검사할 검. 檢事. 檢疫(quarantine) *모세의 40일 금식 기도
  모아(僉 다 첨) 보관 중인 木(나무패=서류)들을 단속·조사·검

사하다.

검역기간: 보통 40일 이탈리아語 quaranta(40일).Quadra(4)
無(4 십). WD 40 ＊펭귄(penguin) 남극 영하 40도

＊校 - 종이(파피루스. 죽간)에 쓰인 글자와 교제(交)하는 곳

儉 검소할 검. 지도자(人)가 여러 사람(人人)의 목소리(口口)를 하나로(一) 모으려면(人) 스스로 검소하고 절약하라.

＊참조:驗(험)

＊儉=사람+여러(모두, 다)=검소(儉素)하다

- 사람(人)이 물건이나 자원을 절약하여 여러 사람(僉)들이 골고루 나누어 쓰는 생활태도. 검소하다=down to earth. 아담=흙

憩 쉴 게. 한참을 달리다가 멈춰선 개가 혀를 내밀고 가쁘게 숨을 쉬면서 쉬는 모습. ＊ 休憩室(휴게실) ＊憩室(게실)=곁 주머니

＊息(숨쉴 식) - 스스로(自) 심장(心)이 코를 통해 들이킨 공기 중의 산소를 피(血)에 실어 온몸으로 보내도록 숨쉰다.

格 격식, 자격 격. 나무(木)는 제각기(各) 멋대로 자라는 것 같지만 격식이 있다.

隔 막힐 격. 솥 격

1개의 좁은 입구(口) 밑에 8개(八)의 못(T)으로 막혀버린
거꾸로 엎어진 통모양의 오지병(鬲=一+口+冂+八+T)

＊언덕(阝)에 막히면 - 막힐 격(隔)

몸(月) 속에서 막힌 곳 - 가슴 격(膈) - 橫膈膜(횡격막)
隔世之感(격세지감). 鼻中隔(비중격)

＊참조: 丁. 鐵. 寸鐵殺人(촌철살인)

＊원격(遠隔)진료. 원격=멀리 떨어짐

遠(멀 원)=멀리 가려고 머리에 장식(十)하고
가슴에 옥(口)을 메달은 옷(衣)을 입는다.

*화할 융(融) - 뱀(虫)의 입에서 혀가 날름거림

- 솥의 입구에서 김이 솟는다.

- 막혔던 곳이 풀리고 융통 - 融合(융합)

*바칠 헌(獻) - 호랑이 입처럼 큰 솥에 개를 삶아 바치다.

獻金(헌금). 獻血(헌혈) *참조: 獻=虍+鬲+犬

結草報恩(결초보은) - 풀을 묶어 은혜에 보답.

- 죽어서까지 라도 은혜를 잊지 않고 갚음.

犬 개 견(점 주 丶 개의 귀) *참조 術. 歲 *참조 恩(은). 惠(혜)

犬(犭) 개 견. 사람(者)이 개(犭)를 만나 돼지(猪)가 된 사람도 있고, 별(星)이 개(犭)를 만나 슬기로운 원숭이(猩)이가 되기도 한다.

*개에게 자일리톨은 치명적이다.

사람과 달리 인슐린 분비가 급증해 1시간 이내 저혈당으로 사망할 수 있음.

기타 주의 음식. 초콜릿. 술. 마늘. 양파. 포도와 건포도. 마카다미아 너트.

見 볼 견

絹 비단 견. *참조 錦. 綿

潔 깨끗할 결. 결백(潔白). 청결(淸潔). 不潔(불결). 純潔性(순결성)+풀(丰)을 베어(刀) 실(糸)로 묶어 깨끗하게 물(氵)로 씻는다.

*참조: 慧(슬기로울 혜). 예쁠 봉(丰)

*천자문에 春자는 없지만, 潔자는 2번 나온다.

決 정할. 판단할 결(氵+央) 물통(氵)은 누구나 볼 수 있게 가운데(中央)에 놓기로 결정했다.

兼 겸할 겸. 禾+ㅋ 두 손이 겸하다.

謙 겸손할 겸. 상대방의 입장과 나의 입장을(겸상으로) 고려하여

하는 말(言). 겸손(謙遜).

重力처럼 항상 몸을 땅에 닿게 낮추어라. ＊참조: 嫌(혐). 破傷風

鎌 낫 겸. 볏단을 움켜지고 베는 금속(金), 낫 ＊참조: 적혈구

＊낫모양 적혈구 빈혈증(Sickle cell anemia). 鎌狀(겸상)赤血球貧血症

- 낫모양 적혈구는 빈혈을 초래하지만, 말라리아에 걸리지 않는다.

적혈구와 말라리아(진화론. 자연선택설)

- 진화론(다윈. 자연선택설) 과 말라리아(瘧疾)

＊기린의 긴 목, 콩알 같은 작은 커피와 주먹만한 카카오 열매, 남미의 기술 축구. 불교의 전생, 금생, 이생. 창조론. 자본주의

警 경계할 경. 경찰(警察) 진찰(診察) ＊驚(놀랄 경)

경계할 경(警=++ + 句+攵+言) - 말로 훈계하니 '경계하다'

공경 경(敬=苟+攵) - 귀(++)를 쫑긋한 개가 몽둥이 앞에 '공손하다' '공경하다' 존경(尊敬) 경로(敬老). 敬天愛人(경천애인)

글귀 구(句) - 구절. 당기다. 굽다.

- 입(口)에서 나온 말을 보자기로 싸듯이 보관해 둔 글귀. 문구(文句)

진실로 구(苟)

개 구(狗) - 개의 등이 굽어있는(句) 모습

구기자 구(枸) - 굽어서 자라는 나무

敬 공경. 삼갈 경. 진실한(苟) 마음으로 나를 때려주는(攵) 사람을 후에 공경

京 서울 경. 높은 곳에 세운 집(궁궐) 高+기둥(小)

볕 경(景) - 높은 곳(京)에서 햇빛(日)이 비치니 잘 보인다.

'경치' 景氣(경기)

그림자 영(影) - 큰 집(京)에 해(日)가 뜨니 그림자(彡)가 생긴다.

影響(영향)

르네상스 시대에 神 중심에서 인간 중심으로

인간은 빛이 있을 때만 사물을 볼 수 있다.

빛이 있는 곳에는 반드시 그림자가 있다.

*그림자를 최초로 그린 화가 - 마사초(1401~1428)

- 작품: 그림자로 환자를 치유하는 성 베드로

신성한 神에게 그림자를 그리는 것은 모독하는 일

*京 =亠+口+小

갓을 쓴 관리(亠)가 제일 위, 그 밑에 입(口)이 큰 상인(재벌)들이 제일 아래층의 소(小)시민을 밟고 선 곳

*정치 politics=poli 많다 + tics 피 빨아 먹는 진드기.흡혈귀

*참조: 미생물, antibiotics. probiotics

經 지날 경. 글(書) 경. 다스릴 경(經國 경국. 나라를 다스림)

*江 - 졸졸졸 흐르던(川) 물(水)이 모여, 힘있는 물이 되어 스스로 제 흘러갈 물길을 만들어(工) 흐른다.

*經 - 실(糸)+巛(물)+工(만들다)+땅(一)

실(糸) + 巠(물줄기 경. 지하수 경)

베틀 아래 지하수. 땅 밑에(一) 지하수가 만든(工) 물줄기(巛)

*참조: 赤道의 經度 緯度

'지름길 경(徑)' - 물(巠. 巛)같이 빨리 가는 길(彳)

'목 경(頸)' - 머리 부분에서 물줄기 역할을 하는 곳 '목'

'가벼울 경(輕)' - 수레(車)가 물(巠. 巛)줄기처럼 쉽게 가니 '가볍다. 경솔하다' 輕油(경유). 輕犯罪(경범죄)

경세제민·신경·성경

經世濟民(경세제민) 經濟
- 세상(나라)을 운영하면서 백성들을 편안하게 해주는 행위
(經 - 운영하다. 다루다 /濟 - 도와주다)
神經(신경) - 귀신이 다니는 길
聖經(성경) - 성령이 다니는 길. 성령으로 다스리다.
- 하나님의 말씀(생명수)이 다니는 길
* 경련(痙攣) - 길(巠)이 병(疒)으로 막히면 경련. 痙(목 뻣뻣할 경)
經書(경서) - 물(巠)처럼 부드럽게 기록하고, 실(糸)로 묶는 책
經=紅+ 一 + 巛 = 보혈의 붉은 피(血)로 피와 같은 붉은 죄를 씻어주는 직진(一)하는 생명수(巛)는 황금빛이다.

독도, 동경 132도

경상북도 울릉군 울릉읍 독도리
동경 백삼십이 북위 삼십칠 - - - (박문영=박인호 작사 작곡)

東經의 經(지날 경)은 위에서 아래로 흐르는 巛 (水. 물)이 있어
베틀의 세로(날실)에 해당한다
반대로, 가로로 지나가는 실은 '씨실'이라 한다

날씨, 세로 가로가 서로(糸) 엉키어
그날그날의 비. 구름. 바람 등의 날씨(기후)가 변화하고
옷감이 짜여지고
생각들이 거미줄처럼 서로 엉킨다

베틀로 직물을 짤 때는
날실이 먼저 반듯하게 놓여야 한다고
'잘 놓다. 다스리다. 경영하다' 뜻이 있다 (*올 바르다)
經濟(경제)는 '세상을 경영하다'는 뜻의 經世(경세)와
민중을 구한다는 뜻의 濟民(제민)으로
經世濟民(경세제민)의 약자이다
濟에도 수평을 이루기 위해서
항상 위에서 아래로 흐르는 수(氵)가 있어
'공평하다. 같다. 조화를 이루다'는 뜻이 있다

聖經은 위에 있는 하나님의 말씀이 아래로 내려온 經典(경전)이고,
神經은 귀신들이 지나가는(經) 길이다.
하나님의 말씀(세로)인 날실을 중심으로
사람들이 씨줄(가로)을 잘 맞추어 좋은 그리스도인이 되어야 한다
하늘에 오르면 자초지종
그 사람의 經緯(경위. 가로세로. 경도 위도)가 파악 될테니까

중국이나 한국에서는
계율이나 법률적인 성격의 내용을 담고 있다고
聖經이라 하지만,
일본에서는 불경을 의미한 經 대신 書를 사용해서 聖書라고 한다

둥근 지구는 左右 가로(씨 줄. 緯度 위도)로 赤道를 그려놓고,
上下(세로. 날 실 經度 경도)는
본초자오선을 기준으로 위치를 표시한다
그래서 독도의 위치는
동경(東經 날 실, 세로) 132도, 北緯(북위 씨 실. 가로) 37도

*베틀(Looms) 과 배틀(Battles)
베틀 - 옷 만들기. 배틀 - 전투. 경연

*간(魂.혼), 폐(魄. 백. 넋). 신장(精), 심장(神)
우리 몸의 장부에 精神魂魄(정신혼백)이 있다.

鬼(귀신 귀) - 귀신은 본디 어진사람(儿)인데 머리에 뿔나고
(귀신머리 불 甶)꼬리에 마늘(厶)을 감추고 다닌다
魂(말하는 云 귀신, 넋 혼)은 하늘로 올라간 神이고
魄(하얀 옷을 입은 귀신, 넋 백)은 땅에 들어가 鬼가 된다
*예수 이전에는 성경을 개(사도개인 - 제사담당)와
새(바리새인 - 율법담당)가 주관
예수 이후에는 병든 자. 가난한 자 내게 오라

*후두 연축(攣縮)=후두 경련 수축
*사모할 연(戀)과 경련할 련(攣) -
좌우를 사랑이라는 실(糸)로 묶으면 戀이 되고
좌우에 사랑이 빠지면 손발(手)이 오그라든다.
*縮(줄어들 축) - - 실(糸)처럼 오그라든 잠을 잔다.
- 잘 숙(宿) : 모든(百) 사람(人)이 집(宀)에서 잔다.
更 고칠 경. 다시 갱 *變更(변경). 更新(갱신). 更衣室(경의실)
*便(변) 참조 *史吏使更(사리사경)
庚 일곱째 천간 경. 广+人+⺕. 집(广)에서 사람(人)모양의
도구(탈곡기)를 손(⺕)으로 잡고 일하는 모습
*庸(쓸 용) -손(⺕)에 막대기(丨)를 들고 통(用)속의 곡물을 찧는 모양 *참조: 中庸(중용)
*傭(품팔이 용)-품을 파는 사람(人).日傭(하루의 노동)으로 日用할 양식을

*唐=庚(탈곡기)+口 (당나라 당. 당황할 당. 큰소리치다(허풍. 당황)
탈곡기의 큰소리. 당나라 이름 이후부터는 탈곡기에서 떨어져
나오는 쌀을 풍족하게 받아먹는 모습으로 뜻을 좋게 변경

輕 가벼울 경. 輕快(경쾌)=가볍고(輕) 상쾌함(快) *참조: 梗. 便
수레(車) 한대(一) 만드는 것은(工) 가볍게 물 흐르듯(川) 쉽다.

競 다툴. 겨를 경. 두 사람이 서서(立) 서로 자신이 兄이라고 다툰다.

境 지경 경 *참조: 環境(환경)

鷄 닭 계 -손(爪)이 '작다. 어리다' (작을 요 幺. 糸의 약자)
사실은 손이 없어 큰(大)손을 갖고 싶어 하는 새(鳥)

*닭이 먼저냐 알이 먼저냐? 닭의 알(0). 알의 닭(x) *참조: 母. 毒

*레시틴(lecithin)-계란 노른자(그리스어 lecithos)에서 처음 발견했다고 卵黃이
라고 명명
-기타 해바라기. 유채꽃. 콩에서 추출

- 레시틴(단백질)은 식용유(친유성)와 물(친수성)이 잘 섞이게 해주는
界面 활성제(마요네즈)

*프랑스 國鳥 - 장닭 *영어를 좋아한다 young 鷄(영계)
프랑스인들은 장닭처럼 말 많고 시끄럽고 알도 못 낳은다고.

*포르투갈 장닭(수탉) -억울한 사형수가 살아난 행운의 닭
- 새벽을 오게 하는 닭은 죽은 자들을 쫓고 산자들을 돕는 존재
- 희망과 정의를 상징

*스페인 산티아고 순례길 가는 길에
산토(Santo) 도밍고(Domingo) 성당의 닭 2마리

*스페인 '엘 그레코'의 작품 : 베드로의 눈물
- 베드로를 회개시킨 닭(빛의 새), 부활. 구원. 생명의 새

*신라 - 鷄林. *木鷄(싸움닭)

*포르투갈의 부엉이 - 쌓아두는 습관 때문에 富. 명예. 지혜의 상징

鷄口牛後 - 닭의 부리가 될지 언정 쇠꼬리는 되지 말라(닭고기
좋아하는 이유)

鷄冠(계관). 닭 벼슬. 계두육. 젖
桂冠(계관). 詩人
戒 벌줄 계. 무기(戈)를 양손(廾 받들 공)으로 들고 있는 모습
懲戒(징계) 戒律(계율) ＊十誡(십계) ＊무성할 무(戊)
系 이을 계. 한 일(一)을 더하면 실을 잇는다.
人을 더하면 사람과의 관계를, 子을 더하면 아들을 이어간다(孫).
溪 시내 계. 퇴계(관직과 명예에서 벗어나 시냇가에 거쳐하며 학문에 정진)
曹溪宗 - 조씨네 개울
計 셀 계. 꾀할 계. 말(言)로 십(十)까지 센다 ＊참조: 士. 脅
말(言)을 열 번(十) 생각한다.
啓(열 계). 문(戶)을 두드려 사람들에게 말(口)로 가르치고 때려서
(攵) 지식을 열어서 보인다.
＊默(잠잠할 묵. 조용할 묵). 默示 - 은연중에 뜻을 나타내 보인다.
- 어두운 밤에는 개도 짖지 않는다. 잠잠하다. 조용하다 ＊黑

계시(啓示)와 묵시(默示)

啓示(계시). 묵시와 달리 열어서 확 보여준다. 폭로한다.
＊요한계시록=묵시록
季 끝. 막내. 계절 계 ＊참조: 年(=禾+人)
界 경계 계. 밭(田) 사이에 끼인 것(介)은 경계
階 섬돌 계. 돌층계. 댓돌. 디딤돌 ＊참조: 皆
- 언덕에(阝) 여러(比) 돌들을 박아 놓은(白) 섬돌. ＊音階(음계)
苦 쓸. 괴로울 고 - 苦盡甘來(고진감래) 고생 끝에 즐거움이 온다.
高 높을 고
古(예 고)와 故(연고 고) 차이점

古 : 그냥 옛날일 뿐. ＊古香 - 옛 향기(古色창연)

故(고) : 연고. 이유가 있다.

故人(고인) - 몽둥이(攵)로 죽었는지 연고가 있다.

故鄕(고향) - 연고가 시골. 事故

＊좌우 바뀌면 '시어미 고(姑)'

＊溫故知新(옛것을 익히고 그것을 미루어 새로운 것을 앎).

竹馬故友(어릴 때부터 같이 놀던 친구).

故事成語(고사를 바탕으로 하여 이뤄진 관용어구)

＊故 - 매(攵)를 맞으면서 말(口)을 1000개(千)에서 열개(十)로 줄이면 죽게 된다(故人). 임금님 귀는 크다. ＊참조: 舌

姑 시어미 고. 오래(古) 산 여자(女)

＊智異山의 노고단(老姑壇, 할미단, 지리산에서 산신제를 지내는 곳)

＊智異山 - 다름(異)을 아는 지혜로운(智) 사람이 된다는 山.

＊솔로몬 王

- Think different

- 머리가 띵 해지면 지리산을 다녀오세요!

仙姑(선고) - 仙境(선경)에 사는 신선 할미

固 굳을 고. 둘러싸인(口)채로 오래되면(古) 굳어져버린다.

＊참조: 個. 仁

睾 불알 고. ＊참조 幸. 報

執=幸+丸(알 환) ＊睾丸(고환)=불알=불(火)의 알

睾=血+幸 : 다행스럽게(幸) 핏줄(血)을 전한다.

＊참조: 血緣(혈연) - 같은 핏줄로 연결된 인연

＊南=幸의 날개가 밑으로, 따뜻한 남쪽으로

고래. 고래고래 고함지른다고.

고래고래 고함지르는 산모가 '미역'을 먹는 이유

고래가 새끼를 낳은 뒤, 산후 상처를 치료하려고 미역을 뜯어 먹어서

孤 외로울 고. 오이는 마디 하나에 쌍이 아니라 딱 하나의 오이만 열린다. 그 열린 모습이 외(오이)롭다. 홀로 남듯이 부모를 일찍 여윈 아들(子)의 모습. 子+瓜(오이 과) '외롭다. 고독하다'.

*참외: 참으로 외롭다. 孤獨(고독), 孤兒(고아)

*참조: 瓜(과)=덩굴 명(명)+厶 스스로(열매가 달린 모습)

줄탁동시(口+卒=부를 줄. 병아리/ 句+豖 쫄 탁. 어미 닭)

十匙一飯(십시일반) - 열 수저(숫가락 시 匙)가 한 그릇 밥(飯)

맞들면 낫다. 손바닥도 마주쳐야 소리난다. 孤掌難鳴(고장난명)

모기도 모이면 천둥소리 난다.

*나이아가라=천둥소리를 내는 물기둥

天地不仁(천지불인) - 하늘은 스스로 돕는 자만 돕는다

구하라, 찾으라, 두드리라(마태 7/7~12). ask. seek. knock

*참조: 상대가 있어야 容恕해주는 恕(서). 茫茫大海 一葉片舟

*인생은 障碍物(장애물) 경기이다. 넘고 넘고 또 넘어야 한다. 소리(音)는 서서(立) 입(口)을 한 번(一)이라도 벌리면 쉽게 나지만, 글(章)쓰기는 열(十)배나 어렵다(章=音+十)

말하기보다 글 쓰기가 훨씬 힘드네(音 / 章)

말 하기보다는 글쓰기가 훨씬 힘드네!

특히 글(章) 앞에 언덕(阝)이 있으면 障碍(장애)를 받는다.

글(章) 뒤에 彡(터럭 삼)이 있으면 '빛난다' (表彰 표창)

*위기(危機)는 위험+기회 이므로 기회를 잘 이용해야한다.

危(위태할 위)=人+厂+㔾 *참조: 厄(액)

=사람(人)이 절벽(厂)에서 떨어져 구부러져(㔾) 있는 모양

碍(거리낄 애) - 떠오르는 아침 해(旦)을 손(寸)이나

돌(石)로 가린다. 障(막힐 장)

***당분이 에너지원으로 쓰이는 8시간 동안 지방은 분해되지 않으므로 최소 8시간은(八八 강조) 굶어야 체지방이 줄어든다.**

穀 곡식 곡. 선비(士)가 덮여있는(冖 덮을 멱) 1개(一)의 벼(禾)를 쳐서(殳. 칠 수) 낟알을 거둔다.

曲 굽을 곡. 말하는 것(日)을 두 선(丨丨)으로 방해하니 '굽어짐'

*말할 때(가로 왈 日) 빨대 2개(丨丨)를 넣으면

말이 굽어진 '노랫가락' 이 나오지만

빨대 1개(丨)만 넣으면(由) 自由롭다. *참조: 由

困 곤할 곤. 나무가 울타리에 둘러쌓여 더 이상 자라지 못한다.

食困症(식곤증). 春困症(춘곤증)

丨 뚫을 곤(송곳 모양)

功 공 공. 공구(工)을 들고 뼈가 휘도록 힘들여(力) 일을 한다.

功勞(공로)=공과 수고

工 장인 공 , 뜻: 1) 교묘하다. 2) 기술자. 3) 만들다

*工=하늘(一)+사람(丨)+땅(一)을 잇는 조물주.

*紅(홍) 참조. *工事(공사)

恐 두려울 공. 기술자(工)는 무릇(凡) 실수할까봐 마음(心)을 조린다 .

恐龍(공룡 - 무서운 도마뱀). 恐喝(공갈). 渴症(갈증).

凶(흉할 흉). 胸(가슴 흉). 諸葛孔明(제갈공명)

*오랑캐 흉(匈. 말갈족) - 가슴(凵)에 쌍칼(X)차고

가죽옷 입은(勹) 용감한 유목민이었으나

중국인들이 질투하여 오랑캐라고 나쁘게 해석(흉할 흉)

*흉할 흉(凶) - 사람이 죽으면 가슴(凵)에 문신(x)을 넣어 악령을 쫓는 의식이라고 나쁘게 해석

*꾸짖을 갈. 어찌 갈(曷. 불교의 큰소리 힐책 - 할)
- 시끄럽게 말하고(曰), 흉해서(匈) 어찌할 바를 모르고 떠들썩할 때 '어찌' 하겠습니까?

목멘 갈(喝) - 큰 소리로 기원하면 목멘다(공갈)

목마를 갈(渴) - 큰 소리 후 목이 마른다(갈증)

칡 갈(葛) - 갈증이 나서 먹는 풀(++) (諸葛孔明)

가슴 흉(胸) - 빈 가슴(凵) 속에 생각한 일을(X) 싸서(勹) 넣어 두는 곳

空手來空手去(공수래공수거) 세상에 빈손으로 왔다가 빈손으로 간다.

*사람이 동물보다 훌륭한 이유 - 손(手) *空手處

*맨손에 맨발인 동물은 소유욕이 없으므로 정신병이 없다.

公 공평할 공. 平等(공산주의)/ 公平(민주주의. 예수님 5달란트 비유)

孔 구멍 공. 젖이 나오는 구멍. 어린아이가 젖꼭지에서 젖을 빠는 모양.
孔子(공자). 모공(毛孔). 침공(針孔 바늘귀). 諸葛孔明(제갈공명)

*젖 유(乳) - 엄마가 손(爪)으로 아이를 품고 젖을 먹이는 모습

*뜰 부(浮) - 물(氵)에 빠진 아이를 손(爪)으로 건지는 모습

*孔자와 제갈孔명은 骨多孔症(골다공증. 뼈엉성증) 환자인가?

*孟子(맹자) - 좋은 그릇(명 皿)같이 아끼는 자식(子)

盜 - 남의 그릇 위 음식을 보고 침을 흘리니(次=氵의 변형) '도둑'

寧 - 安寧. 康寧 - 그릇 때문에

공자는 젖(孔) 먹고 자랐고(8년),
맹자는 귀엽고(孟) 엄하게 자랐다?
공자 아버지 70세+어머니 16세에 후처
(부친 3세 때, 모친 16세 때에 사망)

예수 500년 前 석공소

＊기원전 5세기: 3대 철학자 - 석공소

석가모니(BC 624), 공자(BC 551), 소크라테스(BC 469) 順

공자와 맹자 어머니

＊맹모삼천교(맹자 부친 –일찍 사망)

＊孟 맏형 맹 –맏. 장자 . 엉터리

＊공자와 맹자 누가 더 용맹할까?

猛+ 犭=사나울 맹 猛. (猛犬). 미친개가 맏형에게 덤비는 기세

孔+口=울 후(吼). 獅子吼(사자후). 犼(후)

＊猛 사나울 맹 - 동물(犭) 중 첫째(孟)이니 '맹수, 사납다' - 용맹(勇猛)

＊맹동(孟冬) - 첫째 겨울. 초겨울

＊虛無孟浪(허무맹랑) - 터무니없이 거짓되어 실속이 없다.

- 빌 허. 없을 무. 만 맹(엉터리). 물결 랑(낭)

- 孟浪(엉터리 맹+ 방자할 랑) - 터무니없는 엉터리

＊良(좋을 량. 양) - 良=丿+艮 –삐뚫어진 행동을 그치니 '어질다'

＊浪(물결 랑. 방랑할. 함부로. 터무니없을 랑) - 물결

＊朗(밝을 랑. 낭) - 달(月)처럼 어진 마음이니 '밝다. 명랑하다'

拱 두 손 맞잡을 공. 팔짱끼다.

- 손(扌)을 내밀어 함께(共)하니 '맞잡다'.

功 공 공. 힘(力)을 들여 만드니(工) 공이 있다.

共 함께 공. (十十 + 廾 두 손 맞잡을 공) 이십 명이 받드니 '함께. 같이'

公 공공 공 ＊私(사) 참조 公平(공평)=공정하고 고름

空 빌 공. 하늘 공 = 穴+工=穴을 만드는 조물주(工). ＊참조: 色卽是空

구멍을 깍으면 속이 빈다.

空中(공중). 空手來空手去. 穴

- 흙을 양쪽으로 나누어(八) 파낸 집(宀)

*사람이 다른 동물보다 뛰어난 이유 - 손(手)을 사용

戈 창 과. *참조: 무성할 무(戊) - 가지가 무성하게 처진다. 成(戊+丁)

*戈(창 과), 戊(도끼 무), 戍(지킬 수.人), 戌(개 술), 戉(도끼 월) 成. 威(위)

果 과실 과. 결과 과. 밭(田)에 나무(木)를 심었더니 열매가 나온다

科 과정 과. 과목 과. 禾+斗 곡식(禾)을 말(斗)로 재고 조목조목 나눈다. 종류별로 수량을 헤아리고 나누어 정확하게 분류하는 과정

쌀(禾)알로 북두칠성(斗)을 만드는 과정

*科學 - 정확한 학문

瓜 오이 과(=八+八). 덩굴줄기에 열매가 홀로 매달려 있는 모습.

*爪와 瓜 차이점: 손톱에 손톱 없고, 오이에 손톱 있다.

*以 . 似 - 손톱 있다.

雚 황새 관. 두 눈(口口) *참조 麗(고을 려) 두 눈

觀 볼. 경치 관. 새(隹)가 먹이(口)를 찾으려고 풀(艹)밭을 본다(見)

觀音(관음)=觀世音. 세상의 모든 소리를 살펴본다 *觀音竹

冠 갓 관. 자신의 머리에 손(寸)으로 덮어쓰고(冖) 자신을 으뜸(元)이라고 내세우는 벼슬아치의 모자

光 빛 광. 사람(儿)이 불(火)을 들고 있으니 '빛나다'

*光化門(광화문) - 光天化日 약자 -햇빛 찬란한 하늘+태평성대(太平聖代)

膀胱(방광)과 베토벤 月光曲

胱 오줌통 광. 베토벤 광. 몸에 노랑 빛(光)의 물을 담고 있는 곳이라고.

- 소변의 빛(光)으로 건강상태를 알 수 있다. *黃泉

'膀胱(방광=오줌통. 오줌깨=바람주머니=물고기 부레. bladder)'

오줌통 광(胱=月光=소나타. 베토벤) *황성옛터 月色

*소리는 1초에 340m, 빛은 3억m 간다.

피아노 소리(340)를 3억m 까지 보내고 싶은 베토벤의 심정 아닐까?

- 山에서 야호! 소리치면 메아리가 절벽에 부딪쳐 되돌아온다

2초 후에 메아리가 오면 그 곳은 340+340이므로 340m,

4초 후에 오면 4X340=1360m이므로

그 곳까지의 거리는 680m

빛은 1초에 7바퀴 반(지구둘레 4만Km)

*방광 -500cc 맥주컵 용량

*袖手傍觀(수수방관). 領袖會談(영수회담). 袖(소매 수)

- 옷깃과 소매는 남의 눈에 잘 띈다. 수많은 사람 가운데 특별한 사람

- 손(手)을 소매(袖)에 넣고 곁에서(傍) 구경만 한다

*소매 수(袖) 참조

*참조: 方(모 방)

廣 넓을 광. 땅이 누렇게(黃) 기름진 넓은 장소에 집(广)을 짓는다. 廣域市

廣魚 이야기. 넙치=넓적하다 광+물고기 치. 가자미목 넙치과.

*非腹筋

Halibut 할리벗. flat fish. 엎드려 사는 물고기

오른쪽 눈이 몸 왼쪽으로 이동

좌광 우도 - 광어는 두 눈이 왼쪽, 도다리는 오른쪽
광어는 입이 크고 이빨(+), 도다리는 입이 작고 이빨(-)
두 눈 간격이 좁아지면 시야가 좁아져 전후좌우를 볼 수 없기 때문에 바닷속 밑바닥에 엎드려 살아야 한다.

交 사귈 교. X선을 6번 꼬아야 사귈 수 있다. 交感(교감)

校 학교 교. -학교(學校)는 꿈나무(木)를 번갈아 기르고 사귀는 곳
教室(교실) ＊檢(검사)

敎 가르칠 교. 1(一)번 문제 답이 틀렸다고(x) 쫙 끗고(丿)
아들(子) 등을 탁 치고(攵) 째려보며 가르치는 엄마들

＊學(배울 학) - 臼+文+冖+子. 어린이(子)에 문화를 전해주기 위해
절구(臼)안의 文을 손으로 감싸고 있는 집(冖)
아이(子)가 집(冖) 안에서 양손(臼)에
XX(爻. 효)라는 책을 들고 공부하는 모습

＊學校 - 몽매하고 철들지 않는 어린학생들을 마치 죄인을 심문하듯이
시비를 따지며 엄하게 가르치는 곳(오늘날은 너무 자유. 방만)

무학대사와 소(牛)

＊無學대사 - 번뇌를 없애고, 열반의 경지에 올라
더 이상 배울 것이 없다는 뜻.
- 지식이 많음을 자랑거리로 삼지 말라는 뜻

＊무학대사와 소(牛) - 왕십리

- 무학대사가 서울을 도읍지로 정할 무렵 소를 끌고 가던 어떤 노인이 소에게 "무학처럼 미련한 놈이라고" 큰소리를 친다. 그 이유를 물은 즉 여기서 십리만 더 가면(往 갈 왕 ＊참조: 主) 좋은 터(경복궁)가 있는데 미련하게 여기에 도읍지를 정하려

해서 그랬단다. (往十里. 왕십리 이름 유래)

*교육의 목적은 사람을 고치거나 변하게 만드는 것

가장 효과적인 방법은 - 매로 때리는 것 *참조: 마늘

改(고칠 개) - 끓어 앉아있는 사람(己)을 매로 때린다(攵)

變(변할 변) - 매로 때려서 변하게 한다.

*攸(바 유) - 매를 맞으며 땀을 흘려가면서(丨)

열심히 수련하는 사람(人)

*修(닦을 수) - 열심히 수련함으로서 '빛나게 하다' 뜻의 彡 추가

修學旅行 - 학문을 닦기 위해(修) 가는 여행

불교의 敎宗(교종) - 가르침을 중시하는 종파

啓(열 계) - 입(口)으로 가리키고, 매로 때리면서(攵)

문(戶)을 열듯이 깨우쳐 준다.

*敎會(교회) 가르치는 모임. 가르치고 공부하려는 모임.

때리면서(攵) 가리키는 곳이 아니라

하나(一)의 창문(罒)을 열고(八) 기도하는(曰)

곳으로 '마음의 면역력을 높이는 곳'

- Church 의 어원:

- 에클레시아(ekklesia)그리스어 - 조직. 밖으로 불러냈다.

집회 하나님을 믿는 사람들의 예배공동체(예배당. 성당)

- 디아스포라(diaspora) - 포로시절 흩어진 사람들(백성). 이산가족

그리스어 뜻 - 씨를 뿌린다 *번제=제사

*가장 으뜸 되는 가르침은 - 宗敎(마루 종/ 가르칠 교)

交流 (교류. 테슬라) 와 直流(직류. 에디슨)

좌측의 선풍기 바람은 시원하다(직류)

좌측과 우측 선풍기가 교대로 불어도 시원하다(교류)

교류의 장점:

1) 발전소에서 집까지 이동할 때 전기의 손실이 없다.

2) 전기 코드를 상하 마음대로 꽂을 수 있다.
직류는 50%의 전기 손실이 있고,
건전지 넣을 때 +는 + 극에만 넣어야 한다.

驕 교만할 교. *참조: 佛의 驕慢(교만)

口 입 구 -異口同聲(여러 사람의 말이 한결같음)
- 衆口難防(여러 사람의 입을 막기가 어려움)
- 口蜜腹劍(구밀복검. 입으로 하는 말은 꿀, 뱃속에는 칼. 겉과 속이 다름)

왜 9(九)字가 많을까?

九 아홉 구
- 十에서 하나를 구부리니. 뜻: 오래되다. 많다.
- 많이(九) 모여 사는 새(鳥)라고 '비둘기 구(鳩)'
- 究(땅을 9번 파야(穴) 물을 얻을 수 있다)
- 九星(북두칠성+ 尊星+帝星)
- 九穴(눈코입귀+오줌구멍+항문)
- 九龍폭포. 龍의 구성(9가지 동물)
- 九牛一毛(구우일모. 많은 수중에서 가장 적은 수)
- 九曲肝腸(구곡간장. 굽이굽이 깊은 마음 속)
- 九死一生(구사일생. 죽을 고비를 여러 차례 겪고 겨우 살아남)
- 九折羊腸(구절양장. 아홉 번 굽은 양의 창자. 험한 산길)
- 성령 9가지 열매(사랑. 희락. 화평. 오래 참음. 자비. 양선. 충성. 온유. 절제)

*'사희'(사위)는 안녕 '하오', '충자'는 '온양'에 가셨나?

성령의 마지막에 '절제'를 잘 해야 하는데.

- 九族 : 고조. 증조. 조부. 부. 나. 아들. 손자. 증손. 현손
- 鳩首會議(구수회의)
- 染 물들 염. 물(氵)에 아홉(九)번 적셔 나무(木)로 저으니 '물들다' 染色體 *참조: 染病(염병)
- 旭 빛날 욱. 해(日)가 거의(九) 비치니 '빛나다' *참조 重

*抛棄(포기)의 抛=손(扌)으로 아홉 번(九) 힘써 노력(力)해보고 안 되면 포기한다.

棄(버릴 기) - 거꾸로 子+ 廾 +木 나무(木)로 만든 쓰레받이(廾)에 죽은 아이(거꾸로 子)를 버린다.

*구증구포(九蒸九曝) - 9번 찌고 말리기

*전염병에 강한 유대인들은 하루 9번 손을 씻는다.

*참조: 康. 洗

求 구할 구. 물(水) 아님. 가죽 털옷의 모양. 가죽털옷을 神에게 바치면서 또는 가죽을 때리면서(救) 구하는 바를 비는 행위

救 구원할 구. 구할 때 재앙이 없도록 때려서(攵) 기원함

救命(구명). 救出(구출)=구원해(救) 냄(出).

구원(救援=호산나) - 도울 원(援=4게의 손 扌爪左又+ 물건一)

具 갖출 구. 조개(貝)를 양 손(廾 공)으로 갖추어 들고 있다.

*참조 -적폐청산의 산(算=竹+具)

俱 함께 구. 사람(人)이 조개를 양손(廾)으로 거들어 든다. 俱樂部

*俱進(구진) - 함께 가자. 與時俱進(여시구진) - 새로운 시대로 함께 가자. 여시 같이 살아라!

*與 줄 여. 코끼리 뿔(줄 여 与)+廾 +臼

: 귀중한 코끼리 뿔을 들어 올리니 참여하다는 뜻

*算(셀 산) - 물건을 셀 때 대나무 쪽을 사용

韭 부추 구 *참조 - 纖(섬)

購 구할 구. 살 구. 돈(貝)으로 우물(井)을 2번째 다시(再)산다.

한 우물만 파라!

*購讀 - 책. 신문. 잡지 따위를 구입하여 읽음

*구독경제 購=貝+冓. 冓=井+再.

*再=冂+王. 저 멀리(冂) 하늘로 올라가신 그리스도 王은

*참조 :再. 반드시 다시(再) 돌아오신다.

溝 봇도랑 구. 물이 좁게 짜인 곳을 흐르는 도랑. 下水溝(하수구)

舊 옛 구. 풀(艹)을 엮어 절구(臼) 같은 모양의 새(隹)둥지를 옛날 방식으로 만든다. *親舊: 친하게 예전부터 사귄 사람

垢 때 구. *참조: 后(후) *귓밥= 耳垢(이구)

久 오랠 구. 사람(人)이 뜸(丶) 뜨는 시간은? 오래 걸린다.

國 나라 국. 큰 입(口)속에 혹(혹시 惑)이 난 글자

韓國(한국). 國歌(국가)=나라의 노래

軍 군사 군. 옛날에 덮개(冖 뚜껑) 달린 車는 군대에만 있다.

*庫(곳집 고) - parking 하는 집(广). 運(운전 운) - 운전해서 진영을 옮김.

弓 활 궁

窮 다할 궁, 곤궁할 궁 *참조 舛(천). 無窮花(무궁화)

勸 권할 권

權 권세 권. 저울질할 권 .

눈금을 새긴 나무로 만든 저울로 황새가 두 눈(口口)으로 지켜본 가운데, 사람을 저울질해서 관직에 임명

木+雚(황새 관. 백로. 큰새. 한새).

권력은 영원하지 못하고 새처럼 이동한다

권불10년(權不十年). 화무십일홍(花無十日紅)

潰 무너질 궤. *참조 殤

歸 돌아올 귀. *참조: 師의 歸 *아내와 첩의 차이점(청소)

고향 언덕(阜)의 흙덩어리와 빗자루(帚)를 들고 시집을 간다(止)

帚 - 빗자루를 거꾸로 세워놓은 모양

* 主婦. 회귀(回歸신경) *참조 回. 師

손(扌)으로 물(氵)을 이용해 빗자루(帚)로 씻으면 淸掃(氵+扌)

언덕 부(阜) - 중국인들의 반 지하식 움집을 오르내리는 계단 모습

- 간략형 阝, 쌓을 퇴(阜)

스승 사(師=쌓을 퇴 自 =阜 +수건을 두를 잡 帀)

- 스승이란 언덕처럼 높고 귀한 존재

- 스승이란 두루두루 널리 널리 덕을 쌓은 사람

쫓을 추(追) - 쌓인 흙도 넘어서 자꾸 쫓아간다(辶)는 뜻

- 追(추) - 쫓을 추. 언덕(阜)위의 적을 쫓아 거슬러 올라간다(辶)

- 追加更正豫算(추가경정예산) - 추가로 고쳐서(更) 바르게 (正) 만든 예산

벼슬 관(官) - 갓머리(宀) 밑에 쌓을 퇴(阜=自)

- 고기(阜)를 모시는 사당

- 후진국의 관리는 돈이 쌓이고, 오뉴월의 생선은 구더기만 쌓인다.

*回歸(회귀) - 죽은 후 어디로 갈까? 출발했으니까

*晩年(만년)에 필요한 4가지 덕목: 回歸. 許容(허용). 納得(납득). 斷念(단념)

*歸巢本能(귀소본능). 새집 소(巢), 歸家(귀가). 卵巢(난소)

貴 귀할 귀. 귀=벌레 훼 虫+貝. *참조 瘍(종기 양, 헐 양)

보잘 것 없는 虫이지만, 돈(貝)만 있으면 귀한 대접을 받는 게 세상의 인심이다. *이런 것이 遺傳(유전) 되다니 ?

*참조 遺(남길 유) 遺憾. 遺蹟. 遺産. 遺傳. 遺族. 遺言

鬼 귀신 귀. *참조 經, 神經

糾 얽힐 규. 거들 수(收). 糾明. 糾彈(규탄)

橘 귤. 나무 목(木)+송곳질 할 율(矞=창 모矛+빛날 경冂) *內(참조)

창(矛)으로 과일 껍질(冂)을 벗겨(八) 먹는(口) 귤나무(木)

*창 모(矛) - 창과 방패(矛盾 모순) *南橘北只(남귤북지)

克 이길 극. 오래 견디는 사람이 하는 것 '이김' 십자가 지고.

*참조: 兢

筋 힘줄 근(竹+月+力). 대나무처럼 쭉쭉 뻗은 근육의 힘줄

'근육저금' '근육은 배신하지 않는다'.

근육쇠퇴 - 걷기기능 저하 - 운동형 외톨이 - 인지기능저하

*근감소증(sarcopenia), sarco(근육)+penia(감소하다)

根源(근원). 근원 원(原바위 밑 厂+ 솟아나는 옹달 샘 泉).

근원 원(源) - 물 수(氵)를 더해 만든 글자

뿌리 근(根) - 위로 난 나뭇가지(木)와 달리

반대로(艮) 땅속으로 자란 뿌리

근하신년(謹賀新年) - 삼가 새해를 축하합니다.

賀(하) - 축의금(貝)을 준다(加).

堇 황토 근. 堇=革+土=황무지(土)를 새롭게 하다(革) 또는 黃+土

입자가 매우 고른 노랑 찰흙으로 기근 때 식량 대용으로 사용

謹 삼가할 근. 진흙 근(謹=言+堇) - 질퍽거리는 진흙에 발이 빠지지 않도록 조심하듯이 '말(言)을 삼가다'.

謹弔(근조) - 삼가 조의를 표합니다. 말은 禍福(화복)의 근원

*弔(문상할 조)=弓+丨=활(弓)을 세워둠(丨)으로서 죽은 자에 대한 애도를 표시. 전쟁터에서 무덤에 총을 세우듯이

槿 무궁화 근. 진흙에서 잘 자라는 무궁화나무 *옛날에는 舜(무궁화 순)

*참조 : 朴槿惠(박근혜). 難. 黃

*무궁화 –샤론의 꽃. 장미 (대홍수 이후 노아의 핏줄들)

今 이제 금. 사람(人)의 지금은 一(일)부터, ㄱ(기역)부터
과거와 미래의 시간을 품고 있는 것이 '지금' 이다.
衾 이불 금 옷(衣)과 속에 품다는 今이 합하여 옷처럼 사람을
속에 품는 용도의 이불을 뜻함.
*念(생각 념) - 지금의 마음이니 '생각하다' *含(머금을 함) -
지금 입에 있으니
*陰(그늘 음) - 지금 언덕(阝) 밑에 있으니 '그늘'
*貪(탐할 탐) - 지금(今) 보이는 돈(貝)을 탐내다.
*貪秦癡(탐진치)
*李太白 - 당나라 詩聖, 靑蓮居士(청련: 푸른 색깔의 연꽃. 이태백의 호)
詩의 神仙, 酒太白. 詩仙
蓮(연꽃 연. 연밥 련)=連 + ++
- 연못 위에 엷은 잎 또는 연뿌리(++)가 잇달아(連)
자라는 풀(++) - 연, 연밥, 연꽃
連(연결 연) - 수레바퀴 회전은 계속하여 이어져야 한다고

하늘 이불(天地卽衾枕)

*이태백이 하늘이라는 이불을 덥고 동산에 누울 정도로 (天地卽衾枕 천지즉금침)술을 좋아한 이유는?

1) 하늘에 酒星이 있고 땅에는 酒川이 있을 정도로
하늘이 술을 사랑했다는 증거라고 생각했고 *참조: 禁
2) 인생의 무상함을 일찍이 알았던 이태백은 현실을 아름답게
포장하려고 술에 취해 마음을 평안하게 했다.

問如何事棲碧山(문여하사서벽산)
묻노니, 그대는 왜 푸른 산에 사는가?

笑而不答心自閑(소이부답심자한)

웃을 뿐, 답은 않고 마음이 한가롭나니

*閑(한가할 한) - 창문 밖의 나무를 하릴없이 앉아서 본다.

*棲(살 서) - 나무(木)가 시집온 아내(妻)처럼 깃들어 산다고

*悽(슬퍼할 처) - 집안일로 항상 수고하는 아내를 바라보는 남편의 마음은 미안하고 슬프다. 悽絶(처절) 悽慘(처참)

*古今時代(고금시대).

*令(명령할 령) - 사람들이 모여서 무릎(卩) 꿇는다

*合(모일 합) - 입(口)을 모으다. 念(지금 마음. 현재)

*4가지 金 - 金. 소금(鹽). 지금(Heaven=here & now). 현찰

*참조: 鹽(소금 염). 監(볼 감)

*저나트륨혈증=물 중독증상.

소금이 붙어야 맛(조미료)도 나고, 부신피질 활성화

- 어지럼증(근육경직. 경련. 구토 오심. 입맛 저하. 피로. 다리부종). 우울증. 호흡곤란. 양수(0.9%소금물)터지면 산후 우울증 소금은 양날의 칼 - 당뇨 예방도 되지만, 고혈압 주의

錦 비단 금. 金과 같은 값어치가 있는 비단(帛)

*참조: 충장로. 錦南路

*비단 견(絹) - 糸+장구벌레 연. 요동칠 연(肙)

장구벌레같은 작은 벌레(肙)인 누에에서 실(糸)을 뽑아 만든 '비단'

肙(연): 입(口)에서 고기(月)를 뱉는다. 실(糸)을 뱉는다.

*동물의 털(毛織物 모직물)) - 양모 - 영국

식물의 면화(棉花 목화)에서 - 綿織物(면직물) - 인도

*文益漸(문익점) - 중국식 발음 '무미엔' - 무명(한국)

솜으로 만든 무명실(11세기)은 중국의 비단(BC3000년)보다 한참 늦다.

코끼리 상아와 인도의 목화(綿)

*코끼리는 상아 때문에 죽고,

인도는 목화 때문에 영국의 식민지가 된다 *사향노루(噬臍莫及)

金 쇠 금. 금 금. ㅅ(산) 밑(一) 흙(土)에서 캔 번쩍이는(V) 물건

金星(금성) 새벽하늘의 금성=샛별=새로난 별=새벽의 별

개밥 바라기 별: 저녁에 개에게 밥을 주면서 바라보는 별

禁 금할 금. 신(示)은 숲속에(林) 계시므로 접근을 금하다. 산신령

禁止(금지). 止瀉劑.

神들이(산신령. 詩仙) 숲에서 살며, 술을 먹는 이유

*神들이 사람들이 빚은 술을 먹고, 숲이 숙소인 이유는?

*참조: 今

- 나쁜 인간들 때문에 만나지 않으려고 숲에 살고(산신령),

*참조: 經의 經世濟民. 精神魂魄(신장. 심장. 간. 폐)

또 만날 때는 오죽하면 술에 취해 현실을 아름답게 포장하려고 했을까?

急 급할 급. 뒷사람의 손(彐)이 앞사람(⺈)을 잡으려고 헐레벌떡

서두르는 마음(忄) *참조 慢(게으를 만)

急 급할 급. 도망가는 사람(人)의 뒷덜미를 잡으려고 헐레벌떡

오른 손(又)으로 빨리빨리 서두르는 마음(心) *應急(응급)

及 미칠 급. 미치다. 이르다. 도달하다 人+又(오른손)

急의 彐는 又의 변형. 及=急

*吸(마실 흡) - 입으로 공기를 끌어당김(들이마시다). 呼吸(호흡)

*級(등급 급. 차례 급): 고기를 한 줄에(糸) 열 마리씩 묶는다.

學如不及(학여불급). 不狂不及(불광불급). 過猶不及(과유불급)

矜 자랑할 긍.

矜=창 모矛+ 이제 금今 - 지금 창을 가지고 있으니 '자랑하다'

- 곧 전쟁터에서 곧 죽을 수도 있으니 '불쌍히 여기다' '삼가다'

*恤(불쌍히 여길 휼) - 전쟁터에서 피를 흘리고 있는 사람을 보면 불쌍한 마음이 든다.

*矜恤(긍휼)=불쌍히 여겨 돌보아 줌. 함께 고통을 나누다.

예수님 혈액형은 C

compassion(com=together 함께+pati. passion 열정. 수난)

예수님은 compassion 때문에 혈액형은 'C' 형. 비타민 C

*북반구: 그믐달 C 형 / 남반구: 초승달 C형

*긍휼히 여기는 마음(불쌍히 여기는 마음)이 하나님 마음 (공자: 恕). 불쌍히 여기는 마음을 잃으면, 판단과 정죄의 마음으로 살아가게 되어 분노. 다툼으로 평강을 잃게 된다.

*긍휼히 여기는 자는 福이 있나니 저희가 긍휼히 여김을 받을 것임이요(마태 5:7) 고로, 福은 받는 것이 아니라 내가 선택하는 것이다(에덴동산의 사과 역시 선택) 예수님의 8福은 세상적으로 가난한 福이다.

祈 빌 기. *도(禱) 참조 -기도(祈禱) - 오래 살게(壽) 해달라고

*按手(안수) - 누를 안, 살필 안, 어루만질 안. 안수집사.按配. 按摩 손(手)으로 편하게(安), 머리 위에 손을 얹고 하나님의 능력을 기도

宗教(으뜸 종. 가르칠 교). 으뜸 가르침

仲保기도 - 자기 자신이 아닌 타인을 위한 기도

두 사람 사이에서 일이 성사되도록 주선하는 사람

하나님과 인간의 관계를 회복시킨 예수 그리스도

안찰(按擦)기도 - 목사. 장로 등이 기도 받는 사람의

몸을 어루만지거나 두드리면서 하는 기도
안수(按手)기도 - 목사 신부 등이 기도를 받는 사람의
머리 위에 손을 얹고 하는 기도

祈禱(기도)

기도의 祈(=示+斤 도끼 근)는
사냥할 때 위험(斤)을 발견(示)하고 근심을 하지만
짐승을 많이 잡을 수 있게 해달라고
신(示)에게 바치는 도끼(斤)로
'일용할 양식을 주옵소서' 라는 기도문이고

기도의 禱는
士一工一口寸(사일공일구촌)이 아니라
나이가 들어도(老)
말하는(口) 기운과 도끼(斤) 들고 손쓰는(寸) 것은
젊었을 때처럼 한결(一) 같게 해 주옵소서(示)라는
장수의 뜻(禱=示+壽=老+一+口+寸)이므로

기도(祈禱)는
우리가 살면서 잘 먹을 수 있게 해 주시고(斤),
예전처럼 건강하게 오래 살 게(壽) 해달라고
말하면서(口) 손(寸)으로 비는 것이라네

예수님 왈 기도는?
갈릴리 호수 근처 山에서 말씀하신

8 福(마태:5)이라네
온화한 자, 애통한 자, 청결한 자, 화평한 자, 긍휼 한 자,
義에 목마르고, 박해를 받은 자, 심령이 가난한 자
기도를 통해서 8 福을 받아야
천국이 저희 것이요
하나님을 직접 만나 뵐 수 있다네
하나님의 福은 세상을 통해 얻은 권력, 물질의 의미가 아닌
하나님의 위로와 평강의 은혜로 이 세상에서 맛볼 수 없는
진정한 마음의 평안으로
3대 가기 힘든(富不三代) 집안(宀)이 준 부(富)와 달리
神이 주신 福은 영원하다네

무엇이든지 남에게 대접을 받고자 하는 대로
너희도 남을 대접하라는 黃金律(황금율)을
알고 좋아만 하지 말고, 즐겨보세 (知好樂)

*참조: 8 福 - 갈릴리 호수 근처에서 방금 온 애가 청화궁의 의심을 받는다.
*성령 9가지 열매: 8복과 겹친 것(온유·화평). 사랑·희락·오랜 참음·자비·양선·충성·절제
*참조 : 如意珠. 도깨비 방망이
*律(법 율) - 王의 명령을 붓으로 써서 거리(行)에 걸면 법이다.

祈禱하는 법

(너희는 이렇게 기도하라 마태 6:9~13)

하늘에 계신 우리 아버지여
이름이 거룩히 여김을 받으시오며

나라이 臨하옵시며
뜻이 하늘에서 이룬 것 같이 땅에서도 이루어 지이다
오늘날 우리에게 日用할 糧食을 주옵시고
우리가 우리에게 罪 지은 者를 赦하여 준 것같이
우리 罪를 赦하여 주옵시고
우리를 試驗에 들게 하지 마옵시고 다만 惡에서 救하옵소서
(나라와 권세와 영광이 아버지께 영원히 있사옵나이다 아멘)
*일용할 양식 - 우리에게 필요한 모든 것 나의 아픔. 건강. 사업. 명예. 출세. 자녀 교육 등은 세상이 아니라 하나님이 주십니다

己 몸 기 - 몸을 구부린 모양. 뜻: 자기. 다스리다.
*사람은 입을 벌리고(己) 말을 하는데, 뱀(巳)은 먹을 때도(巴) 입을 다문다.
*選 - 입 다문 뱀(巳) 2마리와 함께(共) 選擧(선거)하러 간다(辶)
*뱀 사(巳) - 뱀이 입까지 올라온 모양 *참조: 己所不欲. 恕
꼬리 파(巴. 큰 뱀이 먹이를 삼키는 모양).
邑(읍)의 巴는 뱀이 아니라 사람들이 꿇어 앉아있는 모양
살찔 비(肥) - 뱀 먹으면 살찐다.
파초 파(芭) - 뱀 꼬리처럼 긴 풀(++)
*임파선(淋巴腺). 물(氵)뿌릴 림(淋). 淋疾(임질)
임파선의 巴 - lymph의 음역어
腺(선) - 체내(月)에서 분비한다고(泉)
*改(고칠 개) - 몸(己)을 때려서 '고치다'
*忌(꺼릴 기) - 자기 몸(己)만 생각하는 사람이니 '꺼리다. 기일' 시기(猜忌)
*配(짝 배) - 술을 자기(己)에게 따라주는 사람은 절친한 '짝'
記 기록할 기. 적을 기 - 말(言)이 내 몸 안에(기) 들어와 기록하다(己)
'기록하다. 기억하다' *訓(훈) - 말(言)이 내(川)처럼 흐르는 소리
- archive(아카이브) - 기록. 보관하다. 기록보관소. 저장고

전시용 창고

*記憶(기억)의 憶(생각할 억) - 사람의 뜻(意)과 생각은 마음(심장 2개 忄, 心)에서 나온다는 것을 한 번 더 강조

*숫자 기억력 범위 - 마법의 숫자 7 (5~9)

- 일주일(7일). 옥타브(7음계). 무지개(7색깔)
  북두칠성(7개 별). 백설공주와 7곱 난쟁이
  견우직녀(칠월칠석). 예수님 형제(7명. 5남 2녀) *용서 7

气 기운 기. 쌀(米)로 밥을 지을 때 올라오는 것

氣 기운 기. 氣力(기력)=기운(氣)과 힘(力)

*氣가 빠지면 乞(빌 걸) - 구부릴 을(乙)

汽 물 끓는김 기. 汽車 - 물이 증발하여 기운이 넘치는 '김. 증기'

技 재주. 재능 기.

모든 재주는 나뭇가지(支)처럼 생긴 손가락(扌)에서 나온다

奇 기이할 기. 큰대 對+ 옳을 가 可(사나이 丁가 입(口)으로 말하면 옳다)

거대함. 크게 大+可 초능력 '기이하다. 뛰어나다'

奇蹟(기적)의 蹟(발자취 적)=跡

- 足을 마구 내딛으면서 욱박 지른다(責)

責(꾸짖을 책) - 돈(貝) 때문에 주인(主)을 책망하다. *靑

奇蹟(기적) - 사람의 힘으로 할 수 없는 신비하고, 놀랍고 기이한 발(足)자취 wonder. mystery

miracle(기적)의 어원 라틴어 miraculum. 일본어(키세키)

- 하나님에 의해 이뤄지는 놀라운 사건(기적 miracle)과 진정한 마음으로 미소 짓는 smile의 뿌리는 같다.
- 기적은 하나님께 그저 웃기만 해도 나타난다.
- 奇 : 나누는 마음이 크고(大) 옳다(可). 蹟(밟을 적)

- 積(쌓을 적) - 벼를 책임 있게 쌓아 놓는다.
- 蹟(자취 적) - 발로 직접 책임 있게 따라 간다(발자취)
- 암(癌)이 가장 두려워하는 것은 웃음소리

  *계절에 관계없이 1년 내내 피는 꽃 - 웃음 꽃

  *꽃보다 아름다운 것 - 웃음

  *祭祀(제사) 때 神이 찾아온 이유 - 음식은 먹는 것이 아니라 흠향만 할뿐이지만, 진짜 목적은 자손들의 웃음소리를 들으려고 온다네.

  *정치 - 국민들을 기쁘게 웃게 하는 것 *經世濟民(백성들을 편안하게 도와주다)

  *교회에 예수님이 오시는 이유 - 우리들의 꽃보다 아름다운 웃음소리를 들으려고

  *예쁜 배우자보다는 웃는 배우자가 더 좋다.

  *긍정적인 배우자가 부정적인 배우자 보다 더 좋다 Yes(예수). No

奇妙者(기묘자) - 탁월한 경륜가. 위대한 스승. 상담자.

wonderful counselor

*謀士(모사) - 꾀돌이. 모사꾼 *참조 : 某

*己卯士禍(기묘사화) - 조광조

機 틀 기. 시기. 기회. 기계(危機. 幾回). 베틀

나무로 만든 베틀은 작은 실(幺幺) 하나라도

잘못되지 않게 낌새를 찾아야 한다. 엉키면 다 꼬인다

*참조: 有機物. 有機農

幾 기미(낌새) 기. 몇 기

-전장에서 작은(幺幺) 창(戈)을 들고 있는 병사(人)가 몇명인지?

취약한 곳에 적군이 침입하려는 '기미(낌새)'가 있는지 여부를?

幾 기미 기 - 병사(人)가 방울달린 작은 창(戈)을 들고 취약한 곳

幾何(기하). geo(땅)metry(측량. 계측)=중국 '지허' 쉬에(學)

어찌 어찌 學

幾何(기하)란 뜻은 어찌(몇) 어찌(얼마냐)
幾何學이란 '어찌 기. 어찌 하. 배울 학' 이므로
'어찌 어찌 학(배움)'
爲田幾何 밭의 넓이가 얼마인가?
뜻이 어렵다. 무슨 말인지 모르겠다

나일江 범람 후,
엉망이 된 토지를 적절하게 재분배하기 위해
토지의 경계와 넓이를 계측하기 위해 생긴 학문(기하학)이
geometry 이다
geo는 중국어로 지허(幾何)라 한다
이걸 한국어로 그냥 번역하다 보니
말뜻도 모르는 幾何(기하)가 되어 버렸다

네모난 종이(口)에 몸의 배꼽(回)까지 그린다는 圖(그림 도)
공간에 있는 도형의 성질(점. 직선. 곡선. 면. 부피)
즉 대상들의 치수 모양. 상대적 위치 등을 연구하는
수학으로 발달되었으므로
선. 면. 입체의 집합인 圖形學으로 번역했다면
고등학교 때 배웠던 幾何가 얼마나 재미있었을까?

*曷(어찌 갈). 幾何(어찌) *焉(어찌 언)
*天何言哉(천하언재) 하늘이 언제 말하더냐

기하학적 사고방식=논리적인 사고, 반대: 유기적
기하학적 무늬(문양) - 점. 선. 곡선 등으로 이루어진 무늬
*빗살무늬 토기 - 불에 구울 때 깨지지 말라고

幾何級數的(기하급수적. 等比수열) -

거듭제곱(곱셈) 2x2x2x2x2x2x2x ...27 (2 밑, 7 지수)

- 기하급수적 증가란 지수가 거듭 제곱꼴로 증가하는 것
  - $1+2+2^2+2^3+2^4+$ .....
- 수나 양이 짧은 시간에 갑자기 많아짐
- 等比=equal ratio, geometric ratio. geometric series(급수)

*算術級數(산술급수. 등차수열) - 덧셈. 3을 더함 - 1,4,7,10,13

*디지털(2진법 / 0. 1) - 1. 2. 4. 8. 16. 32,　인체 세포 분열

*아날로그(인도. 아라비아) - 10진법

*고대 메소포타미아 - 60진법. 1도=60분. 1분=60초. 1시간 60분 360도(원). 삼각형(60도)

機械(기계) 기틀 기. 베틀 기 요

- 나무로 만든 베틀은 '미세하게' 주의를 기울이라고(機)
- 창(戈)을 두 손(廾)으로 잡고 '경계'(械)

예수님의 7가지 기적(예수 형제 7남매)

*예수님의 7가지 기적: 요한복음 *예수님 형제자매 - 7남매

1) 먹는 것 2가지(결혼 잔치집 포도주. 오병이어)
2) 환자 치료 4가지(왕의 신하 아들. 38년 된 병자. 나사로. 소경 치료)
3) 물(바다) 위를 걷는 것 *124

五餠二魚(보리빵 5개+ 물고기 2마리) -

餠(떡 병)=食+幷(합할 병, 아우릴 병. 나란히 합치다 人人+干干)

두 사람이 방패를 들고 나란히 서 있다.

- 나란히(幷) 아울러서 먹을 수(食) 있는 것이 '떡'

*立(설 립), 竝(나란히 할 병). 普(널리 보)

期 기약할 기. 其間(기간)

其(그 기) - 물건을 층으로 쌓아 올림, 받침대(丌) 위에

基(터 기) - 흙(土)으로 기반을 다지고 쌓는다. 基本(기본)

期(기약할 기) - 정해진 날짜. 시간(月)을 정하고 쌓는다. 長期化(장기화)

欺(속일 기) - 입을 벌려(欠) 거짓말을 쌓는다. 詐欺(사기)

棋(바둑 기) - 나무로 만든 사각 틀. 바둑알을 강조하면 碁(바둑 기)

棄 버릴 기. *참조: 九의 抛棄(포기). 育(기를 육). 棄却(기각)

驥 천리마 기. 생각은 다르겠지만 모두 천리마(馬)를 바란다(冀).

冀 바랄 기. 등(北)지듯이 생각은 다르지만(異) 바라는 것은 같다.

*기복염거(驥服鹽車) - 훌륭한 사람(千里馬)이

천한 일(소금을 끄는 마차)에 종사한다.

*異 - 밭(田)에서 함께(共) 일 하지만 그 속셈이 서로 다르다.

기독교(基督敎)

영어 Christ. 라틴어 Christus.

그리스어 Christos. BC(before christ)

우리말 - 그리스도(메시아. 기름 부은 자)

중국어 - 基利斯督(기리사독. 지리스뚜). 간단히 基督

코카콜라(可口可樂. 커커우커러) - 입에 맞아 즐겁다

*佛陀(불타) 부처 불. 비탈 타 Buddha 눈을 뜬 자. 지혜. 깨달음

*佛國寺(불국사) - 부처님 나라를 염원하는 사찰(절)

＊보혜사(保惠師)=성령=Holy spirit ＊참조: 보혜사(慰勞). 恩

基本(기본). Ad Fontes(아드 폰테스) 기본으로 돌아가자

Back to basic, 16세기 부패한 종교를

근원으로 돌려놓자는 종교개혁 구호

＊커피의 기본 -에스프레소(익스프레스 express 빠른)
마키아토(점을 찍는다) = 스프레소+우유
콘파나=에스프레소+휘핑크림
오네로소=에스프레소+우유+크림
그라니타 -에스프레소를 얼린 뒤 갈아 넣는 시원한 음료
cafe - 음료수나 간단한 식사를 할 수 있는 작은 가게
손님이 직접 음식을 식탁으로 날라다 먹는 음식
프랑스어 cafeteria 의 줄인 말
유의어: cafeteria. snack bar. buffet
커피-터키(Kahve). 고종(Gabi)
접미사 teria 의 뜻. 땅. 대지. 장소. 텐트 *Terra
롯데리아 =Lotte +cafeteria

＊나낙난날남납낭내녀년녈념녕노농뇌뇨눌뉴능니닉

諾 허락할 낙. ＊참조 重

難 어려울 난.

진흙 근堇+새추 隹 새가 진흙에 빠졌다.

무궁화 근(槿) - 진흙에서 잘 자라는 나무. 무궁화

삼갈 근(謹) - 황토같이 곱게 얘기하니(言) '삼가다' ＊참조 謹

주릴 근(饉) - 음식이 모두 진흙에 빠졌으니 '흉년들다'

부지런할 근(勤) - 진흙 밭에서 힘을 쓰니 '부지런하다'

藍 바구니 남. 쪽 남. 눈으로 살펴보는 기운과 맥이 서려 있다고 '쪽'

靑出於藍(청출어람) 쪽(艹)의 본래 색깔 쪽빛 보다 보다 더 푸르다.

스승보다 뛰어나다 ＊藍藻類(남조류. 물 풀) ＊참조; 監

南 남녘 남 - 幸(행복)의 뿌리를 따뜻한 남쪽 밑으로 내린다. 南

＊啇(뿌리 적) - 오래된(古) 나무가 서(立) 있으려고 뿌리를 내린다.

＊戈(창 과) - 무성하게 앞 뿌리를 내린다. 戊(무성할 무)

男尊女卑(남존여비) - 남자의 존재 이유는 여자의 비위 맞추기

＊본래의 뜻: 남자(하늘)는 높고 여자(땅)는 낮다.

＊女必從夫 - 여자는 반드시 종부세 내는 남자와 결혼해야 한다.

納 들일 납. 들이다. 받다. 내다. 즐기다

옛날에는 실(糸) 또는 비단을 바쳤다(納稅 납세)

안(內)에서 실(糸)을 잡아 드리다. 바치다.

＊訥(말 더듬거릴 눌) -말(言)이 안에서 나오지 못한다 . 訥辯 語訥

納骨堂(납골당) -화장한 유골을 因緣의 실(糸)로 그릇에 담아

안치해 두는(들이는) 조용한(寂) 곳(봉안당)

*入寂(입적)- 조용한 곳으로 들어가다=승려의 죽음

*寂(고요할 적)-집안에(宀) 어른(叔. 아재비)이 있으면 숨죽인 상태

*출생신고 -출생 후 1개월 이내 (28일 籍 때문에)

*入籍(입적)-籍=竹+二+十+八+昔 28일 대나무밭에서 저녁에 만나자

囊 주머니 낭 *卵巢囊腫(난소 낭종. 물 혹) *참조: 巢

衣 - 衷(속마음 충. 정성 충) - 囊

옷 - 속옷(中) - 속옷 아래(冖) 입(口) 2개 달린 세로 2 가로 3짜리 필터

內 안 내 - 껍질 冂을 한 번 깨고 + 안으로 들어감 入

*양 기운 하나(-) 들어가면 밝아진다 - 丙

고기 육(肉) - 껍질을 깨고 두 번 들어감

두루 주(周) - 껍질(冂) 속에 吉자가 있으니 두루두루 좋구나(吉)

새길 조(彫) - 껍질(冂)에 무늬(彡)를 두루두루 새기다.

고를 조(調) - 껍질에 두루두루 말(言)까지 해주니 더 고르게 되구나.

돌 주(週) - 껍질(冂)을 두루두루 돌아간다(辶)

귤 귤(橘) - 창(矛)으로 과일 껍질(冂)을 벗겨(八) 먹는(口) 귤나무(木)

장사 상(商) - 큰(大) 상인은 창을 사용하지 않고 껍질(冂)을 벗겨(八) 먹는다(口).

향할 향(向) - 껍질(冂)에 창문(口)과 연기 구멍(丿)을 만든다.

빛날 형(炯) - 껍질(冂)에 창문(口) 내고 불(火)을 비춘다.

한 가지 동(同) - 껍질 안(집 안)에 한 식구

고을 동 (洞) - 공동 우물을 먹는 한 동네(껍질)

가운데 앙(央=冂+大) - 껍질을 깨고 가운데 크게 서 있다.

*멀 경 (冂) - 멀리 떨어진 성의 모양을 본 뜬 글자

*한자가 어려우면 극복하려 들지 말고 상상력을 동원해서 돌아가라.

耐 견딜 내. 忍耐 - 손(寸)으로 수염(而)을 뽑는 가벼운 형벌

*참조 ; 而(이). 耐糖能(내당능): 당을 참는 능력 glucose tolerance

乃 이에 내. 人乃天(인내천) - 사람이 곧 하늘이다(동학 사상)

숨이 턱에 닿았다(了) + 삐침 별(ノ 혀바닥 형상)

숨이 차서 혀(ノ)를 길게 내놓은 상태(乃=ノ+了)

*미칠 급(及) - 사람이 뛰뛴 후 숨이 턱에 닿았다 及其也. 壯元及第.

등 급(級) - 실로 만든 물건이 완성에 닿다. 高級. 進級

숨쉬다. 마시다. 빨다 흡(吸) - 입으로 숨쉴 때는 뱃속까지 닿도록 呼吸

김삿갓 - 天脫冠而得一点(천탈관이득일점)=犬

乃失仗而橫一 帶(내실장이횡일대)=子

*乃父(내부) - 그이의 아버지, 네 아비

乃翁(내옹) - 그이의 아버지

*乃武乃文(내무내문) - 문무를 아울러 갖추었다. 임금의 높은 덕을 기림

冷 찰 냉. 冷戰(냉전). 冷水(냉수)=찬 물. 冷藏庫(냉장고)

얼음 빙(冫)+하여금 령(令)=높은 사람의 명령(令)이 얼음(冫)처럼 차다

疒 녁. 사람(人)이 병이 나서 침대(爿)에 누웠다 人+爿(나무조각 장)=疒

年 해 년

*사람(人)이 글을 배울 때 'ㄱ' 자는 한번(一)에 '지금' 당장

쓰지만(今), 상하로 더해진(十) 'ㄴ' 자는(年=ㄴ十ㄴ) 1年 걸린다

*남자가 전쟁, 병이 있을 때는 여자(女)가 벼(禾)를 지고

간다(委 맡길 위)

*季(철 계. 끝 계) - 수확하기에 어린 아이(子)가 벼를 지고 간다.

- 어리다 -막내 - 마지막

季父(계부) - 아버지의 막내 동생. 季節(계절)

*秀(빼어날 수) - 벼(禾)가 아이를 밴(孕) 것이 이삭 -무성하다

- 성장하다 - 빼어나다

*禾 밑에 人 女 子 孕(乃)

寧 편안할 녕(령). 집에 튼튼한(丁) 그릇(皿)이 많으니 마음(心)이
'편안하다' *참조: 盂. *安寧,

흥선 대원군과 구노

흥선 대원군(1820~1898)은 두 살 위인 프랑스 음악가
구노(1818~1893)와 슬픈 아픔의 인연을 가지고 있다
구노의 친구가 조선에 선교사로 갔다가
흥선 대원군한데 순교를 당한
그 슬픔을 작곡한 것이 '구노의 아베 마리아' 이다

'아베 마리아'라는 뜻은 洗禮(세례) 요한의 어머니 엘리사벳이
처녀 마리아를 찾아와
예수를 수태한 사실을 알리며 건넨 인사말로
'안녕하세요, 마리아 님'이란 뜻이다
(문안드립니다. 인사드립니다)

스페인이나 포르투갈에 가면
아들을 훌륭하게 키운 어머니를 더 존경하기 때문에
성모 마리아가 단연 돋보인다.

그릇(皿)이 귀한 옛날에는
安寧의 '편안할 녕(寧)'자에도 그릇(皿)이 들어있다
집(宀)에 튼튼한(丁) 그릇(皿)이
많으니 마음(心)이 '편안하다'는 뜻이다

孟子(맹자)에도 그릇(皿)이 들어있다
좋은 그릇에 빗대어 아끼는 자식(子)이란 뜻이다
엄마보다 아들이 먼저다

동양의 男尊女卑(남존여비) 사상이 그대로 들어난다
'남자(하늘)는 높고 여자(땅)는 낮다'

서양의 스페인에서는 남존여비의 뜻이 다른 것 같다
'남자의 존재 이유는 여자의 비위 맞추기'

＊성모 마리아는 로마제국의 아시아 수도, 에베소(뜻: 인내)에서
사도 요한의 보살핌 속에 최후를 마침(참조: 携 휴)
에베소=지금은 터키의 에페소. 신약성경의 에베소서
＊막달라에 사는 마리아. 막달라 마리아
(부활의 첫 증인. 일곱 귀신들린 불쌍한 여인)

奴 종 노. 손(又)을 사용해서 일하는 여자
손(又)에 잡혀 온 여자(女) 노예
努 힘쓸 노. 온 힘(力)을 다해 일하는 사람
怒 성낼 노. 억지로 일하는 사람의 마음(心)

손(又)을 사용해서 일하는 여자(奴 종 노)의
억지로 일하는 마음(心)이 怒(성낼 노)

생산을 위해 힘쓰는 육체활동
노비처럼 고통이 수반되지만 순응해서
온 힘(力)을 다해 일하는 사람의 努力(努 힘쓸 노)

밤새 환하게 등불을 밝히고(熒 등불 형 - 불빛이 발산하는 모양)
목적을 위해 열정을 다하고
노력하고 창의를 통한 열정으로 역전 시키는
불빛이 빛나는(火火火) 勞(일할 노. 熒의 약자 +力)는
불빛이 없는 努와 다를 수밖에

勤勞者(근로자). 勞組(노조). 勞動者(노동자). 疲勞(피로)의
勞는 열정의 불빛(火火火)이 있다
容恕는 勞力 疲勞의 勞가 아니라 불빛(火)이 없는 怒에 필요하다

＊榮(영화 영) - 나무(木)로 횃불을 밤새 피우다. 만발하다 - 번영하다
＊진흙(堇)에 빠졌을 때는 힘(力)을 부지런히 쓰라는 勤(부지런할 근)

盧 밥그릇 로. 화로 로. 창 자루 로. 검다. 姓氏(노무현)
호랑이(虍) 밥그릇(皿)의 입(口)모양 '田' 字 같다고
蘆 갈대 노. 창(盧) 자루처럼 기다란 풀(++). 갈대(++)를 태우는 그릇
蘆原區(노원구) 옛날, 서울 노원구의 수락산 아래 평원에는 갈대(蘆)만 무성해서 함경도 방향으로 오고가는 행인들이 불편해 蘆院(식당을 겸한 여관)을 만들었다.
노아. 노아의 할아버지(무드셀라: 성경에서 가장 오래 사신 분 969년)

무드셀라 증후군

무드셀라 뜻: 그가 죽으면 심판이 온다(홍수 심판)
무드셀라 369년에 손자 노아 탄생. 노아 600세 때 대 홍수
＊무드셀라 증후군 - 오래 살다 보면 과거의 나쁜 기억은 빨리

잊어버리고 좋은 기억만 남기려는 현상

*참조: 酉 - 술 취한 노아

*개 코가 축축한 이유 - 노아의 방주에 작은 구멍이 뚫려 물이 새기 시작했을 때 모든 탑승자 가운데 가장 충직한 개가 그 구멍을 주둥이로 막아 침몰을 막았기 때문

農 농사 농. 農民(농민)=농사짓는 백성
농사가 잘 되어 집(厂)에서 별(辰)이 보일 때 까지
풍년가(曲)를 불러 보세

膿 고름 농. 농사 짓다 속이 다 곪는다 *蓄膿症(축농증)

腦 뇌 뇌. 사람의 몸(月)에서 생각이 흘러 다니는(巛) 정수리(囟) 부위
*정수리 신(囟)

2.5캐럿 다이아몬드, 뇌하수체

*腦下垂體(뇌하수체) - Pituitary(뜻: 점액) gland

1) 뇌(腦) 아래(下) 수직(직각)으로 드리워져(垂) 있는 물체(體)
2) 고급스런 터키산 말안장에 앉아있다.
3) 크기는 직경 1Cm. 0.5 g, /물방울 다이아몬드 2.5 캐럿트
(참고: 1캐럿트=0.2g) *참조: 門의 間腦

4) 間腦(사이뇌. 대뇌와 소뇌 사이) 아래로 드리워진(밑에 있는) 돌기처럼 생겼다고 이름 붙은 내분비샘(호르몬 분비조절)
5) 처음에는 점액(pituitary)이 콧물처럼 나오는 창고라고 '콧물샘'
6) 3쪼각으로 구성(전엽. 중엽. 후엽) - 호르몬 분비
전엽 - 뼈. 근육. 부신. 갑상샘. 정소
후엽 - 유방. 난소. 신장

尿 오줌 뇨. 죽은(주검 시尸)+물(水)

*참조: 屍(주검 시). 尿=죽은 물 *똥 시(屎) - 죽은 쌀

能 능할 능. 내(厶) 몸(月)은 아무리 굽어도(匕)

숟가락(匕)으로 밥 먹을 능력과 재능이 있다

곰처럼 생긴 글자로 능력(能力)을 뜻함.

*마늘(厶)은 아무리 세월이(月) 지나도

비수(匕)처럼 맵고 매워야(匕匕) 제 맛이다

*참조: 매운 맛

*態(모양 태. 태도 태) - 웅녀가 사람이 되기까지의 겪은

어려운 은근과 끈기 *形態

*수컷 웅(雄) - 수컷 곰은 오른쪽(右)에서 암컷을 지킨다

*곰 웅(熊) - 灬는 4개의 발

*참조: 厶 - 남자 곰(雄),여자 곰(熊)

＊다단달담답당대덕도독돈돌동두둔득등

多 많을 다. 夕은 고기 月의 변형 月月. 고기를 두겹으로 쌓다

＊옮길 이(移) - 벼(禾)의 수확을 많게(多)하기 위해서

벼는 옮겨 심는다.(못자리). 우공이산(愚公移山)

短 짧을 단. 단점 단. 화살(矢)로 콩(豆)을 맞추려면 거리가 짧다

單 홀 단(홀로. 하나)

남자는 열(十) 식구(口)를 먹일 힘(力)이 있어야 한다고(男)

밭(田)에서 마음속으로(心) 생각해 봅니다(思 생각할 사)

입(口)이 2개(口口)면 큰일 난다고

하나만(홑 단) 되게 도와주시라고

십자가(十) 앞에서 기도 드립니다(單=口口+田+十)

더 나아가 조용함 속에서 神(示)을 만나

마음의 평화까지 얻게 해달라고 기도합니다(禪 고요할 선)

싸울 전(戰) -혼자라도(單) 창(戈)을 들고 싸운다

彈(탄알 탄). 활(弓) 시위에 얹어 쏘는 화살 모양의 창(單)

＊彈劾. 防彈

段 조각 단. 厂+三+殳. 연장을 든 손(殳)으로 언덕(厂)에 계단(三)

＊階段(계단) - 언덕(阝)을 다(皆)같이 오를 수 있게 만든 계단 ＊假

蛋 새알 단. 발 소. 짝 필(疋)+虫 발이 없는 벌레. ＊蛋白質

＊참조: 卵.卯

丹 붉을 단. 一片丹心(일편단심)민들레 - 남성호르몬(MR 10).테스토스테론

斷 끊을 단, 繼 이을 계

- 누에고치를 도끼로 끊는다. 누에고치에서 실을 계속 풀어낸다.

端 끝 단. 단정할 단(端正). 첫 번째 단(端午)

윗부분 끝 山(屮의 변형),아랫부분 끝 而(수염)

서다(立)+풀(풀잎. 뿌리)-결합하여 풀이 반듯하게(端正 딘정) 서 있다

*참조: 四端(純善無惡) 칠정

*端宗(단종): 禮를 지키고 義를 추구한다

*金宗瑞(瑞: 상서로울 서)

*端午(단오=첫 번째 午日). 端(끝은 또 다른 시작, 출발. 첫 번째)

*喘(숨찰 천)-높은 곳에서 내려오니 말소리가 숨차다 '喘息(천식)'

達 통달할 달. 이르다 달

達=土+羊+辶 숙련된 양치기는 羊이 어느 땅(土)으로 뛰어다닐 지(辶) 안다(통달하다).

*義 - 내가 순하고 착한 羊이다=의롭고 떳떳하다

*善(착할 선) - 羊의 말(言의 변형)은 순하고 착하다

*朴達재(박달재) - 朴(밝다. 백)+達(언덕. 산). 달동네

談 말씀 담. 불(火)이 활활 타오르는 것같이 말(言)이 술술 나오는 것

潭 못 담. 물(氵)이 깊은(覃) 못. 깊은 물

覃(미칠 담. 뻗을 담. 깊을 담) - 해(日)가 다하여(十)(早) 서쪽 (襾 덮을 아)으로 지게 되면 어둠이 곧 '미친다. 깊다. 어둡다'

譚(클 담. 말씀 담) - 온 세상에 미치는(覃) 말(言)이니 '편안할 담'

-菜根譚(채근담): 나무뿌리와 같은 거친 음식도 달게 여기며 사는 사람은 어떤 일이라도 성취할 수 있다는 뜻

*百潭寺 –물 웅덩이가 100개 있는 절.

*栗(밤 율) - 알맹이를 덮다(襾).

*潭陽(햇살 담은 못. 물 깊고 양지바른 곳. 백리 담양에 나리는 물)

膽 쓸개 담. 담력 담. 肝膽(간담) -간과 쓸개. 간담이 써늘하다

*참조: 詹(첨). 危機(위기). 厄(액)

答 대답 답. *참조: 等. 噬(筮). 篤. 笛. 合. 筋

키스(合) 대신 대나무에 글을 써서 답하다

*篤(두터울 독) - 말의 걷는 소리가 대나무 소리와 같이 두텁다

篤實(독실). 篤志家(독지가)

*笛(피리 적) - 대나무로 인해(由) 소리가 나다. 汽笛(기적). 警笛(경적)

*竹은 -말 걷는 소리. 피리 소리가 나기도 하고

절(寺)에 무리지어 있거나(等), 무당이 씹어 먹기도 하고(噬), 글 쓰는 종이 역할, 대나무처럼 쭉쭉 뻗는 근육 역할도 한다.

다밈(擔任)과 다임(單任)

擔任(담임) 선생님의 담임 뜻은?
언덕(厂)위 사람(人)이 언덕
아래 사람(人)에게 위태해도
담대하게 올라오라고 말하는 것이(口)
詹(이를 첨. 살필 첨)인데,
손(扌)을 내밀어 무거운 짐을 대신 져주는 것이 擔(멜 담)이다

壬의 뜻은 여러 가지이다
북방 또는 아홉 번째 천간을 뜻하기도 하지만
선비(士)가 비뚤어 졌으니(丿) 간사하다(壬=丿+士)는 뜻,
擔任의 任(맡길 임)처럼
크나큰(壬) 사람(人)에게 '맡기다. 맡다' 의 뜻도 있다
어떤 학급이나 학년을 책임지고 맡은 '담임'을

'다님(單任)'이라 읽지 말고 '다밈(擔任)' 이라 말해야 한다
*擔任 - 짐을 대신 메주는 사람(任).
聖 - 타인의 말을(口) 잘 들어주는(耳) 사람(任)

堂 집 당. 흙(土)으로 높게(尙) 만들었으니 '집'
當 마땅할 당. 밭(田)은 높은 곳에 있으니 '당연히 마땅하다'
*尙(오히려 상) - 높다. 위. 숭상하다
常(항상 상) - 천(巾)을 위에(尙) 곱게 꽂고 다니니 '항상 떳떳하다'
賞(상금 상) - 높은 자에게(尙) 재물(貝)을 주니 '상주다'

당뇨병과 당화혈색소(HbA1c)

糖 엿 당. 사탕 탕(candy). 쌀이 남아돌아 엿을 만들어 먹었다고 당나라
*糖尿病 검사법 - 糖化된 血色素(당화혈색소) HbA1c
Hb(hemoglobin) A(Adult) 1 c(abc 중 c 가 60~80%로 가장 많다)
*糖尿病 –소변에 糖이 나오는 병
*脚氣病(각기병) - 다리에 공기가 들어간 것처럼 통통 붓는 병
*白血病(백혈병 leukemia. leuk 희다 + em 피)
- 눈으로 보는 피는 붉은색이지만,
현미경으로 보는 피는 흰색으로 보인다고
정상적인 백혈구 수는 7천개, 백혈병은 10~30만개 /1mm^{3}당
백혈병 치료약 –닐로티닙(nilotinib, 타시그나 150mg 캡슐)은 파킨슨병, 小腦위축증의 정상보행. 언어능력을 회복
*~tinib 접두어. 접미어 뜻: 티로신 키나제 억제제

궁전(殿)과 엉덩이(臀)

*耐糖能 -당(糖. 포도당. 생체 글루코오스)을
처리(대사. 耐)하는 능력(能)

*내당능 장애 -포도당에 내성이 생겨 제 기능을 못하는 상태
-Impaired glucose tolerance
식후 혈당수치가 당뇨병 진단 기준보다 낮지만,
정상보다는 높은 '당뇨병 前단계'

*耐(견딜 내) -견디다. 참다. 버티다. 능하다. 수염을 깍은 형벌.
임무를 감당하다(처리하다). 耐性. 忍耐心. 耐久力(내구력)
톨레랑스(관용) *손자를 귀여워하면 할아버지 수염을 뽑는다

*굶주렸던 옛날에는 포도당을 만드는 공장(호르몬)이 많고,
포도당을 처리하는 공장은 '인슐린' 딱 하나 밖에 없었다.
오늘날에는 포도당이 넘쳐나 인슐린 혼자서 감당하기 힘들고
공장 내 직원들이 혈당을 제대로 활용하지 못하도록
데모도 한다(내성. 내당능 장애)

*당뇨병 때 살이 빠지는 이유
-굶주려서 세포가 포도당이 부족하면 포도당 대신
지방이나 근육을 분해해 에너지원으로 쓰기 때문

*혈당을 올리는 호르몬
1)부신- 수질(단기 대처) -에피네프린. 노르에피네프린
- 피질(장기대처) -글루코코르티코이드
2)췌장 -글루카곤(식물의 감자 성분=전분=녹말 형태로 저장)
-췌장의 인슐린이 전분형태로 간(글루카곤).
지방. 근육에 저장
3)기타: 성장 호르몬. 갑상선 호르몬. 스트레스(홧병)

*임신성 당뇨병. 노인성 당뇨병

*綠末(녹말)-綠豆(푸른 콩) 가루(末) *末藥(말약. 가루약)
*澱粉(앙금 전, 가루 분)-녹색식물의 뿌리. 줄기. 씨앗에 저장된 탄수화물
*澱=氵+展(尸+衣의 변형)+殳 사람(尸)의 옷(衣)을 벗기고 몽둥이(殳)로 엉덩이(볼기)를 칠 때 들리는 소리. 의성어(궁전. 궁궐. 큰집. 동헌). 지엄한 삿도(법관)가 큰집(殿)에서 판결하여 안정시키듯, '앙금(澱粉)'이 가라앉는다.
*臀(=殿+月 볼기 둔)-신체에서 궁전처럼 넓게 펴져있는 곳, 궁둥이. 엉덩이. 볼기. 볼기짝

*설탕=포도당+果糖
糖 테스트는 엄밀히 포도당 테스트이다.
과당(果糖)은 포도당과 달리 에너지원으로 사용되지 않고 肝(간)에서 곧 중성지방으로 변한다(지방간)
과일은 설탕이다(당뇨환자는 수분이 없는 마른과일은 피할 것)
*당뇨 검사는 '포도당 검사'이지, 과당 검사는 아니다.
*당뇨병 때 살이 빠지는 이유
- 세포는 포도당을 이용하지 못해 상대적으로 굶주리게 돼 포도당 대신 지방이나 근육을 분해해 에너지원으로 쓰기 때문
*당뇨환자가 피해야 할 4가지 음식
1) 밀가루(글루텐). 2) 설탕. 3) 과일=설탕.
4) 밥(1공기 각설탕 15개)
탄수화물은 총 섭취 칼로리의 45%. 굽거나 튀긴 음식 섭취 금지
*금지식품: 빵떡밀쌀 고가국감(고구마. 과일. 국수. 감자)
과일대신 채소. 사과. 바나나.
*사탕은 먹을 때만 달다.
*인슐린 - 지방합성 호르몬 / 설탕 - 취하지 않는 술(지방간)

* 당뇨에 좋은 차 - 계피. 여자(여지. 쓴오이. 모모르디카). 식초
* 여자를 미워하면 생기는 病 - 당뇨병. 으 하하하!

* 당뇨병과 관련된 3개의 장기 - 췌장(인슐린). 간. 신장(부신피질)
* 6개의 피리 부는 사나이(피리독신=B 6)
- 당뇨병 환자는 고기를 먹을 때 반드시 피리독신이 필요하다. 만약, 부족하면 크산투렌산(xthan urenic acid)이 인슐린을 배출하는 '베타 세포' 파괴
- xanth - (노랑색). Liver cirrhosis(간경화)의 cirrho - (황갈색)
- 癌(암) 자체는 단백질이므로 단백질인 고기를 먹으면 더 활발
  * 암은 B6, 고기, 설탕을 좋아하고, 웃음을 싫어한다.
- 파킨슨 병에는 피리독신(비타민 B6)을 피해야 한다. 왜냐하면 dopa - decarboxylase에 의해 도파민으로 대사되면 뇌내(BBB)를 통과할 수 없기 때문(이때 피리독신이 도와줌). 운동에 관여하는 도파민은 전단계만 뇌를 통과함.

* 당뇨병 환자가 운동을 안 하면?
1) 당이 세포로 들어가는 초인종이 안 울린다(수용체 문이 안열림)
2) 세포 속의 발전소, 미토콘드리아가 일을 안한다.

설탕은 마약이다

당화혈색소
어렵다. 무슨 말인지 모르겠네
糖化된 血色素(hemoglobin)
'설탕이 범벅된 혈색소' 라고 하니 그 뜻을 알겠네.

많은 포도당이 몸속에 들어오면
에너지로 전환돼야 할 糖이 소화되지 못하는,
생체 글루코스(糖) 처리(조절)능력이 떨어지는,
손(寸)으로 구레나루(而)를 깍는 형벌을 당해도
참아야 하는데(참을 내 耐=而 + 寸 . 忍耐)
혈당의 상승에 대해서 참지(耐) 못하는, 못 견디는
이상한 병을 '糖을 참을 수(耐) 있는 능력(能力)'이 없는
耐糖能(내당능) 장애(당뇨병 전단계)라 한다

糖尿病에 안 걸리고 싶으면
마약같은 '설탕'을 피해야 한다

忍耐는 쓰지만 그 열매는 달다고 했다
달콤한 단맛 버리고, 쓰디쓴 쓴맛으로 살아야 한다
단맛으로부터 은퇴(隱退)하라 *은퇴하면 단맛은 포기하라
甘呑苦吐(감탄고토)가 아니라 古呑甘吐(고탄감토)

언덕(阝) 아래에서 두 손(爪 ⺕)으로 당뇨병에 제발 걸리지 말게
해달라고 하소연 하는 장인(工)의 마음(心)이 '숨을 은(隱)' 이다
뒤로 물러나(退) 단맛으로부터 숨는 것이 隱退이다
이걸 失手하면 이 세상 오도 가도 못한다네
왜?
空手來空手去, 손(手)이 없으니까

단맛을 한없이 무시하면 설탕도 한 가닥 성깔을 부린다
'저혈당' 이라는 무서운 칼끝을 드리민다
땅속의 나무뿌리가 나온 모양이 '성씨 씨(氏)'

사람(人)이 나무뿌리(氏)가 있는 땅바닥에(一)
낮게 엎드린 모양의 '낮을 저(低)'처럼 저혈당(低血糖)이 되면
(50mg/dl 이하. 미러클 50)
순간 어지럼증으로 쓰러지게 된다네

한편, 혈당이 너무 높으면 뇌졸중, 심근경색 이라는
무서운 합병증이 기다린다네

혈당이 너무 올라도 탈, 너무 내려도 탈
적당히 먹어야 하는 中庸(중용)이 참으로 그립네.

腹六分天壽

영국 격언에
좀 모자라게 먹으면 의사가 필요없다
프랑스 격언에
大食은 백병전의 칼보다 더 많은 사람을 죽인다
독일 격언에
폭음. 폭식은 醫師만 부자로 만든다

한국인은 왜 배가 나올까?
중국인은 혀로
일본인은 눈으로
한국인은 배로 먹기 때문이다 *나이테가 생기므로

한 수저 덜 먹으면 10년

두 수저 덜 먹으면 20년
세 수저 덜 먹으면 30년
남들보다 더 살 수 있다

장수의 지름길은 매우 간단하다
배(腹)는 60%만 채우자(복6분천수)
밥상은 가난한 게 좋다

밥(떡) 없이 영원히 사시는 분도 계신다
누구?
육신(月)을 버리고 復活한 후, 하늘나라로 가셔서(彳)
사랑으로 사시는 하나님

당에 입당하다

8개월 前, 당에 입당하라는 원서가 날아왔다
(신체 검사 통지표에 당혈당이 높게 나옴)

위험하다는(danger) 빵. 과자. 초코렛 등 단거(danger)를
우선 피하고 운동을 30분씩 열심히 했다
결과는 별로
당화혈색소가 9.6(2019.11.25)에서
8.6(2020. 3. 2)으로 떨어졌을 뿐

탈당 통지서를 받으려면,
당화혈색소 5.6 이하(6.5 이상은 당뇨)

공복혈당 100 이하, 식후혈당 140 이하가 되어야 하므로

트라젠타 듀오 2.5/500 이라는 약물을
하루에 2회씩 먹었다(2020. 3. 4)
배가 아프고 토하고 싶은 증세가 있어 1회로 줄이고
단거 피하고 운동은 계속 열심히 했더니

약물복용 3개월 후 당화혈색소 6.9(2020.6.1)
아침 공복 120대, 식후 혈당 160대가 되어
엿당(당뇨병)에서 탈당해도 좋다는 희망이 엿보인다
물론 이와 같은 결과를 이루는 데는
훌륭한 두 분의 名醫가 있었다
오홍식 박사 그리고 강형구 박사에게 감사드린다
그 후, 매 3개월 마다 당화혈색소 검사를 해보니
목표치 6.5 이하로 갔으면 좋겠는데
8.5/ 6.9/ 7.2/ 7.0/ 7.9 /6.9/ 7.3
걱정하던 차, 내과 전문의 정 찬영 박사를 만났더니
요즈음 70~80대는 특별히 할인해 준데요
'8.0까지는 정상' 이라고(*미국 8.5 이하)

*2018년 기준, 당뇨병 환자 510만명, 당뇨병 전단계 830만명

唐 당나라 당, 황당할 당.
庚(탈곡기)+口(큰 소리. 허풍. 당황) 唐突(당돌). 荒唐(황당)
*참조 : 庚(경). 唐
*당나라(唐=庚+口) 이름 이후부터는

탈곡기에서 떨어져 나오는 쌀을 풍족하게 먹는 모습으로 해석

大 클 대

待 기다릴 대. 절(寺)에 가서(彳) 기다린다

代 대신할 대. 사람(人) 대신 말뚝(주살 익 弋)을 세우니, 대신하다

對 대할 대. 대답하다. ＊참조 業

大陸(대륙. 판게아) 이동설. ＊참조: 광주醫史 1915년

노아의 홍수	이전 (궁창 윗물 때문에 비가 없음)	이후 (윗물이 터져서 홍수. 무지개)
육지와 바다 비율	육지 80 : 바다 20 판게아(1개의 거대한 대륙). 숲이 많아 산소가 많다	육지 30 : 바다 70 5대양 6대주. 육지가 적어 숲과 산소가 적어진다
지구 공기의 산소 비율	50% ＊ 산소 때문에 長壽	27% *질소: 78%

代謝(대사) ＊참조: 謝의 신진대사. 대사공학. 합성생물학

大師(대사) 元曉大師(원효대사). 義湘大師(의상대사)

＊원효대사 - 새벽 해가 떠오르는 것처럼 신라의 불교를 발전시키고 싶다고
- 첫 새벽처럼 불교를 새로 빛나게 한다.

＊의상대사 - 마음을 물처럼 고요하고 깨끗하게 다스리면서
올바른 삶을 실천한다고

＊소승불교 - 개인의 수행과 해탈을 강조
대승불교 - 개인의 해탈 보다는 부처님의 말씀을 전파(원효. 의상 대사)

＊曉湘(효상) 박돈희 교수(曉 - 새벽 효. 湘 - 물 이름 상)

帶 띠 대. 수건(巾) 2장 위에 장식용 십자가 4개 ++++
＊참조: 滯(체). 帶狀疱疹(대상포진)

德 큰. 은혜 덕. 十目一心彳
德 보려 말고, 손해를 봐라.
베푼 德에 대해 스스로 공치사를 한다면, 베풀지 않는 것만 못하다.

남에게 베풀 수 있는 德 중에 가장 큰 것은 '따뜻한 말'이다.

*참조: 성대의 회귀신경

'신혼'에서 한 사람은 신나고, 또 한 사람은 혼나서는 안 된다.

德은 주거니 받거니 '愛'가 아닌 그저 주는 '慈. 恩惠'의 차원이다.

道 길 도. 사람(首)이 가는(辶) 길 *돈에서 ㄴ만 빼면 道

*참조:貴

*道人 - 불가 또는 일반사람들이 세상을 등지고 산속에 들어가 사는 사람

'ㄴ'자 2개를 빼는데 1年(ㄴㄴ十) 걸리고, 기적의 십자가(十)가 보인다

추사 김정희(1786~1856) -果道人(과천 도인) - 과천에 살았던 시절의 호

*윤선도(1587~1671)의 증손 공재 윤두서(1688~1715)

윤두서의 딸의 딸(손녀) - 다산(1762~1836)의 어머니

*참조 -秋史. 甫吉島

導 이끌 도. 다른 종족의 땅을 빼앗고 그 땅을 밟을 때는

악령을 내쫓기 위해서

손(寸)으로 적의 머리(首)를 들고 가는 것(辶)

*傳導 -신앙을 전파하고 이끈다. 열 또는 전기가 다른 곳으로 옮긴다

*傳道 - 천국으로 가는 영원한 길(교회의 사명)

先聖의 道를 널리 세상에 전하여 가르침

度 법도 도, 헤아릴 탁. *참조: 經度 緯度

집(广)에서 손(又)으로 스무개(廿감)의 물건을 헤아리니 '재다. 법도'

刀 칼 도

禱 빌 도. 오래 살게 해달라고 목숨(壽)을 빌다(示).

*빌 기(祈) - 제단(示) 앞에서 도 손을 도끼날(斤)처럼 모으고

보살펴 주기를 빈다.

*말은 인간의 특권이다(호모 로퀜스 Homo Loquens 언어적 인간)

입 밖으로 말이 나오면 허공으로 사라진 것이 아니라
그때부터 진짜 생명이 시작되는 허공에 쓰는 언어이다.

濤 물결 도. 물(水)이 목숨이 있는 것처럼,
살아있는 것처럼 보인다고 '물결' *파도(波濤) *참조: 壽

桃 복숭아 도. 호도 胡桃=북쪽 땅에서 내려온 오랑캐(胡) 복숭아(桃), '호두(walnut tree)'라고 함 -대장암 치료제(1일 52g)
*桃李(도리) - 복숭아 와 오얏(자두) 나무 밑에는 저절로 길이 난다. 달콤한 열매를 맺기 때문

盜 흠칠 도. 참조: 方의 燐

獨 홀로 독. - 개는 같이 키우면
서로 으르렁 대고 싸우니까 크면 홀로 키운다.
獨走(독주)=홀로 달림

毒 독할 독. 엄마(母)가 주인(主)이 되면 아이가 망한다.
*貴 보잘 것 없는 虫도 돈(貝)만 있으면 귀한 대접을 받는다.
*責(꾸짖을 책) - 돈(貝)이 있으면 주인(主)도 찌르고 '책망한다'
*積(쌓을 적) - 벼(禾)를 돈(貝)처럼 쌓다 .*참조: 積幣(적폐)

頓 조아릴 돈. 갑자기 돈
칼날이 휘어지고 굽어진 것처럼(鈍), 머리가 휘어져 굽어지다.
머리를 숙이고 꾸중을 듣다. 잘못된 것을 바로잡다.
가지런히 바로 잡음(整頓 정돈)
査頓(사돈) - 서로 맞대어 조아리다.
-頓悟頓修. 頓悟漸修 *한번 깨달으면 됐지, 뭐(성철)
돈오(頓悟) - 갑자기 단번에 깨달음
*頓(머리를 숙여 절하는 '조아리다'. 여기서는 '갑자기' 의미
悟(깨닫다), 修(도덕. 품행을 다스려 '닦다' 의미
흙을 뚫고 용감하게 올라온 풀(屮)을 둔(屯)이라 하는데,

갑자기 감사함을 깨닫고(悟) 머리(頁)를 겸손(謙遜)하게 숙이는 것(조아리는 것)을 '조아릴 돈(頓)'이라 한다.

*머리 혈(頁), 머리 수(首), 얼굴 면(面)에는 모두 공통으로 스스로 자(自)자가 들어있다. *참조: 首

번민하면 괴로울 번(煩), 물처럼 따라가면 순할 순(順)

*참조 夏. 108 煩惱(번뇌)

*순할 순(純) - 누에고추에서 생실(糸)을 뽑아낼 때는 새싹 돋는 것처럼 어렵지만, 잡것이 섞이지 않고 아름답고 순수하다.(純潔).

同 한 가지 동. 같을 동. 共同(공동) *內 참조

同姓同本(동성동본)=성(姓)도 같고 본관(本)도 같다(同)

同化(동화)=같게(同) 됨(化)

同心草(동심초) *참조: 心

冬 겨울 동. 실의 한쪽 끝을 풀리지 않게 홀쳐매는 모양

얼음판 위에서 (얼음 빙 冫) 천천히 걷는(걸을 쇠夂) 계절

糸(실 사)를 더하면 끝날 종(終) - 終着(종착) - 羊으로 끝난다

冬至(동지) - 겨울에 이르다. 태양의 부활. 팥의 효능 - 악귀를 쫓는다.

童 아이 동. 동네(里) 어귀에 서서(立) 노는 아이들. 神童(신동)

동적골(무등산) - 동쪽에 있는 골짜기(東山)

豆 콩 두. 제사의 제기 모양

짧을 단(短=화살(矢)+ 콩(豆) 짧은 거리. 작은 양의 비교

작두콩(콩깍지가 작두 닮았다고)茶 - 히스티딘 때문에 비염에 좋다.

頭 머리 두 –콩의 머리는 우두머리

*땅(一)을 어렵게 뚫고 올라온 풀(屮)의 머리(頁)가 갑자기 조아린다(屯)

*명령(領)하는 머리(頁)

痘 천연두 두 - 콩처럼 부스럼이 생기는 병

*풍년 풍(豐) - 골짜기(曲)에 콩(豆)을 심어 수확하니 '풍년'

屯 진칠 둔. 땅(一)을 어렵게 뚫고 나온 풀(屮).
어렵게 진을 치다(駐屯 주둔)
*駐(말 머물 주) - 駐車場. 駐미국대사

鈍 둔할 둔. 무딜 둔. *둔필(鈍筆)
금속(金)이 땅에 묻히면(屯) 무뎌지고, 녹이 슬고, 둔해진다
*이병철 삼성 회장 -運 鈍 根(氣). - 기다릴 줄 알아야 한다

得 얻을 득. 어디를 가더라도(彳) 조개(貝의 변형 日 一)를
(돈을) 손(寸)으로 '얻는다'

登 오를 등. 콩(豆) 먹으려고 올라간다. *참조: 燈(불꽃이 오르다)의 약자
걸음 발(癶). 登用(등용) 登龍門(등용문)

鄧 등소평 등. 마을(阝) 따라 콩 먹으려고 올라간다

等 무리 등. 절(寺)에 대나무(竹)들이 무리지어 있다 *答
디모데 (뜻: 하나님을 존경하다)
바울에게 할레 받고, 바울의 양아들로 순교

***라락란랄람랑래랭략량려력련렬렴렵령례로록론롱**
뢰료룡루류륙륜률륭륵름릉리린림립

樂 즐거울 락. 즐길 락. 음악 악. 좋아할 요
나무(木)에 2줄기 흰(白)실(糸)이 걸려있다
音樂-해가 뜨는 곳의 나무에 흰 천이 걸려있다
(태양숭배. 원시신앙. 성황당. 神의 모습을 그리워한다)
작은 청동 동 2개(작다 幺 요). 작은 악기(白). 북(木)

*白 - 뜻: 희다 외에 분명하다. 진솔하다. 비다. 부질없이
*참조 風樂 *노자의 3樂 - 快食. 快便. 快眠
*幼(어릴 유)와 닭(鷄)은
힘(力)이 적어서(작으니까 어리다) - 幼,
손(爪)이 적어서 크고(大) 싶다고 - 鷄
그러나 적을수록 더 좋다
*幼稚園의 稚(어릴 치) - 벼(禾)이삭이 새(隹)발의 피만큼 어리다

知 < 好 < 樂

*知好樂(지호락) - 논어(論語) *幺를 덮어버리면(亠) 가물가물, 玄
- 아는 것보다, 좋아하는 것보다, 즐기는 것이 최고다
*樂山樂水(요산요수). 知者樂水(지자요수 動. 樂)
仁者樂山(인자요산. 靜. 壽)

落 떨어질 락. 강감찬 장군의 落星垈(낙성대)

각각 각(各=뒤져서올 치 夂+口)

- 돌아와(夂) 보고하는 사람들의 말(口)이 각각 다르다

- 낙수 락(洛) : 물(氵)이 각각(夂) 떨어진다

- 落 : 물(氵) 각각 떨어진 것처럼 잎(艹)이 떨어진다

卵 알 란. *참조: 卯. 닫힌 門이 열린 모양

亂 어지러울 란(난). 위의 손(爪)과 아래 손(又)이 실패(冂)에 엉켜있고 구부러진(乙의 변형 L) 실(幺)을 풀다보니 '어지럽다'

*乙 (새 을, 변형 L). 壬辰倭亂(임진왜란)

*참조 : 辭(말씀 사) - 혹독하게(辛) 다스려(亂) 써놓은 '말씀'

來 올 래. 나무(木) 아래로 두 사람(人人) 올래. 去來(거래)

量 헤아릴 량. 旦+里=해 뜨는 마을

하루에 갈 수 있는 거리를(里) 헤아려 보고.

하루 동안 한마을 전체에 필요한 쌀(米)의 양을 헤아려 본다(糧)

糧 양식 량 * 日用할 糧食(양식)을 주옵시고 ... *참조: 用

良 좋을 량. *참조 - 허무맹랑

良=丿+艮 삐뚤어진 행동을 그치니 '어질다. 좋다. 잠깐'

*良心宣言(양심선언) - 어떤 행위에 대하여 옳고 그름, 선과 악을 구별하는 도덕적 의식 또는 마음씨

*베풀 선(宣) - 집(宀)마다 모두 다 뻗치니 '베풀다'

*舌에 물(氵)을 치면 活이 되지만, 良心의 良에는 물(氵)을 치지 마세요. 왜? 풍랑(風浪 물결). 放浪이 생기니까

兩 둘 량. 천평, 전차의 2 멍에 *참조 滿

麗 고을 려(여). 두 눈으로 사슴을 살펴보니 곱다' 美辭麗句(미사여구)

*참조 觀 황새 관 두 눈(口口)

旅 나그네 려. 旅券(려권)=나그네의 문서 *참조: 여(旅). 程(정)

黎 동틀 려. *여(黎) 참조

慮 생각 려. 호랑이가 밭에 나타날까봐 걱정하는 마음

力 힘 력. *참조: 重力

戀 사모할 련. *참조 經

攣 경련할 련 *참조 經

令 명령할 령. 하여금 령 令=亼+卩

임금 앞에 사람들이(모이는 것을 뜻하는 '삼합 집 亼')

무릎을 끓고(절卩) 있는 모양으로 무엇을 하도록 시킴

領 거느릴 령. *참조 贊. 尉官과 領寬. 領袖(영수)회담. 大統領

令 - 무릎을 끓고 위에서 아래로 명령을 받는 모양

뜻: 내려오다. 떨어지다.

領 - 머리를 떨어뜨리다. 의미: 목

鈴 방울 령 - 쇠(방울)가 내려옴. *耳懸鈴鼻懸鈴. 朝三暮四

翎 깃 령. 새의 하얀 깃털 *白翎島(白鶴島)

靈 신령 령.

*비(雨) 내리는 방법

1) 무당(巫)은 입으로(口口口) *癌(암) - 입(口)이 3개

2) 선비는 머리로 - 선비 유(儒=人+雨+而)

기우제 때 머리를 풀어헤치고(而)

비(雨)를 기원하는 사람

3) 인디언은 기우제(祈雨祭)

4) 神은 번개(申)

*噬 씹을 서. 口+竹+巫(무당 무) 대나무(竹)를 씹어먹는(口) 무당(巫)

*噬臍莫及(서제막급) - 말로 하나하나 씹어먹는것처럼 음미한다.

사향노루가 배꼽을 물려 해도 입이 닿지 않는다(소용없다) 後悔莫及

老 늙을 로. 者의 말하는(白) 기능은 없어지고 엎어진 사람(匕=人)

*참조: 老衰(노쇠) *효도 효(孝) - 늙은 부모를 자식이 업어준다.

路 길 로. 高架道路(고가도로). 발(足)로 밟고 걸어가는(各) 길
鷺 백로 로. 길(路) 따라 찾아오는 새(鳥)
露 이슬 로. 비(雨)가 길(路)에 맺어 있으니 '이슬' - 露宿(노숙)

綠 푸를 록. ＊참조: 草綠同色 같은 색, 처지가 같다.
＊나무 깎을 록(彔) - 조각칼로 나무를 깎아 놓은 모양
이때 나타난 속살 나무色으로 물들인 실(糸)의 색깔, 녹색(綠)
＊녹(綠) rust - 녹쓴다. 산화작용으로 인하여 쇠붙이의 표면에 생기는 붉은색. 검은 색. 푸른색의 물질
＊녹두(綠豆)장군 - 유난히 키가 작아 콩보다 작은 녹두 닮았다고
＊自由의 女神像 - 靑綠色 ＊참조: 由의 自由
- 본래는 구리갈色이었으나, 구리에 생기는 녹(rust)으로 綠色
- 자유의 여신상 받침대에 있는 詩
"지치고 가난하고 자유에 목마른 이들을 ....내게 보내라 ..."
'자유라는 이념에 의해 창설된 최초의 독립국가'에 온
유럽의 왕. 교회. 귀족의 오랜 지배 체제를 경험한 사람들,
남북전쟁 후 노예제라는 족쇄까지 끊어내자.
청록색을 띤 자유여신상의 그 가치는 큰 흥분을 자아낸다.
＊綠內障(녹내장) - 내부가 혼탁해지면 동공의 색이 불투명한 푸른색으로 변해서 뿌옇게 보이고 아른거린다.

＊산화철(산화된 철=녹 쓸다) - 공기 중에서 쇠가 빨갛게 녹이 쓰는 것은 철이 산소와 결합하여 산화철로 변하기 때문
(반대: 항산화 작용) ＊참조:항생제 606. 녹 방지제 WD 40
- 나침판 역할을 하는 산화철을 이용하여 방사선 노출 없이 암 진단(MPI)79.

서양 미술

옛날 옛적 선사시대 사람들은
먹거리를 구하고
맹수들로부터 무사함을 바라는
행운을 기원하기 위해서
동굴 화(畵)를 그렸다
이것이 원칙인데.....너무 변해버렸다

5세기 때
터키의 수도 이스탄불(비잔티움. 콘스탄티노플)을
중심으로 1천 년간 번창한 기독교인들은
아기 예수를 안고 있는 성스러운
성모마리아의 모습을 그렸다(비잔틴 미술)

서기 1000년경부터 1200년 사이의 사람들은
존경하는 마음이나 두려워하는 마음을 가지라고
교회의 권위주의적인 그림을 그렸다
(로마풍의 기독교 미술 양식인 로마네스크 미술)

12세기 말부터 14세기의 게르만 민족의 고트족은
시민계급의 예술로
하늘에 닿고자 하는 마음의 뾰족뾰족 건물과
하늘의 파란색을 동경하는 스테인드글라스로
인간적이고 감정적인 요소가 강한 그림을 그렸다
(고딕미술 Gothic art)

15~16세기에는
레오나르도 다빈치. 미켈란젤로. 라파엘을 중심으로
하느님이 아닌 인간중심의
神보다는 과학을 소재로
가장 학문적이고 수학적이고 직선적 완벽한
그림을 그렸다(르네상스 미술)

18세기에는 렘브란트를 중심으로
수학적 원칙으로 표현된 르네상스의 직선성에 대한
반발과 더불어 王의 권위를 神처럼 만들기 위해서
불규칙적이고 '악취미. 이상야릇하다' 라는 뜻이 담긴
베르사이유 궁전처럼 웅장함. 호탕, 장엄. 활달한
그림을 그렸다(바로크 미술=뜻: 비뚤어진 진주)
바로크 시대부터 현란한 색체의 노랑색이 등장하였다

그 뒤
바로크의 웅장한 양식의 반발로
우아하고 섬세하고, 경박한 분위기의
실내장식 예술. 회화를 뜻하는
그림을 그렸다(로코코 미술)

다시,
나폴레옹 황제의 권위주의적인 시대에 동승하여
후세에 모범이 되는 좋은 작품을 만들고자
고전주의. 낭만주의 그림을 그렸다

1839년(19세기 후반부터), 사진 등장으로

현실을 그대로 재현하려는 회화에
큰 변화가 시작되어
인상파(모네), 입체파(피카소)
추상주의. 초현실주의로 그림을 그리다가

현대에 이르러서는
전통적인 예술개념을 타파하고
광고. 만화. 보도사진 등 대중적 이미지를
그림의 주재로 삼아 그대로 그린(Pop art)
앤디워홀의 포퓰라 아트가 탄생했고

2016년에는 노벨 문학상 마저
전통적인 문학 개념을 타파하고
미국의 대중가수 밥 딜런에게 영광을 안겨 주었다

유럽의 왕. 교회. 귀족의 오랜 지배로부터 벗어나고 싶은 사람들,
남북전쟁 후 노예제라는 족쇄까지 끊어내고
프랑스 혁명의 박애. 평등. 자유(박평자)를 이어 받은
청록색을 띤 자유 여신상의 가치는 큰 흥분을 자아낸다.

대한민국 주권은 국민에게 있고
모든 권력은 국민으로부터 나온다(헌법1조2항)
4.19 민주이념을 계승한다는 뜻은
본래의 자유스러운 인간으로 되돌아가고 싶다는 소망이란 걸

먹거리를 구하고
맹수들로부터 무사함을 바라고

행운을 기원하기 위해서
동굴 화(畵)를 그렸던
옛날 옛적 선사시대 사람들처럼
다시 원점으로 돌아간 것이다

賴 의지할 뢰. 힘입을 뢰. 기댐. 이득. 착하다.

束+刀+貝 - 조개(패)를 잘 다듬어 다발9속)로 엮어 안전한 곳에, 믿을만한 곳에 맡기다.

*依賴(의뢰) - 남에게 의지하고 맡기다.

依 - 추위를 피하기 위해 옷에 의지

*信賴(신뢰) *晏然(안연) - 평온하다. 편안하다.

療 병 고칠 료(요). 병(疒)을 고치려면 사람(大)이 두 눈(. .)을 부릅뜨고 햇볕(日)도 쬐이고 음식도 가볍게(小) 먹어야 한다.

*요양원(療養院) *참조: 壤, 도울 양(襄), 기를 양(養) - 羊에게 먹이를 주어 기르다

僚 벗 료(요). 함께 있으면 마음이 밝아지는(尞) 사람(人) - 각료(閣僚)

料 헤아릴 료. 香料(향료). 말(斗)로 쌀(米)의 양을 재다. 헤아리다.

樓 다락 루.

婁 어리석을 루. 거듭 루. 쌓을 루.별이름. 나라이름

텅 빌 루(비다 空)

속(中)이 텅 빈(毌) 여자(女). 마음을 비운 여자

*말 무(毌)(하지마라)

*數 - 몽둥이(매질. 攵)로 마음을 비운 여자는 數學(수학)을 잘 한다.

*數(셀 수)

*樓(다락 루) - 나무(木)를 층층이 쌓아 만든 속이 텅 빈 높은 집의 난간(木)에서는 별들(婁)이 잘 보인다 '다락. 누각. 망루'

* 樓閣(누각) - 사방을 바라볼 수 있도록 높게 지은 나무(木)로 만든 층층 다락집

* 褸(누더기 루) - 반짝반짝 빛나는 아름다운 별(婁)에게는 이 세상 아무리 화려한 옷(衤)도 남루(襤褸)한 누더기에 불과하다

* 枕溪樓(침계루. 이광사) - 시내를 베게삼아 세워진 누대

無量壽閣(무량수각. 추사 김정희) - 모든 중생을 구한다고 끝없는 수명으로 설법을 계속하는 부처를 모시는 불전

駕虛樓(가허루. 창암) - 신선 세계로 오르고자 허공을 타는 누대

* 해남 대흥사에 있는 3대 서예가 - 원교 이광사. 추사 김정희. 창암 이삼만

* 부스럼 루(瘻)

- 瘻孔(누공) fistula=비정상적인 길. 속이 텅 빈 샛길. 부스럼(누공)

* 佝僂病 구루병 (곱추 구 / 구부릴 루) - 곱추병. 속이 텅 비어 구부러진 사람(人+婁)

* 摩天樓(마천루 sky scraper)

=하늘(天)을 긁는(摩) 높은 건물(樓)

scrape(긁다). 摩(갈 마) - 삼나무(麻)에서 실을 뽑으려고 손(手)을 갈다.

* 고층 아파트(摩天樓)를 좋아하는 이유?

敬天愛人(경천애인) * 참조: 警의 苟(진실로 구). 敬

- 그러나, 하늘은 높은 건물을 싫어하고, 센 바람을 보낸다. 땅기운(地磁氣)이 없다. 산소 부족

* 아름다운 바닷가 별장 - 좋아하지 말라 * 참조: 바람, 風

- 습도가 높고, 소금기 있는 바람 때문에 자동차 등이 녹 쓴다.

- 사람은 風病(풍병) 주의(우울증. 관절통)

藏風得水(風水) - 바람을 막아야 한다.

藏(감출 장). 제주도 돌담

陽豊(땅에서 부는 바람), 陰風(산에서 부는 바람)

*樓門洞(누문동) - 광주읍성 북문(拱北門)의 拱北樓(공북루)에서 유래

누문동(樓門洞)

소(牛)를 매질하면(攵) 목사(牧)가 되고,
마음(中)을 비운(婁) 여자(女)를 매질(몽둥이 攵)하면
數學(수학)을 잘 하게 된다는 이야기가 있다

속(中)이 텅 빈(毌) 여자(女)처럼(婁=毌+中+女)
나무(木)를 층층이 쌓아
속이 텅 빈(婁) 높은 집(樓 다락 루)을 만들어
별들이 잘 보이는 다락의 난간(木)에서
아름다운 별(婁) 하나하나의 이름을
다 쳐서(攵) 샘(數 셀 수)해 볼 수 있었던
아름다운 동네가 바로 누문동(樓門洞)이라네
*樓閣(누각) - 사방을 바라볼 수 있도록 높게 지은 '다락. 누각. 망루'
*數(셀 수) *毌(말 무)

累 여러. 거듭할 루.
밭(田)에서 나는 곡식을 자루에 담아 실(糸)로 묶어
여러 층으로 쌓아 놓은 모습. 累計 累名
*畜(짐승 축) - 밭에 떨어진 검은 것(玄) - 짐승 똥
*蓄(모을 축) - 가축들에게 먹일 풀(++)을 모으다 . 蓄膿症
流 흐를 류(유). 亠+厶+川 아이가 양수와 함께 흘러나오는 모양
거꾸로 된 아이(子)

*硫(유황 류.유) - 돌에서 흘러나오는 유황

律 법률 률. 사람(人)이 바르게(聿) 가야할 길(彳)

里 마을 리. 밭(田)과 토지(土)가 있으니 '마을' *문신 뜻도 있음

理 다스릴 리. 구슬(王) 표면에 줄무니(문신)가 나오도록 갈다. 다스리다.

利 이로울 리 *참조: 所의 自利自他

벼(禾) 벨(刂) 때는 칼날이 날카로와야 이롭다. 편리하다.

梨 배 리. 이익(利)을 더해주는 나무(木) *梨花

臨 임할 림. 눈을 아래로 내린(臣) 사람(人)이 물건(品)을 위에서 아래로 대하다. 임하다.

*再臨. 臨終. 臨戰 *참조: 携(휴).携擧(휴거). 데살로니가

물의 여신, 림프

림프(淋巴) Lymph=요정=물의 女神=water goddess=투명한 액체

*자유의 여신상(女神) *봄의 女神(부활절. 이스터)

*피(血)=동지 죽+시알새미=피톨球(혈구)+혈장(동지죽 국물)=1:1

立 설 립. 사람이 두 다리로 땅위에 서있는 모습

울음 읍(泣) - 서서 울다. 감읍(感泣)

*하루 5시간만 서있어도 1만 5000보 걷는 효과가 나타나 심혈관 건강에 좋다.

*立 위에 日가 있으면 昱(밝을 욱)

立 아래 日이 있으면 音(소리 음) *啇=立+古. 뿌리 적(적자생존)

*音 - 서서(立) 입(口)을 한 번(一)만 벌리면 소리(音)가 나므로 말하기는 쉽지만, 글(章=音 + 十)은 10배의 노력을 해야 한다.

＊마막만말망매맥맹멱면명몌모목몰몽묘무묵문물미민밀

摩 문지를 마. 갈 마. 손으로 문지르다 ＊참조 母

痲 마. 삼(대마), 저릴 마. 집(广)에서 삼 껍질(林)을 말리는 모습

＊痲藥(마약). 痲痺(마비). 達磨大師(달마대사. 오뚜기) *磨(갈 마)

＊紅疫(홍역)=痲疹(마진, 발진모양이 마의 씨처럼 생겼다고)

＊痲浦구 - 마가 많이 재배되어 있다고

종로구 - 종이 있는 거리. 蘆原區, 蘆院驛(노원역) ＊참조:蘆

노원구 - 갈대가 많은 들판(原)이라고

구로구 - 나이 드신 노인이 9명이라고(九老)

서초구 - 서리풀이 무성하다고

＊孔德洞(공덕동) - 사람들이 서로서로 큰 덕을 쌓으며 사는 동네라고

孔(구멍 공)=子+ㄴ(숨을 은. 어미의 젖가슴) - 젖이 나오는 구멍

- 九孔炭. 骨多孔症

- 구멍 외 - 공자 약칭. 크다. 매우(몹씨). 눈동자

- 젖은 아이를 먹여 키우므로 '크다' - 큰 길(孔道), 큰 덕(孔德)

- 검은 동공 - 孔雀(공작) - 깃털에 있는 눈동자 무늬

- 孔明(공명) - 몹씨 밝음

＊애오개 - 높은 만리재에 비해 낮은 언덕 - 아이고개 - 애고개 - 애오게

＊아이고개(애오개) 한문 - 아현동(兒峴) - 지금은 兒 대신 阿峴(고개 현)

- 山위에 높게 드러나 보이는(見) 길(고개)

莫 없을 막 ＊참조: 墓(묘)

鰻 뱀장어 만. 하루(日)에 4번(罒)먹고도 또(又) 먹고 싶은 생선(魚)

饅 만두 만. 하루(日) 4번(罒) 먹고도 또(又) 먹고 싶은 음식(食)
慢 게으를 만. 일은 안하고 하루(日) 4번(罒)씩이나
먹고 또(又) 먹기만 하려는 게으른 마음(忄). *慢性. 急性
萬 일만 만. 艹(풀 초) + 어리석을 우禺
원숭이가 풀 속에서 萬가지 재주를 부린다.
禺(우) - 머리가 크고 꼬리가 긴 원숭이
어리석을 우(愚) - 다른 원숭이에 비해 머리가 커서 민첩하지 못하고 우둔함.

21일 성공의 법칙 庶民

萬福(만복)
滿 찰 만. 氵+卄(廿) +巾+入入
수건(巾)이 물(氵)에 가득 적시는데(入入)
庶民(서민)들은 20(二十)일만에 만족하고,
성공한자들은 21일(3주)에 만족한다(21일 성공의 법칙, 몰츠)
-뇌(腦)가 새로운 행동에 익숙해지는데 최소한 걸리는 시간
*滿月(만월) -15일 *昔(21일). 黃(21일 . 노랑 병아리)
*부부의 날(21일) -둘이 하나가 되는 날
*庶(서)=广+ +火 灬 -집안에 불을 피워놓고 그 주위에
둘러앉아(여러, 무리. 卄) 음식도 데워먹고(살찌다)
뜻: 무리. 평범. 소외된 자. 살찌다. 여러. 많다
庶民. 서민공화국. 서민아파트. 서민금융 庶子(서자)
*百姓(성이 있는 사람). 일반 서민은 姓도 없다
*卄=廿의 뜻: 1.받들 공, 2.손잡을 공, 3.스물 입(廿) 입
*度外視(도외시)-헤아릴 수 있는 범위 밖으로 본다

*度(법도 도. 정도 도)-집안에 여러 가지(廿)물건들을 손(又)으로 만져 헤아리고 '어느 정도인지를' 가늠한다

*渡(건널 도)-물의 깊이, 온도, 물살 등을 법도처럼 가늠하여 건너다. 渡江(도강)

*席(자리 석) -자리에 앉을 때 수건(巾)이나 풀을 깔고 앉는다

*肥滿(비만) -살찌고 가득차다 *世上 = 卋

滿足(만족). 욕구가 충만(꽉 찼다) *知足者富

*兩(두 량)=천칭 2개의 팔

*吾生也有涯 而知也無涯(莊子)

내가 살아 갈 날은 끝이 있지만, 알아야 할 것은 끝이 없다

-涯(물가 애. 벼랑 애) -물과 언덕 밑의 땅이 맞닿는 곳 '물가'

*가득 차는 것은 물이고, 아무것도 없이 비우는 것은 호랑이 이다

-虛(빌 허)=虍+丘(언덕 구). -무서운 호랑이가 있는 언덕에는 아무것도 없이 비어 버린다.

末 끝 말 *아직 미(未). 未婚(미혼). 未來(미래). 未堂(미당)서정주

亡 망할 망. 亠 + ㄴ 사람(亠)이 달아나 숨으니(ㄴ) '망하다'

芒 까끄라기 망. 망한 풀이니 '까끄라기'

茫 아득할 망. 까끄라기(芒)가 물(氵)처럼 끝없으니 '넓다'

*참조:茫茫

罔 없을 망. 그물(罒)의 고기가 달아나니(亡) '없다'

網 그물 망. 실(糸)이 없는 것처럼(罔) 보이니 '그물' 漁網

望 바라다 망. 잃다 망. 저 달(月)이 기울면(亡) 북방(임) 먼 길 떠난 님이 돌아오기를 '바라다' *仰望

呆 어리석을 매

每 매양 매. 늘 매. 언제나 매

人(어린이)+母 - 엄마 젖을 매일 먹는 어린이

*侮(업신여길 모. 조롱할 모) - 아직도 어린이처럼 젖을 먹는

다고 사람들이(人) 업신여긴다. 侮辱(모욕). 受侮(수모)

- 佯(거짓 양)의 탈을 쓴 사람(늑대) - 佯言(거짓말)

원숭이(爲) 탈을 쓴 사람(僞) - 僞善者(위선자)

젖 먹는 어리이 탈을 쓴 사람(侮) - 侮辱(모욕)

*海(바다 해) - 어머니 마음처럼 매우 넓은 바다

*悔(뉘우칠 회. 한이 맺힐 회) - 엄마를 매일 마음속으로 사모. 悔改

買 살 매. 그물(罒)로 잡은 조개(貝)를 돈으로 바꾸어 물건을 산다

賣 팔 매. 산(買)물건을 다시 내놓아(士=出의 변형) 판다.

*讀(읽을 독) - 상인이 물건을 팔기(賣)위해 큰소리(言)로 외친다.

*續(이을 속) - 물건을 팔고 사는 것은, 실(糸)처럼 연속적으로 이어주거나 이어 받음과 같다 繼續(계속). 相續(상속)

*生物續生說(생물속생설) bio - genesis

- 모든 생물(세균)은 반드시 어버이로부터 유래한다.
- 코로나 19는 저절로 생겨난 것이 아니고(자연발생설), 반드시 어버이(원인균)가 있다.

脈 맥 맥. 줄기 맥. 脈=月+厂+氏 *참조: 后=厂+ 一 + 口

집(厂) 땅속의 뿌리가 조금 나온 모양의 '氏' 字처럼

脈은 뿌리같이 흐르는 몸(月)의 핏줄기. 맥줄기 *참조: 氏. 派

피(血)가 여기저기로 뿌리처럼 갈라져 흐르는 모양

孟 맏 맹 *孔 참조

盲 소경 맹. 망할 망 亡+ 눈 目 - 눈이 망했으니 소경

求道於盲(구도어맹) - 맹인에게 길을 묻다.

冖 덮을 멱

面 낯 면. 눈(目)만 보이게 얼굴을 감싸다.

綿 솜 면. 목화木花. 목화 면(棉)

- 목화의 솜에서 실을 뽑아 만든 비단

*脫脂綿(탈지면) - 지방분과 불순물을 제거하고 소독한 솜

- 흡수력이 강하므로 피(血) 따위를 닦아냄 absorbent cotton
*누에고치에서 나온 실(糸) - 영어 'silk'. 한문 '비단 견(絹)'
또는 직물(帛)중 금과 같은 값어치가 있다고 '비단 금(錦)'
帛(비단 백) - 白+巾 흰색의 천 *참조: 비단 견(絹)

달아난 토끼(兎) 때문에 생긴 면(免)역력 (B세포.T세포)

免 면할 면. 토끼(兎)가 덫에 걸려 꼬리(.)가 잘리고 도망가니 죽음을 면하다. 免疫力(면역력). *참조 兎(토) *정체성. immune

*任免(임면) - 任命+면직 임명과 해임(면직)을 통틀어 하는 말

兎死拘烹(토사구팽) *토끼다-토(兎)+다=도망가다 *癡의 면역

*참조: 조미료 - 면역력 높이는 약(PGAK). 청국장. 낫토. 김치

俛 구부릴 면, 힘쓸 면. *仰(우러를 앙)

*俛 - 사람(人)이 토끼(兎)처럼 꽁지(.)가 빠지면(免)
자숙하며 머리를 숙이려고 힘써야 한다.

*俛仰亭(면앙정) - 하늘을 우러러보아도,
땅을 굽어보아도 부끄럽지 않다.

*송순(1493) - 21세 때 박상(1474. 눌제)에게 사사
*조광조(1482). 퇴계(1501)
26세 과거 합격.
87세에 합격 60주년 기념 回榜연(회방연)

제자 4명(임제. 정철, 고경명, 기대승)이 뚜껑 없는 가마로 모심

*스페인 세비야 대성당의 콜럼버스(1451) -4명의 왕이 관을 떠받듬

*信仰(신앙) - 神과 같은 성스러운 존재를 신뢰하고 복종함

冕 면류관(冕旒冠) 면판(冕版)+늘어뜨릴 류. 깃발 류(旒).
冕=冒(모자)+免 1) 충격으로부터 머리를 보호

2) 전쟁에서 위험 면(免)함· (투구)

3) 일광차단. 보온. 안전. 멋. 영광. 신분표시(王)

-임금의 모자 *참조: 秋史의 스테판(왕관 crown). 코로나

-예수님의 가시 면류관-경멸의 면류관

*장흥 天冠山(천관산) -천자의 면류관을 닮았다고. 하늘의 면류관

*꽃 기린의 가시 -예수님의 가시 면류관. 예수님의 꽃

*장수한 사람들 - 백발의 면류관

C자형 목과 비타민 C

*목은 C자형이 정상. 일자 목=거북목이 되면 디스크 발생
머리의 무게는 5kg(볼링 1개) 정도인데, C자형 목이 되면(15도 각도)
무게의 20%만 척추에 전달. 나머지 80%는 분산
1cm 고개를 숙일 때마다 3kg 하중이 가해짐(최고 5배까지)
일자 목(거북목)은 하늘을 쳐다볼 수 없다. 목 디스크(+)
*참조: 仰(앙)

*바이러스 질병(예; 코로나) 예방에 바이러스를 죽이는 비타민 C 복용
바이러스는 熱에 약하므로 해열제 주의
비타민 C 가 부족하면 일자목과 우울증이 온다

토끼 이야기

토끼가 많다고 이름 붙은 나라가 스페인이다
토끼는 새벽 6시부터(5~7)
門을 밖으로 활짝 열고 활동한다고 卯(토끼 묘)라 부른다

또는 토끼의 귀(丿)+머리(口)+몸통(口)+다리(儿)+ 꼬리(.)의
형태를 본 떠서 兎(토끼 토. 兔 일본어 표기)라고도 한다
토끼가 용궁에 갔다가 꽁지(.) 빠지게 도망쳐 죽음을 면했다고
꽁지(.) 빠진 글자가 역병으로부터 죽음을 면한다는 뜻인
免疫(immunity)의 免이다

임금님이 취임식 때 쓰는 冕(면류관 면) 역시
전쟁터에서 투구(日)가 목숨을 살렸다(免)는 뜻이 숨겨져 있다
冕旒冠(면류관)의 旒(깃발 류)는 구슬을 꿰어 매단 것이고,
예수님의 면류관(冕=日+免=투구=모자)은 구슬달린 임금님의
모자와 달리 가시 달린 모자이다.

송 순의 俛仰亭(면앙정)도 토끼와 연관된 이름이다
면앙정의 俛(구부릴 면. 힘쓸 면)은
꽁지 빠진 신세라 자세를 낮추고 고개를 구부리는 글자이다
면앙정의 卬(높을 앙)은 사람(人)이 무릎 꿇고(卩) 보는 곳이니
'높다' 는 뜻이고,
'우러를 앙(仰)'은 사람을 높게 보다, 우러러보다는 뜻이다

하늘을 우러러 보아도, 땅을 굽어보아도 부끄럽지 않다는 뜻의
면앙정은 송 순(1493)이 눌제 박상(1474)에게 21세부터 사사,
26세 과거에 합격하고 40대에 은퇴 후 고향에 지은 것이다
그 당시 선비들 중에 조광조(1482)와 퇴계(1501)가 있다

콜럼버스는 이태리 출신이지만 처가가 포르투갈이고
신대륙을 발견하게끔 후원해준 나라는 스페인 이었다
스페인의 세비야 성당에는 콜럼버스(1451) 관을 4명의

王들이 메고 있다
송순보다 더 빠르지만 죽음 후의 일이다.

면앙정의 송 순은 과거 급제 기념 60주년 잔치(回榜年 회방년)를
1579년(87세)에 했으며 임제. 정철. 고경명 등
제자들이 가마를 태우고 집에까지 모셔드렸다는
아름다운 이야기가 전해 내려온다 (*기대승, 1572년 사망)

*콜럼버스가 아메리카를 발견함으로서 남미의 3개 제국(잉카. 아즈텍. 마야)이 멸망되고 300년간 식민지 생활을 했다(참조: 잉카문명)

스페인과 포르투갈의 슬픈 뒷이야기

스페인에는 가우디(1852~1926)의 바르셀로나 성가족 교회가 있다
돌로 만든 성경, 神이 지상에 머물 유일한 거처
직선이 없는 자연스러운 곡선의 아름다운 건축물을 만들었는데
안타깝게도 가우디의 마지막 神의 선물은
직선으로 달리는 전차에 의한 교통사고로 인한 사망이었다

프라도의 미술관에는 3명의 유명한 화가의 작품이 있다
날마다 새벽 첫닭이 울면 부끄러워 울면서 기도했다는
엘 그래코(1541~1614)의 '베드로의 눈물'
벨라스케스(1599~1660)의 '시녀들'
그리고 고야(1746~1828)의 '벌거벗은 마하'

기타연주자 타라가(Tarrega)가 그라나다 여름 궁전의 분수에서
작곡한 '알 함부라 궁전의 추억'에는 올라가는 물방울이 아닌
떨어지는 물방울 소리처럼 작곡했기 때문에 본인의 사랑 역시

떨어지는 슬픈 짝사랑이 되지 않았을까?
세빌리아 이발사, 집시와 카르멘의 무대인
세비야(영어: 세빌리아)에는
크고 장엄한 세비야 성당이 있고 그 안에는 콜럼버스의 시신이
담긴 관이 공중에 떠 있는 슬픈 사연을 볼 수 있다
인도를 발견하지 못한 일 때문에 재산과 지위를 박탈당한 후
'스페인에는 발도 닿지 않겠다'는 콜럼버스의 유언 때문이라네

포르투갈의 파티마에는
1차 세계대전 때(1917) 3명의 어린 목동(10세. 9세. 7세) 앞에
성모 마리아가 나타나(발현지) 치료 은사를 베풀었다는 인연으로
30만 명을 수용할 수 있는 광장과 함께 파티마 성당이
1928년 완공되어 그 아름다움을 자랑하고 있다
그 성당은 보는 것 자체로 누구나 성령이 넘치는 기쁨을
맛보는 은혜의 기적을 받지만,
정작 그 당시 10세인 누나는 80여 년간 수녀로서 생을 마칠 때까지
성모 발현 후 얼마 되지 않는 1919년 스페인독감으로 사망한
두 동생들을 가슴에 묻고 슬픔 속에 살아야 했다네

滅 멸망할 멸. 氵+戌+火
낫(戌)으로 모닥불(火)을 헤집고 물(氵)을 부어
불이 꺼지다. 없어지다(滅菌 멸균. 滅亡 멸망)
戈 - 戊(무) - 戌(술) - 成(성) - 滅 *참조: 戌. 戍
*八萬大藏經(팔만대장경) *臟=月+藏
- 팔팔하게 만수무강하게 살아가는 방법을 크게(大) 감추어 놓은 글
- 키포인트 - 永生不滅 (기독교 영생)
- 삶과 죽음은 둘이 아니다(色과 空처럼)

- 생겨나고 사라진다는 착각은 사물을 잘못 인식했기 때문
- 얼음과 물. 존재 하나하나를 별개로 보기 때문

明 밝을 명. 해(日)와 달(月)이 같이 있으니 '밝다'

名 이름 명. 名品(명품). 저녁에(夕) 집에 오라고 아이들 이름을 부른다(口)

茗 차(茶)싹 명. 늦게 딴 차(茶). 저녁(夕)에 딴 풀(++). 茗禪(명선). 茗可隱

命 목숨 명. 명령 명

冥 어두울 명. 冖+日+六 그믐을 전후한 6일간 달이 가려진다. 冥福(명복). 冥想(명상) - '어두울 명'이므로 눈을 감고 해야 한다.

鳴 울 명. *참조: 風池穴의 鳴天鼓. 耳鳴. 鳴玉軒. 鳴梁(명량. 울돌목)

메타버스(meta - verse) *참조: 가상세계

현실과 가상의 시간이 동시에 움직이는 신세계

인터넷 다음 세상은 메타버스

뉴로 테크 - 腦(뇌) 활동만으로 기기를 움직임

햅틱(Haptic) - 오감 재현 기술

毋 어머니 모. 말 무(毋). 꿰뚫을 관(毌) - 數. 實. 婁. 樓. 僂

* 말 무(毋) - 세로로 'ㅣ'을 더하여 여자를 범하지 마라.
* 꿰뚫을 관(毌) - 가로로 '一' 를 더하여 꿰뚫다

*毒(독 독). 毒을 잘 사용하면 좋다(以毒治毒)

어머니(母)가 주(主)로 자식을 잘 지켜야 하므로 '독하다'

그러나, 어미가 자식의 주인(主)까지 되면 毒(主+母)이 된다.

암탉(母)이 울면 毒, 장닭

毒(독 독). 毒을 잘 사용하면 좋다(以毒治毒)

어머니(母)가 주(主)로 자식을 잘 지켜야 하므로 '독하다'

그러나, 어미가 자식의 주인(主)까지 되면 毒(主+母)이 된다

암탉이 너무 울면 집안이 망한다(毒)

암탉이 '제대로' 울면 집안이 興(흥)한다

마누라 말 잘 들으면 자다가도 떡이 생긴다

神이 옆으로 누우면 母가 된다.*인류(人)의 어머니(母)는 바다(海)

하와 - 모든 산자의 어머니. 최초의 어머니

실패는 성공의 어머니

＊장 닭(수탉)- 프랑스(알도 못 낳는 것이 시끄럽게 떠들기만)

- 포르투갈(福이 들어오는 행운의 상징)

- 베드로(눈물의 후회)

뇌출혈과 스파이더 맨

＊사람의 머리는 3 분의 어머니가 보호하고 있다.

1) dura-mater 硬膜(경막) 경뇌막. 厚膜(후막).
단단한. 강한 어머니. 질긴 엄마)

2) arachnoid mater(거미막. 지주막)-거미처럼 지혜로운 엄마
그리스어 arachnoid, *arach(거미). 영어 spider man
mater(mother)=어머니

3) pia-mater(연막. 연뇌막). 부드러운 어머니

＊경막과 연막 사이에 거미줄 같은 지주막이 있고
지주막과 연막 사이(subarachnoid space)에 뇌척수액이 흐른다.

물이 흐른 곳에는 혈관이 풍부하므로 염증이 잘 생기고,
뇌출혈 때 피가 터지면 거미줄처럼 생긴 지주막(蜘蛛膜)에
고인다(지주막下 출혈 sub-arachnoid hemorrhage. SAH)
膜(막)=membrane=meninges(뇌수막)

*蜘(수컷 거미 지)=지혜를 갖춘 곤충. 蛛(암컷 거미 주)
*거미 -네트워크가 형성된 지혜로운 동물
*아테나(베짜기 여신)가 자신과 길쌈대결에서 패한
인간 '아라크네'를 개미로 환생시켜줌.
*지식과 학문이 뛰어난 '아테나' 女神의 도시가 그리스 '아테네'
*실패는 성공의 어머니
*虛虛實實(허허실실) - 상대방의 허점을 찌르기 위해 적의
강점은 피하고 약점을 노리면서, 나의 강점은 감추고
약점을 노출 시키는 고도의 전략전
*實事求是(실사구시) - 실질적인 일에 나아가 옳음을 구한다.
- 진실 속에서 진리를 얻고자 한다.
*열매 실 實 = 갓머리 宀 + 毋 + 貝
- 집에서 엄마가 조개를 줍는다 *참조: 實
- 집안에 돈이 가득하다. 열매

모(毋)차르트 - 음악의 어머니
1) 교향곡 25번('25시 불면증'으로 분노한 살리에리 자살)
2) 교향곡 40번(모세, '40년' 광야에서 질주하는 슬픔)
3) 협주곡 21 - 2번('21세' 서커스단 줄타기 소녀. 총성 2발)
* 다운 증후군 - 염색체 21번 변형

毛 털 모

矛盾(모순) - 창(矛)과 방패(盾=干+目) *참조 懸의 目+示
창(矛)에서 별(丿)을 하나 남에게 주면,

'주다'는 뜻의 予(나 여),

나 여(余) - 나무 위에 한(一) 사람(人)

柔軟(유연)

某 아무 모. 나누(목)에 난 잎 또는 열매를 맛보기(甘) 전에는 단 것인지 쓴 것인지 아무도 알 수가 없다.

그래서 노예나 포로들에게 생체실험을 시행

*某氏의 행방을 쫓는다.

*謀士(모사) - 처음에 말(言)로, 다음에 달콤하게(甘. 술대접. 당근) 마지막 채찍(木)으로 꾀한다(꾀 모 謀)

*아무도(某) 몰라야 하는 말(言) - 꾀 모(謀) - 參謀(참모)

*媒(중매 매) 여자를 아무개(某)와 만나게 하는 것(仲媒 중매)

木 나무 목

沐 목욕할 목. 나무(木)가 목욕(氵)하다.

牧 칠 목. 牧師(목사). 牧民心書(목민심서. 마음속의 글. 정약용) - 牛耳讀經처럼 聖經의 經(경)을 모르므로 기르고 다스리고 통치하는 스승

木鷄之德(목계지덕) - 최고의 싸움닭은 나무와 같은 닭이다. 감정을 완전히 제어함으로 상대방이 쉽게 근접할 수 없는 카리스마를 발휘하는 사람을 말함.

睦 화목할 목. *참조 勢

눈(目)으로 보이는 팔방(八)의 땅(土土)이 내 것이라니 화목하다

目 눈 목. *참조: 冕(면). 일자형 목. 거북이 목. C자형 목

夢 꿈 몽. 艹 + 目+冖+夕 . 저녁(夕)에 이불을 덮고(冖) 잠을 자면서 눈썹(艹)을 움직이며 눈(目)으로 무언가를 본다. 非夢似夢

卯 토끼 묘. *참조: 兎. 免 *卬(앙) 과 卯(묘)

대문(門)이 양쪽으로 열린 모양

겨울의 門이 활짝 열린다(음력2월. 늦봄).
하루의 門이 활짝 열리므로(새벽5~7시)
하늘의 기운(子), 땅의 기운(丑)을 받는
밤 11시 이전에 잠을 자야 한다.
토끼(卯)는 돼지와 양의 코를 반반씩 닮았다고 좋아한다.

* 토끼는 돼지코를 좋아하지만(해水 묘木 미土. 해묘미), 용은 돼지코를 아주 싫어함.

원숭이는 토끼의 빨강 눈처럼 항문이 빨강색이라고 싫어한다.

* 토끼의 눈은 색소결핍증으로 눈 속의 빨간 혈관이 그대로 보인다. 술을 먹으면 눈이 빨개지는 이유는 술 속의 아세트알데히드가 눈 속의 모세 혈관을 확장하기 때문
* 우거진 덩굴과 토끼들이 많다고 이름 붙은 스페인. 온화한 항구라는 뜻의 포르투갈 * 부활절과 토끼 달걀(봄의 女神)
* 柳(버들 류) - 나무(木)가지가 토끼(卯)처럼 부드럽다고 '버들. 버드나무'
* 門이 열린 모양의 글자 - 卯. 卵
* 달나라에 토끼가 있는 이유
피로하고 배고픈 노인에게 동물들이 많은 음식을 가져다주는데, 풀만 먹는 토끼는 줄 것이 없어 자신의 몸을 불속에 던진다. 불에 뛰어든 토끼의 모습에 감탄한 하늘의 王이 달에 토끼 형상을 그려 넣었다는 반야심경의 이야기

卵(란) - 계란도 후라이 할 때 톡톡 때려야 열린다.
- 후라이 하려면 門처럼 열려야 한다

卯時(묘시) - 서울 4대문이 열리는 시간(오전 5~7시)

仰(우러를 앙) - 사람(人)이 지갑도 열고(卯), 마음도 열어야(卯) 존경을 받는다.

* 신앙인은 하늘을 우러러보고 마음을 열어야(참조: 信仰)

달나라 토끼(卯)를 우러러 본다. ＊仰望(앙망)하나이다.

貿(무역할 무) - 돈(貝)도 풀고(卯) 국경도 열어야(卯) 외국과 교역을 한다.

迎(맞을/반길 영) - 자식이 휴가를 오면 버선발로 門을 활짝 열고(卯) 달려가서(辶) 반긴다.

墓 무덤 묘. ＊참조: 時祭. 墓祭 ＊帳幕(천을 길게 늘어뜨린 휘장)

莫(없을 막) 莫=艹 + 日 + 大(풀 초艹의 변형)

풀과 풀 사이에 해(日)가 끼어 사라지는 모양

墓(무덤 묘) - 시신을 흙(土)으로 덮어 감추니(莫) '무덤'

幕(장막 막) - 천(巾)으로 보이지 않으니 장막. 덮다 開幕式, 天幕

漠(사막 막) - 물(氵)이 없으니 '사막'

膜(꺼풀 막) - 피부에 물기가 없는 막 ＊鼓膜(고막)

慕(그릴 모) - 없어진 사람을 생각하니(忄) 思慕. 追募(추모)

暮(저물 모) - 해를 하나 더 넣어 강조 歲暮. 朝三暮四

寞(고요할 막) - 집에 아무도 없으니 '쓸쓸하다'

＊참조: 眼鼻莫開 - 莫(없을 막. 큰 해가 풀에 가려있으니 없다)

募(모을 모) - 숨어 보이지 않는 많은 사람들 가운데서 힘(力)있는 사람을 찾는다. ＊私募 펀드

妙 묘할 묘. 시집 안 간 젊은(少) 여자(女)

小자를 또 쪼개어(丶) 만든 글자 少로 여자가 오밀조밀하게 아담하고 귀여우니 '젊은 여자, 예쁘다. 묘하다'

無 없을 무. 有無(유무)

사람(人)을 사십(十十十十)개 장작더미 위에 놓고(一) ＊ 40 불(灬)을 지피니 형태가 없어진다.

無爲而治 無爲自然

*공자 - 무위이치(無爲而治) - 하는 것(作爲)이 없어도 천하가 저절로 잘 다스려진다는 뜻(공자가 정치에 참여 안한 이유. 政)
- 심심할 때가 행복한 때입니다.

*이율곡 아버지 자식교육: 無爲而治

*에머슨 - 미국의 건국정신을 풍요롭게 만든 사람. 미국의 공자
- 전혀 다스리지 않는 정부가 최선이다.

*無爲自然(무이자연) - 자연은 모두에게 각자의 그릇만큼 똑같이 준다.

하늘. 부모 탓하지 말고 현실에 만족하며, 살며 바르게 살아라.

無意味(무의미). * 無等山. 無學대사

無覺寺(무각사) '깨닫는 게 없다'가 아니라, '깨닫는 것조차 필요치 않다' 거닐고 쉬는 것, 오는 것만으로도 만족하다.

광주 상무대 5.18 공원(10만여 평)의

如意山(일이 바라는대로 이루어지는 山)에 있는 절(寺)(5천평)

是是非非 都不關 (시시비비 도부관)
옳고 그름은 모두 다 따지지 말게나
山山水水 任自閑 (산산수수 임자한)
산은 산대로 물은 물대로 한가로운데
莫問西天 安養國 (막문서천 안양국)
서방정토 극락세계 어디냐고 묻지 말게나
白雲斷處 有靑山 (백운단처 유청산)
흰 구름 걷히면 청산인 것을

無病短命 一病長壽(무병단명 일병장수)
병이 한 가지라도 있으면 장수한다.

巫 무당 무. 二+人+人 하늘과 땅 사이에 두 명의 사람이 '무당'

*참조: 噬(서제막급)

戊 천간 무. 초목의 가지가 창(戈)처럼 길어지니 '무성하다'

*참조: 戌

武 굳셀 무. 용감할 무. 죽이려고 창으로 찌르려다가 그치는 사람이 진정으로 용감한 사람이다.

무드셀라 *참조: 노아. 이청득심

默 잠잠할 묵. *참조 啓示. 黑. 默(黑+犬)示 *참조: 念. 念珠. 默珠

개(犬)는 보신탕집 굴뚝을 보면 잠잠해진다.

黑 - 흙(土)으로 쌓아올린 굴뚝+ 罒 굴뚝 구멍+ 灬(불)

깜깜한 밤에 통행하는 사람이 없으면 개도 조용해진다.

門 문 문. 소리 나는 문. 問(물을 문).

듣기 좋은 3가지 소리 -

- 다듬질 소리. 아기 웃음소리. 책 읽는 소리

사이 간(間) - 문틈 사이로 달빛이 들어온다(月의 변형. 日)

들을 문(聞) - 문에 귀를 대고 듣는다.

간질 간(癎) - 뜻: 경련. 마비. 귀신들린 사람

* 癎疾(간질 epilepsy) - 악령의 영혼이 문틈 사이(間)로 빛(귀신)이 들어와 갑자기 발작증상을 보이는 병

개명: 뇌전증(腦電症) - 뇌에 비정상적인 전기파가 발생해 경련성 발작을 일으키는 병

*사이 뇌=間腦 - 시상하부 - 癎疾

*옛날 두개골에 구멍을 뚫는 수술 -악령(귀신)이 빠져 나가라고.

*편지 간. 대쪽 간(簡) - 사이(間)를 두고 펼쳐놓은 대나무쪽에 글을 쓴 죽간(竹簡)

*윤달 윤(閏) - 王이 외출 삼가고 문밖으로 나가지 않고 사당에만 거처

*開(열 개) - 양손(廾)으로 빗장(一)을 여는 모양

*閉(닫을 폐) - 門+재주 재 才 > 自閉症(자폐증) Autism. 아스퍼거 증후군

*腦(뇌)에는 間이 2개(間腦=사이 뇌. 中腦=中間腦) 있다

항상성과 몸의 조절작용 — 신경계
- 중추신경계
- 말초신경계

중추신경계
- A) 뇌
  - 대뇌
  - 소뇌
  - 간뇌 間腦(시상. 시상하부) *파랑새
    - *시상하부 끝 (2.5캐럿 다이아몬드 뇌하수체)
  - 뇌줄기(중간뇌 中間腦. 뇌교. 연수)
- B) 척수

시상하부(체온조절), 중간뇌(동공조절)

연수(호흡. 심장. 소화조절. 재채기. 기침)

대소간 시시하고, 뇌줄기는 중다리처럼 연한 척하네

*뇌사(대뇌와 뇌줄기 기능 상실),

식물인간(대뇌 기능 상실, 뇌줄기만 살아있다)

*난청 수술

1) 고막 성형수술

2) 골(骨)전도 임플란트(이식형 보청기)

3) 와우 임플란트(인공 와우수술)

4) 뇌간 이식술(聽性 뇌간 이식술) auditory brainstem implant (ABI)

청신경 핵(cochlear nucleus)

a) 前복측 와우핵. b) 後복측 와우핵. c) 배 측 와우핵.

*ABR (Brain stem auditory response test) 聽性腦幹反應檢査

*뇌간(腦幹 Brain stem 뇌줄기. 파랑새) -구성(3가지)

1) 중뇌. 中間腦 midbrain (3.4 뇌신경)

2) 교뇌. 다리뇌 橋腦. 腦橋 pons (5.6.7.8 뇌신경)

3) 연수. 숨뇌 延髓 medulla (9.10.11.12 뇌신경)

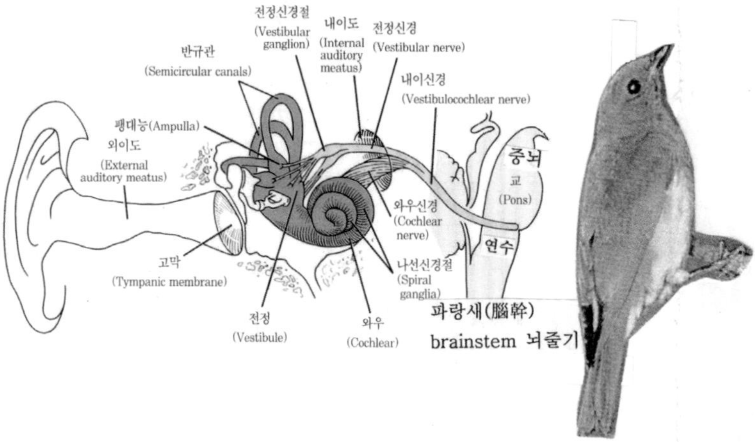

文 글월 문

*모기 문(蚊) - 웽 소리 내면서 신사적으로 공격한다고

*하나님이 더러운 모기(코로나 19)를 주신 이유

- 청결하라고, 건강하게 오래 살아 라고, 神의 뜻

- 위험투성인 삶의 살아가는 비법

하늘의 별(star)을 본다(俛仰亭)

절망만 보이는 땅을 보면 안된다.

*백문이 불여일견

*눈을 감게 하는 근육(1개)

- orbicularis oculi muscle 눈둘레근. 안윤근

*눈을 뜨게 하는 근육(3개). 위로부터

1) 눈꺼풀 올림근 levator(거근) palpebral(눈꺼풀의) muscle

2) 뮐러근 superior tarsal(연골의) muscle of Muller

3) 이마근(筋) frontalis muscle

*文魚 - 먹물 통을 가지고 다닌다고(문방사우)

- 물고기 중에 가장 총명하고 예지력이 있다고

- 魚 물고기 어, 漁 고기 잡을 어(漁夫)

勿 말 물. 활모양의 깃대에 펄럭이는 깃발 3개

과거(씨족을 상징. 깃발 밑에 모여라)

현재(금지의 뜻) 하지 말라. 勿忘草(물망초) 나를 잊지 말아다오.

勿= 刀 + 丶 丶 칼(刀)로 2번 칼질을 하지 마라

物 물건 물. 소(牛)는 만물의 대표(깃발). 희생동물(칼질)의 상징

易(바꿀 역) - 태양아래 깃발이 바람에 쉽게 변한다

賜(줄 사) - 타인에게 돈을 주면 주인이 바뀐다.

賜藥(사약) - 임금이 하사 하는 약

*賜書樓(사서루) - 하사받은 서책을 보관한 누각(표지 설명)

吻(입술 문) - 입(口)의 깃발(勿)

味 맛 미. 입(口)으로 씹어야 맛(未)이 난다.

물=침이 있어야 맛이 난다. 興味

안 씹으면 아직(未 아직 미) 맛이 안난다.

*未安(미안하다)

*노인들 입맛이 떨어지는 원인(입맛이 없으면 저승길이 가깝다)

1) 45세 이후부터 미각세포(미뢰. 맛 돌기. 맛 봉오리) 노화

맛 봉오리=미뢰(味蕾=艹 +雨 +田): 1만개

蕾(艹 + 우레 뢰 雷)-맛을 번개(雷)처럼 알아맞히는 꽃봉오리(艹)
노인들은 입맛이 떨어지므로 더 짜고 자극적인 음식을 좋아한다
예)소금 10%. 설탕 3% 정도 감소

2) 미각세포를 자극하는 침 분비 감소(꼭꼭 씹어야 한다)

3) 만성질환: 아연 부족으로 미각세포 재생(2주 간격)이 느려진다

*늙으면, 오감을 버리고 六感(정신) 또는 靈感으로 살아야 한다.

微 작을 미

微生物(미생물)

antibiotics(anti 抗 + bio=biot 생명 + ics 學) 항생제
probiotics(pro ~을 위하여) 친생제
politics(poli 많은 + tics 진드기 흡혈귀) 정치

薇 장미 미 *참조 嗇. 불도장

*장미 장(薔) - 艹 + 土+人人+回 두 사람이 땅으로 돌아가서 만든 풀
*바람 풍(風)은 뱀(虫)을 神으로 모시는 자리(几)

美 아름다울 미. 羊+大

民 백성 민. 宀+氏 여러 씨족이 모여 있으니 '백성'
- 창(戈)으로 한쪽 눈을 찔린 포로 병사(노예)
民間(민간)=백성 사이.
民俗村(민속촌)=백성의 풍속(俗)이 있는 마을(村)

蜜 꿀 밀 -벌(虫)의 몸 안(宀)에 숨겨 놓은 꿀(창 必)

＊박반발방배백번벌범벽변병보복본봉부북분불붕비빈빙

迫 닥칠 박. 얼굴이 하얗게(白) 될 정도로 뛰어가니(辶) '닥치다'
迫力(박력) 脅迫狀(협박장)
朴 순박(淳朴)할 박. 나무 아래서 점(卜)을 보고 있다
反 돌이킬 반. 厂+又 언덕 밑에서 손으로 바꾸니 '되돌리다'
般 옮길 반. 돌릴 반. 이동할 반. 舟+殳(창수. 몽둥이 수. 칠 수)
삿대(殳)로 배의 방향을 조종하는 일반(一般) 배
＊일반 - 특정인이 아닌 보통사람들,
특정한 일이 아닌 전체에 두루 해당하는 것
＊ 一般外科
般若心經(반야심경) - 반야(지혜) 핵심(心) 경전 - 270자
정식명칭: 마하 반야(지혜) 바라밀다(완성) '色과 空'
色(팽끼칠)은 空이다. 핵심 270자 이칠(팽끼칠)은 공이다
색즉시공, 공즉시색 受想行識(수상행식) 亦復如是(역부여시)
또한 이와 같은 것을 되풀이 하다(色 대신 수.상.행.식)
色不異空. 空不二色. 不二. 잠간 인연으로 만난 사이 假合(가합)
＊참조: 色. 龍. 선과 악, 짝 ＊성경: 잠언, 헛되고 헛되도다
癶 걸음 발. 登山(등산)
發 쏠 발. 발(癶)로 걸어가서 창(몽둥이. 殳)으로 치고,
활(弓)을 쏜다 - 떠나다(出發) - 나타나다(發病)
- 드러내다(發表) - 일어나다(發起) - 피다(發花) ＊참조: 八
髮 머리카락 발. ＊참조: 長. 理髮(이발). 怒髮(노발)
＊龍鬚鐵(용수철)

毛 - 머리털을 제외한 인체의 모든 털

髮 - 머리털. 긴(長) 머리털(彡) 휘날리며 달리는 점 있는 친구(犮)

防 막을 방. 흙을 쌓아 올려(阝) 넘치는 물을 막는 제방

方 모 방 - 네모 - 모 - 모서리 - 가장자리 - 변방 - 지방(方言 지방의 말)

天圓地方(천원지방) - 옛날에는 '하늘은 둥글고, 땅은 네모'
- 지구는 사각형

品行이 方正(네모가 난 듯이 반듯반듯 하고, 네모 반듯하게 살아라)

畵圓書方(화원서방) - 日(해) ＊方舟(노아의 방주)

＊성격이 圓滿(둥글고)하고 너그럽다.

方 - 성격이 모가 나서 강퍅하다. 모퉁이가 각 지듯 모난 모습
- 모진 方이 둥글고 원만한 圓을 지향한다 - 藥 處方
- 어린 아이들은 유 튜브의 How to(方法)를 사용하고(＊이름 먼저), 어른들은 카톡을 사용한다(＊성 氏 먼저)

＊참조: 消防署. 方(농기구)

放 놓을 방. 죄인을 채찍으로 때려(攵) 배(方)에 태워 변방(지방)으로 '내 다. 내버리다' 뜻 ＊참조: 膀胱(방광)

＊방귀(放氣) - 건강을 위해 가끔은 기운(氣)을 놓아준다(放)

善과 惡, 짝

方은
배 두 척이 붙어있는(곁) '네모' 형태를 옆에서 본 글자이고,
舟(배 주)는 4각형 네모난 배와 배 안의 방수 칸막이를
위에서 본 모양의 글자이므로
노아의 方舟(방주)란

'사각형(方) 네모난 배(舟)' 라는 뜻이다

배 두 척이 붙어있는 方은 '네모' 외에
'사방. 곁. 지방 변두리' 란 뜻도 있다
사방에(方) 언덕(阝)을 쌓으니 '막을 방(防)'
사방을(方) 쳐버리고(攵) 풀어주니 '놓을 방(放)'
사방으로(方) 말을 하면서(言) 찾으니 '찾을 방(訪)'
사방에(方) 풀(艹)이 있으니 '꽃다울 방(芳)'
사방으로(方) 실(糸)을 엮었으니 '실 뽑을 방(紡)'
몸의 사방에(方) 기름이 있으니 '기름 방(肪. 脂肪)'
사방으로(方) 돌아다니니(彳) '거닐 방(彷)'
사방에(方) 흙을 쌓아 놓은 곳이니 '동네 방(坊. 坊坊曲曲)'

쟁기(方)는 바람(凡)이 잘 통하는 가까운 곳에(곁에) 두어야 하므로
旁을 '곁 방. 두루 방(旁=무릇 범 凡+方)'이라 한다
곁(傍)에서 듣는 손님 傍聽客(방청객)
곁에 있는 사람과 사귀니 '사귈 방(傍)'

오줌통 방광(膀胱)은
오줌을 싸려면 일어서서(立) 변두리(方) 변소로 가라고
(품행이 方正하게 싸라고)
'오줌통 방(膀=月=立+方 bladder)'
小便(尿 urine. urina) 색깔이
노란빛이라고 '오중통 광(胱)' 이라네

냄새난 오줌물 속에서
天方地軸(천방지축. 天方地丑馬骨皮)으로

金을 찾다가
金은 못 찾고, 대신
金보다 더 비싼 燐(인), 혈전용해제(혈전증).
생식샘자극호르몬(불임증 치료)을 발견했다네

노아의 배(方舟)는 인류를 구하고
몸(月)속의 배(膀胱)는 소변을 통해서 인류의 질병을 구하고
베토벤은 膀胱의 胱에서 아름다운 '月光곡'을 만들었고
불교(般若 반야=지혜 + 龍船)의 龍이 호위하는 배(龍船)는
중생들을 고통 없는 피안의 세상으로 건너게 해주신다네
노아의 방주를 통해서
사악한 동시대인들을 모두 홍수로 멸망시켰다는데
왜 지금도 악인들이 남아 있지요?
노아의 방주에 들어가려면 '짝'이어야 하므로
善의 커플로 惡이 함께 들어갔기 때문이라네
으 하하하!

*참조: 酉의 노아
*般若心經(반야심경), 마하반야바라밀다심경. 반야바라밀다(지혜의 완성)

*인(燐)
*혈전증(뉴로키나제)
*호르몬(임신 테스트). hcg. human chorionic gonado teropin
자궁벽을 두껍게 하는 에스트로겐과 프로게스테론의 분비를 유도
*絨毛膜(융모막) -
융모 - 손가락 또는 나뭇가지 모양의 돌기. 작고 가는 털.
융모막 검사(임신 12주 때, 아이의 염색체 검사)
'오랑캐 융(絨=糸+戎=十+戈)' - 창을 많이(十) 들고 있으니 '오랑캐'
'융 융(絨)' - 오랑캐가 카페트(융모. 모직물. 실糸)를 잘 만든다.

*도적(盜賊) - 돈을 훔치는 오랑캐니 '도적. 도둑'

*참조: 胡(오랑캐) *盜 - 하품(欠)하면 침(氵)이 고임.

다른 사람의 그릇(皿)위에 잇는 음식을 보고 침을 흘리고 몰래 흠처 먹는 것.

匚 상자 방 *참조: 醫 匠.

*상자 방(하단이 직각), 감출 혜(하단이 곡선)

配偶者(배우자).

配(짝 배) - 상대방에게 술(酉)을 공손히 무릎 끓고
허리를 굽히고 따르는 사람(己)

偶(짝 우) - 사람과 원숭이는 비슷하다(짝퉁)
원숭이를 만나는 것은 우연(偶然)을 뜻함
사람을 본뜬 원숭이 모양(허수아비)
사람이 죽었을 때 죽은 사람과 같이 따라
죽어야 할 사람을 대신하여 묻었던 흙으로 만든 인형
서로 엉켜 붙어서 생활하는 원숭이의 모습에서
'짝. 배필. 뜻하지 않게 우연히 만남'
실제로 배우자는 偶然(우연)히 만난다

*붙어살 우(寓) - 사람이 사는 집(宀)에 붙어사는 원숭이
'남에게 의지하여 살다' 우화(寓話) - 빗대어서 엮은 이야기
*참조 - 爲 僞

*결혼식 - 신랑 신부는 상대방을 자기 스타일로 만들지 마라
왜냐하면 사람은 변하지 않기 때문 *참조: 神 - 신체가 심리를 지배

*修繕(수선) - 고장이 나거나 낡은 물건을 손보아 고침. repair. fix

*65년간 결혼생활을 유지하신 비결 *참조: 繕(수선할 선)
- 우린 뭔가 망가지면 고쳐 쓰던 시대에 태어나서 버리지 못해요.

- 쉽게 바꾸는(易) 습관을 가진 젊은이들은 이혼이 많다. 하하하!

*결혼은 나보다 못난 사람을 만나서, 상대를 위해 열심히 살아가는 것

*사랑은 나를 버리는 아픔(詩人)

*이혼 하고 싶은 여인에게 들리는 하나님 음성

- 사랑하는 내 딸아! 내가 너를 사랑하는 만큼
  나는 네 남편도 사랑한단다.
  몸이 약하고 외롭게 사는 불쌍한 내 아들을
  네가 내 대신 보살펴주면 안 되겠니?

*위대한 남성이 있다면, 그 뒤에는 반드시 위대한 여성이 있다.

*행복은 모든 것이 갖춰진 상태에서 찾아오지 않는다.
부족한 가운데 감사하는 마음을 가질 때 나도 모르게 찾아온다.

- 한학자 저, 평화의 어머니

*행복은 모든 것이 갖춰진 상태에서 찾아오지 않는다.
부족한 가운데 감사하는 마음을 가질 때 나도 모르게 찾아온다.

- 한학자 저, 평화의 어머니
- 솔제니친 作 이반 데니소비치, 강제 노동수용소의 하루 -행복의 용량이 작아야 행복
-정약용 作 목민심서 - 검소
-동물들은 맨손, 맨발이므로 정신병(소유욕)이 없다
-삶의 본질은 '물질만능의 늪'에 빠지지 않는 것이다

*참조: 雨荷

최고의 배우자

서로가 다르다는 것은 큰 장점이다.
배우자란 서로에게 배우는 사람

배우자는 서로가 손해를 보아야 한다
왜냐고? 적자를 보는 사람이 살아남기 때문에(적자생존)
지는 것이 이기는 것이다.
愛가 아닌, 德. 慈. 恕
돈. 권력. 미모. 힘 보다는 편안하게 해주는 것이
최고의 배우자라네

*귀 - 平衡
*衡(저울대 형)=行+魚(어의 변형) 물고기처럼 가슴지느러미로 몸의 균형을 잡아준다
*최고 배우자. 최고의 교회 - 便安. 평화를 준다. 종교의 義.
平常心是道(지구는 태양日 주변을 항상 돈다. 智慧)
便(편할 편, 똥오줌 변)=人+更, 고쳐서 사람에게 편안하게 된다
男便 - 남의 편 말고, 내편이 되는 남자
- 아내를 편하게 해주는 편이 되어야 하는데, 남의 편이 되면 똥덩어리 변

여편네(옆에 있네), 마누라(마주보고 누워라)
當身(당신은 바로 내 몸), 女寶(여보. 보배 같다)

偶像崇拜(짝퉁) idol. 爲 僞

*偶像崇拜(우상숭배. 짝퉁숭배) - 우상 idol(우상을 뜻하는 철학용어)
偶像 - 배우자 idol worship. idolatry. 像(닮을 상)
키치(Kitsch 이발소 그림. 복제된 싸구려 그림. 짝퉁)
*神은 절대 우상숭배 반대 - 카톨릭과 개신교 차이점 - 십자가

예수상 *참조: 人生旅程의 偶家兎狗

- 처음에는 神의 짝뚱(申 잔나비). 인간의 짝뚱으로 속는다

*배 - 영문 IdH - 숙취해소 음료

*RtA 라면 - 거꾸로 '너구리' 농심 라면

背恩忘德(배은망덕) - 입은 은덕을 저버리고 배반함

賠 배상할 배 - 서서(立) 말다툼(口)하니 재물(貝)을 갈라서 '배상(賠償)하다. 물어주다'

拜 절 배. 손(手)과 손(手)이 하나(一)로 모아지니 '절'

*참조: 우상숭배

白(=日+ノ 흰 백) - 햇빛이 비추니 '희다. 밝다' 白頭山(백두산)

말하다 - 告白(고백). 獨白(독백)

*햇빛을 프리즘에 통과 시키면 빨주노초파남보 7가지 무지개 색깔로 분리되고 이를 다시 프리즘으로 굴절시켜 한 곳에 모으면 다시 햇빛이 된다는 사실을 뉴턴이 1660년 과학적으로 분석.

*화이트 리스트 - 어떤 권리나 서비스 등에 접근 허용. 블랙리스트(금지)

*白手(백수) - 일하지 않는 자, 햇볕에 검어지지 않는 하얀 손은 일하지 않는 자의 손이다

*白手乾達(백수건달) jobless. 木手(예수님)

*나무(木) 위에서 작은(요요幺幺) 음악을 즐기는 白수(참조: 樂)

*失手하면 '空手來空手去' 할 수 없다

*白眼視 - 흰눈으로 쳐다보는 것. 남을 업신여기거나 홀대함

白血球(백혈구) White blood cell. WBC *白血病 (참조 : 糖. 닐리티닙)

*참조: 癡(치)의 인체면역 시스템

伯 맏. 우두머리 백. 흰(白)머리가 가장 많은 사람(人) '맏이'

*환웅이 지상에 내려올 때 거느린 신하 3인

風伯. 雨師. 雲師. 바람. 비. 구름 중 맏이는 風(바람) *참조: 風

百 일백 백. 뜻: 많다. 일백개. 百花. 百科事典. 百姓. 百戰

百姓(백성) - 백 가지 姓氏라는 뜻. *姓 - 여자(女)가 낳는다(生)
帛 비단 백. 白+巾 *참조: 綿(솜 면), 錦(비단 금. silk)
燔 구을 번, 불 사를 번, 태우다
*燔祭(번제. burnt offering). 야구의 희생 번트(bunt 가볍게 치다)처럼
- 하나님께 경의를 표하기 위해 짐승을(숫컷의 양. 염소. 소. 기러기)
통째로 태워(burn) 제물을 하늘로 올려보내 바치는 종교적 제사
*번제로 제단에 드렸더니 여호와께서 그 향기를 받으시고 (창:8/21)
*番(번)에 불(火)을 더하면 燔(번), 물(氵)을 더하면 쌀뜨물 潘(반) 집안(宀)에서 차례(番)로 살피면 審(살필 심)
- 물불을 가리지 않는 사람 - - 소방수
*burn(태우다) out syndrome 번아웃 증후군. 연소증후군. 탈진증후군
*一千燔祭(일천번제) - 1000마리의 양으로 번제
*醫學용어 -燒灼(불사를 소, 사를 작) - 전기나 약물로 태운다
*燒酒 -요임금처럼 존귀한 것을 불(火)로서 다스린 것이 소주
*한방에서 맥을 잡다 - 현명한 요임금처럼 질병을 알려주는 요골동맥
*불사를 소(燒) - 불(火)이 높아지니(堯) '불 사르다'
*작을 작(勺)
*불 사를 작(灼) - 작은(勺) 불(火)이니 '불똥. 사르다'
番 차례 번. 1년에 한번씩(一) 쌀(米)이 밭(田)에서 차례로 나온다.
*飜譯, 遣
伐 칠 벌. 人+戈 사람(人)이 창(戈)을 들었으니 '치다' 伐草(벌초)
閥 문벌 벌. 문 안팎에 창을 들고 있는 집이니 높은 집안
筏橋(벌교) - 베어낸 나무가 뗏목이 되었다.
- 포구에 뗏목을 엮어 놓았다고 '뗏목다리'
法 법 법(=氵+去). 물(氵)이 잘 흐르도록(去) 하는 기능
- 물이 흘러가는 길도 바꾸는 엄한 것
베틀(옷 만들기. 배를 짠다. Looms).

배틀(경연하다. 전쟁하다.Battles)

*참조: 經(날 실) 緯(씨 실)

辟 물리칠 벽, 임금 벽. 피할 피(辟世 피세 - 세상을 피해 살다).
辟(=주검 시尸+ 口+ 辛): 너무 매워 시신(尸)이 피하라고 말한다.
몸(尸)에 살점(口)이 떨어지게 형벌을 王이 가한다고 '임금 벽'
적을 피하려고 하니 벽을 쌓고(물리칠 벽),

*참조: 벼락 벽 霹 - 비(雨)가 올 때 임금(辟)처럼 위력적인 소리와 빛과 열을 내며 떨어지는 것(벼락)

*辟召(벽소) - 벼슬을 주기 위하여 임금이 부름

壁 벽 벽. 적으로부터 피하기 위해 쌓은 벽. 절벽(絶壁) 벽보(壁報)

碧 푸를 벽. 옥(玉) 돌(石)이 너무 하얗게(白) 빛나니 '푸르다'

辯 말 잘할 변 *참조 변호사

不便(불편)하면 '똥(便 변)'이다

便 똥오줌 변(便所) 외에는 모두 '편' *불편하면 '똥'이다
편할 편(便利), 소식 편(便紙). 편가를 편(兩便)

便紙 - 人便(인편)에 보내는 소식을 전하는 종이(紙)
書信 - 소식을 전할 때 꼭 믿을만한(信) 사람을 보낸다
한번(一)만 말해도(曰) 사람이(人) 고치기도하고(고칠 경)
다시 하기도 하니(다시 갱)(更= 一 + 曰 + 人)
그렇게 말 잘 듣는 사람(人)은 편(便=人+更)하다
배 속이 불편하면 一日 변소(便所)에 갔다 와야 편(便)하다.
똥. 오줌을 배설하면 시원하고 편해진다.
*노부부 이혼 안 한 이유 - 고쳐서 사용하므로

*여편네= 女便+ 아낙네

*便祕(변비) - 똥이 몸속에 숨겨져(秘) 있다 *참조: 必

*옛날 분들이 이혼 안 하는 이유 - 고쳐서 편하게 쓰기 때문

해우소(解憂所) - 풀어버리고+근심+ 집=근심을 털어 버리는 집

똥 분(糞=米+異) - 먹을 때는 쌀, 나올 때는 똥

*史吏使更(사리사경)

중립(中)을 지키는 사람(人)이 쓰는 것이니 역사 사(史),

한결같이(一) 중립(中)에 서서 공정하게 처리하는 사람(人)이니 관리 리(吏),

사람(人)이 관리(吏)로 하여금 일을 하도록 시키니

하여금 사, 시킬 사(使),

한번(一) 말하면(曰) 사람들을(人) 고치기도 하고

다시 하기도 하니 고칠 경. 다시 갱(更= 一 + 曰 + 人)

*變 - 실과 실 사이에서 말이 엉킨 것을 매질(攵)을 통해

어지러운 상황을 바로 잡는다.

- 궁하면 變하라. 變하면 通하고, 통하면 오래간다(久)

腦梗塞(뇌경색) - 뇌혈관이 막히는 증상(막힐 경梗)(막을 색塞)

腦溢血(뇌일혈) - 뇌에서 피가 넘침. 溢(넘칠 일). 益(水가 옆으로)

*梗(막힐 경) - 나무(木)는 다시(更) 가지를 뻗어도 곧다. 굳세다.

꽉 막힌 사람. 더 강조 '굳을 경(硬)' 腦硬塞

*塞 막을 색/ 변방, 변두리 새(要塞 요새). 塞翁之馬(새옹지마) *塞

집안(宀)의 우물(井)에 한(一) 사람(人)이 흙(土)을 넣으면 -

막히고(塞), 얼음(冫)을 넣으면 - 찰 한(寒)

*WC - 多不有時

病 병들 병. 병들 녁(疒) + 남녘 병(丙)=丙(火)처럼 熱이 나는 병

몸이 아파(疒) 탁자(丙) 같은 것에 몸을 기대고 있는 모습. 간병(看病)

*病(火가 들어와서), 疾(화살이 들어와서).
疫(역병이 들어오면 몽둥이로 때려잡아야)

丙 남녘 병. 밝을 병. 양 기운 하나가(-) 안(內)으로 들어가 밝아진다.
땅 속으로 뿌리를 내려 새싹과
따뜻한 기운(熱이 난다=病. 丙=火)이 올라온다.
방위: 남쪽. 남쪽의 따뜻하고 완연한 봄에 해당. 어린 싹. 10대

普 두루. 넓을 보(立+立=普) (나란히 할 병 竝)
普(함께) - 햇살(日)은 누구에게나 두루두루 비친다.
譜(족보 보) 온 씨족의 혈통관계를 神에게 말하다(言)— 族譜
*참조: 玆山魚譜
普光(보광) - 온 세상을 밝혀라. 普信閣(보신각)
*보시(布施) - 중보기도

報 갚을 보. 알릴 보
매운(幸) 고생 끝에 행복(幸)이 오면, 무조건 무릎 꿇고 앉아(卩)
두 손(又) 모아 또(又) 주시라고 주변에 알리고,
그만큼 주위에 갚아야 한다. 結草報恩(죽어도 갚는다).
*報答 - 죽간(竹)에 써있는 글의 내용에 맞게(合하게) 답변하다. 대답하다.
*噬臍莫及(서제막급)
*참조: 噬(씹을 서) - 죽간에 써있는 내용대로 씹는(말하는) 무당(巫)

옷을 입는 이유(巾. 常. 服)

*服(옷 복) - 몸(月)을 다스리려고(𠬝) 입는 것이 옷 *常. 平常心是道. 依
- 에덴동산에서 사과 따먹은 후부터 부끄러워 항상 옷
*納骨堂(납골당)에 納(들일 납. 納付. 獻納)에 실(糸(. 미토콘드리아 에너지)이

있는 이유

-뼈(骨) 마저도 부끄럽고(옷 糸), 힘(에너지. 미토콘드리아)이 있어야 하니까

실(糸) 하나로 바쁜 사람들을 하나로 묶을 수 있는 總長처럼

모든 가루를 묶는다

뼈 가루 하나하나 모두 인연에 얽힌 緣起(연기. 인연 연 緣. 因緣. 緣分)

＊복용약(服用藥)

＊幸福을 다스리는(艮) 방법은?

- 세상으로부터 받은 은혜를 도로 '갚음'그리고 알려야 한다.

＊행복해질 수 없는 사람(102세 연세대 철학과 명예교수 김형석)

1. 정신적 가치를 모르는 사람

2. 돈. 권력. 명예를 좇는 사람

3. 이기주의자

정신은 늙지 않는다. 늙어서는 몸이 정신을 따라 오기 때문

＊睪(엿볼 역) - 눈(罒)이 행(幸)복해 지는 것은 남의 것을 '엿봄'

＊譯(번역할 역) - 말(言)을 사전에서 엿보며(睪) 하는 것

＊驛(역 역) - 말(馬)을 엿보며(睪) 고르는 곳

행복은 돌고 돕니다. 報

식사는 요리사가, 힘든 집안일은 가정부가,
가고 싶은 곳은 운전기사가 해결해주고
본인은 좋아하는 꽃만 가꾸며
평안하고 쾌적한 삶을 여유 있게 누리는 부유한 할머니가
'항상 마음이 공허하고 외롭고 괴롭다'고 병원에 왔습니다

부인이 아끼는 가장 아끼는 아름다운 꽃들을
아무도 모르게 마을 사람들에게 선물하라는 처방을 주었습니다

몇 달이 지난 후 그 부인은 행복한 모습으로 다시 찾아 왔습니다

정원에 꽃씨를 뿌리면 아름다운 꽃으로 돌아오듯이
마을 사람들에게 뿌린 씨앗이 행복이라는 꽃이 되어 돌아 왔습니다
매일 아침 현관에 나가보면
직접 구운 쿠키, 손으로 만든 목도리, 아름다운 시를 쓴 카드 등

누군가와 소중한 것을 나눌 때
그 나눔은 그냥 사라지는 것이 아니란 걸 알았습니다
당신이 베푼 나눔과 미음과 사랑은
반드시 돌고 돌아 내 곁으로
아름답게 다시 돌아온다는 것도 알았습니다
사람이 사람답고 세상은 아름답게 보입니다
-인터넷 좋은 글에서

步 걸을 보. *걸어가는 야자수(walking palm)
- 步=그칠지(止). 오른발 + 少(천천히 걸을 쇠 변형). 왼발
*歲(해 세)=步+戌(술) - 애완견(戌)과 함께 걷다(步) 보면
한 해(1년)가 간다

甫 클 보.
- 원래 의미: 싹 날 철(屮) + 밭 전(田) - 채소가 있는 밭(甫)
- 새싹이 막 자랄 때의 밭은 크게 보인다
- 고기(점 주 丶)를 손(左=屮)으로 잡을 때 사용하는(用)
도구(대나무 광주리 甫)가 커야 많이 잡는다
- 십자가(十)의 예수님 흔적(丶 INRI 유대인의 王)을 믿으면
(잘 이용하면 用) 크게 복 받는다
*博(넓을 박. 클 박) - 열 가지(十) 큰(甫) 일이라도

법도(寸)에 맞게 처리하는 학식이 넓은 박사

*薄(엷을 박. 적을 박) - 물(氵) 속에 풀잎(++) 마디(寸)가 크게(甫) 보이니 얕은 물이다

*補(기울 보. 보수할 보) - 몸에 맞지 않는 큰(甫) 옷(衣)은 깊고 보수하여 몸에 맞춰 입는다

*傅(스승. 도울 부) - 큰(甫) 사람(人)이 되고 법도(寸)를 지키라고 말하며 나에게 도움을 준 사람

*賻(부의. 부조할 부) - 남이 큰(甫)일을 당하면 돈(貝)을 내는 것이 법도(寸)이다

*溥(문서. 장부 부) - 마디(寸)로 된 대(竹)쪽을 크고(甫) 넓게 만들어 먹물(氵)로 기록하는 장부

*浦(물가 포) - 큰(甫) 물(氵)을 가까이 두고 있는 물가

甫吉島(보길도), 十用十一口. 명당이 11개 있는 섬(10개는 사용중)

고산 윤선도(1587~1671) 漁父四時詞. *대박 터지는 섬

*참조: 道(秋史)

*甫字가 앞에 오면 칭찬, 뒤에 오면 비하(興甫. 울보. 바보)

興夫歌(표준어) /興甫歌

保惠師(보혜사)=변호사=위로(慰勞)하는 자. *참조: 尉. 恩

福 복 복. 神이 가득 차게(畐) 주는 것이 복

*찰 복(畐) - 하나(一)의 입(口)이 밭처럼(田) 크니 '가득차다'

福은 神이 한(一)사람(口)에게 땅(田)을 다 주시는 것이고,

富는 집안에서 주는 것(한 사람이 밭을 다 가져 재산이 넉넉)

*버금 부(副) - 가득 차있는 것을 칼(刂)로 쪼개어 두 번째로 삼았다고 '다음. 버금' *副鼻洞(부비동). 副腎

*공관복음(共觀) - 예수의 출생부터 죽음까지 비슷한 관점에서 기록

*福 중에 福은 하나님의 4대 福音(Good News)

유대인을 위한 마태복음(마태: 유대인) - 예수의 성공
로마인을 위한 마가복음(베드로 통역관) - 예수의 고난
희랍인을 위한 누가복음(그리스인. 로마의 노예) - 예수의 사람됨. 인자함
동양인(세계인)을 위한 요한복음 - 예수의 영광을 주제로 삼았다
- 요한의 兄, 야고보(야곱)=스페인語 산티아고 Santiago
*마태. 요한은 예수의 제자 / 마가. 누가는 제자들의 제자
*요한복음 기록 목적
- 예수가 그리스도임을 믿고 생명을 거듭 얻게 함(부활)
*말씀(The word)이 4가지로 변한다
1) 육신이 된다(예수)
2) 기록된 말씀(성경)
3) 선포된 말씀(설교)
4) 의미요법=Logotherapy(말씀요법)

*예수의 동생 야고보 - 순교
요한(요한복음)의 형 야고보(최초 순교)
- 스페인 산티아고. 상징 지팡이
- 요한 계시록의 저자 요한 아님
- 야고보(뜻: 발뒤꿈치를 잡다. 약탈자)
히브리어. 헬라어 - 야콥. 스페인 - 이아고(Sant: 성인)
*베드로 동생 안드레아는 X 자모양의 십자가에서 순교
- 스코틀랜드의 수호성인(국기 X 모양)
*XP ☧ 키로(그리스도의 첫 두 글자). 콘스탄티누스 王
알파와 오메가(A Ω).로마교황 십자가(丰) - 베드로 3번 부인
*베드로 3번 부인 *베드로 동생 안드레아 십자가 X
*INRI : 유대인의 王 *IHS(인류의 구원자이신 예수 十)

*호산나(Hosanna 그리스어):구원하소서(시편118장 25절),

*참조: 십자가에 못 박으시오

*불교 - 만자 만(卍) 좌측으로. 나치 하켄크로이츠 우측으로

攵(攴) 칠 복. 나뭇가지를 손(又)에 잡고 후려치는 모양

攴=又+卜 - 점 칠 때 | + ㇔ 금이 갈라진 모양

아이들을 잘 기르기 위해 때리니(攴) - 教(가르칠 교)

매일(每) 쳐서(攴) 가르치니 敏(민첩할 민)

소(牛)를 매질하면(攴) 牧(목사)

해(日)뜬 날 사람(人)을 사거리(彳)에서 매질하면 復(復歸. 復活)

服 입을 복. 洋服. 衣服. 服用. 服從

服의 月은 舟의 변형

- 사람을(卩) 떠밀어(又) 배(月)를 타게 하는 것
- 일정한 틀에 맞추어 따라 하는 것을 뜻함.

复 돌아올 복. 回復(회복). 光復(광복). 復活(부활). 腹部(복부)

人+日(발자국)+夂(천천히 걸을 쇠)

腹 배 복 - 사람(人)이 매일(日) 몸(月)을 풀무같이 왔다갔다(夂) 움직이면 배(腹)가 들어간다

*참조: 復 - 사람(人)이 해(日)가 뜨면 밖으로(行. 彳) 나갔다가 해가 지면 다시 (재림. 부활) 천천히(夂) 돌아가느게 삶의 이치.
復舊(복구). 復活(부활)

腹案(복안) - 마음속에 품고 있는 생각

鰒 전복 복 *배 복(腹)

本 근본 본. 木(나무) + 一(뿌리)

丰 예쁠 봉. | +三 나무에 가지가 많으니 '예쁘다'

知慧의 혜(慧=丰+丰+ヨ+心)

*참조: 潔(결) *교황 십자가(丰) *대주교 십자가(丰)

奉 받들 봉. 세(三) 여인이(人) 접시 깨지 말고 손(扌)을 모아
받들고 봉사 할 것.

*春-여자들은 두 사람이 만나면 奉仕하지만(奉), 3사람이
만나면 접시가 깨지고, 겨울잠에서 해(日)도 깨어난다(春)
여성이 사용하는 하루 단어 3만개, 남성 7천개
손(扌), 왼손(屮), 오른손(又), 양손(廾)
奉祝(삼가 받들어 축하함). 奉生(생명을 존중하고 받들다)
奉恩寺. 奉獻(짐승을 끓여 절대자에게 바친다) 奉仕(섬김)

鳳 봉황새 봉. 천상(几)에서 일등(一)가는 새(鳥)
*참조: 風. 几 속에 공기(.). 뱀(虫). 새(鳥)

復 다시 돌아올 부(復活. 復興), 회복할 복(回復. 復舊. 復職)
- 갔던 길(彳)을 사람(人)이 자기의 발자국(日)을 따라
천천히(夊) 돌아가다(풀무 같이)
- 동사 - 往復(왕복)-갔다(往)가 돌아오다(復)
- 부사 - 復活(부활) - 죽었다가, 다시(復) 살아오다(活)
- 光復(광복) - 빛(명사)이 아니라, 영예롭게(부사) 주권을 되찾음

*예수님이 싫어하는 새 - 바리새
*夏 -사계절 중에 너무 더워서 천천히 걸을 수밖에 없는 계절(頁+夊)

부활 復活

사람의 육신은 매일 3번씩 밥을 먹고
그 때마다
배(腹=月+复)는 풀무처럼 불렀다 빠졌다 하며,
매일 발자취(日)를 따라 갔던 길(彳)을
갔다 왔다(复) 천천히(夊) 걸어야 한다(往復)

사람들은, 죽은 사람의 혼을 불러들이려고
복(復), 복(復), 복(復) 외친다
죽은 사람의 입었던 옷에 玉을 넣어 흔든다
죽은 이의 눈빛이 다시 빛나라고
그러나, 부활은 없다

예수님만 3일 만에 무덤에서 다시(復) 살아 나셨다
부활이란
죽었다가 다시 죽을 몸으로 되살아나는 蘇生(소생)이 아니라
죽었다가 다시 영원히 살아나는 것이라네(고전 15:4)
우리들은 예수님의 부활(復活)을 믿기면 하면
영생을 얻을 수 있다니
놀라운 예수님의 축복에 그저 감사할 따름이네

夫 지아비(남편) 부. 天+丨 하늘을 뚫고 나가니 높다 '남편' *工夫
婦 며느리 부. 아내 부. 主婦 *참조 歸(귀)
富 넉넉할 부. 참조: 福 *은혜 千代
　집(宀)안에서 한마디로(一) 나 밭때기(田) 많다고 자랑하는(口) 사람
　부자 3대 못간다. 넘기기 힘들다. 富不三代. 貧不三代
　　　삼대 정승 없다. 삼대 거지 없다.
　　　내리 잘 사는 자도 없고, 내리 못 사는 법도 없다
付 줄 부. 사람은 법도(寸)를 따르니 '주다' *貧 . 嗇
府 관청 부. 준 것을 저장하는 집(广)이니 '관청'
缶 똥장군 부 *참조: 午
腑 장부 부. 五臟六腑(오장육부)
　- 臟(꽉 차 있다. 땅. 음), 腑(텅 비어 있다. 하늘. 양)
　- 곳집(府)에 고기(肉)가 오래 있으면 썩는다. 부패(腐敗)

北 북녘 북. 사람(人)이 서로 등을 대고 있는 모습
分 나눌 분. 八+刀 칼로 나누다
分娩(분만) -
'해산할 만(娩)' - 엄마(女)가 발을 벌리고 아기(儿)를 낳는데, 옛날에는 산모나 아이가 많이 죽었으므로 그 죽음을 면했다고 '벗어날 면, 면할 면 免' *용궁 다녀온 토끼 *참조 : 兎(토)
不 아닐 불 *화살이 천정에 막힌 모습 *至 화살이 땅에 막힌 모습
弗 아닐 불. 버리다. 어긋나다. 달러
*부처 불(佛) - 보통 사람(人)이 아닌(弗) 존재(聖人)이니 '부처'

밥맛이 없을 때 처방 -佛跳牆(불도장)

佛 부처 불. 佛跳牆(불도장) - 스님이 냄새의 유혹을 이기지 못하고 담장(牆)을 넘어와(跳) 먹다가 파계된 상어 지느러미 음식 상어 뼈를 고아낸 육수+상어 지느러미+해삼.자연송.전복. 오골계

*跳(뛸 도) - 서로 등지고(兆) 발(足)로 뛴다.
*兆(조짐 조) - 거북의 등이 갈라진 모양으로 길흉을 점친다.
*逃(도망할 도) - 반대로 뛰어 도망간다(辶)
*嗇(인색할 색) - 빙빙 돌아서(回) 오라고(來)만 하고 절대 가지는 않고, 가지고 오라고만하고 주지는 않는다 - '아끼다. 인색하다. 쌓인다'.
*물 아까워 쓰지마라(무라까와 쓰지마라) *吝嗇(인색)
*墻(담 장) - 욕심이 많아(인색해서) 창고를 지을 때도 흙(土) 벽돌로 튼튼하게 담장을 쌓는다 .
*牆(담 장) - 흙(土) 대신 나무판자로 만든 담장

*薔(장미 장) - 자신을 아끼고 보호하기 위해 인색(嗇)하고 가시(艹)를 단 꽃
*微(풀이 잘게 부서진 잎을 한 고비 미, 장미 미, 고사리 미, 작을 미)
- 山에 가서(彳) 보면, 몽둥이(攵)로 의자(几) 하나를 부수어 넓게 펼쳐도 山에 비해 '너무 작다' 微生物(미생물). 微妙(미묘)
*薔薇(장미)

*이런 '교인'은 되지 마세요! 교만(驕慢)과 인색(吝嗇)
驕(교만할 교)=馬+높을 교 喬 - 말을 높이 타고 아래를 얕잡아 보다.
慢(게으를 만) - 일은 안하고 하루(日) 4번씩(罒) 먹고
또(又) 먹기만 하려는 게으른 마음(忄) *참조: 慢. 慢性急性
吝(아낄 인) - 글(文) 또는 입(口)으로만 걱정. 실제로 행하지 않고
跳(뛸 도)=足+兆(흔적. 조짐 조) - 발로 흔적을 내는 행위
힘차게 뛰어오르면 땅에 발의 흔적이 남는다.
여러 가지 가능성(兆)을 향해 발(足)로 뛴다.
*Shark's fin –상어 지느러미 *FIN 끝, final. finale. finish
*상어 간(肝)에서 추출한 오일(신진대사 촉진. 살균제 — 스쿠알렌)
*싹수(싹아지) - 어린 떡잎. 처음 나오는 싹+아지(새끼. 강아지. 송아지)
- 기본과 근본의 싹. 싹아지가 없다=기본이 없다
*불(火)도장(도장 인印)
*교만(驕慢)은 패망의 선봉(잠 16:18), 멸망의 선봉(잠 18:2)
*교만을 치료 안 하면 분노. 마음의 상처.
*교만 치료법: 겸손
不二(불이) - 天地同根(천지동근), 萬物一體(만물일체). 원수(-)

색(嗇)과 장미, 이런 교인은 되지 마세요

來美安(래미안) 아파트 둘레 흙벽돌로 만들어진
담장(墻)을 돌고 돌면(回)
인색하고(嗇=來+回) 가시(⊠) 돋힌 薔薇(장미) 꽃이
오묘한 향기를 내뿜는다

그 아파트 옆 돌담길(墻)에 있는
중국음식집을 돌고 돌면(回)
상어지느러미로 만든 음식 냄새에
유혹을 이기지 못한 스님(佛)이
담장(臧)을 넘어와(跳 뛸 도) 먹다가 파계 되었다는
佛跳牆(불도장) 요리가 떠오른다

아무리 향기가 오묘하고, 냄새가 좋다 하더라도
교회에서 환영받기가 힘든 교인은 되지 마세요
어떤 '교인'?
교만(驕慢)하고 인색(吝嗇)한 교인(驕吝)
*참조: 사촌이 땅을 사면 .. 사촌은 새벽부터 허리 굽혀(曲)

朋 벗 붕. 月月 달이 가까이 붙어 있으니 '벗'
友(우) - 좌(左. 屮) 우(又) 손을 붙잡으니 '벗'
有(있을 유) - 손(左)애 고기(月)가 있으니 '가지다'
*用. 仁 - 친구가 둘이면 좋다
鼻 코 비 -자기 앞으로(自) 밭(田)이 스무 마지기(十十) - 땅부자

比 견줄, 나란할 비. 사람(人人)이 나란히 서 있는 모양

'나란하다. 견주다' 比重(비중)=견주었을 때 중요도(重)

＊ 人人=八八=피아노 건반 88개

非 아닐 비. - 두 사람이 등을 맞대고 있는 모습

＊兆(조짐 조). 跳(뛸 도). 불도장

腓 장딴지 비. 다리의 다른 부분보다 어긋나게(比) 솟은 부분=장딴지

腓腹筋(비복근=가자미근=넙치근=장딴지 근)

- 가자미. 넙치처럼 납작하다고

Soleus(가자미). 종아리에 있는 배처럼 볼록한 근육.

엎어진 Heart 모양

장딴지 근=비복(calf)근=가장 얕은 근육 ＊calf: 송아지. 종아리

＊廣魚=넙치

費 쓸 비. 돈을 상하로 버리는(弗) 모양 '쓰다. 소비하다'

＊消費(소비). 사라질 소(消) - 물이 줄다. 사라지다 .

＊닮을 초. 쇠약할 소(肖)

- 살(肉=月)이 빠져 기운이 쇠약하지만, 얼굴은 닮았다

妃 왕비 비. 아기(己)를 안고 있는 여자 왕비

비스코프 bespoke(be 되다+spoke 말하다) 맞춤형,

소비자가 원하는 대로 맞추어주다(가전제품)

biscoff(비스켓 biscuit+커피 coffee) 맛이 두 배로 좋다

氷 얼음 빙 ＊冫

＊사삭산살삼삽상쌍새색생서석선설섬섭성세소속손송쇄쇠
수숙순술숭슬습승시씨식신실심십

事 일 사. 事理(사리)=일의 이치(理)

사관(吏. 判事. 檢事)은 한결같이(一) 손(彐)에 붓(丨)을 들고 공정하게(中) 기록하는 일(事 섬기다. 일하다)을 해야 한다

＊'사' 字 들어간 사람 보다 더 우대받는 고위 직(使)- 觀察使. 御使. 大使. 使徒. 天使

絲. 糸(약자) 실 사. ＊糸에서 小를 제외하면 '어리다 '작을 요(幺)'

- 미토(실 糸)콘드리아(끈·알갱이) =실끈으로 채워진 소시지모양

＊미투(Me to)

세포의 발전소인 미토콘드리아의 유전자 결함이 오면 시각장애. 근(筋)위축증. 당뇨병 등이 나타남.

남자의 정자 핵이 아닌 어머니의 미토콘드리아 속에만 있는 DNA 유전자가 일으키는 병

士 선비 사. 전문 직업인. 1(一)을 들으면 열(十)을 안다 '선비'

- 辯護士. 博士 ＊奉仕

＊스승 사(師) - 고귀한 가르침을 또는 의료행위를 주는 사람

醫師. 藥師. 敎師. 牧師. 看護師

＊일 사(事) - 선출직으로 '다스리는 사람' - 檢事. 判事. 道知事

하나의(一) 말(口)이라도 꿰뚫어(亅) 헤아릴 줄(彐) 아는 사람

목이 좁은 한개(-)의 병(口)을 손(彐)으로 잡고

뾰족한 갈고리(갈고리 궐 亅)로 꺼내는 행동. 일

＊判(판단할 판) - 소(牛)를 칼(刀)로 半(반)으로 나누어 각각

보관(서류)했다가 후에 문제가 되면 이를 증거로
'판단.분별.구별'
判事 - 정확히 칼로 반으로 나누는 사람
*檢(검사할 검) - 모아(僉 다 첨)져 보관되어 있는
나무패(木. 목간. 서류)들을 '단속. 조사. 검사하다'

砂 모래 사. 砂漠 사막. 돌(石)이 쪼개지고 쪼개지니(少) 모래가 된다.

沙 모래 사. 물이 적어지면 흙이 모래가 된다.

事情 사정. 일의 형편이나 그렇게 된 까닭 *情 뜻 정

師 스승 사. 언덕 부 阜+ 깃발 잡 帀 *歸 참조
장수 수(帥)
사자 사(獅) - 개(犭)의 스승 사자
벼슬 관(官) - 고기를 모시는 사당(宀)
따를 추(追) - 고기 먹고 싶어(追憶) 뛰어 간다
(길 착. 뛸 착 辶=걸을 척 彳+그칠 지 止)

임금 제(帝) - 서서(立) 천(巾)을 두르고 있으면 '임금'
첩 첩(妾) - 걸레질 안 하고(수건) 본마누라 머리끝에 서있는(立) 여자
아내. 며느리 부(婦) - 집에서 손(彐)에 걸레(수건 巾)을 들고 청소하면 안주인
걸레(수건 巾)를 두드려 폐고 청소를 안 하면 積弊(적폐)의 弊(폐)
저자 시(市)=亠+巾 - 높은 곳에 천을 매다는 시장표시 깃발
항상 상(常) - 천(巾)을 위에(尙) 곱게 꽂고 다니니 '항상 떳떳하다'
비단 백(帛) - 白+巾 흰색의 천
바랄 희(希) - 수건(巾)에 X - 선 두 번 쬐면 希望(희망)이 생긴다.
*참조 希
억제할 제(制) - 사람(人)이 하나(-)의 천(巾)에 칼(刂)을 대니
'억제하다. 만들다' 强制(강제)

지을 제(製) - 옷(衣)을 지으니 '만들다. 짓다' *참조: 制=牛+巾+刂
돌아올 귀. 시집갈 귀 (歸) -

歸=언덕 부 阜 + 빗자루 추 帚 +그칠지 止 (간다는 뜻도 있다)

옛날 풍습은 고향 언덕의 흙덩어리와 빗자루를 들고 시집갔다.

빗자루 추(帚) - 손으로(⺕) 걸레를(巾) 잡는(冖) 모습

淸掃車(청소차) 掃: 손(扌)으로 쓸다. 쓸 소

社 모일 사. 땅의 신(土神)에게 제사지냄

사직(社稷)의 稷 - 곡식을 맡은 神

- 논(田)에서 사람(人)이 발을 벗고(夊) 벼(禾)를 심는 모습

*종가(宗家) - 신(示)을 모시는 집(宀)

*종묘사직(宗廟社稷) 의 묘(廟) - 아침마다 사당(广)에서 참배를 드린다.

마루 종(宗) - 집안의 마루가 아니라, 산마루. 고갯마루의 꼭대기.

높다 뜻

瀉 설사할 사. *참조: 서론 待의 瀉. 泄瀉(설사)

*설사를 일으키는 약(藥)

1) 항생제(장내 정상 미생물을 죽임)

2) 제산제 성분 중에 마그네슘(설사), 알루미늄(변비)

*止瀉劑(지사제). 止(그칠 지) - 발이 서있는 모양 '그치다. 멈추다'

史 역사 사. 中+人 가운데서 정확히 하는 사람

仕 벼슬. 섬길 사. 선비다운 사람. 奉仕(봉사)

志(뜻 지) - 선비의 마음이니 '뜻. 지조' 同志(동지)

誌(기록할지) - 뜻(志)있는 말(言)이니 '기록하다'

司 맡을 사. 궁 안의 관리를 의미하는 后(후)와 좌우가 바뀐 글자로

궁 밖의 관리를 '맡는' 벼슬. 司正. 司馬. 司諫. 司法. 司祭

직책을 맡고 있는 사람이 서서(丨) 입(口)위에 양손(二)을 대고

소리를 지르면서 명령하다. *참조: 看

詞 말씀 사. 맡은 것(司)을 말하니 '글. 말씀'

辭 말씀 사. 詞 의 言 대신 辛이 들어갔으니

말씀이 더 맵다 *참조: 매운맛을 좋아하는 이유. 幸

*어지럽히는(亂) 죄를 다스리기 위해서

고추 가루 같은 매운(辛) 말 또는 글(辭). 辭表(사표). 辭典

주례사(主禮辭) - 이혼하지 말고 잘 살아라고 맵게 하는 말

마늘(厶) 때문에 생긴 단어들

厶 나 사. 아무 모. 사사로울 사. 마늘 모

-팔을 굽혀 안은 것이 내 것

- 마늘 모양으로 생겼다고 '마늘 모'

允(진실로 윤) - 나(厶)의 어진(儿) 마음이니 '진실로'

私 사사로울 사 - 내가(厶) 가지고 있는 벼(禾), 내 것

公 공공 공. - 나누어(八) 갖는다. 公平無私(공평무사)

단군조선의 웅녀(熊女). 환웅(桓雄). 홍익인간(弘益人間).

鬼(귀신)에 모두 마늘(厶)이 등장한다.

마늘(厶) 먹고 가장 힘센 곳 - 팔 (팔꿈치 굉 肱)

활(弓)이 마늘(厶)과 만나면 힘센 활(클 홍 弘)

마늘(厶)을 먹어 몸(月)이 2자루(匕匕)의 칼을 지니는 만큼

힘이 넘치는 능력(能=厶+月+匕+匕)이 생겼는데도

불(灬)를 싫어하면 여자 곰(熊. 곰 웅)이 되고

하찮은 새(隹)일망정 마늘(厶)을 많이 먹으면

남자 곰(雄. 수컷 웅)이 되고 용(勇)감해 진다

*英雄(영웅) - 뛰어난 인물

英(꽃부리 영) - 풀(艹) 가운데(央 가운데 앙) 있는 꽃부리

*映(비칠 영) - 해(日)가 가운데 있으니 비치다. 映畵(영화)

*去=土+厶, 흙에 마늘이 많으면 냄새 때문에 '가다'
*法 - 물(氵)처럼 정확히 가니 '법' *참조 : 能
*티베트 수도승은 마늘을 먹었을 경우 수도원에 들어갈 수 없다. 성욕을 자극하는 음식이라고

斜 비낄 사. 나무(木) 위에 한(一) 사람(人) 비뚤어지게 서 있네
寺 절 사. - 상대방의 발(止의 변형 土)까지 손(寸)으로 씻어줄 정도로 모시는 것
* 時(시) - 해(日)는 시간과 햇볕을 사람들에게 제공하므로 神(寺)처럼 모신다.
* 더 크고 힘 센 소(牛)를 제단(寺)에 바친다(特)

사촌이 땅을 사면 배가 아프다

사촌(寸 마디 촌)이 땅(土)을 사서
절(寺=土+寸)을 지어 주었는데
왜 내 배가 아프지?

사촌(土+寸)은 새벽(晨 새벽 신)부터
허리 굽혀(曲)
부지런히 노력해서 농사짓고(農=曲+辰)
성과를 올려
별(辰)을 얻었는데
왜 내 배가 아프지?

누군가
높은 자리에 승진하거나, 부자가 되면
그 사람의 과거사를 '마디마디(寸)'
짚어가며 욕(辱=辰+寸)을 하지 않으면
왜 내 배가 아프지?

우뚝한 山을 끼고 있는(峙 산 우뚝할 치. 對峙洞)
절(寺 절 사/ 관청 시)은
시간(時)을 알려주고
말(言)을 詩로 만들어 주고
사람(人)을 잘 모시는(侍 모실 시. 內侍) 좋은 곳인데
절 한다고 '절' 이라고 하는
그 곳에 가서 절을 해야
사촌이 땅을 사면 배 아픈 병이 치료되겠지요

思 생각할 사. 넓은 논밭(田)에서 농사를 어떻게 잘 할가를
마음(心) 속으로 그려보는 모습

사랑 - 천국에서도 사랑은 필요하다(믿음. 소망은 사라지지만)
- 모든 사랑의 근원은 하나님의 사랑으로, 생명까지 '주는 것'이다
- 하나님의 사랑이 지상에서 가장 분명하게 나타난 곳 - 십자가
- 교회답게 만들 수 있는 최고의 능력
- 오래 참는 것(아브라함 75세 아들 낳기 약속이 100세에 이름)
  끝없는 사랑(endless love), 끝없는 용서
- 세상의 종말이 오면 사랑을 잃어버린다
- 사랑 없는 은사는 빛이 안 난다(카인과 아벨)

乍 잠깐 사. 사람(人)이 하나(丨) 둘(二)을 세는 '잠깐 사이'

*참조 作 -사람(人)이 잠깐사이(乍)에 무엇을 짓는다 . *狹窄

*허리디스크(수핵 탈출증) - 젊은층. 앉아 있을 때

척추 협착증(狹窄症) - 노인층. 서 있거나 걸을 때

다리는 당기고, 허리가 아프다 (다리당 허리파)

*窄(좁을 착). 구멍 혈穴+잠깐 사乍 - 구멍이 잠깐 사이에 좁아진다

*狹(좁을 협). 사람(大)의 양 겨드랑이에 사람(人人)이 낀 모습으로 개(犭)가 다니는 좁은 길

奢 사치할 사. 참조: 者의 奢侈

賜(=貝+易) 줄 사 - 돈(貝)을 주고나면 돈(貝)의 주인이 바뀐다(易)

*賜書樓(사서루) - 정종대왕께서 하사 하신 서적을 보관하기 위한 서재

*茗禪(명선)-차를 마시며 선정에 들다. 차를 만드는 선승(禪僧)

似 같을 사. 似而非(사이비) 近似(근사) 類似(유사) 恰似(흡사)

다른 사람(人)이 사용하는 쟁기(以)도 모양새가 비슷하다 '닮다'

射 쏠 사. 身(弓의 변형)+寸(手의 변형) 몸에서 화살이나 총을 발사하는 부분은 손가락 마디(寸)

注射(주사). 條件反射(조건반사)

*注(물댈 주) - 주인이 물을 주니 '물대다. 중요하다' 注意 注目

謝 사례할 사. 謝絶. 感謝. 謝恩. 謝過. 謝意. 謝罪. 新陳代謝

화살이 활시위를 떠나듯

관직에서 물러날 때 오히려 은혜를 입었으니 어찌 감회가 없겠는가?

화살은 말없이 떠날 수 있지만, 사람은 물러날 때 말(言)이 없을 수 없으므로 '言',자를 첨부

이것이 바로 感謝(감사). 謝恩(사은)이다.

온갖 허물과 죄를 화살에 매어 멀리 날려 보내고 싶은 謝過. 謝罪

代謝 =대신하다. 번갈다+물러나다. 줄줄이 물러나다. 사라지다
교대(代)로 바뀌다(謝). 번갈아(代) 사라지다(謝) *참조: 代謝

新陳代謝 =새로움과 낡음이 서로 바뀌다. 대신하다.

代 - 대신하다. 교대하다. 잇다. 世代 또는 時代

謝 - 바뀌다. 교체되다. metabolism=meta(change)+bol(thr ow 던지다)

*meta - verse(假像)의 meta(초월. 가공. 추상)

*참조: 陳(베풀 진) - 원래는 군대가 어느 한 곳에 모여 떼를 이루는 것
그 후, 늘어놓다(陳列), 더 나아가 내버려둬서 시간이 흐른 경우의 '옛 것'으로 뜻이 변함

*한 씨족의 혈통을 나타내는 차례의 단위 - 世와 代는 똑 같은 의미

赦 용서할 사. 죄사할 사.

赤+攵 =붉은(赤) 피가 흘리도록 때려서(攵) 벌을 준 후 용서한다.

사래와 사레

사래 - 아브라함 아내. 후에 '사라'로 개명한 이유(사레 때문. 으하하하!)

*아브라함이 75세에 하나님 영접하고 25년이 지난 후
부인과 함께 이름 개명하고 아들 이삭을 얻음(100세)

사레 -음식물이 식도(right pipe)가 아닌
기도로 잘못 들어가(wrong pipe) 캑캑 호흡이 막힌 경우

-미국 2014년 5,000명 음식물이 목에 막혀 사망

-조류. 파충류는 공기가 목구멍을 거치지 않고 바로 폐로 들어감

-폐렴 합병증이 생길 수 있으므로, 잠시 호흡 중지,
헛기침으로 기도 주변 음식물 제거, 물을 마실 것

-예방: 식사 중에 말을 적게 하고, 천천히 먹을 것

*아브라함 링컨.

*아브라함 -75세에 하나님 만나, 100세에 아들 낳고, 아들 75 세 때 사망

山蔘(산삼). *蔘인삼 삼)=++ + 人 +厶厶厶 + 彡

귀신(鬼)은 꼬리에 마늘(厶) 1개.

蔘은 사람머리(人) 위에 사람의 몸에 좋은 약초(++)용

마늘(厶) 3개가 있으니 빛나고 아름답다(彡).

*參(섞일 참). 慘(참혹할 참)

山 산 산. 山行(산행)=산에 다님 *참조: 色의 山是산 水是水. 仁者樂山

産 낳을 산. 머리(亠)를 받치고(") 굴바위(厂) 같은 것에 의지하여 새끼를 낳다(生)

*顔(얼굴 안) - 머리(頁)위의 제일 큰(彦) 부분이니 '얼굴'

山 산 산. 山行(산행)=산에 다님 *참조: 色의 山是산 水是水. 仁者樂山

山林(산림. 산과 숲, 산에 있는 숲). 森林(삼림. 나무가 많이 우거진 숲)

forest(숲, 삼림, 임야. 현대백화점의 하늘정원)

gump(얼간이. 멍청이)

産 낳을 산. 집(厂)에서 아이(文)를 낳다(生)

*顔(얼굴 안) -머리(頁)위의 제일 큰(彦) 부분이니 '얼굴'

酸 맛이 시다. 실 산. 닭 유(酉)+천천히 걷는 모양의 준(允+夊. 夋)

술(酉)이 오래가면(천천히 걸으면 夋) 시어진다. Oxygen(신맛)

算 셈할 산. 竹+廾+具. 두 손(廾)에 돈(貝)을 들고

대나무 쪼각(산가지)을 활용하여 계산하다. 셈하다

*참조 淸

傘 우산 산. 80세(傘壽). 약자 :八十 *傘壽宴

散步(산보) 일본식 한자. *참조: 歲(戌)

散(흩을 산). 힘줄(艹)이 붙어있는 고기(月)는 딱딱하므로

몽둥이(攵)로 갈기갈기 흩어지게 한다. 가루 약. 風飛雹散(박산)

散策(산책). 걸으면서 흩어진(散) 생각들을 정리한다(攵)

＊策(가시가 있는 대나무. 말의 채찍. 지팡이)-꾀 책(對策. 計策)

散步(산보). 步(걸음 보)=止+止(앞뒤 두 발)

＊臥死步生(와사보생) -누우면 죽고, 걸으면 산다

비가 옵니다(傘)

비가 옵니다
雨傘(우산 산)이 필요하네요
傘을 약자로 쓰면 八十
그래서 八十세를 傘壽(산수)라 합니다
umbrella(우산)의 어원은 '그늘' 이라는 뜻의
라틴어 ombra 입니다
뜨거운 태양으로부터 피부를 보호하는 목적과,
神이 보호해주는 그늘로 믿었기 때문에
로마 가톨릭은 미사 때 神이 보호해주는 존재임을 강조하기 위해
옴부라를 사용한다

명리학에서는 華蓋殺(화개살)이라 한다
화려하게 장식된 햇빛가리개 양산을 뜻한다
명예. 재복. 화려함을 뒤로 한 채 운둔한다고
부귀영화를 덮는다고
그래서 '고독살'이라 한다네

엄브렐라

나이 들어서 그런지 발음도 힘드네
이탈리아 물소 젖으로 만든 치즈 모짜렐라(Mozzarella),
재투성이 소녀라는 뜻의 신데렐라(Cinde=숫검뎅이.
재투성이 +rella 소녀)를 생각하니 발음이 슬슬 풀리네

*참조: 우산을 뜻하는 한자 - 傘(산) 蓋(개)

常 항상. 떳떳할 상. 尙+巾, 고상한 옷, 죽을 때 염습(殮襲), 용포 수건(巾)을 항상 지니고 있어라.

尙 오히려 상. 높을 상.
고대마을의 신전은 중앙에 있고, 마을은 외곽에 위치하므로 집(宀) 입구(口)가 모두 신전을 향(向)한다.
중앙의 신전은 지붕위에 깃발(八)을 달아놓기 때문에 모든 사람이 신성하게 '받들어 모시다. 높이다' 뜻
* 時機尙早(시기상조) *黨, 掌

祥 상서로울 상. 제단에 羊을 올리면,
본인은 만사형통. 亨(형통할 형), 자식(子)은 향락을 누린다.
享(누릴 향)

傷處(상처)
勿(말 물) - 깃발 3개 *참조: 勿
- 지금은 금지의 뜻 - 勿論(물론) 말할 필요가 없음
바꿀 역(易) - 태양(日) 아래 깃발(勿)이 쉽게 방향을 바꾼다.

傷 상처 상. *참조 昜(양)
傷=人+人+日+勿. 사람(人)은 다른 사람(人)의 말 한마디(一)에 쉽게 상처를 받으니 함부로 말을 하지마라(勿)

床 평상 상. 집(广)에서 나무로 만든 '평상'

霜 서리 상. 땅의 수증기(雨)가 서로 마주보며(相) 얼어있는 것
*風霜

狀 모양 상. 문서 장(招待狀. 答狀). 爿+犬
- 나무 조각 문서(爿)에 누가 개새끼(犬) 인지를 써 놓은 문서
- 나뭇조각을 개(犬)가 발로 긁으면 생기는 현상(形狀) 또는 文書

象 코끼리 상 - 추상적인 모습

像 형상 상. 본뜰 상 - 눈에 보이는 구체적이고 사람을 닮은 모습
-想像. 現像. 氣像. 肖像

塞 막힐 색. 변방 새 *참조: 뇌경색
穴+ 井 + 一 + 土 구멍(穴)을 파서 만든 우물(井)에
흙(땅을 의미하는 가로 획 一)을 넣으니 우물이 막혀버린다.

새옹지마

塞翁之馬(새옹지마)=轉禍爲福(전화위복),
이 또한 지나가리(다윗 王의 반지). 진화론(자연선택설). 이광수의 꿈. 일장춘몽
불교 말씀 *참조: 空과 色
-세상만사는 변화가 많아 어느 것이 화가 되고 어느 것이 복이 될지
예측하기 어려워 재앙도 슬퍼할 게 못되고, 복도 기뻐할 것이 아님을 이르는 말

色卽是空 空卽是色

色 색 색. 빛 색
*色卽是空 空卽是色(색즉시공 공즉시색) *참조: 반야심경
색은 존재, 공은 무 존재(빔) - 인연에 따라 나타남
인연이 다하면 존재도 사라진다.

또 공이 인연을 만나면 존재를 드러낸다(色) - 공이 바로 색이다.

*참조: 己. 巳(뱀 사). 巴(꼬리 파. 큰 뱀). 에덴동산 '뱀'이 나타남

*색신 - 삭신(肉身. 전라도 사투리)이 쑤신다.

*是(옳을 시) - 日+正 태양의 시간은 정확하다.

(동사) ~이다. 山是山 水是水. *山(男), 水(女) *靑山(황진이)

若無湖南(약무호남), 無是國家(무시국가), 若 - 만약

是 - 같다(上善若水)

卽(곧 즉)=白(밥)+匕(수저)+밥상 앞에 앉아있는 사람(㔾)

'곧' 밥을 먹는다 *참조: 卽

空=穴(구멍 혈)+工=虹(무지개 홍)

굽은 무지개(工)처럼 천정(穴)에 씌워진 하늘 가운데는

비어있다. 없다.

色: 1) 무릎을 꿇고 앉은 사람(巴)이 서있는 권력자(人)의

'낯 빛'을 살피는 모양

2) 사람의 마음과 얼굴빛은 무릎마디가 들어 맞듯이

일치한다고 '안색. 빛깔'을 뜻함

3) 허리를 굽히고 서있는 사람(⺈)과 손을 내뻗고 있는

사람(巴=㔾)이 나란히 붙어 있다고(성관계) '정욕. 색채'

남녀 애정 色 - 감정에 따라 얼굴이 희고 붉어진다(色).

空, 지혜

空(공)이란 아무것도 없다, 텅 비었다, No, Nothing'이 아니라

무언가로 변할 가능성이 있는 실체(色)만 사라졌을 뿐이다

동물. 기차. 자동차 형태의 완성된 레고(Lego)에서

기본 조각들로 변한 상태이며

이 조각들은 아무 때나 또 다른 모양을 만들 수 있는 상태라네

실체가 사라졌다고 부정만 하면 우울증. 두려움이 생긴다
우울증이라는 실체를 사라질 空이라 생각하면
삶이 윤택해진다
생각을 바꿔라
실체가 아닌 것에 집착하지 말라
번뇌 망상은 착각이다
空은 無我. 緣起(연기)이고 가짜화합(假化合)일 뿐이다

모든 해결 방법은 내 마음에서 찾아라(금강경 14문)
내 마음 밖에서(타인. 돈. 명예) 찾지 말고
남과 비교하지 말고, 내 마음 속에서 찾아라
3대 고난(가난, 병, 외로움)도 내 마음 속에서
그 해답을 찾아라

*Lego 조립식 블록완구. 덴마크어로 leg golt, 잘 논다(play well). 라틴어(조립한다)
*病 - 스트레스. 번뇌. 망상. 이기심. 탐진치
*탐진치 - 貪慾(탐욕). 瞋恚(진에) 노여움. 愚癡(우치) 어리석음
瞋(눈을 부릅뜰 진). 恚(성낼 에. 士+志. 선비와 같은 마음에서 강한 의지를)
愚(원숭이처럼 머리가 나쁘고, 어리석은 행동을 하는 어리석을 우)
癡(癡呆 치매)
*참조: 塞翁之馬

*色卽是空(색즉시공) - 오온(五蘊 쌓을 온)
色蘊(색온). 受蘊(수온). 想蘊(상온). 行蘊(행온). 識薀(식온)
오온은 지혜의 눈으로 보면 실제가 없다.
- 색(실체). 수(감각작용. 고통. 즐거움). 상(지각). 행(의지). 식(분별)
緣起(연기)=오온의 가(假)화합=不二 = 無我

＊儒敎. 불교. 기독교 비교

	공자(BC 551)의 儒敎	석가모니(BC 586)의 불교	예수의 기독교
氣(물질)와 理(정신)	氣理 모두 인정 (＊현세적)	氣(물질)만 인정 色卽是空 空卽是色 (반야심경) (＊내세적)	理(정신)만 인정 (＊내세적)
	三虞祭(삼우제)/초.중.삼 - 염려하시지 말고 과감히 떠나시라고	49齊(제) ＊齋 - 齋戒의 준말 - 새롭게 환생하도록 산자를 위한 기도 윤회사상	영생. 칠칠절(오순절)
祭祀 때 고기(月)	반드시 고기가 필요함 선조를 잘 대접해야 후손들이 복을 받는다 (飮福)	불인정. 고기(月) 대신 몸과 마음을 깨끗이 하는 '재'만 존재 붓다의 가르침을 통해 정신적인 경각심	기도
忌日	사망 당일이 정상 기일이지만, 유교에서는 사망일 전, 밤11시(子時)부터 사전 준비를 함 ＊초저녁에 忌日을 지낼 경우는 사망하신 날에 제사를 지내야 한다	사망 당일	사망 당일

이황 (1501~1570) 기대승 (1527~1572) 이이 (1536~1584)	理氣 / 一原론 태어날 때 모두 평등(임금과 맞짱) 민주주의 사상 창조론(이이. 기대승) - 理氣 / 二原론 태어날 때부터 차별화 신분 계급 사상(王의 존재를 인정) 진화론. 자연선택설 후성 유전자 20:80 운칠기삼. 南橘北枳(귤지)(이황. 성혼)	*삶의 목표 - 보시. 배려. 사랑. 지식이 아닌 지혜의 나눔.	돈오돈수 칼빈 파 - 태어날 때부터 구원 돈오점수 아리미니우스 파 - 예수를 믿음으로서 후에 구원

*참조: 儒(선비 유) - 머리를 풀어 헤치고(而) 비(雨) 오기를 기다리는 사람(人). 기우제

齋(재계할 제. 집 재) = 齊(가지런할 제. 다스릴 제)+示 *沐浴齋戒(목욕재계)

虞(염려할 우. 근심할 우)=虍+吳(입을 크게 벌려 외치다. 떠들썩할 오)

- 범(虍)을 잡기 위해서 소리를 지는 몰이꾼이 호환(虎患)에 대한 근심

*인구에 膾炙(회자)한다

사람의 입맛에 가장 좋은 음식/ 膾(육회. 날고기)+炙(구운 고기. 산적)

膾炙(회자) - 기름. 뼈를 제거한 살을 모은(會) 생고기(膾), 불에 구운 고기(炙)

*영정(影幀)사진 *幀 - 천(巾)에 글씨나 그림을 그려서 바르게(貞) 걸어 놓는다(족자. 幀畫(탱화)

*중국의 민족종교(공자의 유교, 노자의 도교), 중국의 외세종교 (불교)

*도교(노자)는 시기상 공자보다 늦게 시작 *유교와 도교는 현세적, 불교는 내세적

이황(남인) 이원론	야당시절	이상	理 머리	사단	純善無惡. 貴	성학십도
이이(서인) 일원론	여당시절	현실	氣 손가락	칠정	可善可惡. 비천	성학집요

*四端 -측은지심(仁), 수오지심(義), 사양지심(禮), 시비지심(智)
*七情 -희로애구애오욕

삼우제와 49재

삼우제 祭와 49재 齋

현세적인 유교에서는
저 세상으로 갈 때
걱정 말고 잘 가시라고
3번 인사하고(三虞祭)
매년 고기반찬 듬뿍 제사(祭祀)상 차려주지만

고기(月=肉)가 필요 없는
내세적인 불교에서는
머리(亠)에 칼(刀) 찬 Y씨처럼
마음을 가지런히(가지런할 제 齊. 修身齊家) 하려고
올려놓았던 고기 2점(二)조차 먹지 않고
제단(示)을 만들어
잘 가시라는 齋(재)를 엄숙하게 7번(49齋)
沐浴齋戒(목욕재계)후 기도 드려야 한다네

*참조: 快癒(쾌유)의 癒=疒+人+一+月+巜 병든 사람은 1인당 고기 2줄(巜)을 먹어라

*齋(재) - 제사(示)를 엄숙하게(齊) 모시니 '재계하다(재계할 재). 엄숙한 집(집 재)'

*절(끊을 절) - 실의 색깔이 아무리 예쁘더라도 실처럼 끊어진다

세균도 좌우 色이 있다

세균(세균)의 색깔은 2가지 *참조 - 세균

우리들 눈에 보이지 않았던 작은 생물(세균)이

현미경이 발명된 후,

아주 작은 막대기(박테리아 桿菌 간균) 모양으로 발견

*크리스탈 바이올렛과 요오드(보라색)로 염색을 하면 그람 양성균은 세포막 때문에 바이올렛(보라색) 색깔로 변하고 알코올로 씻어도 일편단심 그대로 보라색을 띠지만, 세포막 밖에 있는 외막 때문에 그람 음성균은 알코올로 씻으면 탈색되어 색이 사라져 버린다.

그리고 사프라닌으로 2차 염색을 해야 붉은 색깔로 변신해서 자신의 모습을 다르게 보여준다.

*실(糸)의 色 - 綠(녹색). 紅(홍색). 紫(자색). 素(흰색)

*수은(붉은 색), 소듐(노랑색), 수은(보라색)

嗇 인색할 색. *참조; 佛 *吝嗇(인색하다. 아낄 인 吝)

生 날/살 생. 사람(人)이 흙(土)'에 나서 사니 '날 생. 살 생' 先生(선생)

*生=牛 + 一 소가 4발로 외나무다리를 조심스럽게 건너듯이 살아라

*生이 얼마나 어려우면 소(牛)가 절(寺)에 갔겠어요? - 特. 으 하하하!

生鮮(생선)

書 글. 책 서 -붓(聿)으로 말(曰)하고 싶은 것을 쓴다.

畫(그림 화) - 붓으로 밭(田)과 경계선(凵)을 그린다.

恕

恕 용서할 서. 如+心

- 내 마음을 상대 마음과 같이 한다.
  남의 입장을 이해해 주고 너그럽게 용서하는 마음
  상대방을 배려하는 마음(禮의 핵심) - 易地思之
- 모계사회에서는 神에게 여자의 소원하는 말(口)과 같이
  이루어 달라는 뜻이고, 남자 중심의 유교사회에서는
  三從之道(아버지. 남편. 아들)

＊공자의 중심사상(평생 좌우명) - 恕 = 불교의 慈 = 기독교의 愛

＊참조: 神. 인간(7x70).자연(용서 안 한다) ＊예수님 형제 7명(5남2녀)

＊노인들이 후회하는 3가지

1) 마음껏 내 마음대로 살고 싶다.
2) 모든 원한을 풀고 싶다.
3) 베풀고 나눠주고 싶다.

＊容(얼굴 용. 용서할 용. 편안할 용)

- 집(宀)은 많은 물건을 담을 수 있듯이,
  계곡(谷)은 많은 물을 받아들이듯이
  容은 수용성을 의미

＊容은 받아들여 함께 사는 것이고,
恕는 내가 나를 위하듯 남을 대하는 것

＊慈悲(자비). 아니라고 돌아선 마음을 하늘같이 넓은 마음으로 달래준다.

慈=玄玄心=하늘같이 넓은 마음(天地玄黃)
悲(슬플 비)=아니라고 돌아선 마음

＊玆(검은 자). 慈(사랑 자)

恕

神의 뜻과 같이 한다는
같을 여(如)의 女는 여자. 사람. 神을 뜻하며
항상 변함없이 그대로 如如如 해야 한다

타인과 같은(如) 마음(心)이 되면
그것이 용서할 서(恕)이고
공자님이 가장 좋아하는 글귀이다
불교의 慈(자비), 기독교의 愛(사랑)이다

교회에 왜 가냐고 물으면 이렇게 대답한다
사람은 때때로 용서해 주고
자연은 절대로 용서를 해주지 않지만
神은 항상 용서(容恕)해 주시니까

해가 서쪽으로 지는 이유

해가 저물 무렵에 새가 보금자리를 찾아 들어가 앉은 모양이
'서녘 서(西)' 입니다
西 대신 용서해주라는 恕(서)로 생각을 바꿔 봅니다
'같을 여(如)'는 여자(女)의 입(口)은 모두 같다는 뜻이며
용서할 서(恕)는 사랑하는 여자의 입같이 부드러워지라는 뜻으로
같은 마음으로 마음을 같이 하고
상대 마음과 내 마음이 같으면(공감)
남의 마음을 이해해주는 마음

너그럽게 용서하는 마음이 생깁니다

容恕는 마음이 똑같다는 것을 수용(容)하는 것입니다
공자님도 恕를 항상 마음속에 간직하고
己所不欲(기소불욕) 勿施於人(물시어인)
자기가 하고 싶지 않는 것을 남에게 시키지 말라고 했습니다
자기 기(대명사: 나). 바 소(...바). 아닐 불. 하고자할 욕
말 물. 베풀 시. 어조사 어. 사람 인(타인)

새해 2020년은 쥐띠(庚子年)입니다
羊이 쥐띠를 미워합니다
쥐뿔도 없다고

소(牛)가 말(午)을 미워합니다
뿔이 없다고

뿔이 있으면 이빨이 없다(角者無齒)고 했습니다
누구나 약점은 있습니다
해가 서쪽으로 지는 이유, 이제는 아시겠지요?
해가 서쪽으로 지기 前, 그 날 용恕하라고

神은 항상 용서하고,
사람은 때로 용서하고(일곱번을 일흔번까지 용서하라),
자연은 절대 용서를 안합니다

이선희의 아름다운 강산이란 노래가 흘러나옵니다
네가 있고 내가 있네

네 마음도 내 마음도
아름다운 강산
너의 마음 나의 마음
너와 나는 한 마음(恕)
너와 나
우리 영원히 영원히
사랑 영원히 영원히
우리 모두다 모두다
끝없이 다정해

敍 차례 서. 서술할 서. 펼 서

내(余)가 수를 셈하기 위해 손(又)에 산(算)가지(支 攵)를 들고 걸어왔던 길을 차례대로 나열하고, 차례대로 적으니 '펴다. 서술(敍述)하다'.

敍事詩 - 역사적 사건이나 신화. 전설. 영웅의 행적 따위를 서술하는 형태의 詩

*算(산)가지 - 수효를 셈하는데 쓰던 점쟁이 점통 속의 대나무젓가락

*余 나 여. 나머지 여. 人 + 一 + 木
나무 위에 한 사람 밖에 없으니 '나'

나무 위에 한 사람 비뚤어지게 서있다 '기울다' (斜 기울 사)
지금 ㄱ(기역)자도 모르는 한 사람, 今
명령하는 한 사람, 슈(명령할 령)
합하라고 말하는 한 사람, 合

*餘(남을 여) - 남은 음식(食)

*途(길 도) - 내(余)가 가는 '길' (途中下車 도중하차. 別途 별도)

*徐(천천히 서) - 서서히, 천천히 가는데(彳) (徐行 서행)

*除(덜 제) - 언덕(阝)이 있으면 깎아내면서(덜다. 감하다) 간다

除去(제거) 免除(면제) 除外(제외)

噬 씹을 서 *참조: 靈(령). 서제막급. 후회막급. 筮

析 쪼갤 석. 나무(木)를 도끼(斤)로 쪼갠다

夕 저녁 석. 달(月) 뜨기 전 석양. 月자에서 1 획 부족

石 돌 석. 언덕 엄(厂)+ 언덕 아래 돌(口)

나폴레옹이 이집트 원정 때(4만여명 군사와 175명 학자) 로제타 마을에서 발견한 Rosetta stone *프랑스 루브르 박물관의 피라미드

昔 옛 석. 二十一日 지났으니 '옛날' *참조: 錯(착). 醋(초). 鵲(작)

今昔之感(금석지감) - 지금과 옛날을 비교. 차이가 너무 심하다

隔世之感(격세지감) *까치 작(鵲) - 기쁨의 상징. 扁鵲(편작)

*아낄 석(惜) - 지나간 옛날을 마음으로 아쉬워하다 - 아깝다 - 아끼다

惜別(석별) - 이별을 아쉬워하다

*탈해왕 - 昔氏.

釋 풀 석. 용서할. 부처 *辛 참조.病保釋(병보석). 釋放(석방). 釋尊(석존)

*밥(米)에 돌(丿)이 4개나 있어도 행복하게(幸) 밥을 먹는 부처님 釋

席 자리 석. 집(广)에서 수건(巾)을 깔고 앉아서 달콤한(甘) 것을 먹는다.

善 착할 선. 羊처럼 풀(++)만 먹으니 착하다. 좋을 선

양처럼 부드럽게 말하는 사람

膳 반찬 선. 膳(고기 月)物 선물.

몸(月)에 좋은 것을(善) 선물로 주니 선물 선(膳)

繕 고칠 선. 깁다(기울 선)

실(糸)로 찢어진 옷이나 구멍 난 옷을 좋게 하니 '깁다'

*참조: 配偶者. 신체가 심리를 지배. 수선 하는 습관 - 이혼 예방

선생님(先生)의 先이란

先 먼저 선. 일찍부터 도를 깨달아 남을 가르치는 사람 *참조 讚(찬)
*先史시대. 歷史시대(인간이 문자를 만들어 역사를 기록하는 시대)
*洗 씻을 세 -먼저 물에 담그니 '씻다' 洗手(세수). 洗濯(세탁)

鮮 고을 선, 생선 선 - 물고기와 양고기는 때깔이 고울수록 비린 내가 없다.

*朝鮮 아침 조, 깨끗할 선.

조선 말, 선교사가 처음 왔을 때

1) 朝鮮을 깨끗한 아침의 나라 Morning calm
2) 갓을 쓴 사람들을 보고 God(머리에 하나님을 모시는 민족)
3) 朝=十+日+十+月, 낮에도 십자가, 밤에도 십자가, 하루 종일 십자가
鮮 =魚(초대교회 상징인 익투스, 물고기)
예수그리스도는 하나님의 아들이라는 신앙고백
羊 =하나님의 어린양
조선이라는 나라는 이름부터가 낮이나 밤이나 십자가만 바라보며, 예수그리스도는 하나님의 아들이요 우리의 구주이신 어린 양이라는 신앙 고백적 이름의 복음 나라
4) 朝鮮을 영어로 Chosen People 선택된 사람들

宣 베풀 선. 집안(宀)을 태양(日)이 일일(一一)이 비추듯이 남에게 베풀다.

船 배 선. 배(舟) 한척만 있어도 8명(八) 식구(口)가 먹고 산다 .
* 嵛(8명)
*男 - 열(十) 식구(口) 먹여 살리는 힘(力)이 잇어야 남자

選 가릴 선.선택할 선.두 몸(己)이 함께(共) 뛰어가서(辶) 대표자를 뽑는다.

選擇(선택). 擇(가릴 택) - 손(扌)으로 살펴보니(睪역) '고르다. 가리다'
*睪(엿볼 역) - '엿보니' 눈(罒)이 행복(幸)해진다.
*참조: 擇 . 幸(매운맛)

禪 고요할 선. 마음을 간단하게, 단순하게 해서 마음의 자유를 얻는 것

'고요하다' 마음을 고요히 하니 '진리를 찾다'

복잡하게 보지(示) 말고 단순하게(單) 보라

'마음의 자유'를 얻는 공부 *仰望

*男자는 열명(十)의 식구(口)를(男=口+十+力),

예수님(十)은 12명(田=十口 + 2명 口口, 單)의 식구를 먹여 살린다

舌 혀 설.

듣는 귀는 1000년 동안 기억(舌=天+口)

天耳通 - 많은 사람들에게 아름다운 좋은 소리와

노래를 많이 들려주면 道通 *神은 귀가 3개(攝理)

天眼通 - 아름다운 행동과 즐거운 모습을 보여주면 道通

道通하면, 억만리(天) 밖의 소리를 들을 수 있고, 볼 수 있다.

- 3개의 입(口)을 잘 조절하면 조조(曹操)처럼 王이 된다.

조절 못하면 암(癌) *말 대신 노래를 하면 장수하고

치매가 예방된다.

- 모택동 - 귀는 열린채 만들어 졌지만, 입은 닫을 수 있도록

만들어져 있다(말을 함부로 하지 말라는 격언)

천개의 불상이 모셔진 곳은 법당

千佛상 앞에서 천개의 욕심, 욕망, 미움, 증오, 고통을

버리고 해탈하라 *千差萬別. 千載一遇

찬송가(23장) - 천개의 입으로 주 은총을 찬송하라

길도 千里는 가야 중(重=千+里)하다 .

아무리 무거워도(重) 힘(力)을 주면 움직인다(動).

무거운 쇠(金)와 重이 만나면 '쇠북 종(鍾)'이 된다.

鐘路 - 종이 있는 길. 鐘閣

그런데, 때려서(攵) 억지로 말(口)을 천(千)개에서

10(十)개로 억압하면 사람이 죽게 된다(故 OOO, 연고 고(故)

*舌往舌來(설왕설래). 舌交(설교). 合(人 + 一 + 口) *日=口+口

입을 맞추다 -接吻(접문), 혀를 맞추다 -親吻(친문)

혀를 깨물어가며 키스하다 - 咬舌(교설)

입술 문(吻=口+勿) - 입(口)의 깃발(勿), 接脣(접순)

妾(첩 첩) - 서서(立) 아양 떠는 여자

接(접근할 접) - 첩의 손(扌)처럼 다가오니

*Besame(kiss me) mucho(much) 나에게 키스해줘요, 많이

*다음 생애에는 세상의 모든 남자와 키스하고 싶다는 유언을 남기고 자살한 인디언 소녀의 무덤에 돋아난 풀 = 담배

처방전

醫師들은 배 아플 때 活命水를,

목사들은 영혼이 죽어 갈 때 說教의 生命水를,

젊은이들은 사랑이 식어 갈 때 설교(舌交)를 처방한다

舌舌 긴다
運과 品格은 입(口)에서 나온다

舌(혀)은 입(口)이 천(千)개라

관리하기가 어렵다네

千가지의 말(口)을 할 수 있는 혀(舌) 때문에

'좋다 좋다'하면 복이 따르듯이 운은 입에서 출발하고
품격은 입에서 나오므로
입(口)을 잘 다스리는(尹) 사람이 군(君)자라네

*尹(잡을 계 ⺕+나아갈 별 丿) 활.회초리.지팡이(丿)로 다스리다
- 권위자.통치자.지휘자

*君의 口(호령하다)

창(戈)으로 만든 432~528 Hz(헬쯔)의 귀로 들을 수 있는
소리(耳音)는 영혼을 치유하는 진동이 되지만,
잘못된 知識(지식)의 말소리(言+音)는 누군가에 창(戈)이 되어
죽을 수도 있으므로 말조심해야 한다

*職(耳+音+戈 직분 직) *識(言+音+戈 알 식)

*舌是斬身刀(설시참신도. 혀는 몸을 베는 칼)

사치스런 음식도 조심(근검절약)하고
小食(당뇨병의 원인: 과식. 단맛. 탄수화물 주의)하는 것이 좋다네

정치인에 좋은 것 말고, 국민에게 좋은 일을 해야 하듯이
입(口)에 좋은 것 말고, 몸에 좋은 것을 먹어야 한다(患者)

천(千)마디 말(舌)을 10(十)개로 줄이면 古生이기도하고
苦生도 되지만, 故人이 되기도 한다네

*20대(高生. 높은 뜻을 세우고 공부), 30대(孤生. 짝을 찾아 가정을 이룸),
40대(苦生. 사회생활의 고되고 어려움), 50대(固生. 사회적 위치를 지킴)
60대(古生. 나이가 들어 시대에 뒤 떨어짐)
70대(古稀. 예부터 사람이 칠십 살기는 드문 나이. 古來 즐거운 칠순 잔치)
80대(故生. 후배들에 밀려 낙향하거나 흙으로 돌아감 故人)
현재는 人生百歲當然事

*임금님 당나귀 귀. 衰(쇠할 쇠)

*希(바랄 희) - 안되는 것도(X) 베풀어(布) 달라고 하니 '바라다' 希望

布(베 포. 펼 보) - 천(巾)을 한 곳으로 삐쳐주니 '펴다. 베'
稀(드물 희) - 벼가 풍년 들기만 바라니(布) 드물다

*포노사피엔스

*참조: 耳聽得心 60년 詩

雪 눈 설. 雨+彐(돼지머리 계. 고슴도치 머리 계)

- 털을 민 돼지머리. 털끝이 히끗히끗한 고슴도치 머리털을 눈빛에 비유한 글자 *참조: 雲

*손을 나타내는 한자 - 手. 扌(손 수). 又(또 우). 屮(왼손 좌). 爪(손톱 조). 彐(계). 寸(마디 촌). 廾(공). 臼(절구 구)

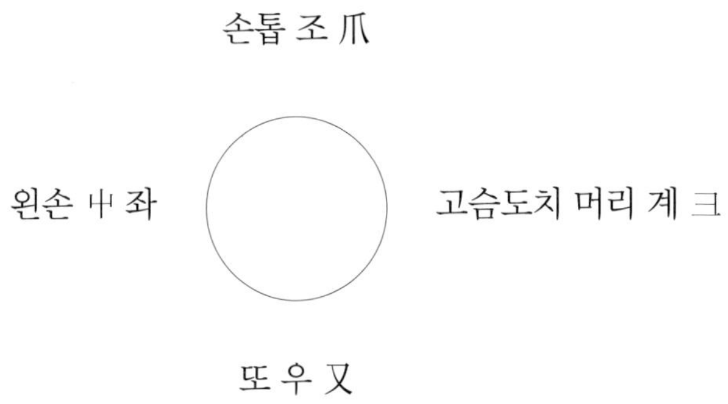

說 말씀 설. 말의 존대말,

팔방(八)으로 다니며 만나는 사람들에게 兄이라고 존대하는 말씨

纖 가늘 섬. 두 사람(人人)이 낫(戈)으로 부추(부추 구韭)를 자른다 실(糸)이나 부추(韭)처럼 가늘다.

*최고의 장수 물질 - 식이 纖維素(섬유소. cellulose).

1일 권장량 25g(25시)

강낭콩(27.5). 검정콩(26). 팥(17.6). 혼합잡곡(7)

고구마(3.8) 감자(1.4). 식빵(3.5) 현미(3.3) 백미(0.6)
섬유소 음식은 분해시간이 길고(소장길이 6.6m=성경 66권), 포도당이 급속히 치솟지 않고, 위를 가득 채워서 포만감 때문에 식욕을 낮춘다.

섬유소 분해산물인 신호물질은 만성염증으로 과도하게 흥분된 면역을 진정시킨다(심혈관질환. 2형 당뇨. 두뇌기억상실 - 예방).

- 섬섬옥수(纖纖玉手)

*維(벼리 유, 오직) - 새(隹)를 잡으려고 펴는 줄(糸)
벼리: 잡아당기는 그물의 제일 윗줄
維持(유지) . 維新(유신) - 오직 새로운 것

섬유화(纖維化) 란?

*섬유화(fibrosis) - 장기의 일부가 굳는 현상 -간. 폐 纖維化(섬유화)

*무릎 나온 바지 - 깨끗한 수건에 소주를 뿌리고, 튀어나온 부분 안쪽에 넣는다. 바지 위에도 소주를 뿌리고 다림질하면 튀어나온 부분이 들어간다. 소주의 알코올 성분이 뜨거운 열을 만나 섬유의 탄력성을 회복시키기 때문이다.
무릎 통증이 있으면 무릎에 소주 뿌리고 다림질? 으 하하하!

*예언 참(讖=言+가늘 섬 韱) - 말을 가늘게(微語 미어=隱語 은어)
讖言(참언) - 앞일의 길흉화복에 대하여 예언하는 말
讖=言+韱 - 사람들(人人)들이 하는 예언(言)은 창(戈)만큼 무섭기도 하고, 풀같이(부추) 아무 쓸모가 없기도 한다.

神의 귀(攝)는 3개, 손(授)은 4개이다

攝 당길 섭. 攝理(섭리) - 神의 귀 3개

*참조: 攝生과 貴生. 염소와 대추나무

神의 손은 4개(援=扌+爪+屮+又) *참조: 授

*무당(巫)은 입(口)이 3개 靈

*전쟁터에서 적의 귀를 많이 가져오면 '가장 최(最=보자기. 천(日)+耳+又)

*따르는 순서 : 인간 - 땅 - 하늘 - 道 - 자연(섭리)을 따른다 .

사람의 귀, 3개 (攝理)

사람의 귀(耳)는
보이는 귀 2개, 마음속에 있는 귀 1개
베토벤은 두 귀(耳)의 청각을 잃었어도
마음속의 귀로 아름다운 음악을 만들었다
사람들은 새나 쥐처럼(낮말은 새가 듣고, 밤 말은 쥐가 듣는다)
하나님의 소리는 듣지 않고
남들의 소곤거리는 소리만 들으려 하므로(聶 소곤거릴 섭)
하나님께서는 세상을 다스리기 위해서
사람들의 귀(耳)를
손(扌)으로 잡아끌고 당기셔서(攝 당길 섭. 다스릴 섭)
우리의 의지와 상관없이 침공하신다
보통 때는 同行해 주시고(攝 옆에 끼고 다니다. 붙잡고 다니다)
인간들이 어렵고 힘들 때는 업고 가신다
이것이 자연의 섭리요, 하나님의 섭리(攝理)이다

신체의 조직도 영양분을
잡아 당긴다(攝取 섭취)

神은 인간들이 편안하게 따라오게 하시지
왜 어렵게 끌고 가시게 했을까?
해답은 老子의 도덕경에서 알려준다

자신의 生을 귀하게 여기고 편안함만을 추구하면(貴生)
生이 위태롭게 되고 몸이 망가지지만,
자신의 生을 억누르고 고생시키면(攝生)
生이 아름다워진다고

기독교에서는
하나님의 섭리인 제 3의 귀(耳)를 통해서 알려 주신다
향후 인간들은 유전을 통해서가 아니라 '좋은 전염'을 통해서
'그리스도의 마음을 품은 새사람'을 만들어 주려고

*C.S. 루이스 著, 순전한 기독교
-하나님은 우리의 의지와 상관없이 침공(섭리)하신다(하나님의 은총적 방문)
-인간의 변형 단계:
1) 인간　　2) 슈퍼 인간
3) 그리스도의 마음을 품은 새사람(최초사례:그리스도)
*섭섭하다(순수 우리말)
-정에 끌려 헤어지기가 어렵다
-없어지는 것이 아깝다

燮 조화할 섭. 말(言)을 불(火) 같이 또(又) 밝게 하니 '불꽃'
불에 고기를 골고루 익히듯 燮理에 맞는 말을 조화롭게 하다.
불꽃 사이에 손(又)으로 고기 대신 말(言)

星 별 성. 밤 하늘에 빛(日)을 나오게(生) 하는 별

姓 성씨 성. -여자(女)에게서 태어났다고(生). 姓名. 百姓

*서양 -이름이 먼저, 자신을 먼저 나타내고(동양은 성씨가 먼저, 조상 먼저, 조상 탓), 자녀가 잘못하면 아이 뺨을 때리는 대신 엄마가 밥을 1주일 굶는다(내 탓이요) 부모세대는 수선(이혼 안함), 젊은 세대는 교체(이혼). 仁 대신 不仁(물건. PW)

性 성품, 성별 성. -性品. 性格. 個性. 男性. 性別

-태어날 때(生) 하늘이 만들어 준 마음(忄)

聲 소리 성 –돌로 된 타악기를 때려(殳) 그 소리를 듣는(耳) 것

省 살필 성. 줄일 생. 눈(目)을 적게(少) 뜨니 '살피다'

省墓(성묘). 省略(생략)

聖 성인 성. 타인의 말(口)에도 귀(耳)를 기울일 줄 아는

현명한 사람(壬. 크다. 성대하다) *솔로몬=듣기=聽

聖靈(성령). 성인 성. 신령 령

成形(성형)

聖 성스러울 성. *참조: 程(정)

成 이룰 성=창 무. 무성할 무(戊)+장정 정(丁). 무성한 장정이 되다. '이루다. 성하다' 贊成(찬성).

*성공하려면 무(戊)에서 ㄱ부터 시작하라.

*成功한 것 보다는 成功的 삶이 더 좋다.

*戊(무)-참조: 戈(과)

誠 정성 성. 말(言)대로 이루어지다 *참조: 丁의 誠

晟 밝을 성. 해(日)로 인해 이루게 되었으니 '밝아지다'

盛 성할 성. 이루어진 것을 그릇에 담다. '성하다. 많다' 全盛期. 盛業

醒 술깰 성. 아무리 술을 먹었더라도 별이 몇 개인지 헤아릴 수 있으면 술에서 깨어 난 것. 覺醒劑(각성제)

性少數者(성소수자) -보편적인 性 개념을 가지고 있지 않는 사람 이성애자들이 동성애자들을 비하하는 말. sexual minority

*coming out(커밍아웃)-coming out of the closet(벽장) 약자

벽장. 옷장. 드러나지 않는. 숨기고 있는 사실을 주변에 알림
*젠더(성역할) *LGBT: 레즈비언(lesbian),게이(gay),양성애자(bisexual), 트랜스젠더(transgender 성전환자)

世 인간 세. 十十十 *십자가 1개(맵고 辛), 2개 幸(행복), 3개는 ?
낮이나 밤이나 바라보는 십자가 -朝鮮. 십자가 6개 華
*신.구 종교전쟁(30년. 世) *運七技三 (70:30)
*화씨에서 섭씨 만들 때- 30(世) 빼고 절반으로
80F 라면, 30빼고 50에서 1/2로 나누면 25도 C
-나뭇가지에 새로운 3개의 싹이 나있는 모양
사람의 일생 즉 세상을 뜻함 *世= 卅

世上(세상)=세계=천하=평생. 世代(세대)=30년. 世紀(세기)=100년

世代 Generation=G
*5G(5세대 이동통신. 이동전화. 무선통신.
5th generation mobile network. 5th generation wireless system)
*인간이 부모의 일을 계승할 때까지의 기간은 보통 30년
*이동통신(G)은 한 세대가 보통 10년
*5G가 되면 속도가 더 빨라짐 (0.1초 이내)
-자율주행차. 무선 CCTV (어느 곳에나 설치 가능)

洗 씻을 세. 모든 일에 앞서(先) 물(氵)로 씻어야 일이 잘 된다
*참조 : 康

勢 기세 세. 형세 세. 권세 세 *참조: 執.
언덕 륙 坴(흙(土)이 갈라지듯(八) 높게 쌓인 흙(土)
땅(坴)에 심어 놓은 둥근 씨앗이(丸) 힘(力)있게 올라오는 기세. 권세

熱(더울 열)-심어 놓은 불(灬)이 덥다

藝(재주 예)-구름(云)처럼 다양하게 초목(艹)을 잘 심는
기술(재주)
*이를 운(云) -하늘에 구름이 메달려 있는 모양
비는 구름에서 온다 -구름 운(雲)

細菌(세균). *세균도 쌀밥(禾)을 좋아한다 *참조: 임자도. 퍼플섬
가는 세(細) -밭(田)이 실(糸)처럼 길게 있으니 '가늘다. 세밀하다.
곳집 균(囷) -벼(禾)를 에워쌓아 놓은 곳 '창고. 곳집
버섯 균(菌) -창고(囷) 위에 난 풀(艹)
*참조 -色의 세균의 색깔. 항생제의 페니실린
-식물세포에는 '세포벽'이 더 있고, 그람 음성균에는 '외막'이 더 있다.
*제세동기(自動除細動器)
- 심장마비가 오면 일정한 간격으로 박동하는 심장의 박동이 멈추고 근육이 경련하듯 미세하게 떨리다가 결국 멈추게 된다.

歲 해 세. 步(걸음 보)+戌(개 술). *咸(다/짤 함)=戌+口 海鹹河淡
*먹으면 죽는데 안 먹을 수 없는 것은 - 나이
*세월은 창(戈)으로 가지 말라고 아무리 막아도(止) 일(一)보씩 간다(步).

개(犬)와 세월(歲月)

개 犬. 戌. 犭의 하루

뽕잎을 고기(月)처럼 먹고 자란 누에(肙)는
입(口)에서 실(糸)을 뱉어 비단(絹)을 만드는데
개(犬)들은 집(厂)에서 맛있는(甘의 변형 㽕) 진짜 고기(月)를

실컷 먹어도 비단(絹)을 만들 수도 없고,

쌀(米)도 푸른빛이 날 때까지 씻어라 하고(精)
황진이도 변치 않는 푸른색(靑山)을 좋아한 이유는
싸우다가도(爭) 푸른색(靑)을 만나면 맑고 고요해지기
때문인데(靜) 그 푸른색을 볼 수 없는 개들은(犭)
푸른색만 나타나면
괜히 시기(猜忌. 犭)심이 생겨 멍멍 짖게 되고
사는게 사는 것이 아니라고 싫증(厭 염)을 낸다네

그래서, 서울(京) 개(犬)들처럼
아침에 발(足) 운동을 하고(蹴球. 犬),
낮에는 스승인 사자(獅子. 犭)에게 가서 공부도 하고,
일요일에는 교회에 가서 헌금(獻金. 犬)을 하고자 한다네
개가 헌금을?
개고기(犭)와 잘 익은 술(酉)을
神에게 올린 것은 당연하지요(猶 오히려 유. 마땅히. 당연히)

이런 개(戌)들과 매일 산보(散步)를 하면서
개(戌)처럼 깨끗한 밥(精)을 다 함께 짜게(鹹. 戌) 먹다(口) 보면
1년 세월(歲月. 步+戌)이 금방 지나 간다네

단, 봄철 살구꽃 피는 거리의 산보는 피하세요
왜?
개를 죽이는 살구(殺拘) 때문에
살구씨(杏仁)는 매실 씨처럼 毒이 있기 때문에
예로부터 개가 먹으면 죽는 다네요

왜 개와 산보 하나요?
天國에 가려면 회개해야 하니까
회개(悔改)의 개는 개(犬)가 아니잖아요?
하여튼 한글 상으로 '개' 자가 들어 가거든요
으 하하하!

개는 우리에게 섬김을 받으려고 온 것이 아니라
우리를 섬기려고 왔지요.
우리에게 섬김을 가르쳐주는 것이지요
'Not success, But service' 라고

개들은 산보 중에도 웃는다
왜 웃냐고 물었더니
사람 밑에 개가 있고
개 밑에 정치인이 있으므로
개 같은 인간이란 말은 하지 말라고
개가 사람을 가르치네(개인지도)
百聞이 不如一犬(見)

*김삿갓의 犬子. 虎父犬子. 器. 獻金. 猶 *참조: 戌

4차 산업혁명의 인공지능(AI) 덕분에 빅 데이터 분석이 발달되어
Goldman Sachs의 600여명 직원이 사라지고
2명의 직원만이 살아 남았데요
로봇을 지키는 개(犬)와 그 개밥을 주는 사람
으 하하하! 개(犭)같은 놈(者)들만 사는 천국이구만
猪(犭+者. 돼지 저)는 개가 아니라 돼지인데?

왜 醫師들은 개를 좋아 한가요?
동물의 王, 사자(獅子. 獅=犭+師)가 되기 때문에

搔 긁을 소. *羊의 搔痒(癢의 간자체)症 참조

小 적을 소. 작은 모래알이 흩어져 있는 모양

少 적을 소. 작은 물건(小)을 또 쪼개어(丿) 나눈 모양

疋 발 소. *참조 疋(필)

笑 웃을 소. 천국에서는 '달러' 대신 웃음이 '돈' 이다.
어른은 하루에 15번, 400번 웃는 어린이가 더 부자다.
*1472(일사천리), 암이 가장 싫어하는 것 -웃음소리
笑=竹+夭 *미笑롭다. 丁口竹夭
대나무(竹)의 흔들리는 소리가 웃음소리 같다고,
팔을 휘저으며 장난치는 아이, 어릴 요(夭)

召 부를 소. 칼(刀)을 들고 위엄있게 부른다(口)
*招(부를 초)-손짓으로 부른다
韶(아름다울 소. 풍류 소) -음(音)악이 부른다
풍류이름(舜임금이 지은 음악이름)
超(넘을 초)-위엄있게 부르니 황급히 뛰어간다(走)
召天(기독교 죽음) 善終(가톨릭 죽음). 불교(涅槃 열반)
紹 -실(糸)로 이어주니 紹介
昭(밝을 소) -태양(日)을 부른다
照(비출 조) -照明, 參照

所 바 소 *己所不欲(참조: 서론의 盡)
-땔나무를 하기 위해 주로 사용하던 도끼((斤)는
눈에 잘 띄는 방문(戶) 옆에 도끼를 놓아둔다고 '곳'
자리 - 위치 - 곳(所在 있는 곳) -
것(所持 가진 것) - 바(所任 맡은 바. 所定 정해진 바)

所願(소원). 바라고 원함(바 소+ 원할 원)
所=집 호戶+ 도끼 근 斤 (날 근 斤)
-집에서 도끼소리가 들리는 곳이니 '처소. 그 곳'

근원 원(原, 샘 천泉)-언덕(厂) 밑의 샘이니 '근원'
원할 원(願) -머리(頁)로 근본(原)을 생각하니 '바라다. 원하다'
所는 대문이 한쪽만 있는 문(戶)인데 이곳에 도끼(刀) 등을
걸어 두었기 때문에 '장소'라는 뜻이 생겼다.

素望(소망) - 본디부터의 희망

믿음, 소망, 사랑, 그 중에 제일은 사랑이라

천국에 들어가면
소망과 믿음은 다 이루어져 필요 없지만,
사랑은 계속 필요하다네
고린도전서 13장13절 믿음. 소망, 사랑
그 중에 제일은 사랑이라고 말씀하신
그 끝없는 사랑(endless love)이

어떤 청년이 매일 기도를 했답니다
돈 있는 여자를 보내달라고
그 청년의 믿음과 소망대로
기도의 응답이 이루어졌다네
'돈여자'
끝없는 사랑이 필요하겠네

*끝없는 용서

消 사라질 소. 물을 그냥두면 증발하여 사라진다. 消費者(소비자)
* 肖(닮을 초)-고기(月)를 적게 썰면 모두 비슷한 모양. 닮았다 肖像畵
消(사라질 소) -아기(月)가 물가에서 눈깜짝할 사이

물살에 휩쓸려 사라진다.

哨(망볼 초) -보초를 서는 군인은 아무리 작은 것이라도 보고(口)하라.

趙(나라 조)- 작은(小) 아이(月)가 뛰어다녀도(走) 좋을 만큼 크고 넓은 태평한 나라.

*消防署(소방서). 消: 물이 점점 적어진다(사라진다).

方(밭을 갈거나, 흙을 쌓는 농기구) 防(막을 방. 둑을 쌓는 것)

署(관청 서) -그물(罒) 같은 법망이 이런저런 놈(者)을 가려내는 관청.

巢 새집 소. 새 둥지(田) 안에 새끼 3마리(巛)가 머리와 입을 내미는 모양

歸巢本能(귀소본능). *참조: 卵巢 囊腫(난소 낭종)

卵巢(난소. 남성의 고환 역할. 지름 2.5 cm. 알 卵이 있는 새 집)

燒 불 사를 소. 참조: 燔(번). 燒灼(소작). 燒酒(소주)

蘇 소생할 소. 식중독 때 비린내 나는 물고기를 약초(++)와 쌀(禾)을 섞여 먹으면 蘇生한다(야채. 약초+물고기 + 곡식)

소시오패스(Socio 사회+ path 병리상태)-반사회적 인격장애

반사회적인 흉악범죄를 저지르고도, 자신의 행동에 대한 죄책감이 없고 타인에 대한 동정심도 없다

*사이코패스 Psyco 정신의 +path 결핍. 이상. 병리상태)

-잘못된 행동 이란 것을 아는 소시오패스와 달리

사이코패스는 나쁜 행동이라는 개념 자체가 선천적으로 없다.

*소시오패스 특징 -매력적으로 거짓말을 잘 하고, 자신감이 넘쳐 보이고, 잘못을 남의 탓으로, 진정한 사과를 안 하고, 상대방을 불안하게 만들고, 병. 죽음 이야기 등으로 동정심을 유발한다.

*닭 잡아먹고, 오리 발 내민다.

續 이을 속. *참조: 買의 生物續生說

俗 풍속 속. 임금이 사는 고지대가 아닌

속세의 사람(人)들이 모여 사는 움푹 파인(谷) 저지대

遜 겸손할 손 -손주와 걸을 때처럼 부드럽게, 겸손하게

孫 손자 손. 자식(子)에서 자식으로 이어지니(系) 자손(子孫)

*참조: 系

松 솔 송. 1년 내내(公) 잎의 색깔이 변치 않는 나무

宋 나라 송. 집안의 나무처럼 번성하는 '나라'

頌 칭송할 송. 누구에게나(公) 아름다운 용모(頁)이므로 칭송한다.

夊 천천히 걸을 쇠. *참조(復)

衰 쇠할 쇠 *老衰(노쇠)-decrepitude. senescence

*칼슘(뼈 속의 철근)

*衣(옷 의). 依(의지할 의)-사람(人)은 옷을 입어야 '의지하다'

*哀(슬플 애) -옷(衣)이 구멍(口) 나면 '슬프다'

*衰(쇠할 쇠)-슬프다고(哀) 입(口)까지 막아버리면(一) 힘이 '쇠하다'

*나무는 뿌리부터 희고, 사람은 머리부터 희다

壽 목숨 수. 士 一 工 一 口 寸

하나를 가리켜주면 열을 안다는 선비(士)는

하나(一), 공부(工夫 또는 功夫)를 열심히 할 것

하나(一), 먹는(口) 것을 규칙적으로(寸) 해야

목숨(壽)이 유지된다. *참조: 濤 (波濤 파도)

*선비(耆)가 한번(一) 공부(工)에 뜻을 두고서 일편단심(一) 말(口)로서 다짐하고 손가락 마디마디(寸) 마다 그 뜻을 새기다 보니 天壽를 누렸다.

공부(工夫)-지아비가 되는 노력

삶을 책임지는 사람이 되기 위한 노력

인격의 고양이나 가치의 실현을 위해 평생 하는 것

학문이나 기술을 배우고 익힘

Study -무엇을 추구하면서 열심히 노력하다.

*十長生 -해. 구름. 산. 물. 바위. 소나무. 불로초.- 사슴. 거북. 학

*참조: 濤 (波濤)

秀 빼어날 수. 禾는 곧(乃) 피. 수수. 조 보다는 곡식 중에
가장 빼어난 으뜸이다. *犧牲(희생).
낫(乃)은 곡식(禾)을 수확하는 빼어난 두구라고 '빼어나다'
- 벼(禾)이삭이 다 큰 태아처럼(乃) 잘 익어 다 컸으니 그 자태가 빼어남
*乃(이에 내) -몸을 구부린 태아와 탯줄 모양.
-孕(아이 밸 잉의 줄임 형으로 다 큰 태아)

水 물 수. 水路(수로)=물 길 *求 究 永 沐浴 익투스(물고기) 洗 康
*水=푸른 금덩이=blue oil. 기름=black oil
*아프리카 사망률 1998년-전쟁(30만명)/ 설사병(200만명)

殳 칠 수. 안석 궤 几+ 又. 창(나무지팡이. 몽둥이)수.
갖은 수(손에 들고 있는 물건으로 때리다).
設(베풀 설. 說明). 股(넓적다리 고. 고관절)
*几(궤)=삐침 별. 나아갈 별 ノ + 굽을 乙
ノ(다리를 뻗을 수 있는 길쭉한 자리)+ 乙(등받이)
다리를 쭉 뻗고 앉을 수 있는 책상
*참조: 鳳=几 + 一 + 鳥. 殳: 몽둥이 대신 한 마리 새

受 받을 수. 손이 2개(爪. 又)

授 줄 수. 손이 3개(扌. 爪. 又). 고로, 주기가 더 어렵다 *참조:贈
메밀국수 뽑아서 줄 때 장정 3명이 필요함
*수수(授受)하다 -주고 받는다. (받고 주는 것이 아니다)
*받는 수업(受業) 손2개. 주는 교수(教授) 손 3개.
주는 구원(救援) 손4개 -호산나(구원 하소서)
*按手(안수)집사 손 2개 *白手 집사 *讚揚隊의 揚(찬양)
*듣기만 하고, 주기만 하는 하나님의 귀는 3개(聶). 손은 4개(援)=C

＊恩惠(은혜) -하나님으로부터는 받고 준다(한 친구를 손 4개로 구원 援)
-인간끼리는 손 3개가 손 2개 짜리에게 주고 받는다
은혜 -하나님의 말씀을 따르면 베품을 받아 남에게 은혜(사랑)을 베픈다

手 손 수. 手話(수화)=손짓 말

袖 소매 수. 옛날에는 호주머니가 없었기 때문에 저고리(衣=衤)의 넓은 소맷자락에 과일(由 :꼭지에 매달린 과일)이나 편지를 넣었다
＊참조 胱(방광).

영수(領袖)회담과 소매

領袖(영수)회담 - 領(옷깃 령. 목) 袖(소매 수). 우두머리
-본래 옷을 만들 때 신체접촉이 잦은 옷깃과 소매를 의미했는데, 그 곳에 고관대작들은 금 등 화려한 장식을 하기 때문에 '지도자'란 뜻이 생김
＊군대 계급 -사병. 위관. 영관. 장군
-尉官(위관) -소위. 중위. 대위 領官(영관) -소령. 중령. 대령
尉(벼슬 위)=尸+示+寸 제단(示)위 시동(尸)을 손(寸)으로 만지며 위로하다
-병사 때의 용감함+살피고 위로하는 공감력이 필요한 계급
領 -옷 전체의 중심을 잡는 옷깃에고 유래
-조직의 기강과 중심을 잡는 계급
將 -고기(月)를 손(寸)으로 잡고 탁자(爿) 앞으로 나아감
사기진작(엄격한 상벌 기준에 따라)
將將 領領 尉尉 士士 병사는 병사답게, 위관은 위관답게,
영관은 영관답게, 장군은 장군다워야 한다

首 머리 수. 우두머리 수. 頁(혈)은 首의 옛글자.
윗부분을 아래로 붙인 형태 ＊참조: 頓

羞 부끄러울 수. 덩치 큰 소(丑)가 양(羊)의 꼬리 뒤로 숨는다.

數 셈 수. *참조: 母. 樓

*다락 루(樓) -나무(木)로 쌓아(婁) 만든 '다락. 누각' *참조 母

*數値(수치) -셀 수+값 치. 數値를 수치라 쓸 줄 모르면 몽둥이(攵)로 수치를 당한다.

直(곧을 직) =十. 目. ㄴ: 숨어도 여러 곳에서 보이니 '바로 보인다'

値(값 치) -인간이 곧게 살아가니 '값어치'가 있다.

垂 드리울 수, 거의 수(*郵 우편 우, 거의 모든 마을 阝을 간다)

- 華의 풀(艹)이 없어지면 드리울 수(垂)가 되고,

千 밑의 풀(艹)까지 땅(土)에 떨어지면(드리우면) 눈(目)이 졸린다(睡).

*遞(갈릴 체. 차례로 바꿀 체, 순차로 여러 곳을 거쳐서) * 郵遞局. 唾

睡 졸 수. 땅(土)에 떨어지는 천(千)개의 풀(艹)을 보면(目) 잠이 온다.

수면(睡眠) *참조: 靑의 코티솔. 멜라토닌. 黑

修 손질할 수 *참조: 修繕(수선)

獸 짐승 수. 두 입(口)으로 밭에서 한(一) 입(口)에 개(犬)를 삼키는

樹 나무 수. 마디(寸)마다 열(十)개의 콩(豆)이 열리는 나무

*참조: 喜

宿 잘 숙. 별자리수 숙 -모든(百) 사람(人)이 집(宀)에 있을 때는 잠 잘 때 *참조 經

肅 삼가할 숙 *참조: 淵(연)

孰 누구 숙,

塾 글방 숙 -南道學塾 글방(塾)에서

누가(孰) 熟練工으로 가장 잘 익었을까(熟)

-熟 - 제사음식을 불(연화발 灬)에 익혀서 사당에 올리다

-享 누릴 향(자식들에게 축복을 누리게 해 주시라고 제사를 지내다)

-亨 형통할 형-제단(高) 준비를 끝 마쳤으니(了) 만사형통

-熟眠(숙면) -충분히 자다

熟 익을 숙. 잘 익은 여문 곡식을 바치듯, 고기도 잘 익혀 바친다.

*참조: 燔祭(번제). 燒酒(소주). 丙. 구역질 예방. 바이러스 사멸

以熱治熱(이열치열)

淑 맑을 숙. 콩(叔)은 맑은 물(氵)에서 잘 자란다.

*叔- 콩알(小)의 윗부분(上)을 손(又)으로 잡는 모습

콩알처럼 작다. *참조-伯. 아저씨(아재비)

*督(살펴볼 독) -어린사람(叔)은 잘 보살펴야(目). 基督敎

*亨(형통할 형) -스테이크에서 웰던(well done)처럼 열(灬)을

더 가하면 亨이 烹(팽) 당하므로 주의를 요한다.

孰(누구 숙)-더 누리려고 두 손(丸)으로 양꼬챙이(子)를

神에게 바친 자는 누구인가요(누구)

純 순수할 순 *참조 頓(돈)

이순신과 무궁화

舜 무궁화 순, 요순임금 순. *참조 舛(천)

*이순신은 4형제이며 돌림자 臣 +삼황오제 '복희씨. 요. 순. 우' 임금을 대순으로 따라 붙인 것. 이희(羲)신. 이요(堯)신. 이순(舜)신. 이우(禹)신

順應(순응). 응할 응(應) - 매가 주인의 마음을 알고 그에 응해 짐승을 잡는다.

매 응(鷹) *참조 應 (응시)

順 순할 순. 물이 上에서 下로 순조롭게 흐르듯이(川) 순종하다.

머리(頁)를 숙이고 복종하다. 순하다. 順序(순서)

脣 입술 순. 입술(口)을 열었다 닫았다 하는 모습이 조개(辰)처럼 생겼다고

*口脣裂(구순열) -째보. 언청이 수술시기: 10의 법칙(생후 10주,

몸무게 10파운드,헤모글로빈 10)

*할레를 출생 후 8일째 하는 이유: Vitamin.K(혈액응고)가 110% 증가

術 재주 술. 꾀 술. 行(갈 행)+朮(차조 출)

차 조=착착 달라붙는 찰기 있는 조

거리(行)의 나무(木)에 찹쌀처럼 착 달라붙은 밥풀(丶 점 주) 재주(기술. 꾀)가 좋구만!

*술책(術策)-남을 속이기 위한 꾀

*꾀 책(策=가시나무 자 朿 + 竹)

-좋은 아이디어가 떠오르게 하는 가시가 돋친 대나무채찍

*저술(著述)-책을 씀. 나타낼 저(著). 지을 술(述=辶+朮).

*餘(남을 여) -음식(食)의 나머지(余)니 '여유롭다. 남다'

*참조: 敘

*斜(비낄 사) -말(斗)을 사용하여 쌀을 덜어낼 때 양이 적으면 쌀통을 옆으로 '기울인다' *구안와사(口眼와斜)

나무(木)에 물(氵)을 주면 '목욕할 목(沐)'

나무의 열매를 따고 따고 또 따면 '뽕나무 상(桑)'

사람(人)이 나무의 풀(艹)을 먹으면 '차 다(茶)'

집안(宀)이 나무처럼 번성하면 '송나라 송(宋)'

나무에 달린 열매가 입술 색(口)이면'살구나무 행(杏)'

*참조: 呆(매)

戌 개 술. 戊에 한 점(戊+ 一), 戊에 장정(丁) - 成

戈 - 戊(좌측 가지가 길어지다. 茂盛하다)

- 戊(지킬 술: 혼자 있어도 무성하게 자란다. 집을 잘 지킨다)

개는 희생의 상징.(獻金) *참조: 歲의 개의 하루

개의 깨끗한 피로 제사의 제기를 닦는다(器)

崇 높을 숭. *참조: 종교. 우상숭배. 배우자

-사당(宗)의 꼭대기 위에 또 산, 높다

膝甲盜賊(슬갑도적) -남의 글이나 저술을 베껴 마치 제가 지은 것처럼 하는 사람

*膝甲(슬갑)-추위를 막기 위해 무릎을 덮는 옷 *참조: 漆(칠)

용도를 모르는 도둑이 그걸 훔쳐서 모자처럼 머리에 쓰고 다니다가 들통 *紙甲(지갑) -종이로 만든 갑옷

習 익힐 습 -어린 새가 날마다(日) 날개 짓을 익힌다.

*참조: 曜(요). 風習

日은 후에 白으로 변형됨. 王이 하얗게(白) 변하면 황제(皇帝)가 된 것을 부러워했을까요. 皇=白+王

*불교의 3慧(혜) -글은 영혼의 밥이다 *참조: 慧(혜)

1) 문혜(聞慧)-가르침을 받고,

2) 思慧(사혜)-연습해서 소화하고,

3) 修慧(수혜)-깨달은 대로 행동하고 경험하며 채득한다

乘 탈 승. 두 사람(北=人+人)이 나무(木) 위로(丿) 올라간다.

내릴 강(降=阝+夅)높은 언덕(阝) 위에서 낮은 곳으로 내려온다.

昇 오를 승. 日+되오를 승(升). 昇進. 昇天. 해가 떠오르다.

*水昇火降(수승하강)-종아리는 제 2의 심장이므로 마사지 하면 좋다.

-물(중력에 의해 내려온 피)은 위로, 불은 아래로(水승火강)

-水昇하는 법(정맥 피 올리기)

-虎步. 꺼구리 운동. 팔굽혀펴기. 뒤꿈치 올리기

*湧泉穴(용천혈) -결혼할 때 신랑 발바닥 때리기(신장자극. 양기 강화)

*心包穴(심포혈) -유두 사이 가슴을 톡톡 때리면

心包에 저장된 火氣 조절

＊勞宮穴(노궁혈) -손바닥에 있는 피로의 궁전. 박수치면 피로 풀림

＊天(머리) 地(몸통) 사이에 목(목숨)이 있다. 이곳을 자극하면 道里道里(도의 이치를 깨달아라). 짝짝궁 --뇌 건강

承 이을 승. 받들 승. 子+扌+水

-子의 손(扌)으로 물(水의 변형)처럼 흘러가는 것

＊다리에 생기는 쥐 예방 穴(혈)

1) 承山穴(승산) -山을 올려다 본 것처럼, 종아리를 바라보면 우뚝 솟은 山처럼 보인 곳

2) 太衝穴(태충) -지극히 중요한 요충지

衝(찌를 충)-사거리에서 무거운 차들이 무겁게 가니 '충돌하다. 부딪히다' 左衝右突(좌충우돌)

3) 용천혈(제 2 심장)

市 저자 시. 市街 시. 돼지해머리 두(亠)+수건 건(巾) 5획

＊ 巿(膝甲슬갑 불) 4획 -무릎까지 닿는 가죽 옷

＊저자 시(市=亠=갈지 之+巾)- 천(巾)을 사러 가는 곳

＊바랄 희(希)- 두 번이나 거절(xx) 당했어도 탐내고 바라고 사고 싶은 천(巾) -希望

시장을 알리기 위해 높은 곳에 천(巾)이 달려있는 깃대를 꽂는다. 고로 여자형제간 중에 가장 나이가 높은 여자 '손위누이 자(姉)'

＊姉妹(자매) 손위 누이와 손 아래 누이

＊5획의 市(亠+巾)와 4획의 巿(슬갑 불)

時 때 시 ＊참조 寺. 날마다 절에서 때를 알려준다

時祭(시제) -음력 2월. 5월. 8월. 11월 춘하추동 ＊영어 時間

특히 10월(양력11월)은 神과 인간이 함께 즐기는 시간. 추수감사절(햇곡식 추수). 上달. 5대 이상의 조상을 산소에서 지내는 제사(墓祭 묘제)

＊참조: 墓

양력 11월(음력10월)은 十一(土)월. 고로,

흙에서 나왔으니 흙(土)으로 돌아간다 ＊참조: 忌祭祀(기제사)

示 보일 시 (보일시 변 礻)

是 이, 옳을, 바로잡을 시. ~이다(山是山). ＊태양(日)의 시간은 정확(正)

媤 시집 시. -결혼하면, 3개월 사랑하고, 3년 싸우고, 30년 참는다. 고로, 30년 참을 자신이 있는지 없는지 생각(思), 생각, 또 생각하고 시집(媤家) 가라.

여자의 말과 생각이 신중해야 집안이 편안해진다.

＊참조: 杖家(장가)

豕 돼지 시. 돼지 -亥(해). 亠(해), 저(猪)-멧돼지. 豚(돈)-작은 돼지.

모택동-돼지 코에 파뿌리 꽂지 마라(코끼리 인척 허풍 떨지 마라)

尸 주검 시. 屍(시)의 변형

＊죽을 사(死)-사람이 죽어(匕) 살이 떨어져 나가 뼈만 남게 된 알(歹)

始 처음 시. 여자(女)로부터 태어나니 생명의 받침대(台)

氏 성씨 씨. 땅속의 뿌리가 조금 나온 모양. ＊참조: 派. 脈

氏族(씨족)=성씨가 같은 겨레(族)

＊서양인들은 이름을 앞에 쓴다. 자기를 앞세우고 조상은 뒤로 쓴다.

＊昏 어두울 혼. 뿌리(氏) 밑에 해(日)가 떨어지니 '어둡다'

食 먹을 식. 食料品(식료품)=먹을(食) 거리(料. 헤아릴)가 되는 물건(品)

사람(人)이 좋아한다(良)

食口=食(밥)+口(입) -함께 밥을 먹는 관계

飾 꾸밀 식. 식사(食)전에 사람(人)이 수건(巾)으로 식탁을 청소. 장식한다.

識 알 식. 말소리(言音)를 통해 창(戈)인지, 창이 아닌지

아는 知識(지식) ＊識字憂患

＊職 - 432~528(제주 43이 사태. 광주 518) Hz로 진동하는 소리를

귀(耳音)에 들려주면 영혼을 치유하는 천상의 音이 된다.

職 -창(戈)인지, 창이 아닌지 구별할 줄 아는 직업 꾼

娠 아이밸 신

申 납(원숭이. 잔나비) 신. 거듭 신. 사방으로(田) 펼쳐지는 번갯불 모양

*참조-甲은 밑으로만 갑질(丨), 申은 상하로 갑질(丨), 毋는 좌우. 거꾸로 由(자유)

*申申 당부 -되풀이하다(번갯불은 되풀이). 申告(신고)

-申命記(신명기)-하나님의 계명을 되풀이 하는 기록

伸 펼 신. 다른 사람(人)이 볼 수 있도록 편다(申)

땅 곤(坤) -땅(土)이 펼쳐져 있다(申)

번개 전(電) -비(雨)가 올 때 내리치는 번갯불(申)

*번개 칠 때 남자가 잘 죽는 이유 -피뢰침 때문

천둥 뢰(雷) -천둥은 소리만 내고 보이지 않으니, 꼬리가 없다(電)

믿어야(信) 신(神) 난다

信 믿을 신. 사람(人)은 말(言)을 믿어야 한다

*교회에서 목사나 성도들의 말을 믿어주면(信) 그 믿음으로 인해서 힘(信力)이 생기고 그것을 받들면(信仰) 신(神)이 난다(傾聽)

*信仰

臣 신하 신. 눈을 크게 뜬 모습. 臣下(신하)

辛 매울 신. 무서운 형벌. 맵다.

*辛 라면 좋아하는 직업 -변호사 (2개 辨)

-재상(宰相). 부처님(釋尊 석가모니)

교회의 辛라면은 십자가(十) 위에 서있기 때문에(立) 고통인데,

부처님은 辛라면을 보고(目) 즐겨한다.

나무(木) 위에 서 있다(親)

辛이 있어 幸福하다 *참조: 辟(피)

船(배 선) =舟(배 주)+八+口(입구)

=홍수 때 노아의 방주에 들어간(口) 사람- 8명

말씀 사 詞 辭 중에 辛라면 들어 있는 辭가 더 맵다

辭-말씀 사(主禮辭 주례사). 사양할 사. 물러날 사(辭表 사표)

表=土+衣 -겉. 표면. 의사를 나타내는 문서.

흙(土)으로부터 보호하는 옷(衣) . 겉. 가죽

辭表(사표) -부족하여 직책에서 이만 물러난다 –옷 벗는다

辭 의 약자 –사(舌+辛)

宰相(재상) -죄인(辛)의 형벌을 담당하는 벼슬아치

-관청(宀)에서 신(辛)라면 좋아하는 사람 (변호사처럼)

*일본에서는 신축년(2021년)처럼 '辛' 자 들어간 해가 나쁘다 -지진

神 하나님 신. 귀신 신. -세상만물을 창조하시어 인간에게 펼쳐(申) 보이시는(示) 하나님

申-되풀이. 神 -되풀이 반복해서(申申) 보여주는(示) 분

*神童(신동)=신통한 아이 *神이 옆으로 넘어지면 母

神의 경지에 가지마라

*神의 경지에 가지마라(노자의 도덕경)

화려한 色을 추구할수록 인간의 눈은 멀게 된다(반 고흐)

세밀한 소리를 추구할수록 인간의 귀는 멀게 된다(베토벤)

맛있는 음식을 추구할수록 입을 상하게 된다.

얻기 힘든 물건에 마음을 빼앗기면 사람의 행동이 무자비하게 된다.

*임금이나 神은 고지대를 좋아하고(구름이 있는)

＊ 神(술. 고지대) = 어르신

＊예수님 승천 시 구름

보통사람들은 움푹 파인(高) 저지대(俗)를 좋아한다.

-아담(흙). 휴먼(흙). 겸손(흙). ＊부자와 낙타 바늘구멍(겸손)

＊테라 맥주, 테라 마이신, 테라 코타의 테라(terra) 뜻 흙. 땅. 대지. 지구

＊tera(테라) 바이트(인터넷)

＊神이 되고 싶은 사이비 교주는 많으나, 거꾸로 神이 인간이 되어 인간에게 봉사하고자 하는 이는 예수님 밖에 없다

교회에 가는 이유(容恕) - 10 가지

1) 神은 항상 용서해 주신다 ＊돌아온 탕자. 돌아오라 부산항에

사람은 때때로 용서하고,

자연은 절대로 용서 안한다.(프란치스코 교황)

고로, 기다려야 한다(기다림의 믿음) (이사야 30:15)

안연(晏然)하고 신뢰(信賴)하면서

끝날의 구원을 얻을 때까지 기다려라

2) 심령일신,

身體雖老(신체수로) 心靈日新(심령일신)

몸은 비록 나이 들어도 심령은 날로 새로워진다

雖=口+虫+隹 비록 (입에 벌레를 물고 날으는 새) 가차

神은 사람들과 달리 숨 쉬지 않고, 헛기침도 안 한다.

＊고로, 코로나 해방

3) 은혜가 千代 간다(듣는 귀 1000년) ＊뇌신경세포- 천억 개. 은하수- 천억 개

＊계명(십계)을 잘 지키면 1000代까지(1세대 30년) 은혜를 베풀고, 지키지 않을 때는 3~4代까지 질투

-우리나라 귀신은 120년(4代. 세대=30년)까지 산다(부모 .할아버지. 증조. 고조)

4) 삶의 목표를 알려 주신다 -하늘나라에서는 섬기는 자가 최고다

*예수님은 출세. 성공. 부자. 건강 등이 목적이 아니라, 낮은 자세로 태어나(말구유)

奉仕(섬김)와 희생으로 십자가에서 끝을 맺었다.

Not success, But service *참조: 끝이 좋으려면 어떻게?

*교회는 누구나 갈 수 있지만, 진실한 그리스도인이 되고자 하면 다음 사항을 지켜야 한다.(시 15:1~5)

a) 정직. 공의. 진실을 실천하고,
이웃에게 비방하거나 악을 행치 않는다.
여호와를 경외하는 자를 존중하고,
이자를 받지 말고,
뇌물을 받고 무죄한 자를 해하지 않아야 한다

b) 기독교 황금률(마태복음)
섬김을 받는 자들이 감사를 모르더라도,
남에게 바라는 대로 너희도 남을 대접하라(섬김)

*예수님에게 치료받았던 10명 중
감사하다고 찾아온 환자는 1명 뿐 *참조: 감사

*불교 - 自利利他(자기도 이롭고 남도 이롭게 하라)

*논어 - 자기가 하고 싶지 않는 것을 남에게 시키지 마라
(己所不欲 勿施於人)

c) 용서하라(기독교: 일곱 번을 일흔 번까지)
*숫자 7=완성의 의미. 7가지 기적 *끝없는 사랑, 끝없는 용서

5) 天國은 죄 없는 자가 가는 곳이 아니라
(로마서 8장: 예수님이후 모든 죄는 사했으므로 결코 정죄함이 필요 없다)
悔改(회개)하는 자가 가는 곳이라고 알려 주신다. *참조: 終. 散步

*악인도 죽이지 말고 회개시키도록

*베드로는 회개하고 천국으로, 유다는 회개 안 하고 자살

6) 왜 종교가 필요한가?

단순한 동물들과 달리, 인간의 설계도(DNA)에는

'불안'과 '죽음을 아는' 프로그램이 내장되어 있어

고민(불안)하고 우울증이 생김과 동시에 참된 행복에 대한

갈망이 생기기 때문에 종교와 영성을 찾는다(마음의 면역력)

7) 사람은 신체가 심리를 지배하기 때문 *참조: 윌리엄 제임스

불안하니까 종교를 찾고

교회를 가기 때문에 믿음이 생긴다. *코로나 비대면

행복해서 노래 하는게 아니라, 노래를 하니까 행복하다.

회개를 하니까 천국에 간다.

가정을 잘 지키니까 화목해진다.

암(신체)에 걸리니까 불안해(심리)진다.

8) 가장 소중한 것은 안 보이는데, 그 걸 보이게 해준다.

9) 참다운 8福의 의미를 알려준다.

10) 무조건 自由만 찾는 것이 아니고,

나 자신이 범사에 감사하는 自由人이 되는 것을 도와준다

*기도할 때 예수님이 찾아오신 이유 -自由人(知足自富)이 되었는지 확인하려고

*제사 때 귀신들이 찾아오는 이유-음식이 아니라 자손들의 웃음소리를 들으려고

*참조; 政治 - 공자(형제 우애), 예수(사랑)

*근심. 걱정 -순수 우리말

*苦悶의 悶(번민할 민)-門처럼 답답하게 마음이 닫혀서

*閔(위문할 민. 불쌍히 여길 민)-門 앞에 위로의 글

*不安= 佛眼 & 돈안(豕眼)

신언서판(身言書判) 사람됨을 판단하는 4가지 -

외모. 말씨. 문장. 판단력

神經(신경) -귀신(神)이 다니는 길(徑=經) ＊經(경) 참조
身 몸 신. -기대고 서있는 임산부의 배부른 모습
失 잃을 실. -화살(矢)을 쏘면 잃어버린다.
＊소(牛)꼬리 2개(失), 3개(朱) <失敗와 실패>
＊失敗 - fail fast. 빨리 실패하라, 그리고 성공경험을 쌓아라
＊敗-돈으로 쓸 조개를 잘 못 다듬질하다.
-재물을 손으로 빼앗기다. 조개를 치니 '깨지다. 패하다'
-돈 때문에 매를 맞았으니 집안이 망한다.
失手(실수). 실수하면 큰일 난다. 왜?
空手來空手去 손이 없어 하늘나라에 갈 수 없으니까
白手는 손이 있으니까 하늘나라에 갈 수 있다.
失手(실수). 실수하면 큰일 난다. 왜?
空手來空手去 손이 없어 하늘나라에 갈 수 없으니까
白手는 손이 있으니까 하늘나라에 갈 수 있지만,
＊束手無策(속수무책)은 손이 묶여서
사랑도 천국도 어찌할 도리가 없네 *鷄
＊愛撫(애무. 어루만질 무 撫)
- 근심걱정이 없도록 손(扌)으로 위로하여 어루만지다
室 집 실. 집(宀)의 가장 안쪽에 이르면(至) 있는 방
實 열매 실. 어머니(毋)가 갓(宀)을 쓰고 조개(貝)를 줍는다.
집안에 돈(貝)이 가득하다. 열매 ＊참조: 毋의 虛虛實實
心 마음 심.
＊점 주(丶)-1개 兎 犬 術
2개 火(人+丶丶)
3개 心(L + 丶丶丶) ＊L (숨을 은)
재주가 있으면 반면에 위험도 있다.
矜恤(긍휼)의 矜-지금(今) 창(矛)이 있으니 '자랑스럽지만'

곧 전쟁터에 나가 죽을 수도 있으니 '불쌍히 여기다'
토끼(兎)가 재주(丶)를 없애면(免) 위험이 면제된다. - 免疫

재주(丶)가 1개 있으면, 토끼(兎)가 용궁에서 살아 돌아왔고
개(犬)는 사람을 잘 따르고
醫師는 인술(仁術)을 베풀고
재주(丶)가 2개 있으면, 화(火)가 생기고
재주(丶)가 3개 숨어 있으면(L), 내 마음(心) 나도 몰라.

同心草와 자물쇠

*同心草(동심초)
김성태 曲, 당나라 여류 시인 薛濤(설도) 작사
과거 풀을 묶어 약속했던 사랑 놀음(同心鎖. 연애편지)
(지금은 자물쇠로 엮음) *結草報恩
鎖(쇠사슬. 자물쇠 쇄) -닮은 모양의(닮을 초 肖) 쇠(金)들이
이어져 있는 '쇠사슬'
濤(물결 도)-물(氵)이 나이 들어(壽) 생긴 주름처럼 보이니
'물결' *波濤(파도)
薛(대쑥. 성씨 설)-언덕(𠂤) 위에서 고생하고(辛) 나온 풀(艹)
'대쑥' *薛聰(설총) *荏子島의 들깨잎 임
悤(바쁠 총)=勿+心+丶 소홀히 할 때 불똥이 떨어지니 '바쁘다'
窗(창문 창) -구멍(穴)을 급하게(悤) 내었으니 '창문'
聰(귀 밝을 총)-귀로 빠르게 알아채니 '귀밝다. 총명하다'
總(모두 총)-실(糸)을 총총하게 묶으니 '모두. 거느리다. 합하다'
風花日將老(풍화일장로) 꽃잎은 하염없이 바람에 지고

佳期猶渺渺(가기유묘묘) 만날 날은 아득타 기약이 없네
不結同心人(불결동심인) 무어라 맘과 맘은 맺지 못하고
空結同心草(공결동심초) 한갓되이 풀잎만 맺으려는고

*佳期- 아름다운 시절. 同心人 -마음을 맺는다
*將老-쇠하여 다하다. 늘그막
*猶(오히려 유)
*渺(아득할 묘) -사물이 작아(少) 보인다(目)
*풀잎만 맺으려 말고(結草報恩), 변치 말자고 자물쇠만 채우려 말고
*참조: 惠. 彗. 풀(丰丰)을 손(彐)으로 엮으니 빗자루. 마음을 빗자루로 씻는다
*소원의 벽에 있는 하얀 매듭.

十 열 십. 十자는 완성을 의미하지만,
'九' 자에서 꺽인다.
세상에 태어나면 누구나 십자가 3개(世= 十+十+十)를
선물로 받는다. 그러나 맵고 고달프더라도(辛=立+十)
십자가(十) 위에 서거나(立), 무거워도 머리 위에(克 극),
정오에 뜨거워도(午=人+十) 십자가 위에 서서
'十' 자를 더 받으려고 한다 (빛날 화 華)
-華麗(화려)함. 華奢(화사). 華燭(화촉)
*十자 옆에 힘(力)이 3개모이면 協(도울 협)
*십자가 4개 - 無 *교황 십자가(丰) *妻(십자가 1개)
*3개의 힘(力)이 몸(月)을 누르면 脅(으를 협. 겨드랑이 협)
-협박(脅迫). 협통(脇痛)갈빗대 언저리 통증
*참조: 십자가 모양 - 福

*十誡(십계)-하나님이 경계하라는 열 가지 말씀
誡=言+戈(창)+廾(두 손) *戒(벌줄 계). 誡(경계할 계)
출애굽기(Exodus) 430년간 노예 생활 하다가 *제주 43사건 (430년)

장정(60만 명), 가족 모두 200만 명이
하나님의 도움으로 가나안 땅으로 탈출했으니
유대인들에게는 얼마나 고마운 일인가?
10계 아니라 20계라도 하나님께 서약을 해야 하지 않을까?

*태백산맥(조정래) 10권
1948. 10월 - 여수. 순천 반란사건
-여수市에 주둔 중이던 14년대 군인들이 제주 4.3 사건
진압을 위한 출동을 거부하고 무장반란을 일으킨 사건
-1950. 6. 25 전쟁
-1953. 7월 휴전 때까지의 줄거리
*6.25 때 유엔군(16개국)이 3만 6천여 명의 목숨을 바쳐
우리나라를 지켜주었으니 얼마나 고마운가?
미국. 영국. 오스트레일리아. 캐나다. 네덜란드. 뉴질랜드.
프랑스. 필리핀. 터키. 남아프리카공화국. 태국. 벨기에.
에티오피아. 콜롬비아. 룩셈부르크
Freedom is not free. 자유는 거저 주어지는 것이 아니다

*아악안알암압앙애액앵야약양어억언엄업여역연열염엽영예오옥
온옹와완왈왕왜외요욕용우욱운울웅원월위유육윤융은을음읍
응의이익인일임입잉

兒 아동 아. 절구 臼+사람 인 儿. 머리의 혈이 닫히지 않는 어린이
*兒童(아동). *까치 석(舃=臼+鳥)
童(아이 동 =설 립 立+ 마을 리 里)-동네(里) 어귀에서 서서
놀고 있는 아이

阿片(아편) -아편 꽃의 열매에서 흘러내리는 진을 말린 진통제
-아편=그리스어 오피움(모르핀 10%)의 음역

亞 버금 아. 둘째. 못하다.
하늘과 땅을 등뼈 굽은 2 사람이 어렵게 지탱하니
보통 사람보다 체력이 못하다. *工(허리가 반듯한 사람)
무덤(옛날 王자 모양의 무덤. 亞)은 이 세상에 버금가는 곳
*啞(벙어리 아) -말(口)을 못하니(亞) '벙어리' 聾啞(농아)
堊(백토 악) -흙의 다음가는 것이니 '흰 흙' 白堊館(백악관)

아스퍼거 증후군(自閉症 자폐증)
마음의 문을 스스로 닫는 병으로, 대인관계가 미숙함
외부에 대해 무관심하고, 무시해 버린다
평소 의사소통에는 문제가 없지만, 고집이 세고 강박증이 심하다.
한편, 어떤 대상에 흥미가 생기면 집요하게 몰두하기 때문에
그 분야에서 뛰어난 재능을 보인다 예: 테슬라의 일론 머스크.

惡 악할 악, 미워할 오. 구역질 날 오. 두 번째 마음이니 '미워하다'
惡黨(악당). 嫌惡感(혐오감). 憎惡(증오)
*嫌(싫어할 혐)-여자는 두 마음을 겸하기 싫어하다. 꺼리다

*憎(미워할 증)-마음속에 거듭 쌓이니 '미워하다' *참조;曾

惡心(오심. 구역질. 욕지기)-속이 메스꺼워 미워서(惡) 토하다

-속이 울렁거린다. 메스껍다.

惡寒(오한)-추위를 미워하다(惡), 싫어하다

安 편안할 안. 집(宀)에서 조용하게 여자(女)가 집을 지키고 있으니 평온하다. *安全(안전). 安寧(寧 참조)

*宴(잔치 연) -여자(女)가 날(日)을 잡아 집(宀)에 들어오면, 사람들을 초빙하고 잔치 벌린다 *참조: 傘壽宴

案 책상 안. 편안하게 나무로 만든 책상을 만들어 앉아있다

按 누를 안. 살필 안 *참조 祈(기도). 執事

손(扌)으로 편안(安)하게 어루만져주다(누루다)

按摩(안마). 按舞(안무). 按酒(안주). 按手(안수)

*脚底按摩(각저안마)-발바닥 안마

-발바닥 중앙에 있는 용천혈(湧泉穴:생명과 기운이 샘처럼 솟아난다)

-정력. 장수. 불면증. 성장에 좋다(결혼식 때 신랑 발바닥 때리기)

-安貧樂道(안빈락도) -가난한 생활을 하면서 편안한 마음으로 분수를 지키며 지냄

-眼鼻莫開(안비막개. 눈코 뜰 새가 없다) *머리 감을 때

-安樂者短(안락자단) -안락하게 살아가는 사람은 단명하다

晏 늦을 안

*晏然 -해(日)가 떳는데도 밭(직장)에 나가지 않고 편안히(安) 집에 있다

癌 암 암. *참조: 이이제이. 癡의 인체면역 시스템

*병(疒)의 원인이 될만한 나쁜 말(口. 스트레스) 또는 병든 식품(品)을 산처럼 먹거나, 山처럼 쌓이면 암

品 -나쁜 귀 소리. 입(나쁜 말) 소리. 코(오염된 공기)

*암은 남은 3식구(口)에게 山 더미만큼 빚을 안기는 병

*山의 바위처럼 단단하다고.

cancer=crab=게. 게의 집게나 발처럼 조직에 뻗어 단단함

*암은 설탕을 좋아한다. 1일 권장량-각설탕 2개. 티스푼 2개 3개 이상 먹으면(品) 山처럼 쌓여 癌

*설탕은 혈액을 산성화시킴-뼈 속의 칼슘이 빠져 나감-골다공증

*암이 가장 두려워하는 것은 웃음소리 *참조: 기적

*바보는 암에 안 걸린다(스트레스를 안 받기 때문)

*참조: 서제막급의 -씹을 서(噬) -대나무를 씹는 무당

巖 바위 암(약자 岩) *참조: 嚴(엄)

壓 누를 압. 싫은 것을 흙으로 덮어 누름. *참조 厭(염). 高血壓. 滲透壓

卬 높을 앙. ㄷ(人) +卩=사람이 무릎 꿇고 보는 곳이니 '높다. 누르다'

仰 우러를 앙. 무릎 꿇은(卬) 사람이 옆 사람(人)을 위로 우러러 본다.

*信仰 *참조: 俛仰亭 *卩(무릎 꿇고) 又(손)를 바닥에 -報 *冕(면)

신앙이란 세상을 보지 말고 하늘만 우러러 보면(仰),

1) 평화가 내려오고 2) 마음의 자유(禪)를 얻는다

육신은 세상을 보지 말고 겸손하게 땅만 볼 것

*仰望(앙망) *禪

잠언 15:17 채소를 먹으며 서로 사랑하는 것이

살진 소(牛)를 먹으며 서로 미워하는 것보다 나으리라

*印(도장 인) -무릎을 구부리고 있는 사람(卩)의 얼굴을 손으로 누른다(E)

*抑(누를 억) -손(扌)으로 무참하게 아래로 짓누른다. 抑留(억류)

*迎(맞이할 영) -무릎 끊은 사람이 뛰어나가(辶) 맞이한다.

送舊迎新(송구영신)

*瘧疾(학질)의 瘧(사나울 학)-爪발톱)이 옆으로(ㅋ) 뒤집혀 있다(E)

央 가운데 앙. 양팔을 벌리고 누운 사람(大)

베개 가운데에 눕는다고 中央

愛 사랑 애 *참조 爪(조)

愛撫(애무) *참조: 失手

애간장(肝腸). 애(창자)+肝臟(간장. 간 간+창자 장)
*창자를 2번 강조
*애가 탄다. 애가 녹는다. 애가 끓는다. 물고기 애를 꺼낸다
*가슴에피(가슴앓이. 가슴알이): 가슴에 피(홧병)
*부아(허파. 폐)가 치밀다

哀 슬플 애. 옷(衣)에 구멍(口)이 생겼으니 '슬프다' *참조: 遠. 壤

碍 거리낄 애 *참조: 孤

厄 재앙 액. 절벽(厂에서 떨어져 구부러져(㔾) 있는 사람(人) *危

額 이마 액, 돈 액 *참조: 客(=宀+各)
손님(客)의 머리(頁)를 볼 때 처음 보이는 것은 '이마'
사람의 수를 센다. 돈을 센다(金額)

額子(액자)의 子 뜻(5개)
1) 아들 및 자식 長子 母子
2) 너. 당신 -子誠君子也 너는 진정 군자이다
3) 학문이나 덕이 높은 사람 - 孔子 孟子
4) 사물에 붙이는 접미사 - 額子. 亭子
5) 씨. 열매. 과일 - 決明子
*扁額(편액) -건물의 문(戶) 위, 이마 부분에 써 놓은 글씨(冊)
*寫眞(사진) -진실을 복사
*家의 豕(돼지)-건강. 재물. 화목의 상징

野 들 야. 野外(야외)=바깥
里+予(줄 여. 나 여)-마을(里)에 먹을 것을 주는(予) 곳은 '들'

若 같을 약, 만약 약

羊 양 양
*羊(未時. 오후 1~3시. 土) -하루 중 가장 뜨거운 오후
너무 뜨거우므로 습기가 전혀 없는 메마른 땅(土)
새까만 똥을 싼다.

물과 나무가 없는 모래땅이므로 人德(인덕)이 없다.

여름철 뜨거운 火氣를 저장하는 배터리 역할을 하므로 민초들이

기운이 허하면 양(陽)의 기운이 충만한 양을 고아 먹는 이유이다.

*옛날에 쥐띠와 양띠는 만나서는 안 된다고 한 이유:

쥐는 뿔이 없으니까. 쥐뿔도 없는 놈이

*참조: 解의 角者無齒-두뇌 발달을 위해 치아가 없다

쥐는 12 동물 중에 가장 영리하므로, 침몰하려는 배에는 쥐가 없다. 고로 선원들은 쥐를 좋아한다.

*巳時(사시. 뱀. 화) 오전 9~11시

午時(오시. 말. 화) 오전 11~오후1시

이 시간대는 태양열의 온도가 최고이므로

빵을 구워도 맛있고, 천재와 미인도 이 시간에 태어난다.

*살찌고 싶으면 뱀(巴)을 먹어라 - 살찔 비(肥). *享(향). 亨(형)

洋 큰 바다 양. -羊은 제사의 희생물로 '크다'

水를 더하여 큰물(넓고 크다)

養 기를 양. - 양에게 풀을 먹여 살이 찌게 길러서 神에게 바침.

三養(삼양)라면. 敎養. 養老院. 修養. 養護室. 養鷄場. 營養劑

壤 흙 양. *참조 黃. 天壤之差. 衣. 哀. 遠. 도울 양(襄)

우물가(亭)에서 옷(衣)입고 물을 먹을 때는 2번만(口口) 먹고,

한번(一)은 다른 사람을 도와줘라(도울 양 襄)

잡수시라는 말(言)까지 하면서 양보(사양할 양 讓)하면 더 좋다

讓渡(양도). 讓步(양보). 겸손하다. 사양하다 '도움'을 준다는 뜻

*인생은 흙(土)에서 태어나 흙(土)으로 돌아가니

讓步하면서 사는 것이 좋지 않을까?

*讓 give way 길을 내어주다

*양보하는 마음으로 도와주겠다고 말(言)했다.

'흙덩이 양(壤)' -平壤. 土壤.

-농장물의 생장에 도움 되는(襄) 흙덩이(土)
'술빚을 양(釀)' -술이 되게 도우니(襄) '釀造場(양조장). 釀酒'
*주머니 낭(囊) -주머니(衣) 입구 가운데(中)를 덮는(宀) 背囊(배낭)
* 囊腫(낭종). 平衡囊(평형낭)
*囊中之錐(낭중지추) -주머니 속의 송곳
재능이 뛰어난 사람은 숨어 있어도 남의 눈에 드러남을 비유
*錐-송곳 추. 쇠가 새부리처럼 뾰죽하다(송곳).
立錐(입추)의 餘地(여지)가 없다 -송곳을 세울만한 땅도 없다.
樣 모양 양. - 나뭇결과 수맥의 줄무늬 모양
痒 가려울 양 (癢의 간자체) -간지러움을 기르는(養) 병(疒).
*着 붙을 착 -눈이 보이지 않을 정도로 양털이 너무 자란다.
*看=手+目 -눈 위에 손을 얹어 햇빛을 가리고 멀리 본다.
佯 거짓 양. -늑대 같은 사람(人)이 순한 양(羊)처럼 거짓행동
*참조: 거짓 위(僞). 羊頭狗肉
*상처 상(傷)- 사람(人)이 다른 사람(人)에게
말 한마디(一)라도 나쁘게 말하지 마라(勿)
*昜(빛날 양)과 易(바뀔/ 쉬울 역)의 차이점
-해(日)를 한일자(一)로 4다리를 고정하면 항상 햇볕(昜)이 비추고,
한일(一)자로 고정 안하면 도마뱀의 4다리가 쉽게 바뀐다(易).
陽 볕 양. -언덕(阝)에 볕 잘 든다고
*場 마당 장. -땅(土)에서 가장 빛나는(昜) 곳 '마당'
*湯 끓일 탕. 물(氵)이 햇빛(昜)을 받으니 '끓다'
揚 날릴/ 떨칠 양. 손(扌)재주가 햇볕처럼 빛난다고
*按手집사. 讚揚隊(찬양대)에 손(扌)이 들어간 이유
사춘기. 갱년기 때 최고의 치료법 - 손(扌)
손으로 더듬는 성추행 말고, 엄지 척(칭찬)
*思春期 -봄을 생각하는 시기. 생각이 봄과 같은 시기

-질풍노도(疾風怒濤)의 시기(13~18세)

adolescent-향해(ad=to)+자라나기(ol=grow)+시작한(esc=start) + ent(형용사 접미어)

-청춘기의. 사춘기.

어린이를 벗어나 어른을 향해 자라나기 시작한다.

*更年期(思秋期)-낙엽이 떨어지는 시기

old- 이미 자라난 (ol=grow) 상태(d)

-나이 먹은. 늙은. 노년의. 낡은. 중고의. 노후의

귀하(貴下)와 궤양(潰瘍)

瘍 종기 양. -양의 기운이 너무 많아 생기는 병(疒)

종기 - 부스럼 - 헐다(궤양)

위 점막이 헐고 패어 들어가는 胃潰瘍(위궤양)

*潰(무너질 궤. 문드러지다) -귀한 것이 물(氵)에 잠겼으니 '무너지다'

*貴(귀할 귀) -벌레훼 (虫) + 재물(貝) *참조: 貴

보잘 것 없는 虫이라도 돈(貝)만 있으면 대접 받는다.

*腹(배 복)=月+천천히 걸어서 다시 돌아오는 쇠(夊)

뜻: 볼록하다. 겹치다. 반복한다.

사람(人)이 천천히 반복해 걸으면서(夊)

말(曰)을 반복하면 배불뚝이가 된다.

*2019년 직장인 사자성어 -痲姑搔痒(마고소양)

'마고'라는 손톱이 긴 선녀가 가려운 곳을 긁어주기를 기대한다.

삼 마 . 시어미 고. 긁을 소. 가려울 양

*搔痒症(소양증) 가려움증-

＊긁을 소(搔) -벼룩 조(蚤)=벼룩(虫)에게 물려(“) 손(又. 扌)으로 긁는 모양

＊騷音(소음) 騷亂(소란) 騷擾(소요)

騷(시끄러울 소)-말(馬)이 벼룩 때문에 날뛰고 騷動을 피우며 시끄럽다.

擾(어지러울 요) -손(扌)으로 조심스럽게(憂) 어지럽히다.

양배추 -궤양(ulcer). 위식도역류질환 발생 억제. 비타민 U(ulcer).

語 말씀 어. 言語文字(언어문자)

於 어조사 어

億. 여의주. 도깨비 방망이. 기도. 스마트 폰

億 억 억. 많은 수 억. 편안할 억

사람(人)이 억만금이 있으면 만사 뜻대로(意) 할 수 있어서 편하다.

＊如意珠(여의주) -용의 턱 아래에 있는 신기한 구슬

-뜻(意)을 원하는대로(如) 이루어주는 구슬(珠)

-참조: 기도. 도깨비 방망이. 스마트폰 ＊無覺寺의 如意山

파란만장

＊파란 만원짜리 10장(십만원), 100장(백만원), 1000장(천만원) 만장(1억)

＊파란만장(波瀾萬丈) - 파란 만원짜리가 만장이면 億

＊波瀾萬丈-물결이 만길 높이로 인다 (波瀾曲折 파란곡절)

-삶의 변화가 몹시 심하다. 파란만장한 삶

-蘭(난초 란). 波(물결 파)

-瀾(물결 란) -물이 대문을 가로 막을 정도로 큰 물결

憶 생각할 억. 예전에 했던 말(音)을 마음(心)속으로 거듭 생각(忄)

*참조: 記憶

言 말씀 언

焉 어찌 언(어조사). 새가 어찌 떠돌아 다니는지?

*正=下+ㅗ(上) : 위와 아래가 딱 들어맞는다.

正 : 떠돌아다니는 철새를 상징, 때가 되면 정해진(定) 곳에 머무는 새

嚴 엄할 엄. 장엄할 엄.

*厂(기슭 엄. 언덕. 들판), 广(집 엄. 집. 건축물)

언덕(厂)에서 용감하게 소리친다(口口) 戒嚴(계엄). 尊嚴性(존엄성)

*敢(감히 감. 용감할 감)=攻+耳. 적을 치고 귀를 잘라 온다.

*巖(바위 암)의 약자: 岩(암) 奇巖(기암). 巖刻畵(암각화)

業 업 업. 풀(떨기풀 착. 풀무성할 착 丵 + 木)

풀과 나무를 이용하여 물건을 만드는 직업

*對(대답할 대) -반가운 사람을 만나 풀밭에 앉아(풀을 쓸어뜨리다 一) 마디마디(寸) 이야기하고 對答(대답)한다.

*참조: 絶對. 對話. 反對

*劵中對聖賢(권중대성현) 책 가운데서 성현을 대한다.

所言皆吾事(소언개오사) 성현의 말씀하신바 모두 나의 일이로다(퇴계).

*對流圈(대류권)-공기가 뜨거워지면 가볍기 때문에 위로 올라간다.

대류권. 성층권. 중간권 .열권 -대류권 위는 뜨거운 성층권(대류-)

대학 입학에, 성공하려면, 중학교 때부터, 열심히 공부해라.

余 나 여. 나머지 여

나무(木) 위에 서있는 한(一) 사람(人), 나여 나! *참조: 斜 敍

予 나 여. 주다. *참조: 疑. 豫(미리 예. 즐기다) . 豫園(놀이동산)

如 같을 여-여자의 입은 모두 같다.

옛날에는 여자가 神에 기도했는데, 원하는 데로 똑같이 이루어진다.

용서할 서(恕) -타인과 같은(如) 마음(心) 이니 '용서하다'

如如如(여여여) - 변함없이 그대로

塞翁之馬(세옹지마)-좋은 일(나쁜 일)이 있으면 나쁜 일(좋은 일)도 있고 이 또한 지나가리니(다윗 王) *참조: 便

女 여자 녀

물거울에 비친 너(汝)

汝 너 여. *汝矣島(여의도) 너의 섬. 너도 섬이냐? *참조: 矣(의)

여성들은 자신의 얼굴을 항상 들여다보고 꾸미고자 한다.

청동거울마저 귀한 시절에는 자신의 얼굴을 물(水)을 통해 보던 때

자신(女) 앞 물(氵)에 비친 상대방은 바로 '너(汝)' -물거울에 비친 너

與 줄 여. 더불어. 참여할 여 *참조: 贈

행정부와 협력하여 한편이 되는 정당 *參與(참여)

黎明(여명) -희미하게 날이 밝아오는 빛

黎 검을 려, 동틀 려.

기장=수수 서(黍)-술 재료. 신발 접착제 재료(쌀 以前)

옻칠 漆 -옷 칠을 하면 검은 빛이 반짝반짝 빛나다=동트다(黎明)

黎=禾+八+水+刀 *무릎(膝 슬)

旅 나그네 려(여). 깃발(方+人)아래 사람(氏)이 지나가니 '나그네. 여행'

*旅=方+人+氏 -깃발(方人)아래 사람들이(人人=氏) 행군(여행)하는 모습

*旅行 -나그네(旅)가 되어 다닌다(行) *참조: 려(旅). 呈(정)

易 바뀔 역. 쉬울 역. *참조 易. 諸行無常

*헤라클레이토스(Heraclitos)-공자(BC 551~473)와

동시대 그리스 철학자. Change - was. is. shall be

驛(역. 정거장) 馬+罒+幸 -

그물망(罒)처럼 짜인 길로 말을 타고 와서 서로 만나니 행복해진다.

station-sta(서다) 단순히 멈추는 장소가 아닌, 행복해지는 장소

*驛馬殺(역마살) -외교관. 외국무역. 돌다보니 사고, 바람기 조심

*桃花殺(도화살) -복숭아 꽃. 복사나무 peach tree. 연예인

*華蓋殺(화개살) -독수공방. 고독한 명예(고독살). -교황

-명성에 대한 뚜껑을 덮는다. 부귀영화를 덮는다.

-화려하게 장식된 햇빛가리개 양산(우산 傘. 蓋)

疫 전염병 역. 전염병이 돌면 사람들이 이동하지 못하도록 창을 들고 지키는 모습. 창(殳)을 들고 적이 쳐들어오듯이 疒(병균)이 들어옴.

軟 연할 연. 차바퀴(車)가 느슨해진 것(欠 하품하다)

延 끌다. 뻗치다. 맞이하다. 늘리다 연.

丿+止+廴 삐친 것을 그치고 끌고 가니 '이끌다' 延期. 延長戰. 延暉門

淵 연못 연. 木=조각편 片+ 널조각 장 爿

물만 담아 있는 것이 아니라, 생수가 땅에서 나오는 못

자신의 능력을 남에게 주며, 자신도 모르는 사이에

자연적으로 많은 재물이 쌓인다

*勢淵 -벼슬과 재물이(勢=利) 연못처럼 차오르다

물(氵) 가운데 나뭇조각을 하나(一)로 연결해 뗏목을 띄울 정도의 '연못'

淵의 두 번째 뜻: 깊다 *淵源(연원) - 물의 근원

淵蓋蘇文(연개소문)

정숙(靜肅)의 삼가할 숙(肅) -뗏목을 타고 연못을 건널 때는 손(ヨ)으로 배의 난간(丨)을 꼭 잡고 얌전히 있어야

燕 제비 연. 봄이 되어 풀(艹)이 나면 먹을 것을(口) 찾아
북쪽(北)에서 따뜻한(灬) 남쪽으로 왔던 제비(燕=艹 + 口 + 北 + 灬)

然 그럴 연. 개(犬) 고기(月)를 태워(灬) 먹는 것은 당연하다.

硏 갈 연. 石+幵(평평할 견. 干+干). 돌을 평평하게 하려면
'갈아야지'생각. 기술을 갈고 닦고 연구한다.

緣 인연 연. 가장자리(緣邊). 因緣生起(緣起)
糸(실)+彖(판단할 단. 돼지 豕+ 머리 彑 돼지주둥이 계)
돼지주둥이로 흙을 파듯이 실(糸)로 인연을 잇거나 끊는다
'인연, 맺다'
*啓蒙(계몽)의 蒙(어두울 몽. 어리석다. 어리다) -
풀(艹)로 덮인 인연으로 밖을 내다보지 못하는 돼지

제단에 돼지 머리를 놓는 이유

*제단에 돼지 머리를 놓는 이유 - 좋은 인연 맺어 달라고 기원
-門을 두드려야 열어준다. 새끼가 줄(啐)해야 엄마 닭이 탁(啄)한다
*玄(검을 현) -머리(亠)의 검은 실(糸. 幺 머리털) *家. 劇

硯 벼루 연. 글씨가 눈에 보이도록(見) 먹을 가는 돌(石)도구
*現(보일 현) -玉을 보니 좋아하는 모습이 나타난다

宴 잔치 연. *참조: 安

熱 더울 열. 불이 심어져 있으니 '덥다' *참조 勢

炎 불꽃 염. 불타는 모양
*炎症(염증): 불꽃처럼 열이 나는 증세

染病(염병) *참조: 九의 染
-물들일 염(染). 전염되는 병. 傳染病(전염병)의 준말=장티프스
-汚染(오염) *썩을 후(朽)-나무가 구부러졌으니 '썩다' 老朽(노후)

厭 싫을 염. 굴(厂) 속에서 해와 달도 못보고 개(犬)같이 사니 *참첨 壓

鹽 소금 염. (俗字: 塩) *참조 今.

소금의 뜻: 1) 나쁜 기운을 내쫓음, 2) 財物

신하(臣+人)처럼 엎드려(臥) 접시(皿) 위 소금(재물. 鹵)을 감시한다.

*監(볼 감) -신하가 엎드려(臥) 접시(皿) 위 먼지(丶)를 감시한다

*Cl(鹽素) - 일본: 엔소/영어 chlorine 클로린/ 녹황색/ 원자번호 17번

-할로겐 족(helos 소금+ genn 만든다) halogen. 할스타트

-산화제. 표백제. 살균제

-수영장(값싼 소독약) -매쾌한 냄새. 콜레라. 장티부스 질병 예방

*소다(soda) - 나트륨 화합물을 일반적으로 부르는 말

동의어: sodium carbonate. 탄산나트륨. Na_2Co_3. 탄산음료. 曹

*소다 한자음역어 -曹達. 曹達水(소다수) *Na(나트륨. 소듐)

*重탄산 나트륨 sodium bi-carbonate=중탄산소다=重曹(중조)

=Na_2HCo_3 = 탄산수소나트륨

*過(과)탄산소다 sodium per-carbonate 2 Na_2Co_3+3 H_2O_2(2:3)

염화(鹽化)칼슘 -$CaCl_2$ *눈(雪) 올 때 염화칼슘 뿌리는 이유

주변의 수분을 흡수하는(제습기능) 과정에서 열을 발생시키기 때문에 주변의 눈을 녹일 수 있다.

염화칼슘이 섞인 물은 어는점이 영하 50도 로 낮아지기 때문에 한 번 녹은 눈은 다시 얼지 않는다.

鹽=塩(속자)- 갯벌(皿)의 흙(土) 위에서 인부(人)가 사각결정(口)의 소금을 모은다.

*공업용 CaCl2가 친환경제인 소금 NaCl(식용)보다 더 효과가 있다.

*俗(풍속 속) -사람이 골짜기(谷)에 모여 살면 생기는 풍속.

*chlor(클로르)-green.

*chlorhexidine(헥사메딘) -살균소독제의 부작용(치아 탈색)

묵주와 염주 차이

念 생각할 염(념).

*念珠(염주=黙珠=구슬 끈)- 지금(今)의 마음(현재)을 성찰하면서
생각을 구슬처럼 밝게 깨닫고 살아가라고
부처님의 이름이나 불경을 외우면서
소원을 비는(念佛) 구슬 끈으로 그 횟수를 기억하는 구슬.

*黙珠(묵주)는 인간은 하나님 말씀을 듣게 해주고
기억하고 과거의 사건을 지금에도 재현 시켜 '묵묵히 말없이
잠잠히' 생명이 있는 사람이 되고자
자신의 길을 가게 해주라고
기도할 때 사용하는 줄에 꿴 구슬.
나를 하나님께 묶어주는 아름다운 사슬
(카돌릭: 라틴어 rosarium 로사리오. 장미화관)

*黙示 -분명치 않고 은연중에 말하는 것

*黙(잠잠할 묵) *善終 召天
黙念(묵념). 黙禱(묵도). 黙想(묵상). 黙黙不答(묵묵부답)

디지털 세상의 염주와 묵주

디지털 세상이 왔다
부처님과 말(口. 염불)을 할 때도
줄에 꿴 구슬 대신 스마트 폰으로,

하나님과 말없이(黙) 잠잠히 기도할 때도
줄에 꿴 구슬 대신 스마트 폰으로

염소(goat)와 대추나무 열매 열렸네. 攝生(섭생)과 貴生

攝-당길 섭. 다스릴 섭. 귀(耳)때기를 귀찮게 잡아 당겨라

＊자신의 生을 너무 귀하게 여기면 오히려 生이 위태롭고,
자신의 生을 억누르면 生이 더 아름다워진다

＊대추나무에 염소를 매달아 놓으면 흔들어대는 염소 때문에
대추나무가 긴장해서 더 많은 열매를 맺는다.

＊미꾸라지와 메기(천적)

잎사귀 글(葉書)

葉 입 엽. 나뭇잎 엽.-나무(木)에서 세상(世)으로 뻗어나온 엷은 풀(艹)

＊나뭇잎으로 말을 전하는 間諜(간첩). 諜(염탐할 첩)=言+葉

＊나비 접(蝶) -날개가 엷은 벌레 -나비

＊葉酸(엽산)=비타민 B 9=비타민 M= 폴산. folium(나뭇잎: 라틴어)
=folic acid, folacin, folate

＊葉書(엽서. 잎사귀 글)
-떨어진 나뭇잎 책갈피로 사용. 또는 글씨를 써서 보낸다

＊참조: 仁의 一葉片舟(잎사귀처럼 작은 배)

神은 그림자가 없다

影 그림자 영. 큰 건물(京)에 해(日)가 뜨니 그림자(彡)가 생긴다

＊참조 京

세종대왕 같은 조각상은 동향이나 서향에 놓지 않는다.
햇빛이 얼굴 왼쪽에서 오른쪽으로 지나가는 음영이 있어야

정상적인 사람의 얼굴로 보이기 때문이다.

만약에 음영이 없으면 인형처럼 멍청하게 보인다.

스페인 속담: 날씨가 항상 좋으면 땅은 사막이 된다.

그림자가 있어야 한다.

山 그림자도 외로워서 하루에 한번씩 마을로 내려온다.

불국사의 無影塔(釋迦塔)-그림자가 나타나지 안했기 때문에

아사달과 아사녀의 슬픔

식영정(息影亭) 그림자가 쉬고 있는 정자

*숨 쉴 식(息) *새길 조(彫) -조각(彫刻)에는 빛이 있다(彡)

하나님은 빛들의 아버지 이므로 그림자가 없다.

고로 神의 그림은 그림자가 없다. 르네상스 시대 최초의 그림자 화가

마사초의 작품: 그림자로 병자를 고치는 성 베드로

映 빛날 영. 태양이 하늘 중앙에서 비추는 형상 *참조 厶(사)

*映畵(영화) -그림이 움직이는 映像(영상). 비출 영+그림 화

-畵=붓(聿)으로 밭(田)의 둘레를 긋는다(그리다. 그림)

*넷플릭스 (netflix = Net(인터넷)+flicks(영화). (동영상 OTT 회사)

令 명령할 령(영). *참조 贊

藝 재주 예. 초목((++)을 심고(埶) 이용할 방법을 말하는(云) '재주' '기술'

*참조 勢(기세 세) -언덕에 심어놓은 둥근(丸) 씨앗이 힘차게(力) 자라나는 기세

豫 미리 예. 즐기다(豫園). 豫防(예방). 醫豫科(의예과)

午 낮 오. 똥통(凵)에 빠지면 똥장군 부(缶) *참조: 葡萄. 解(午=丿+干)

五感. 五覺. 六感. 靈感 *5G의 반응속도는 0.001초로 오감보다 빠르다.

吳 姓氏 오. 큰소리칠 화

입(口)이 없으면 天, 天자 위에 입(口)

큰소리치며(大言) 장담하는 말은 대부분 일을 그르친다(잘못한다)

誤審(오심). 誤判(오판)

誤 그릇할 오. 말(言)로 큰 소리 치는 것(吳)
誤解는 쉬운데, 理解는 항상 어렵네
理(다스릴 리) -임금이 귀한 구슬(玉)을 갈고 닦듯 정성스레
백성의 마을을 다스린다는 뜻
吾 나 오. 하늘과 땅 사이를 서로 교차(五 = X)해서
5개의 입(口=오감. 오각)으로 나를 알고 조정한다
*我(아) -창(戈)으로 나를 보호한다 *悟(깨달을 오)-오감을 깨닫다
*吾唯知足(오유지족)-나 스스로 만족함을 알아라
*三省五身(삼성오신) -하루에 3번 자신의 행위와 생각을 반성
梧 벽오동나무 오. 5월(五) 입술(口)모양의 보라색 통꽃이 피는 나무
*桐(오동나무 동)=木+洞(빌 동) 나무속이 빈(비다)
梧桐島(오동도)-오동나무가 많은 섬. 오동잎 닮은 섬.

獄 감옥 옥. 개 2마리가 서로 짖으면서(言) 벌주고 지킨다
*3 dog night. 추울 때는 개 3마리와 붙어서 잔다 *펭긴(영하 40도)
오메 - 우와! 어머나! 김영랑 詩人 오메 단풍 들것네

오메! 찡(zing)하네 Amazing grace

오메 찡하네

나 같은 죄인 살리신 주 은혜 놀라워
잃었던 생명 찾았고 광명을 얻었네
미국 傳來曲에 Newton이 작사한 찬송가가 흘러나오자
내 눈물, 나도 모르게 흘러내리네
오메 찡하네(zing)

그래서(grace) 어메이징(amazing) 이었구만

溫 따뜻할 온. 氵+ 囚 + 皿

따뜻한 물통(皿) 속에 물(氵)을 담아 가두어 두면(가둘 수 囚) 따뜻해진다. *정상 體溫-365일=36.5도시=초밥의 온도

초밥 -초를 친 시큼한 밥

초밥은 밥알 사이로 '빛'이 보여야 한다 *精-푸른빛이 날때까지 씻는다. (밥알끼리 너무 단단하면 초밥의 미학인 부드러움이 없어진다)

*일본에서 초밥 조리사가 되려면 처음 2년간 쌀을 씻고 밥만 짓는다.

渦 소용돌이 와

살(月)이 붙은 骨(골)에서 고기를 먹다보면 입이 삐뚤어진다(咼)

사람이 비뚤어지면 안면마비(구안와사)

곤충이 삐뚤어지면 달팽이(蝸) *蝸牛(와 :달팽이, 우: 달팽이)

*蝸角之爭(와각지쟁)-달팽이 뿔 위의 보잘 것 없는 싸움

*더듬이에 눈 달린 동물은 달팽이 뿐

물(氵)이 삐뚤어지면 소용돌이(渦)

神이 삐뚤어지면 재앙이 내린다(禍)

재앙을 피해서 지나가면 過(지날 과 過去 /지나칠 과. 過飮. 過敏)

臥薪嘗膽(와신상담) -장작(薪)위에 누워서 쓰디쓴 쓸개를 맛본다.

薪(섶나무 신)-새로 나온 풀(艹).嘗(맛볼 상)-맛(旨)을 숭상하니 '맛보다'

臥(누울 와) -신하(臣)된 사람(人)

完 완전할 완. 사람(元)이 집(宀)안에 있으니 부족함이 없다.

完璧(완벽)

頑 완고할 완. 으뜸(元)이니 머리(頁)를 안숙이고 완고하다.

*頑癬(완선) -사타구니(서혜부)에 생기는 습진

*白癬(백선)-무좀

完成 완성

王 임금 왕. *狂(미칠 광)-왕이 개처럼 처신하면 미친 것.
狂犬病(광견병)

外 바같 외. 저녁(夕)에 점(卜)을 쳐보고 나가는 곳은 - 바같

么 작을 요. 어릴 요. 糸(실 사)의 절반 *참조; 畿 樂 幽

夭 사람(大)의 목이 꺾였으니 '일찍 죽을 요'
목을 가누지 못하니 '어린아이 요'

要領(요령)이 좋아야

要 요긴할 요. 중요할 요. 덮을 아襾=서녘=변형 서西
항아리나 병의 뚜껑 모양
여자의 중요한 곳을 덮은(襾) 곳이니 '중요하다'
인체에서 가장 중요한 부분은 여자의 허리 특히 가슴에 붙은 갈비뼈
왜: 여자는 남자의 갈비뼈로 만들었으니까. 으 하하하!
*腰(허리 요. 더 강조) -몸(月)에서 중요한 곳(要)
*要領(요령 /허리 요+ 목 령) -허리와 목이 가느다란 이유
몸이 넘어져도 머리(골통)를 보호하기 위해서 *大統領
*서녘 서(西) -해질 무렵(西쪽으로) 새가 보금자리에 들어가 앉은 자세
해질무렵까지(西) 여자(女)는 반드시 집에 들어가는 것이
가장 중요하다.
*해가 서쪽으로 지는 이유 -西(서)=(서)恕 -한글로 같기 때문

曜 빛날 요/ 요일 요. 꿩깃 적(翟. 깃털이 아름다운 새)+日
=꿩의 깃털이 해를 받으니 '빛나다' 日曜日
*씻을 탁(濯) -꿩깃을 물(氵)에 넣으니 '씻다. 빨래하다'
- 洗濯(세탁)

辱 욕되게 할 욕. 별(辰)이 손(寸)에 들어오면 辱(욕) -스타?

堯(요) 임금 - 너무 오래 살면 壽則多辱(수즉다욕) 한다고

*누에 신(辰) -돌보기 매우 힘든 누에를 돌보면 '욕(辱) 봤다' 라고 한다

조개 칼(辰)을 손(寸)에 잡고 힘들게 김을 매는 모습(욕보다. 수고)

褥瘡(요 욕. 부스럼 창)-요(衣. 이불)가 깔린 침대에 오래 누워 있을 때 등과 엉덩이에 혈관의 압박으로 인하여 생기는 궤양 압박궤양. 침대 앓이

褥(요 욕). 잘라낸 풀(艹)로 만든 깔개. 풀 대신 베(衣)로 만든 깔개(요)

decubitus ulcer. bed sore. pressure sore(부스럼 창)

mouth ulcers-cold sore(입술궤양), canker sore(구강궤양)

*瘡=疒+倉 : 상처(疒)가 아물어 곳집(倉)처럼 피가 굳은 부스럼

浴 목욕할 욕. 깊은 골짜기(谷)에 흐르는 물(氵)은 깨끗하여 목욕하기 좋다.

龍 용 용. 서서(立) 달(月)을 보고 점(卜)을 쳐보니 몸(己)에 털(彡)이 돋아서 하늘로 올라가는 용이 되더라.

하나는 '龍船', 또 하나는 '노아의 배'가 되어

고통 받는 사람들을 구한다.

*般若龍船(반야=지혜, 용선=龍이 호위하는 배)

*하노이 下龍 베이

-피안의 정토에 이르게 하는 배

-중생들을 고통 없는 피안의 세상으로 건너게 해주는 龍이 호위하는 배. 龍船 (*참조: 홍수를 대비하는 노아의 배. 造)

-법당=반야용선, 사찰주변이 바다라는 생각

-사찰에서 함께 산다: 스님. 달마. 물고기. 거북이. 게. 포도. 가재. 수달. 토끼. 도깨비. 삼신할머니. 돼지. 호랑이 등

*籠(바구니 롱) -용을 잡는 대 바구니

*伏龍鳳雛(복용봉추)-엎드려 있는 용과 봉황의 새끼 *潛龍(잠룡) 아직 세상에 드러나지 않는 사람. 초야에 숨어 지내는 재주꾼

엎드릴 복. 용 룡. 봉황새 봉. 병아리 추

雛=芻(꼴 추)+ 隹(새 추)

芻-풀을 껴안은 모양.

새의 새끼가 태어나면서부터 스스로 풀을 쪼아 먹는다

旡(목멜 기) -밥을 많이 먹어(旣) 목메고 또 목메도록(旡)

말하는 입(曰) * 潛(잠길 잠). 潛龍(잠룡). 蠶(누에 잠)

用 쓸 용. 60일(月+月=用)을 기준하는 셈법(360=60x60. 60분. 60초)

과 12진법(시간)을 사용하므로 (1)'쓰다'

(2)속이 텅 빈 종(鍾),

종치기가 불편해서 꼭지(マ)를 첨가: 甬

*日用(일용)할 糧食을 주옵소서(마태: 6). *참조: 庚(경).

日傭(일용)

甬 솟을 용. 종 꼭지(マ) +종 몸통(用)

종소리는 엄숙함이 솟아나고, 神들은 기쁨이 솟아난다고 '솟다'

속이 빈종처럼 '통하다' '길이 뻥 뚫리다' '神이 오시는 길'

큰 종소리처럼 '강력하다' *길이 울통불통. *通卽不痛

*通 통할 통. 물 솟듯이(甬) 가니(辶) '통하다' '神과 사람이 통하는 길'

*痛 아플 통. 솟아오르는 병(疒)이니 '아프다' 痛快. 大聲痛哭

容 얼굴 용(容貌). 용납할 용(容恕).

*노인들의 4가지 덕목

- 許容(허용). 納得(납득). 斷念(단념). 回歸(회귀)

牛 소 우. 先=牛+儿. 件=人+牛. 贊=先+先. 犧牲=牛. 物=牛+勿. 特. 牧

*인도에서는 소=Go(고). 최상급 tama. 최고의 牛王=고타마

부처의 이름- 고타마 싯달타

友 벗 우. 左. 屮+又 손과 손을 맞잡으니 친구. 交友(교우)

右 오른 우. 左右(좌우) 左는 손(工)으로 돕고, 右는 입(口)으로 돕는다.

佑 도울 우. 天佑神助(천우신조)-하늘이 돕고, 신이 돕는다.

*右는 입을 감싼 오른손이며 또한 음식물을 운반하는
도구이므로 돕는다는 뜻도 있다. 도울 우(佑)

*하늘이 도울 우(祐)-神이 돕다 -自千祐之(노력하면 하늘이 돕는다)

*助 도울 조. 고기를 그릇위에 올려놓은 모양(또 차 且). 쌓다.
포개다. 힘(力)을 넣어주니 도움을 주는 것 *참조 且

又 또 우

優 부드러울, 넉넉할 우. 사람(人)이 깊이 생각하고 근심스러운
(憂) 일을 극복하여야만 뛰어나고 도량이 넉넉해진다.(優)

憂 근심 우. *참조 爪. 멜랑꼴리(우울증). 세로토닌. 옥시토신

郵 우편 우. *참조 遞(체)

偶 짝 우 *참조: 배우자

愚 어리석을 우 *긴꼬리 원숭이 禺
조롱박의 먹이를 손으로 쥐면 빠져나오지 못해
사람들에게 잡히는 원숭이는 '어리석다'
남이 자신의 마음(心)을 알아차릴 수 있게 나타내므로 '어리석다'
어리석은 듯해야 남을 포용하는 지도자가 될 수 있다(최재愚. 노태愚)

*萬愚節(만우절)-사람이 얼간이가 되는 날(All Fool's day)
-함께 바보가 돼 서로 속이면서 즐거워하는 날
-만인이 바보인 날. 행복한 바보의 날

運 옮길 운. 군대(軍)가 옮겨가니(辶) '옮기다. 운반하다'
運轉(운전). 運動(운동)

*공자(논어 안연편) -죽고 사는 것은 운명에 있고,
부귀영화는 하늘에 달려있다. 死生有命 富貴在天

運命(운명) -군대가 이동하는 것을 예측할 수 없음

운명은 이미 결정된 것이 아니라 변화 시키면서 살아야 한다.
10년(대운)에 한번씩 변한다. 강산도 10년이면 변한다

運七技三(운칠기삼)-운이 70, 노력이 30.

*후성유전학-노력 80, 운 20%

云 이를 운. 二=上, 厶=회오리치면서 올라간다.
땅기운이 올라가 구름이 된다.
云-말하다. 이르다. 움직이다. 云云하다 *藝
구름처럼 이리저리 흘러 다니듯, 이렇게 저렇게 말하다.

雲 구름 운. 비(雨)를 동반한 움직이는(云) 구름. 비구름. 먹구름
*雪(눈 설)-하늘에서 내린 비(雨)가 고슴도치(彐)처럼 뾰죽뾰죽하다.

雲 구름 운. 비(雨)를 동반한 움직이는(云) 구름. 비구름. 먹구름
*雪(눈 설)-하늘에서 내린 비(雨)가 고슴도치(彐)처럼 뾰죽뾰죽하다

韻 운치 운. 운 운
音+員=음악과 돈. 운율이 맞도록 음을 고르게 배치한다(韻文)
소리(音)가 청동 솥(員)에서 댕하고 울린다
員=口+貝-둥근 엽전
韻-음반시장에서 돈이 안되면 앨범으로 못나온다. 음악으로 먹고 산다
音=立+日. 해가 저문 밤에는 모든 것이 조용하다
-해(日)가 뜨면 사람들이 일어나서(立) 소리를 낸다.
해가 선다. 해가 뜬다(音=立+日)
빛(하나님 日)이 서면(立) 그 자리에서
하나님의 역사가 시작된다
태초에 빛이 있으라 하시니 빛이 있었고(창 1:3)
아침 해가 서야 자기의 소리를 낸다. *참조: 音

雄. 熊(웅) *참조 能(능)
爰 당길 원. 손(爪)으로 한(一) 친구(友)를 만지니 '당기다'
따뜻할 난(煖) -불을 당기니 따뜻하다. 冷溫煖房
따뜻할 난(暖) -불을 당기니 따뜻하다. 溫暖化(온난화)
참한 아가씨 원(媛) -여자에게 당긴다.
援 도울 원. 끌. 잡아당길 원. 救援.
遠 멀 원. 긴 옷(袁)은 멀리 외출(辶)할 때 입는다.
*隔 참조. 遠隔醫療(원격의료). 表(土+衣). 哀(슬플 애)
*遠視(먼 곳을 잘 본다) 近視(가까운 곳을 잘 본다. 책.TV)
袁 옷이 긴 원. 옷(衣)에 핀(一)과 구슬(口)이 장식된 긴 옷
*哀 슬플 애. 긴 옷의 악세사리 핀(一)을 잃으면 슬프다(哀)

액세서리 핀을 잃어버린 옷, 哀

사람(人)은 옷(衣)을 입어야 의지하는데(의지할 의. 依)
멀리 외출할 때(遠)는 예쁜 핀과 구슬이 달린 긴 옷을 입는다
그런데, 아끼던 액세서리 핀(一)을 잃었으니 슬프구나(哀=衣+口)
슬프다고(哀) 입(口)까지 막아버리면(一) 衰(쇠할 쇠)해 지므로
슬프다고 긴 옷(袁) 입고 멀리(遠) 가지(辶) 말고
웃는 눈(目 罒)으로 돌아오소서(還 돌아올 환)
옷(衣)이 여럿이면(十) 오히려 졸(卒=衣 十)할 수도 있으므로
긴(袁) 담장(口)이 있는 정원(園)에서 즐기는 것이(豫園) 좋지 않겠니?

*酸化(산화) 還元(환원) *accessory *園(동산 원)
*참조: 表 =土+衣 옷은 흙(土)으로부터 몸을 보호한다. 고로 옷을 의지 한다(依)

院 담 원. 집 원. 완전히(完) 집을 감싸고 있는 토담(阝)

-병을 고쳐주는 큰 집 ＊完-성인이 되면(元) 상투를 올려줌(宀)

-몸의 병만 고쳐주는 것은 기술자, 마음의 병까지 고쳐줘야 醫師

原 근본 원. 근원 원. 기슭 바위(厂)아래에서 흘러나온

희고(白) 작은(小) 물줄기가 큰 물줄기(江)의 근본이다.

原子(원자) -구성: 원자핵(양성자+ , 중성자 0 , 전자 -)

＊원자. 元素(원소) -최소의 단위라 했지만, 후에

더 분류(양성자+중성자+전자) ＊으뜸 元=머리(=)+사람(儿)

＊원자와 원소 차이점

-사과 5개. 배 5개라면, 원자는 10개(총 숫자), 원소는 2개(종류)

＊삼국지: 謀士 '허유'의 말을 듣지 않은 원소(袁紹), 조조에게 대패

＊同位元素(동위원소)-양성자 수는 동일하지만, 중성자 수가 다름

-종류-1) 안전성 동위원소(분리 안됨)

-2) 불안성성 동위원소=방사성 동위원소-방사선 방출 후 붕괴. 이 때 방출된 방사선을 이용해서 -갑상선 치료

-동위원소 반감기를 이용-화석의 년대을 알아냄

(탄소14반감기-5730년)

＊분자 -물질의 단위(분자의 집합체=물질)

＊원자폭탄. 원자력 발전소-원자핵 반응(중성자가 핵을 때리면 폭발)

＊양성자 펌프(proton pump) -위점막 세포벽에 존재하는 위산 분비효소(H+, K+, ATPase)를 양성자 펌프라고 하며, 위장을 산성화 시킨다.

PPI(proton pump inhibitor)는 소화성궤양, 역류성 식도염에 사용하는 위산 억제제

유기물과 무기물 차이

*유기물(有機物)과 무기물(無機物) 차이점

- C(탄소화합물)가 있으면 유기물. 생명체가 있으면 유기물
- 태웠을 때 이산화탄소(CO_2)가 발생하면 유기물

  *둘 다 없으면 무기물

- 100종의 원자 가운데, 생명체를 구성하는 원자는 CHON 뿐이다. 이들을 통틀어 유기화합물이라 한다
- 탄소는 손이 4개(수소 1개. 산소 2개)이므로 결합력이 강하다
- 생명체=탄소(C)=손 4개=救援의 援(손 4개) =호산나(구원하소서)

*참조: 燐 생명체 주성분 = 탄탄대로 C + N + P

*필수적인 일(org)을 하는 기관들(-an. 장치. 장기. ~것)

*organ - 장기. 기관. 오르간. 풍금

*有機物의 機(시기. 기회. 기계. 베틀)

-실(幺幺)을 짜는 나무(木)로 만든 베틀(戈) 기계
실을 잘 지켜야한다(지킬 술 戍=人+戈 창을 들고 잘 지킨다).
작은 실 하나라도 잘못되면 엉키고 다 꼬인다

- 베틀(frame) :서로 이어져 있고 상호작용하며 전체적으로 운용되는 힘
- 동물. 식물. 미생물의 몸을 구성하고 있거나,
이들 생물체가 생산해 내는 화합물로
자연에서 완전히 분해되는 물질
- 유기농 식품: 화학비료나 농약을 사용하지 않고 퇴비같은 유기비료를 쓰며 생물학적인 방법으로 병충해를 방지하는 농업

*반대: chemical. 합성농약. 화학비료. 방사능처리(발광처리). 산업용 솔벤. 화학 식품첨가

*whole food(무첨가 식품). processed food(가공식품)

organic food(유기농 식품)

*Work(일하다) & Energy(힘) : org. erg. organ. allergy. cyborg

생명체 또는 기계(풍금. 베틀 등) 안에는 다양한 일(org)을 하는 기관들(장기)이 자리 잡고 있다.

*생명체와 기계(풍금 organ. 베틀)의 有機 차이점

생명체는 생명이 있고 탄소화합물(C)이 있고. CO_2 발생

*참조: 燐 생명체 주성분 = 탄탄대로 C + N + P

*필수적인 일(org)을 하는 기관들(-an. 장치. 장기. ~것)

*organ - 장기. 기관. 오르간. 풍금

員 인원 원. 수효 원.

公務員도 돈(貝)을 받아야 식구(口)를 먹여 살린다

貴:기생충도 돈만 있으면 대접받는다. 責:돈 있으면 주인도 책망

*옛날: 벼슬아치(員). 평민(人). 노비(口) 현재: 국민

圓 둥굴 원. 돈(밥)을 같이 먹는 한 식구. 한 패. 둥굴둥굴 살아라

처음과 끝이 없이 돌고 돈다(원).

月 고기 월. 몸 月(고기 肉의 변형 육달 월月)

心. 耳目口鼻 등 특정부위를 제외하고는

고기 육(肉)의 변형 月을 사용한다.

중심부 市+月=폐장(肺臟)

밭(田)과 같이 음식물을 담는 밥통 위(胃)

힘을 쓰는 중요한 부분 갈빗대 月+力(갈빗대 륵 肋)

똥 만드는 공장, 똥구멍 항(肛),

다리 각(脚), 간 간(肝), 창자 장(腸),

오장 장(臟), 어깨 견(肩)

越 넘을. 건널 월 *逾越節(유월절 passover)

爲 행할 위. 원숭이가 손(爪)을 이용해 재주부리다. '행하다. 되다'

僞 거짓 위. 원숭이는 사람과 비슷하지만 사람은 아니다. 거짓행위

眞僞(진위)-참과 거짓. 爲民(위민)-국민을 위함

*참조 -配偶者. 거짓 양(佯). 朝三暮四(얕은꾀로 남을 속임). 據

位 자리 위. 지위 위. 사람(人)이 서(立) 있는 자리. 위치

危 위태할 위. *참조: 孤. 厄(액)

胃 밥통 위. 밭(田)에서 나온 곡식을 몸(月)에서 관리하는 곳 *참조 膚

韋 가죽 위, 에워쌀 위. *참조: 革

성(口) 주위를 돌고 있는 군사들의 발모양,

펼쳐놓은 가죽을 발로 밟고 있는 모양

발이 서로 어긋나다(舛 어그러질 천)

-緯(날실들 사이로 어긋나게 넣는 씨 실) -北緯 *참조: 經

柔 부드러울 유. 矛+木 창 자루의 나무니 '부드럽다, 순하다'

裕 넉넉할 유. 옷(衣=衤)이 움푹 파인(谷) 것처럼 여유가 있어 느긋하다.

幼 어릴 유 *참조: 樂

有 있을 유. -고기(月)을 손에 들고 있으니

由 말미암을 유. 까닭. 유래

밭(田)에서 뿌리를 내림으로 말미암아(까닭. 유래) 甲(갑질)

거꾸로(역지사지) 뿌리를 하늘로 뻗으면

癡呆(치매)처럼 입(口)이 나무(木) 위에 있으니,

由(자유) *자살-거꾸로(甲)-살자(由) *自由人

宙(집 주) -세상(宀)으로 뻗으면 宇宙(우주)

自由(자유) - 나 스스로 있는 자(하나님. 출 3:14)

그리스도께서 우리를 자유롭게 하려고 자유를 주셨으니

굳건하게 서서 다시는 종의 멍에를 메지 말라(갈 5:1)

遺 남길 유. 귀중한 보물(貴) 일수록 천천히 남겨줘야 한다.

*참조: 幻想

遺傳子(유전자)

-염색체를 풀어보면, 1)단백질과

2)DNA(단백질 만드는 설명서. 유전정보)가 들어있다.

-세포핵 안에서 산성 물질(핵산 nucleic acid) 발견

DNA의 구성(단위) -심청의 인당수처럼

인(P)+糖+염(水. 바닷물 짜다. 염기 ATGC)으로

결합된 뉴크레오 타이드, (*폴리 뉴레오타이드)

*참고: 아미노기(-NH2)+카복시기(-COOH)로 구성된

아미노산이 다른 아미노산과 결합할 때

사용하는 본드는 펩 타이드(Pep tide)

DNA(de oxy ribose NA), RNA(ribose NA. nucleic acid)

DNA가 자신과 똑같은 DNA를 만들 때는 복제

replication(사본. 복사).

DNA에서 전령 m RNA가 복사할 때는 기호가 똑같으므로 '전사'

(傳寫 transcription=trans다른 곳으로 옮기어+scribe 베껴쓰다)

m RNA에서 단백질을 만들 때는 기호가 다르므로 '번역' 이라 함

(translation 飜譯)이라 한다. *飜(번) 뒤집을 번, 번역할 번

*참조: 番

- 밭(田)에 그려진 새의 발자국. 새가 몸을 뒤집듯 다른 언어로 바꾸다

주변에 많이 있는 집(리보솜)에서 염기 3개씩 번역. 코드/ 코돈

아데닌(노랑색),구아닌(빨강색),티민(초록색),시토신(주황색)

*구아닌: 새똥을 어디서 구하노 guano(스페인어 새똥). 아데닌 : 췌장의 분비기관 adeno
티민: 흉선(thymus)에서 발견. 사이토신: 세포(cyto)에서 발견

아데노신=아데닌+리보오스(糖),

ATP=아데노신+인산염+인산염+인산염 adenosine tri-phosphate

*참조: DNA 자연치유 - 432, 528 Hz

維 벼리 유. 오직 유 *纖維의 섬(纖) 참조

乳 젖 유. 乳頭(유두)=젖꼭지. papilla. nipple *참조 孔

＊乳頭腫(유두종) papilloma(~oma 종양)-유두모양으로 생긴 작은 종양이 유즙이 나오는 유관에 생긴 종양(젖꼭지 모양의 종양) Human papilloma virus HPV. papilloma 사마귀를 일으키는 virus ＊티눈과 사마귀 차이점

원인-티눈(잦은 마찰과 압박). 사마귀(인유두종 바이러스 HPV)

한국인과 유대인의 차이

猶 오히려 유. 아직. 같을. 머뭇거릴

猶= 犭+酋. 개고기(犭)와 잘 익은 술(酉)을 神에게 올린 것은 당연하다. '마땅히. 오히려'

神에게 맨 처음 드린 선물-개 犭 獻金. 猶(커다란 개)

＊猶太人(유태인. 유대인)

라틴어: 유다이우스(Judaeus), 히브리어: 예후디(Yehudi)

영어: 쥬이쉬(Juwish) -파생어 쥬얼리(jewelry 보석)

＊유대인의 시조: 아브라함 *아브라함 링컨

아브라함 손자-야곱=이스라엘

야곱의 아들 12명, 이 중 넷째 유다의 후손이 다윗 왕, 솔로몬 왕

＊유대인들이 가장 무서워하는 2개의 국가 -한국과 북한

＊유대인과 한국인 차이점(5)

	한국인	유대인
출생	본래 神의 후손(환인. 환웅. 단군).홍익인간. 사랑 *갓(God)을 쓴다 ? 땅을 원하는 검은 눈동자	神이 선택한 민족(사람) 사랑 하늘을 원하는 푸른 눈동자

성명	姓氏부터 쓴다	이름이 먼저다
주소	큰 곳(하늘부터)부터 쓴다	자기 집 번지부터 시작
길을 걸을 때	좌측통행(男左女右). 빛은 하늘에서 땅으로 내려올 때 좌측으로 내려와 힘을 생성케 한다. 葛(칙)	우측통행 藤(등)나무 (위로 올라감) *기도문: 하나님 우편에 앉아
삶의 목표	현실을 중요시 함. 지호락(知好樂. 論語) 地靈 (무등산 정기를 받은 人傑). 明堂	하나님을 숭상. 기기감 기뻐하라. 기도하라. 감사하라 (데살로니가 전서5:16~18)성경 聖靈. 하나님과 靈적으로 닮은 靈性. 天使
잘못했을 때	네 탓이요(조상 탓) 엄마가 아이 뺨을 때린다	내 탓이요(천주교) 아이 엄마가 밥을 1주일 굶는다

酉(닭 유). 술 빚는 단지(술동. 술병) 모양을 본 뜬 글자

후대에 닭고기 안주 때문에 의미가 '닭'으로 변함

氵(水)가 붙으면 酒(술 주)

-닭(酉)이 물(氵)마시듯 조금씩 먹어라고

卒(잘 마침. 졸)이 붙으면 '술취할 취(醉. 술 먹은 졸장부)'

더 취해서 귀신 꼴로 추해 지면 醜(醜態 추태)

권력에 취하면 짐승의 王이 되는 狂(미칠 광)이 되는 이유

인간의 靈과 하나님의 靈은 다르기 때문

*酬酌(수작) - 술을 주거니 받거니

酬(갚을 수. 잔 돌릴 수. 술을 따라준다)

州는 물줄기가 이어지듯이 술자리가 이어진다.

酌(술 부을 작. 술을 받는다)

구기 작(勺=勹+一) 작은 국자(표주박). 한 국자 술을 뜬다

*앓을 예(殹) - 醫(의). 치료하다(醫師 醫院)

*報酬(보수) -일 끝난 후 돈과 함께 술 한 잔

*술에 취해 육체를 떠난 정신은 귀신(鬼)이 되는데,
그 귀신(鬼)은 神과 달리 술동(酉)에 붙어 醜(더러울 추)하게 된다.
술(酉)에 취한 귀신(鬼)의 모습은 못생기고 더럽다(醜)
인간의 靈과 神의 靈은 다르다.
*노아가 포도주를 마시고 취하여 벌거벗은지라(창 9:21).
*노아 方舟
그 사실을 알린 '함'은 저주, 감싼 '셈. 야벳' 노아의 두 아들-축복
-함의 후손들 -핍박 받았던 아프리카 흑인들

硫 유황 유.
아기(子)가 자궁에서 물이 흐르는(川) 것처럼 순조롭게 나오듯이
화산의 분출물로 흘러나오는 광물(石)
* 硫黃(sulfur 불火의 근원)-해독. 혈액정화. 피부미용.
항산화. 항암. 콜레스테롤 낮춤(유황 오리)

育 기를 육. 거꾸로 子 + 몸(月). 아이(子)를 '기르다'

肉 고기 육 *참조 冂

陸 육지 륙. 언덕(阝)과 언덕(坴)이 이어지다
*坴(언덕 륙) -흙(土)이 나누어져(八) 양쪽으로 흙(土)이 쌓인 언덕
*睦(화목할 목)-눈(目)은 언덕(坴)처럼 높이 뜨고 대하면 화목하다.

尹 다스릴 윤. 장관 윤(漢城判尹)
손(ヨ)에 붓이나 막대기(丿)를 들고 다스리다
君(임금 군) -입(口)으로 다스리는 사람. 임금

閏 윤달 윤. 더 있는 달. 이로움 *門 참조
王이 대궐문(門) 밖으로 출입을 삼가는 때가 '윤달'

潤 윤택할 윤. 젖을 윤. 윤기. 매끄럽다
王이 문밖으로 나가지 않고 잘 먹고 마시기(氵) 때문에 윤택하다

允=兀 만 윤. 진실로 윤(아멘: 진실로. 꼭 그렇게 되기를). 허락할 윤.
우뚝한 머리가 달린 사람. 높이 솟아 있다.

兀(올)= 一 + 儿

元(으뜸 원)-제일(一) 우뚝한 것(兀)

完(완전할 완) -집(宀)이 으뜸(元)으로 좋은 것 -완전함

院(집 원) -언덕에 있는 완전한 집(수해로부터 안전). 안전을 으뜸으로

俊(준걸 준) -우두머리(允)의 발(夂)은 부하들(人) 보다 뛰어남

輪廻(윤회) 바퀴 륜. 돌아올 회 ＊참조: 반야심경

몸은 죽어 없어져도 넋은 죽지 않고 다른 몸에 옮아

태어나기를 수레바퀴처럼 끝없이 굴러간다

輪(바퀴 륜)=車+侖(둥글 륜) -수레바퀴의 바퀴살이 둥굴다

廻(돌아올 회)=廴(멀리 걸을 인)+回 -돌아서(回) 걸어온다(廴)

絨 융 융, 카페트(오랑캐). ＊참조: 方의 燐

恩 은혜 은. 하나님으로부터 큰 대자로(恩=口+大+心 돗자리 口)

누울 수 있는 편안함(평강)의 은혜를 받았으니(心), 이번에는

오로지(專) 남에게 주기만 하는 은혜(惠=專+心)를 베풀어라(心)

＊은혜: 구약(148회). 신약(44회) 등장 ＊참조: 惠

＊은혜라는 개념은 사람들의 생각과 반대 됩니다.

＊하나님의 은혜는 절대적이고 일방적이다.

＊사람들이 노력해서 얻는 것은 은혜가 아니라 '보상' 일 뿐이다.

＊아부라함과 아리따운 부인이 기근 때문에 애급에 가서 누이동생이라고 거짓말을 했어도 하나님은 일방적으로 은혜를 주셨다.(창세기 12:11~13)

＊인간 스스로 구원 받을 수 없다. 하나님이 주셔야 한다.

(자존심 상하겠지만 인간이 생각하는 능력. 공덕. 외모. 인격이 기준이 아님)

마감 1시간 전에 포도원에 고용된 사람들의 비유처럼

오직 하나님만이 은혜를 주신다.

＊천국에 가면 3번 놀란다.

1) 올 거라고 생각했던 사람이 오지 않을 때

2) 오지 못할 거라 생각했던 사람이 왔을 때

3) 나 같은 죄인이 왔을 때

(*참조: 제 십일시를 사는 인생 -전원호 목사 지음)

*혜은이 -스타로 키워준 작곡가에게 은혜를 갚아라고 '이 은혜'

*保惠師(보혜사) -para(옆에서)+kle(속삭인다) +tos(접미사)

-대변인. 변호사. 상담자. 협력자.

-우리들 곁에 서서 항상 격려하며 위로(慰勞) 해주시는 분(聖靈. 聖神)

*仲保者(중보자)-하나님과 인간 사이에서 화목하게 해주는 역할(예수님)

恩光교회 -복음에 빛진 은광, 예수그리스도를 통해 하나님의 은혜와 세상의 빛이 되는 교회

*참조: 광주은광교회 70+3년사. 전원호 목사)

빛은 파동(wave. 머리카락 이하)과 입자(particle 직진. 큰 입자)

隱 숨을 은. *爪+ㅋ+工+心+阝

손(ㅋ)과 손톱(爪)으로 마음(心)을 달달 긁으면(工)

언덕(阝)으로 숨어라

*圃隱포은, 채마밭에서 ~). 冶隱(야은. 대장간에서 ~).

牧隱(목은. 가축을 기르며 숨고 싶다)

*隱退(은퇴): 뒤로 물러서서 세상을 등지고 숨어 있다

*구례 泉隱寺(천은사) -샘물이 숨어버린 절

銀 은 은. 金+艮(그칠 간. 머무를 간. 외면하다. 그치다. 눈을 뒤로 향함)

金 옆에 머무른 것이 銀. 금 만큼 못하다.

銀行(은행)-銀(돈. 화폐)이 오고 가는(行) 집

*水銀 -보통온도에서 유일한 액체금속(은백색)

音 소리 음. 해가 저문 밤에는 모든 것이 조용하다가,

날(日)이 새로 서니(立) 자연에서 온갖 소리(音)가 난다

*참조: 韻. 宿

＊태양(日) 아래 서면(立) 昱(밝을 욱)이 된다.

＊親이나 傑은 나무(木) 위에 서다(입)

＊어두울 암(暗) ; 햇빛(日)이 처음에 조금 나오니 어둡다

＊뜻 의(意) ; 마음속의(心) 생각이 음성(音)으로 나타남.

＊청력(소리)감지 능력 -인간 2만 헤르츠
꿀벌 부채명나방 30만, 박쥐 21만, 돌고래 160, 개 60,

＊인간의 목소리(음색)을 가장 닮은 악기는 -클라리넷 (Clarinet)

＊클라리넷(목관악기. 나무소리)은 트럼펫(금관악기. 쇳소리)의 동생이다.
Claro=trumpet(긴 관의 관악기)+작다는 뜻의 접미사 'et'

飮 마실 음. 하품 흠(欠)-하품하는 입의 모양으로 '흉. 모자라다'는 뜻
하품하는 것 같이 먹으니 '마시다'. 飮酒(음주)

鷹 매 응. 사람(人)이 집(广)에서 기르는 새+새(隹+鳥)
＊새(隹)가 새(鳥 꿩)잡는 새(매 鷹).
물(水 氵)을 2번 나눠주는 나무(옻나무 漆)

yes yes, 응응하는 새(鷹)

應 응할 응. 사냥에 쓰기 위하여 길들인 매 응응(yes. yes)
'응하다. 승낙하다' ＊應: 집에서 사람에게 잘 길들여진 새(隹)

매(鷹)와 응급(應急)처치, 합스부르크

＊매(독수리)-Habsbrug(합스부르크 家) - 매(Habs)의 성(brug)

*메디치 가문 -메디치-어원 메디코(약사)

집(广)에서 사람(人)이 키운 새는 마음(心)을 아니 '응하다' '應答(응답)' 꿩 잡는 매. * 順應(순응). 應試(응시)

*應急處置(응급처치) First Aid 응할 응/급할 급/처치할 처/둘 치

-처음 상태로(장소로) 두어지게끔 처치하려고, 급하게 응한다.

미칠 급(及=人+又=人+ㅋ)-앞에 도망가는 사람(人)을 뒤에서 손(又 ㅋ)으로 잡는 모습 '미치다. 이르다'

急 - 마음(생각 心)보다, 손(행동)이 먼저 앞서는 긴급한 상황 '빠르다' '빨리 이르려는 마음이니 급하다'

處置 -1) 일을 감당하여 처리함

2) 처리하여 없애거나 죽여버림

3) 상처나 헌데를 치료함(置 베풀다. 치료하다)

처치(church) -處置는 육신을 치료하고, church는 영혼을 치료함.

置 둘 치. 치료하다. =罒 + 直(=十+目 + 숨길 은 L) 處置. 置

1) 열 개의 눈(目)이 지켜보고 있기 때문에 숨길 데(L)가 없지요. 제아무리 숨겨도 정체가 드러난다.

2) 숨어있는(直. ㄴ) 물고기나 새를 잡기 위해 그물망(罒)을 세워 두는 것. '두다'.

기러기 안(雁) - 바위기슭(厂)에서 사람과 같이 사는 새

철따라 나타나는 신용의 상징 -결혼식에 등장하는 새

참새 작(雀) -작은(少) 새(隹)

꿩 치(雉) -화살(矢)로 잡을 만큼 큰 새(隹)

안압지(雁鴨池) -기러기와 오리(鴨-새 중에 1등 甲)가 있는 연못

기러기 홍(鴻) -강(江)에 사는 대표적 철새(鳥) '기러기'

邑 고을 읍. 울타리(O -口)에 둘러쌓인 곳에 사람들(巴)이 살고있는 고을

*땅이름 파(巴)는 卩(무릎마디 절)을 자세히 표현한 것으로

무릎 끊고 앉아있는 사람(巴) *참조 己

醫 의원 의. 상자(상자 방 匚)+화살(矢)+칼(칠 수 殳)+알코올 병(酉)
병 질(疾=疒+矢) 화살에 맞아 찔려 누워있는 사람 *장인 장(匠)

義 옳을 의. 손(手)에 창(戈)을 든 내(我)가 선한 羊을 지키니 '옳다'
여호와는 나의 목자(牧者)시니 내가 부족함이 없으리로다(시편23)
종교의 義 - 진정한 평강. 평등. 화평. 평화 *루터 개혁(1515+2)
가진 자와 안가진 자, 배운 자와 안 배운 자,
있는 자와 없는 자 모두 공평하게 대한다. 無等山
*義 -어린 羊, 예수님 아래 내(我)가 있다
모든 사람을 공평하게 대하는 저절로 의로운 사람
-창(戈)으로 羊을 피 흘림으로서 자신의 죄를 씻다
고로, 義는 하나님이 인정해주는 '공인인증서'
-하나님 나라 -正義. 평화. 행복이 성령가운데서 조화되는 나라
-하나님의 정의 -고통당하고, 죄지은 인간들을 구원하시는 일.
*늙어서는 養(요양원)

衣 옷 의. *참조 : 衰(쇠). 卒=衣+十 *膵(췌) *依 의지할 의

疑 의심할 의. 비수와 화살이 나를 향해 오다가 멈췄다면 의심할 수밖에 *癡呆(치매)

矣 말그칠 의. 어조사 의. 나(厶)의 화살(矢)이니 '날아가다. 끝에 머무르다'
萬事休矣(만사휴의)-만가지 일이 끝장. 矣外(의외)-뜻밖
汝矣島(여의도)-너도 섬이냐?

耳 귀 이 *耳鳴(이명) 치료: 432Hz, 528Hz 소리 듣기
=DNA 복구
=자연과 일치하는 소리=스스로 치유하는 힘
=천상의 음=정신. 몸. 영혼을 치유하는 진동
*孤掌難鳴(고장난명)-한 손으로는 손뼉 소리가 안 난다(부부싸움)

珥 귀걸이 이. 玉을 귀에 달았으니 '귀걸이' 李珥(이이)
餌 먹이 이. 귀처럼 부드러운 음식. 食餌療法(식이요법)
夷 오랑캐 이. 大+弓 큰 화살을 가지고 있으니 '오랑캐'
痍 상처 이. 오랑캐가 활을 쏴서 생긴 병이니 '傷痍(상이)'
以 ~로써. 부터. 까닭. 또 이. 하다(사용). 닮다. 생각하다

-以內. 以後. 以前

以心傳心(이심전심)마음에서 마음으로.

以熱治熱(열로써 열을 다스리다).

사람(人)이 쟁기(나사 厶)를 이용해서 밭을 간다 *손톱이 있다(瓜)

*참조: 似(사)

以夷制夷(이이제이) 암치료법

*암(癌) 치료 4가지

1) 화학 항암제(세포독성 항암제)-먼 곳에서 포탄 쏘기. 무차별 공격
2) 유전자 변이에만 작용하는 표적 항암제
3) 인체가 가진 면역세포를 증식한 후 주입 -면역항암제 (그 지역 민병대에게 무기 공급)
4) 이이제이 -오랑캐(암세포)가 오랑캐(암세포)를 다스림.

*항암 부작용 -근육량이 줄고, 뼈에서 미네랄 부족

심장. 뇌 기능 저하- 순간적으로 집중력을 잃거나 건망증이 나타나는 우주인의 스페이스 포그(space fog) 증상처럼 항암치료를 받으면 정신이 멍해지고, 인지기능에 문제가 생기는 케모 브레인(chemo brain) 증세가 나타나므로, 절대적인 휴식보다는 전략적인 운동으로 심폐기능 감소를 예방해야 한다.

*참조: 癌. 癡의 인체면역시스템

*표적항암제 -암세포 표면(간첩집단)에는 간첩을 받아주는(수용체) 사람이 있다. 이 사람(수용체)은 새 간첩(성장인자)과 접촉해서 지령을 받는다. 표적항암제는 새 간첩(성장과 분열을 하라고 지시하는 성장인자) 대신 전여 관계가 없는 사람(표적 항암제)을 보내 그 역할을 못하게 한다

*단백질(타이로신. 세린)에 인산기를 결합해서 기능을 조절할 수 있다 (단백질 인산화)

스위치를 끄면(인산기 결합) 단백질의 기능이 멈추고, 스위치를 켜면(인산기 제거) 단백질 기능이 활성화(악성종양 유발)

글리백(백혈병)- 최초의 단백질 인산화 저해제

*모 제약회사 사훈

꺼지는 등불도 끄지 않게 하시고

상한 갈대도 꺽지 말게 하소서 ....

등불이 꺼져야 암이 치료되는데, 으 하하하!

不滅의 癌

*암 예방

1) 금연(화학물질 4000여종), 금주

2) 음식 -짜고, 맵고, 기름지고, 곰팡이 핀 음식은 피할 것

3) 기생충(방광암. 간암 발병율이 높다) 치료

4) 암과 관련된 미생물(바이러스) 접촉을 피할 것

-자궁경부암 과 인간 유두종 바이러스. 간염 바이러스(B. C형)

-헬리코 박터(위암)

5) 균형 잡힌 식사. 적당한 운동, 스트레스 해소

6) 정기적인 검진

*암을 일으키는 직접적인 원인- 화학물질. 바이러스. 복제 실수 등으로 DNA 안에 돌연변이 -텔로머레이즈 활성화(不死)-암 발생

*참조: 癡

永生 不滅

인간과 암의 차이점은?

‘성령을 믿사오며
몸이 다시 사는 것과
영원히 사는 것을 믿사 옵나이다(사도신경)‘ 라고
날마다 기도해도 인간의 영생은 힘드는데,

암(癌)은 기도(祈禱)도 안 하면서 영생한다
DNA의 돌연변이를 통해
텔로머레이저를 활성화 시킴으로서

*X자 모양의 DNA 끝단을 끝 부분이란 뜻의 텔로미어(telos 끝+ meros 부위)라 하는데 정상 세포는 점점 짧아져 죽는다.
*바이러스는 telomerase를 이용해서 텔로미어를 재생시켜 죽지 않는다.
*참조: 終. 끝이 좋으면 모든 것이 좋다.
*팔만대장경(영생불멸)

天國과 Spoiler

*smog(연무. 흐릿해지다) *smoked 훈제된
=smoke(연기. 담배를 피다+fog(안개. 안개가 끼다)
*spoiler(방해꾼. 훼방꾼. 妨害. filibuster)
-영화의 줄거리나 중요장면 등을 미리 알려주어 재미를 떨어뜨림.
-妨害: 여자(女)가 모가 나면(方) 해롭다
-spoil 1)잘 해주다. 2)망치다(너무 잘해주니 버릇이 나빠진다)

Thank you for spoiling me (잘해줘서 고마워)

*天國과 spoiler (천국을 미리 알려주면 얼마나 재미없을까?)

*filibuster -해적. 빼앗다. 합법적 의사진행 방해

*noblesse oblige(노블리스 오블리제) -사랑이란 짐 지는 것(업다)

자식은 사랑하는 짐

*害(해칠 해)-집(宀)안에서 남의 말(口)을

많이 하여(예쁠 봉. 무성할 봉 丰) 남을 해한다(해코지).

移 옮길 이 *참조 多

而 구레나루 이. *참조: 耐(견딜 내). 忍耐(인내). 耐糖能

異 다를 이. *참조: 驥(기) 천리마

溺 물에 빠질 익. 물 속에서 힘이 빠지다.

忍 참을 인. 칼날(刃)이 심장(心)을 찔러도 참아라.

*남편은 아내를 사랑하라, 아내는 남편을 존경하고 순종하라.(엡5:22~33)

- 자연의 법칙

사랑은 오래 참는 것 endless love. endless 참음. 용서

*예수님은 죽을 때까지 참았다.

*호랑이 담배 핀 시절에는 호랑이(虎)의 어슬렁거리는 동작처럼 '생각하라(思)' - 配慮(배려)

*慮(생각할 려)-호랑이(虍)는 발톱을 숨기고, 웅크리고 앉아

깊이 생각한(思) 후, 때가 되면 재빠르게 사냥한다.

*三顧草廬(삼고초려)의 廬- 호랑이 가죽으로 바닥 깔고

큰 그릇(皿)에 모닥불(田)을 피워 추위를 이기는 집(广)

*顧(돌아볼 고)-집(戶)에서 기르는 새(隹)는 주인이 오면 머리(頁)를 갸웃이 돌아보고 지저귄다.

*남편은 시간이 지나면 다른 여자를 만나고 싶고,

아내는 시간이 지나면 남편의 그늘에서 벗어나고 싶고

남녀평등을 원한다(자연의 법칙을 벗어난 인간의 생각)

仁 (1)어질 인. 착할 인-효도& 공경 (2)손발이 움직이는 -생명(+)

*사람이 혼자 있는 것이 좋지 않으니, 그에게 알맞은 협력자를 만들어 주겠다(창세 2.18)-아담에게 사람뿐만 아니라, 동물과 식물들 역시 혼자 살아갈 수 없도록 늘 누군가와 함께 살아가도록 세상의 이치를 하나님께서 만듬

*仁術(인술) -사람을 살리는 어진 기술(물건이 아닌, 생명을 다룬다)

*仁=人+二, 두 사람이 친하게 지낸다고 어질다의 뜻

인관관계를 친밀하게 유지하는 사람이 '어진 사람'

*仁은 친절이다 -언제 어디서 누구를 만나더라도 친절히 대하고 상대방을 존경하라.

*同行 -하나님과 함께 가야 합니다

*日用할 양식을 주옵시고. 月+月=用= 同行

혼자가 되어서는 안 됩니다. 좋아하는 사람들과 동행해야 합니다.

孤掌難鳴(고장난명)- 참조: 耳. 耳鳴

*茫茫大海 一葉片舟(망망대해 일엽편주), *참조: 葉

인생이란 넓은 바다 가운데 작은 배 같은 존재입니다.

(작은 배를 나뭇잎에 비유) *忘(잊을 망)-忘年會

*茫(아득할 망)-끝없이 펼쳐진 초원(++)과 바다(氵)가 아득하구나.

不仁과 仁

*不仁-옛날에는 손발이 마비되어 감각을 잃는 병 또는 죽었다는 뜻

딱딱하게 굳어버린(固) 사람-사람이 아닌 물건이란 뜻

한개(個). 두개(個)-생명이 없는 물건의 숫자 단위

한자 문화는 사람의 생명을 존중해서 한사람 두 사람.
서구문화는 사람을 물건취급 하고 상징 기호(password)를 사용
-password(통과하는 단어. 통과하다+단어. 암호. 비밀번호)
*PIN(personal information number)
*仁 -죽은 시체처럼 굳지 않고(固) 살았다는 뜻.
복숭아나 살구 씨를 심어서 그 싹이 트인 것을 桃仁(도인). 杏仁(행인)

소변에서 발견된 도깨비 불, 燐(인) -힘. 에너지

燐 도깨비불 인. phosphorus(스스로 빛을 내는 물질)
어두운 곳에서의 빛(소변에서 발견)
사람의 정면 모습(大)+번쩍거리는 불(灬) - 후에 米로 변형
유전자형질과 다른 세포기능에 직접관여. Po4 3 이온 형태로
존재 생명체 주성분 - 탄소(C)
- 반드시 질소와 인이 필요

*질소-단백질 성분
*인 -힘(에너지)을 제공
*ATP(tri 3)에서 ADP(di 2). AMP(mono 1)로 되면서 에너지 방출 에너지를 방출하고 홀쭉해진 ADP. AMP는 대사과정에서 인산기와 다시 결합하여 ATP로 돌아온다(미토콘드리아에서 수행한다)
*세포는 영양분에서 얻어진 에너지를 ATP(아데노신 3 인산) 분자에 저장
*인체에서는 뼈와 치아에 인산칼슘으로
*일상생활에서는 성냥 빨강머리

*에밀레종 - 사람의 뼈에 있는 燐이 쇳물의 흐름을 좋게 한다
(취성. 깨지기 쉽다)

*뇌졸중(뇌중풍)=뇌경색: 뇌출혈-과거(4 : 6), 현재(8 : 2)
혈압 약으로 혈압을 낮추면 혈류가 느리고 경색되므로

廴 길게 걸을 인 *참조: 輪廻(윤회).

*廷(조정 정)-나랏일을 짐어지려(壬) 임금에게
길게 걸어가는(廴) 곳, 궁전.

*前庭신경 vestibular nerve

*庭(뜰 정): 집에 딸린 마당, 뜰. 현관의. 로비의. 안뜰

INRI 유대인의 王 *참조: 福.

*XP(메시아. 구세주. 그리스도) 그리스語 XPLOTOS 의 X(키)P(로)

*호산나(Hosanna)- 구원하소서

印 도장 인. 무릎 구부린 사람(卩)을 손(ㅌ)으로 누룬다*참조 仰(앙)

*심청의 인당수(印塘水)=제3의 눈=생사의 갈림 길 *塘(못 당)
한글의 인당수(水=바닷물. 짜다. 염기 ATGC)
DNA RNA의 단위: 3가지 :인-당-수(염기). 폴리 뉴크레오타이드

人. 儿. 亻 사람 인. 人命(인명)=사람(人)의 목숨(命)
亻(서 있는 사람), 儿(어진사람 인),

因果應報(인과응보) -原因과 結果는 서로 물고 물린다.
좋은 일에는 좋은 결과가 나쁜 일에는 나쁜 결과가 따른다는 말
인할 인. 결과 과. 응할 응. 갚을 보. 뿌린 대로 거둔다

吝 인색할 인. *참조 : 佛. 吝嗇(인색). * 知好樂

一 한 일. 一致(일치)=하나(-)로 이름(致)

一切唯心造(일체유심조)-모든 것은 오로지 마음이 지어내는 것
(창조주)

*金剛經(금강경) 반야(지혜)

一瀉千里(일사천리) -한번 쏟는 물살이 천리까지 다다름

일의 진행이 거침없이 진행됨 *泄瀉(설사)

壬 간사할 임. 짊어질 임. *참조: 까치 발 정(壬). 望

삐뚤어진(丿) 선비(士)는 간사하여

나중에 큰 죄업을 짊어짐

*간사한 선비(壬)가 손(爪)으로 물(氵)에 있는 여자를 함부로

만지면 '음란할 음(淫)' 觀音. 觀淫症(관음증)

壬 = 千 + 一 * 千一夜話(1001) 아라비안나이트. 일천일 하고도

하루(1001일)를 재미있게 이야기를 잘하는 얘기꾼. 소설가

任(맡을 임)=사람(人)이 등에 배낭(王)을 짊어진 모습

荏子島(임자도)

1001과 1004

1004개 섬으로 이루어진 신안군에는 7.22Km의 천사대교가 있다
중앙아시아에는 1001개로 이루어진 밤(夜) 이야기
천일야화 아라비안나이트가 있다

千一夜話, 千一 하면 壬(=千+一)字가 생각난다
1001일 밤(夜) 재미있게 이야기 할 정도로
간사하기도(壬) 하고
그 큰 죄업을 배낭처럼 짊어지느라고(任=人+王 배낭)
안쓰럽기도 하다
까치발을 들고(까치발 정 壬. 望)
입(口)에 맞는 음식을 짊어지고

가서 보이고 드리기도 하고
이야기를(口) 바친다는
呈(보일 정. 드릴 정)字가 보인다
벼(禾)를 얼마나 드릴 것인지 법으로 정한 정도의
程(법 정) 字도 보인다
귀를 잘 보여준 사람이라는 聖(성스러울 성. 성인 성) 字도 보인다

1001(천일) 하니까 임자도 1004(천사)도 보인다
荏子島(임자도. 들깨 섬)는 마음대로(任 맡길 임. 마음대로)
쉽게 기름을 짤 수 있는 식물(++)이 많다고 붙여진 섬 이름이다
들깨 잎(荏 깻잎)은 위암. 기관지염. 탈모에 좋다고 하지만
향이 강해 소나 염소들이 싫어한다

任(맡을 임)은 사람(人)이 등에 배낭(壬)을 메고 있는 모습으로
'맡기다. 능하다. 잘하다' 믿음성이 있다(責任. 所任)'라는
뜻이 있다
여성들이 믿고 맡기는(任 맡길 임) 가방은
드레스가 구겨지지 않는 트렁크로 유명했고
목수의 아들, L 과 V 가 겹친 로고로 잘 알려진
프랑스의 루이 비통이 있다
목수의 아들이라고, 생각나는 분이 또 있네
예수님의 의붓 아버지 목수(木手) 요셉
* 예수님의 진짜 아버지는 하늘에 계신 여호와 하나님

퍼플 섬과 그람 양성균

사진작가들의 꿈(CNN),
퍼플에 흠뻑 젖은 섬(로이터 통신) 이라고 알려진
신안군 임자도 옆, 안좌면에 있는 퍼플 섬(박지도)

하나님은 '불쌍한 자가 복(福)이 있다'고 하시면서
움직일 수 없는 식물과 불쌍한 그람 양성. 음성 세균에게는
세포를 둘러싼 '세포막(외투)' 외에
'세포벽 '이라는 옷을 한 벌씩 더 줍니다

양성균에 대해 열등감을 갖고 있는
그람 음성균에게는 더 불쌍하다고 생각해서
세포벽(peptidoglycan)외에 '외막(outer membrane)' 이라는
빨강색 옷을 한 벌 더 주셨다(외투 3개)

그람 양성균과 음성균에게
처음에는 똑같이 퍼플 섬처럼
보라색(crystal violet) 옷을 입혀주었지만,
열등감에 젖은 그람 음성균은
보라색을 벗어 버리고(에틸알코올로 탈색)
기어이 빨강색(샤프라인) 세 번째 외투 옷으로 갈아 입는다

* 그람 염색법을 하는 이유: 감염이 의심되는 부위에서 채취한 검체 또는 배양에서 증식된 미생물 검체에서 미생물의 존재 및 종류를 확인하고 적합한 치료를 가능케 하기 위한 검사법
* 동물과 식물의 세포 차이점
  동물은 세포막만 있고, 식물은 세포막 외에 '세포벽'도 있다.

* 세균을 염색하면 그람 양성균은 보라색으로, 그람 음성균은 빨강색으로 나타난다.
* 세포 구조-동물(세포막 1개), 식물(세포막+세포벽 2개), 그람 음성균(세포막+세포벽+외벽 3개)
* 그람 양성균(폐렴균. 포도상구균. 연쇄상구균)-항생제 치료가 용이함
그람 음성균(콜레라균. 대장균)- 내성 때문에 항생제 치료가 어렵고, 치료제 개발도 힘듬

妊 아이밸 임. 배가 삐뚤어진(壬) 여자(女). 아기 밴 모습
-아이 배는 것은 여자에게 맡긴다(壬) * 姙娠(임신)

林 수풀 림
入 들 입. 지붕이 없는 대문의 입구. 들어간다는 뜻.

잉카 帝國

콜럼버스가 아메리카를 발견하기 前
라틴 아메리카에는 동화 속의 그림 같은
마야. 아즈텍. 잉카 3대 제국이 있었다네
지금의 멕시코 남부에 있었던
마야 제국은 스페인 침공 이전에 이미 멸망 했으나,
태양을 숭배하는 王, 잉카(잉=王+카=태양)제국은
스페인의 피사로(Pizarro)에게
아즈텍(Aztec)語로 배꼽(臍)이란 뜻의
아즈텍 제국(지금의 멕시코)은
스페인의 코르테스(Cortes)에게 멸망 되었다네

그 후 300년간 빼앗긴 그들의 피와 땀이
스페인과 포르투갈의 찬란한 문화를 만든 기초가 되었다니

피해당한 남미 사람들은 얼마나 슬프고 억울했을까?

*잉카 제국(지금의 페루) * 쿠스코 뜻: 배꼽(臍). 중심 *噬臍莫及(서제막급)
*페루 뜻: 저쪽 *마야(Maya) 뜻: 젊음
*아즈텍 -어원: 그들의 발상지 '아스틀란(흰 땅)'
*페루에서 황금을 얻은 후, 아르헨티나로 갔으나 금 대신 '은'을 발견.
Argentina(라틴어 argentum 銀)
더 내려가 부라질에서는 나무만 발견. 그래서 브라질은 '나무'라는 뜻
Brasil wood(붉은 나무 군집)
*베네주엘라 -베네치아 닮았다고. *칠레- 땅이 끝나는 곳. 세상의 끝
*콜롬비아 -콜럼버스의 나라
*에콰도르(赤道) -낮과 밤의 길이가 같다(equal), 춘분 추분(위도 0도)
*참조: 赤道(적도) 뜨거운 길.
*帝(임금 제) -서서(立) 수건(巾)을 두르고 있으면 '임금'
*帝國-황제가 통치하는 나라

*자작잔잠잡장재쟁저적전절점접정제조족존졸종
좌죄주죽준중즉즐즙증지직진질짐집징

自 스스로 자. 자기반성(自己反省). 자기성찰(省察). 자기분석(分析)

소크라테스- 너 자신을 알라 *참조 宗教

者 놈 자. 사람 자 *돼지 저(猪) -개 같은 놈

*사치(奢侈)할 사(奢)-큰 것만을 바라는 자

사치할 치(侈)-상하기 쉬운 고깃덩이를 쌓아놓고(多) 혼자만 먹는 사람

字 글자 자. 文字(문자). 집(宀)에 자식(子)이 있듯이 책에 글자(字)가 있다.

*아들 자(子) -어린 아이가 두 팔을 벌리고 있는 모양

自轉(자전). 구를 전(轉) -많은 자루(專)를 옮기기 위해서는

수레(車)가 필요함

오로지 전(專) -자루(甫)를 손(寸)으로 꽉 쥐니 오로지 뜻

玆 검을 자. 무성할 자. 아득한 상태의 검을 현(玄)이 2개이니

사람의 말이나 지혜로 이유를 밝힐 수 없는 불가사의 한 것.

慈 사랑 자. 마음이 번성. 무성하니 사랑 *참조: 玄(검을 현)

자연선택설 - 진화론(자본주의), 창조론. *참조: 鎌 낫모양 적혈구

作 지을 작. 作用(작용). 作戰(작전). 作別(작별)

*乍(잠깐 사. 자를 작) = 竹+ 二 (순식간에 대나무가 2배로 자란다)

作 -사람(人)이 인위적으로 대나무처럼 순식간에(잠깐 乍) 만들어낸다.

집을 '짓는다(作). 일하다. 물건을 만들다.'

나눌 별(別=另+刂) 입(口)으로 힘(力)을 쓰거나

칼(刂)로 가르니(另 헤어질 령. 영) '헤어지다. 다르다'

구별(區別).특별(特別)

속일 사(詐) -잠깐 사이에 말로 '속이다. 거짓'
어제 작(昨) -하루가 잠깐 사이에 지나니 '어제'
작가(作家) -문학이나 예술의 창작활동을 전문으로 하는 사람

鵲 까치 작. 한 곳에 오래도록(昔) 사는 새(鳥) 까치
*까치는 民畵 속 에 등장하는 기쁨 조. 호랑이는 귀신을 쫓는 역할
*까치 작(鵲)=참새 작(雀)=기쁠 희(喜)=중국 발음이 같다
까치는 큰 기쁨, 참새는 작은 기쁨. 참새 2마리 그림(雙喜)
喜報春先(희보춘선)-봄소식을 맨 먼저 기쁘게 알린다
까치 작(鵲) -반가운 옛님(昔)의 소식을 알려주는 새
견우직녀-오작교-님을 만나게. 소통
참새 작(雀) -몸집이 작은 새. *참조: 喜

灼 불 사를 작. *참조: 燔(번). 燒灼(소작) *勺(작을 작)

臟 오장 장. 나뭇조각(片 조각 편)과 창(戈)을 들고 눈동자를 크게 벌리고(臣) 풀(艹) 속에 숨어 있는 사람. 心臟(심장)

藏 감출 장. *藏風得水(장풍득수. 風水) *바람(지하 30m까지 영향) -바람을 막는 것(防)이 아니라. 주변에서(山) 바람을 감춰줌

將 장수 장. 장차 장
제단(片) 위에 손(寸)으로 고기(月)를 올려놓고
神에게 제사 지내는 집행자(將校. 主將)
*동심초 - 風花日將老(풍화일장로) 꽃잎은 바람에 날로 시들어 가고 꽃잎은 하염없이 바람에 지고. *將老(장차 장. 늙을 로)
*長老(기독교. 나이 드신 분). 불교(上座=장로. 부처 제자 10명)

奬 장려할 장. 개 견(犬)의 변형 大, 神에게 개고기를 (勸奬. 奬學生)

場 마당 장. *참조 昜(양)

腸 창자 장. 햇빛을 받아 펄럭이는 깃발의 주름처럼 창자가 주름 잡혀있다고 *참조 昜(양)

長 길 장. -지팡이를 짚은 老人들은 머리가 길다(長)

*터럭 발, 머리카락 발(髮) 長彡友 (달릴 발 犮 점 하나 더 있다)
-머리카락(彡)은 오래가는(長) 친구(友)이다
장마. 長+마(옛날: 물) 오랫동안 내리는 비

墻 담 장. *참조 嗇(색)
丈 어른 장. 손(又)에 지팡이(㇏)를 짚은 어른(丈)
-신랑은 장인 장모를 만나므로 '장가(杖家) 간다'
-신부는 시댁으로 가서 시부모를 만나므로 '시집 간다'
*참조:媤
*人=丿 삐침 별(力의 세로 획) + ㇏ 파임 불(지팡이) 入의 오른쪽 획
杖 지팡이 장-나무(木)가 어른(丈)을 지탱해 주는 지팡이
障 막힐 장. *참조: 孤
掌 손바닥 장. 손을 높이(尙) 드니 남들에게 보이는 곳이 '손바닥'
*참조: 孤掌難鳴. 獨掌難鳴 *尙
*如反掌(여반장) - 손바닥 뒤집는 것처럼 쉽다.
章 글 장. 일찍 일어나(早) 서서(立) 글을 읽는다.
匠 장인 장. *醫師는 匚+矢(화살), 장인은 匚+斤(상자 속에 도끼)
壯 씩씩할 장. 장할 장. 나무(爿)를 조각낼 수 있는 사내(士) *忠壯
才 재주 재. 땅(一)+새싹(丨)+뿌리(丿). 뿌리=재능
在 있을 재. 보이지 않는 땅(土) 속의 튼튼한 뿌리(才의 변형)
裁 자를 재
*仲裁(중재) -칼(戈)로 옷감(衣)을 재주껏(才 변형 十) 마름질하는
(마름질 재 裁=十+衣+戈)' 사람(人) 가운데(中) 중개인

載 실을 재. 참조: 千載一遇
창(戈)의 자루에 장식으로 土를 달아
전쟁에 나가기 전 전차를 점검하는 의식

車를 창(戈)으로 쏘고 흙(土)으로 덮는다(金載圭)

再 다시 재. 두 번째 재. *참조: 購(구). 構(구) *재개발. 재림. 재부팅
저 멀리(冂) 하늘로 승천하신 그리스도 王은 반드시
다시(두 번째) 오신다(再=冂+王)

*머리에 투구(十)를 쓴 사람(儿)은 그 무게를 이겨내야 한다.
이길 극(克). 克己訓鍊(극기훈련)

재클린(Jacqueline)의 눈물. 미발표 작곡(오펜바흐).

*재클린 뒤 프래(첼리스트)를 기리기 위해 작사. 연주(토마스)

*첼로: 심장에 닿는 악기.

*말할 때는 Heart처럼 부드럽고 따뜻하게하는 성대 회귀신경.

著 드러날 저. 著書(저서) 著者
-초야(艹)에 있던 사람(者)이 글을 쓰면 크게 드러난다(著)

適 맞을 적. 적합할 적. 마땅할 적. 뿌리(啇)가 간다(辶)
뿌리가 알맞게 뻗어간다(立+古+辶).
식물을 오래(古) 서게(立) 떠받치는 것은 뿌리
나무처럼 뿌리를 잘 내리는 자만이(適應) 생존할 수 있다.
適者生存(적자생존).

啇(뿌리 적)=오래된(古) 나무가 서(立) 있으려고 뿌리를 내린다.
생명수

*敵 -뿌리 내리는 것(근본)을 친다(攵). 敵軍. 敵國. 膀 *幸 - 南

積 쌓을 적.*참조 淸/積書勝金(적서승금)-책을 쌓아두는 것이 금보다 낫다.

*積分(적분) -잘게 부순 것을(分) 쌓는다(積)
이공계 -적분 기호 인테그랄(integral) 길게 내려뜨린 ∫
문과생 - 통합의. 완벽한. 전체의. 필수적인

績 길쌈할 적. 실(糸)을 내어 옷감을 짜다(쌓다) *참조: 責

適者와 赤字

赤 붉을 적. 火+土. 큰 불이 나서 땅이 붉게 보인다는 뜻

*赤字 -수입보다 지출이 많아서 생기는 손실액을 장부에 붉은 색으로 기입한데서 유래 *반대말 -黑字

赤道(적도) -뜨거운 길(열대지구. 향신료) 에콰도르~인도네시아

*우리나라 -온대지구

經度(경도. 실타래 세로줄) 緯度(위도. 실타래 가로줄)

本初子午線(본초자오선) -자오선(쥐~말. 밤12~낮 12시)

자전축 23.5도. 독도 132도. 한국(북위 35도. 동경135도)

的 과녁 적. 조그만(勺) 표시로 하얗게(白) 된 곳이니 '과녁. 목표'

的中(적중). 目的(목적)

*腦卒中(뇌졸중) -뇌 과녁에 的中

田 밭 전. 입(口)속에 열(十)놈이 들어있는 字. *참조: 單

*田畓(전답) -水가 있는 밭(田)=논

全 모두 전. 온전할 전. 王이 들어오니(入) 온전하다.

栓 말뚝나무 못 전, 마개 전. 뇌색전증(腦塞栓症). 혈전(血栓)

나무 병마개

前 앞 전. 前=止(간다는 뜻의 그칠지)+舟(배 주)

앞서 흘러가는 배. 옛. 일찍. 나아가다.

*배처럼 앞으로만 나아가는 칼(刂) -가위

*새(추)도 앞으로만 간다. 후진이 없다. '나아갈 진(進)'

戰 싸움 전. 戰爭(전쟁). 戰士(전사)=싸우는 선비

錢 돈 전. 돈에는 도적(戈)이 따라 다닌다. 창에 의해 돈이 약탈

*賤(천할 천)-돈은 쇠로 만들어야 하는데, 천하게 조개껍질이라니,

典 법 전. =冊+π(廾) 두 손(廾)으로 공손하게 책을 들고 있는 모습

*辭典-어원. 의미. 용법. 표기법 등을 설명하는 어휘를 모아 일정한 순서로 배열한 책

專 오로지 전. 실뭉치(叀)를 손(寸)으로 오로지 돌린다

*惠(혜) :한결같은 마음으로 오로지 베푼다(돌린다) *傳記.

絶對(절대) -견줄만한 상대가 없음. 상대가 끊어졌다. never. 결코

끊을 절(絶==실 사糸+ 꼬리 파巴) -실의 색이바래니 '끊어지다'

빛 색(色=人+巴=사람이 꼬리가 있으니 '나타나다). 색깔. 色

*참조: 對(丵+羊+人+寸)-대답할 대. 대할 대

*絶交 -서로 사귐을 끊음. 絶望-희망을 잃어버림.

絶壁 -산이나 언덕 등에서 땅이 몹시 비탈진 곳

漸 점점 점. 나무를 자를 때도 물(氵) 흐르듯이 순서대로

벨 참(斬)-나무수레(車)를 만들려고 도끼(도끼 근斤)로 나무를 짜른다.

接 접근할 접. *참조: 妾

丁 고무래 정(농기구 또는 못의 모양. 팔을 펴고 있는 장정壯丁 모양)

조각널 장(爿) -통나무 반쪽 좌측 모양 *참조: 鐵 爾

장할 장 壯 -나무라도 들고 싸우는 장한 선비(士) -壯元. 壯士

이를 성(成=戊무+丁) -무성한 장정(壯丁)처럼 되니 '이루다. 성하다'

정성 성(誠) -말(言)이 그대로 이뤄지기를(成) 기도하니

'정성스럽다(精誠)

푸를 청(靑=主+丹) -나무가 처음에는 붉지만 나중에는 '푸르다'

눈동자 정(睛) 눈에서 푸른 곳이니 눈동자. 화룡점정 畵龍點睛

맑을 청(淸) -물이 푸른색이니 '깨끗하다'

깨끗할 정(精) -쌀을 푸른빛이 될 때까지 씻으니 '깨끗하다' 精誠. 精神

시기할 시(猜) - 개는 푸른 것을 보지 못하니 '시기하다' 猜忌

正 바를 정(바름). 일단 한번(一) 멈추어(止) 옳은지 그른지 생각하라.

正午(정오). 正道(정도)=바른 길

政 정치 정. 孔子가 정치를 하지 않는 이유 *참조: 無. 無爲而治

-효도하고 형제간 우애하는 것이 정치다

-예수는 가난하고 불쌍한 사람들을 사랑하는 것이 정치이다

*나라가 시끄러울 때 –공자는 뗏목을 타고 바다로 간다(예수-십자가)

壬 줄기(天干 천간) 정. 까치발 정 -하늘의 줄기. 땅의 가지. 壬=士+ノ

*望 -몸은 죽게(亡) 되었지만 유배된 신하가 달(月)이 뜨면

까치발(壬)을 하고 임금(王)을 바란다.

*참조: 壬(맡길 임. 북방 임)-북방에 거하는 임금(王의 변형)

程 헤아릴 정. 길 정 - 세금으로 줄 벼(禾)의 무게나 양을 헤아린다는 뜻

한 숟가락 정도(程度)의 소금

어느 정도(程度)는 인정할 수 있다.

呈 보일 정. 드릴 정. 贈呈(증정)

높은 흙(土) 위에 구부정한 사람(人)이 서서 神이 계시는 위를

보고 서있는 모습을 '나타내고 드러내다'.

성스러울 성(聖) -언덕(土)위에 사람(人)이 하늘의 말씀을

귀(耳)로 듣고 사람에게 입(口)으로 전하는 성인

聖人은 듣고(耳) 난 후 입(口)을 연다.

말을 배우는 데는 2년, 듣기를 배우는 데는 60년(耳順)

*무당(巫)은 입(口)이 3개 靈 , 神은 귀가 3개(攝)

人生旅程(偶家兎拘). Open ended life

人生旅程(인생여정)-사람이 살아가는 것을 마치 여행하는 길과 같다.

삶은 언젠가 끝나는 여행이다 endless love(끝없는 사랑)

open ended life(society) 정답이 없는 삶(사회)

- 偶家兎拘 - 배우자 얻고, 돼지처럼 집에서 새끼 낳고 살다가, 토끼 사냥 열심히 하고, 개처럼 죽는다(토사구팽 兎死狗烹)

旅(려) 나그네 려. 군사 려. 여행 려 ＊참조: 旅行
-군대가 한 깃발 아래 모여 있는 모습
(깃발+氏=人+人=두 사람 따르다=從) -衆은 人+人+人
-겨레 족. 집단 족(族)은 矢(화살)가 아니라 사람의 모습

淨 깨끗할 정. 치고 박고 싸운 다음 물(氵)속이 보일정도로 맑고 깨끗함
淨土(정토)-부처가 사는 청정한 나라
淨土學(정토학) - 불교의 내세관과 죽음의 문제. 극락에 대해 연구

井 우물 정

貞 올바를 정. 곧을 정.
卜+貝 -점을 봤으면 돈을 내야 올바르거거든

正體性(정체성). identity 동일성. 정체성. 확인하다. 너 정체가 뭐니?
암호 !　　사용자 식별부호. 신원확인. ID(identification)
내가 등록한 사람과 동일한(ident) 것을 밝혀줄 수 있는 것(ty)
＊immunity(명), immune(형) 면제된
mun(나눠갖지)+ in(않는. 반대)=in의 자연스러운 발음 im
＊나눠가지면(分) 가난해진다(貧=分+貝)

鄭 나라이름 정. 姓 정. 정중할 정
酋(두목 추)+廾(두 손으로 받쳐 들고)+阝(제사를 지내는 마을)
＊擲(던질 척)-신과 조상에게 제사지내는 일(鄭)을 내쳐 버렸다 (扌)-던지다
＊擲果滿車(척과만거)-여성이 남성에게 사랑을 고백할 때 던진 과일이 수레에 가득하다

諸行無常(제행무상) 우주만물은 항상 돌고 변한다 ＊고로 중심을 잘 잡아라
모두 제(諸) -말(言)을 하는 사람들(者)이니 '모두'

*平常心(非常心).平
- 우주는 계속 팽창하고 전체 온도는 낮아진다
태양의 나이 45억년. 우주의 나이 137억년
우리 몸이 죽으면 다른 생명체 원자가 사용

帝 임금 제. *참조 師

制 억제할 제. 절제할 제. 만들 제 *참조: 師의 制
牛+巾+刂 -칼(刂)로 소가죽(牛)을 수건(巾) 모양으로 잘라 가죽옷을 만든다
以夷制夷(이이제이) 적을 이용하여 적을 제어함

臍 배꼽 제 -몸의 아래 위 길이가 같다. 몸의 절반이 배꼽. 天元點
齊(가지런할 제. 다스릴 제)-보리이삭의 알곡들이 가지런하다
修身齊家(수신제가) *배꼽=멕시코. 쿠스코
濟(건널 제) -물이 가지런하게 흐른다(건너다). 구해준다
-濟生堂(생명을 구해준다). 중생을 구제한다. 經濟

祭 제사 제. 제단(示)에 고기(月)를 손(又)으로 올려 제사를 지낸다

帝 임금 제. *참조 師

第 차례 제. 대나무(竹)로 만든 활(弓)과 꼬리 달린 살(丨)은 차례대로 먼저 兄이 1번으로 사용하고,
동생(弟 아우. 제자 제)은 羊뿔(. .)로 만든 활을 사용

朝 아침 조. 막 떠오르는 태양(卓)과 저물어가는 달(月)

趙 나라 조. 한양 조. 走+肖

曹 무리. 관청. 관청. 벼슬 조. *우리나라에서는 曺(=東+日)로 표기
東+東+日 -해(日)를 찾아 동쪽으로 동쪽으로 가는 무리(달마대사)
曹=東東+日(변론. 재판) 法曹 *曹操(조조). 操心(조심)
재판에 호출된 원고와 피고인 2명(東東)+법정. 재판관(日)

助 도울 조. *참조: 且(차)

祖 할아비 조. 제물을 수북이 담아(且.차) 제사상(示)을 차리고 모시는 조상들

造(창조). 아담과 하와(흙. 갈비뼈. 줄기세포)

造 지을 조. 흙(土)에 생명을 불어넣어(ノ) 말하고(口) 걷게 했다(辶)

*흙(土)으로 아담을 만들었다. 죽으면 흙(土)으로. *참조:者

*흙으로 만든다(창조): -능력에 따라

-어린이(장난감), 어른(그릇), 과학자(반도체 칩), 하나님(DNA)?

*노아(뜻: 휴식. 편안. 안식. 위로)의 후손들 - 고조선(홍수 이후)

*아담 갈비뼈로 하와를 만든다=줄기세포 창시자. XY(男). XX(女)

*생물의 10대 필수 영양소

촌(CHON)스(S)런 카페(Ca.Fe)에서 커피(K.P) 한잔 먹(Mg)어라

*사람 재료 : CHON. 인, 칼슘.칼륨.염소.마그네슘.코발트.불소. 요오드. 망간. 몰리브덴. 주석. 마지막 소금(나트륨) 친다.

성인 60Kg-비누7개(지방). 연필9000개(탄소).성냥머리 2200개(인). 설사약 1회분(마그네슘). 우동1그릇(석회). 물 1되병 20개

흙으로 사람을 만드신 하나님

사람은 하나님께서 흙(土)으로 만들었다
어린이들은 흙으로 장난감을 만들고
어른들은 도자기를 만들고
과학자들은 반도체 칩을 만든 것처럼
하나님은 흙으로 사람을 만들었다

者는 土(흙)에 ノ(별)을 치면 말하는(白, 告白) '놈 者'가 된다
土(흙)에 ノ(별)을 치면 말(口)하면서 걸어가는 造(창조)가 된다

남자(아담)의 갈비뼈로 여자(하와)를 만든다
이게 줄기세포 최초의 시술이다
얼마나 놀랍고 과학적인가?

여자의 갈비뼈가 안 되는 이유는?
여자는 XX, 남자는 XY 이기 때문에
여자는 여자(XX) 밖에 만들 수 없지 않아요?

하여튼 여자와 남자는 질이 다르다네
왜?
남자는 흙으로 만들었고, 여자는 비싼 갈비로 만들었기 때문이라네

하나님은 남자를 왜 흙으로 만드셨지?
제일 밑바닥 흙처럼 겸손하라고, 엎드리라고
아담의 뜻이 흙, Human의 뜻이 흙 이란 걸
알랑가 몰라
지구도 태양을 돌 때는(자전) 고개를 숙이고 돈다네,
23.5도로

골프의 기본이 무언지 아세요
고개 숙이는 겸손을 배우는 운동이라네

爪 손톱 조 *瓜(오이에는 발톱. 손톱이 있다)
*손의 종류 -또 우(又), 왼손 좌(屮), 손톱 조(爪)

고슴도치 머리 계(⺕), 마디 촌(寸), 수(扌)

주는 수(授. 손이 3개)와 받을 수(受 손이 2개)

고로, 주기가 더 힘들다. 손이 3개나 필요하므로

教授(교수)의 授=扌+爪+又+冖. 덮을 멱(冖)=어떤 물건

*벗 우(友=왼손 左. 屮 + 오른 손 又)-손과 손을 맛 잡는 사이

*조광조의 愛憂堂(애우당)

愛=爪 冖 心 夊=손으로 마음을 감싸고 걷는다

憂=頁 冖 心 夊=머리 속 으로만 마음을 감싸고 걷는다

성추행이라고 오해 받더라도 손(爪)이 있어봤으면 하는 새- 鷄

*사람은 신체가 심리를 지배한다(윌리엄 제임스 1842~1910)

고로 울기 때문에 슬프고, 웃기 때문에 기쁘다 *참조: 하하하

교회를 가기 때문에 믿음이 생긴다 *참조: 교회 가는 이유 7가지

접촉(손. 포옹). 따뜻한 말(칭찬. 감사) 때문에

옥시토신 분비 -신뢰감 형성

햇볕. 함께 걷기(동행), 행복한 기억 회상 때문에

세로토닌 분비 -편안함. 차분함. 우울증 예방

*옥시토신(oxytosin)뜻: 일찍 태어나다. 자궁수축 호르몬(사랑의 묘약)

*세로토닌(serotonin)-장 점막에서 분비되는 호르몬(80%)(미주신경)

-장이 튼튼해야 우울증이 치료된다 *참조: 纖(섬)

-우울증은 장이 보내는 재채기(변비=우울증)

*멜랑꼴리(melan 흑색+choly 담즙) 흑색담즙

-히포크라테스는 신체 체액은 4가지 -피. 림프액. 황색&흑색 담즙. 이 중에 흑색담즙이 많으면 우울증. 정신병이 생긴다고 생각

*장내(腸內) 세균

-모든 질병은 腸(장내 미생물. 세균)에서 출발 한다 -히포크라테스

-입과 항문을 통해서 열려있는 구조이기 때문에

언제나 미생물의 침입에 노출

-腸 세포 주변에 면역세포들이 항상 감시태세 준비

*면역세포의 70%가 장에서 만들어 지므로 식습관이 중요하다

*애잔장이 타면 면역세포 ↓

-세로토닌(우울증 예방) 뿐만 아니라 비타민 K(항응고제) 합성

-장내 세균들이 섬유질의 소화를 도와준다(공생)

棗 대추나무 조. *참조 薑(강) *靑天霹靂(청천벽력). 霹棗木(벽조목)

弔 조상할 조. 고대중국에서 사람이 죽으면 집 앞에 활(弓)을 걸다(丨)

치매와 조미료(MSG)

調 고를 조. 두루 조. 말소리를 고르게 하다. 조율하다

말이 두루 잘 어울려 고르다

周=用+口 -입을 잘 써서 말을 삼가 하는 것

調味料(조미료) -맛을 조절하는 재료

調絃病(조현병)- schizophrenia. 정신분열증

調節(조절) control. 잘 골라서 알맞게 절제함.

皀(고소할 흡. 급) -흰쌀밥을 수저(匕)로 먹을 때 냄새가 '고소하다'

卽(곧 즉) -고소한(皀) 밥상을 보면, 무릎 끓고(卩) 먹는다. 卽時

節(마디 절)-대나무(竹)가 나아감(皀)에 따라 생기는 '마디'

趣味(취미) -물건을 잽싸게(신속하게 走) 취한다(取)

*글루탐산(glutamate. Glu. glutamic acid) 과 MSG(mono sodium glutamate 글루탐산 일 나트륨)는 다르다.

소금(나트륨)이 하나 붙어야 맛이 난다.

소금이 너무 없으면 부신기능(아드레날린)이 떨어지므로 피곤하다.

글루탐산(Glu)과 글루타민(Gln)도 다르다.

조미료 MSG는 맛소금, 못생긴 놈. 약자 아님

* glutamate(글루탐산. glutamic acid)- 20여 가지 아미노산 中 하나

1) 뇌를 흥분시키는 신경전달 물질(학습과 기억에 관여)
너무 흥분되면 신경이 죽는다(흥분독성,excitotoxicity)

2) 글루타민 -효소. 글루타미네이스 --글루탐산+ 암모니아로 분해.
즉, 글루탐산은 뇌의 기능을 억제하는 암모니아를 제거한다.
아미노산을 만들기 위해서는 반드시 '질소'가 필요함(16%).
공기 중 질소 78%
-단백질이 분해되면 암모니아 발생 - 홍어.

3) 밀의 글루텐, 다시마의 하얀 가루(감칠 맛),
사탕무에서 분리(glu 달다)

4) 치매와 관계? -알츠하이머 원인은 불용성 단백질(베타 아밀로이드)의 축적 때문인데, 베타 아밀로이드 성분에는 떡 덩어리를 만드는 'Ca과 글루탐산'이 다량 포함되어 있어 혹시 이것이 치매의 원인 아닐까 의심하지만 아직까지는 확실한 증거가 없다.

* 딱딱한 두부=콩물+간수로 만드는데 간수에 들어 있는 마그네슘과 '칼슘'이 단백질 사슬을 서로 뒤엉키게 해서 굳게 된다(응고제 역할)
두부는 위에서 위산. 펩신으로 분해시키지만, 뇌에서는 위산. 펩신 소화제가 없으므로(불용성 단백질) 알츠하이머를 일으키는 원인이라고 의심.

* 칼슘(Ca) -석회석(튼튼이. 뼈와 치아 속에 있다), 없으면 골다공증

* 칼륨(알칼리. 잿물. 포타슘 potassium=pot+ ash)
-칼륨은 나트륨과 형제이므로
노폐물. 중금속을 흡착해 나트륨과 함께 소변으로 나간다

-칼륨은 신장에서 나트륨 재흡수를 막는다
미네랄의 꽃인 나트륨에 재(칼륨) 뿌리는 존재이다
*마그네슘 -그리스 마그네샤 도시에서 발견되었다고 명명
샘물을 증발 시키면 흰 결정성 물질이 남는다
이것이 설사를 일으킴, 고로 변비약으로 사용
-혈관 릴렉스 - 혈압 하강 조절

5) sodium(나트륨)과 만나면 - *나트륨(독일어 나치). 소듐(영어)
글루탐산+소듐(산성인 글루탐산을 중화시키고 용해도를 높여줌)
짠맛을 유지하면서 소금 량은 1/3까지 줄일 수 있다.
아연의 흡수를 높여주므로 손상된 뇌세포 치료.
해마 활성화(기억력 높임)
-조미료(MSG) -미원.
-쓴맛과 신맛을 완화시키고, 단맛에 감칠맛이 난다
*신맛을 잃은 환자는 조미료를 삼가할 것
-먹는 약: 폴리감마 글루탐산 칼륨(PGAK)
-면역력 상승(NK 세포활성도 증가)-암. 대상포진 예방
-글루탐산이 많이 들어 있는 음식: 낫또. 쌈장. 청국장
코피 환자는 청국장(피를 응고 시키는 비타민 K 함유)을
많이 먹을 것. 그러나
1) 와파린. 2) 아스피린, 3) 생강, 4) 강황 등을 먹을 때는
피 응고를 방지(출혈성)하는 청국장은 피해야 한다.
-면역력 증강 –청국장(낫또)과 유황
낫토를 많이 먹는 일본인들이 우리나라보다 대장암이 훨씬 많은 이유는 한국인에게는 된장이 낫토보다 더 좋기 때문이다.
*pro(~위하여)-biotics생명) -유익균. pre-biotics(유익균의 먹이)
*anti-biotics(항생제)에 반대되는 친생제(pro-biotics. 유익균)

*유황 –암을 발생시키는 활성산소로부터 DNA를 보호해 주는

'글루타리온'을 활성화시켜 면역세포를 증강-노화. 암 예방
* 글루타치온-유황을 함유한 아미노산(글루타민산+시스테인+글라이신)
-항암 치료 후 손발 떨림 방지 약-후유증(하얀 피부)
-백옥주사(glutathione)=글루탐산+시스테인=글리신 트라이펩타이드
-글루타치온 주사 - 파킨손 증후군에 특효
* 사랑의 조미료(천생연분 약) -페닐에틸아민 - 유통기간 보통 2년

足 발. 넉넉할 족. 장딴지 모양의 발바닥(口)+그칠지 止
* 足의 변형 발 소 疋 * 知足者富. 頭寒足熱(감기 예방)
* 말씀(口)대로 순종한다.(止)

族 겨레 족. 사방(方)에서 人이 화살(矢)을 들고 모이니 겨레. 民族(민족)

存 있을 존. 생명력(子)을 가지고(才의 변형) 있다.
천국에 갈려면 아이(子)가 되어야 한다. -存在(존재)
* 在 있을 재. 십자가(十)에 별(丿)이 쳐야(才) 땅(土) 위에 존재 할 수 있다.
모든 생명은 흙 위에서 존재(Being)하고 소멸한다.
* 者 造 土 에 별(丿)이 뜨면 -창조

尊 높을 존. 잘 익은 술(酋)을 神에게 들어올려(寸) 바친다. * 참조 酋
* 尊重 -욕(辱) 안 먹고 존중 받으려면 천리 길(重)을 손에 술병을 받들고 공손히 바친다 * 辱 -손에 별을 받으면 욕이 된다.
* 自尊心 -내가 잘났어(남과 비교)
* 自尊感 -나는 소중해(남과 비교 안함).스스로 존중하며 자기 품위를 지킴

從 따를 종 * 德. 聽

終, 끝이 좋으면 모든 것이 좋다

終 마칠 종. 끝날 종. * 참조: 癡 텔로미어

-糸(실의 끝)+冬(계절의 끝)
-겨울처럼 싸늘한 몸에 옷을 입히다(壽衣. 臨終)
-옷을 입는다는 것은 어디인가 갈 데가 있다
갈 데가 있는 자(고향. 종교)는 臨終(임종) 할 때 평안하다.
갈 데가 없는 자 - 불안
冬 발밑에(걸을 쇠 夊)+ 얼음(冫)
서서히 얼음이 어는 계절 -겨울

終(마친다) -겨울이 되기 전, 털실로 옷 뜨는 것을 끝내라고
Well Being(참살이)-물질적 가치나 명예 보다는 안락한 삶
마음이 건강해지는 삶
Well Dying - 품위 있고 존엄하게 죽는 법
Well made(잘 만들어진) 끝, 고진감래. 끝까지 초심으로

*끝이 좋으면 그 다음 시작도 좋다(마태 21: 28~32)

4 종류 사람	아브라함	바로 (이집트 왕)	솔로몬	바울
처음	좋다	나쁘다	좋다	나쁘다
끝	좋다	나쁘다	나쁘다	좋다

*끝이 좋으려면 1)예수님을 만날 것(마태 20장 1~16 포도원의 품꾼 이야기)
2)겸손. 봉사. 희생(참조: 교회 가는 이유 10가지 중 4번)

삶의 위대함은 끝(죽음)을 통해 완성된다.
끝이 아름다운 사람이 되어야 한다.
끝이 좋으면 모든 것이 좋다.(Ende Gut, Alles Gut 독일 속담)
*善終.텔로미어
맨 나중에 웃는 자가 진짜 승리자이다.
천국에는 죄 없는 자가 들어가는 곳이 아니라,

悔改(회개. 뉘우칠 회/ 고칠 개)한 사람이 들어가는 곳이다.

*참조: 교회 가는 이유 7 의 5번

種 씨. 심을. 종족 종

벼(禾)중에 잘 여물고 무거운(重) 것을 골라 씨로 심는다.

宗 산마루 종. 으뜸 종. '꼭대기. 높다' 집(宀)안에 제사상(示)을 모시다.

宗敎(종교)- 창조주나 절대자의 높은 가르침

인간이 초인간적 초자연적인 힘에 대한 경외. 존중. 신앙하는 일

*신앙(信仰)-신성한 대상을 절대시하여 믿고 받드는 것

*참조 仰

우러를 앙(仰), 도장 인(印), 누를 억(抑), 맞이할 영(迎)-送舊迎新

*젊은이들의 종교 성향 -너 자신을 알라 *참조 自. 自己反省

해탈. 구원을 통한 마음의 평화나 위안이 목적인데,

현실문제에 대한 해결방안만 더 추구하는 경향이 있다.

鐘 쇠북 종(마을에 있는 쇠로 만든 종). 약자: 種(씨 종)

坐 앉을 좌. 흙 위에 2 사람이 앉아 있다.

*巫(무당 무)-하늘과 땅 사이를 이어주는 사람

座(자리 좌, 지위 좌) -집(广)속에 앉아있는 자리

挫(꺾을 좌)-억지로 손으로 앉힌다. 挫折(좌절)

罪와 罰(죄와 벌).罪-그물망(罒)+아닐 비(非)-아닌 일을 하면 그물에 걸린다.

罰 -그물(罒)에 걸리면 말씀 언(言)과 칼 도(刀)로 단죄를 받는다.

酒 술 주 *醫(의). 酋(추). 尊(존) 참조 *참조: 酉

主 주인 주. 丶 + 王 왕처럼 가운데 있다. 집안을 밝히는 촛불처럼 존재

王(임금 왕) 三+丨 천지인을 총괄하니 '왕' 公主(공주)

往(갈 왕) -주인(主)이 먼 곳의 친구를 찾아가다(彳) - 往十里

柱(기둥 주) -주인같이 지탱하는 나무

註(기록할 주) -근본이 되는 말이니 '기록하다'
住(살 주) -사람이 주인이니 '살다. 머무르다' 衣食住
駐(머무를 주) -말을 주인에게 맡기니 '머물다' 駐車場

宙 집 주. =宀(집 면. 갓머리)+由(까닭 유. 별모양 유. 말미암을. 행하다)
宇(于, 天의 변형) -하늘의 집(宀). 宙- 自由로운 집(宀)
＊自由 - 스스로 행하다. 스스로에게 책임이 있다
＊由(자유로울 유)-甲이 거꾸로 된 글자
甲은 억압과 스트레스를 많이 받아 고집이 세고 신경질적
고로, 거꾸로 된 由는 일상 탈피를 늘 꿈꾸고 자유스럽다
＊별이 빛나는 밤에(반 고흐) -별 12개+그믐 달
＊宇宙洪荒(우주홍황)-우주는 넓고 거칠다. ＊宇(공간) + 宙(시간)
하늘과 땅 사이는 넓고 커서 끝이 없다.
＊거칠 황(荒=艹+亡+川)
川(개미허리 변 천)은 사람의 손이 간 인공하천
巛 -재앙(災)-하천의 범람으로 인해 농작물이 유실(亡),
초목(艹)이 휩쓸고 간 자리는 '거칠다. 황폐하다'.
洪 -두 손(함께 공共)으로 받지만 물(氵)아 많아 손 밖으로 넘치다.

酒 술 주. 닭(酉)이 물(氵) 마시듯 조금씩 마셔라.
舟 배 주. 중국의 네모난 배와 격벽을 위에서 본 뜬 모습
배에 구멍이 나더라도 배 전체에 스며들지 못하도록 격벽 설치
方舟(방주) -네모난 배(옛날 중국식 배)
朱 붉을 주. =牛+八(소를 반으로 짜르면 붉은색 고기)
＊ 珠. 如意珠
衆 무리 중. 血+人+人+人 피가 끓은 3 사람
＊辜(고=血+幸) . 執(지=幸+丸) 참조

血-피를 함께 나눈 사람들(무리. 군중)
血=目의 변형 -보는 사람들이 많다고
血=日의 변형 -태양 아래 많은 사람들이 줄서 있다고

中 가운데 중 *참조: 설탕은 마약이다, 中庸

重 무거울 중. 千里길을 찾아가 만난 글자. *참조: 겸손(땅에 엎드림)

*4가지 힘(力) -重力. 電磁氣力. 강한 核力, 약한 核力
기타 氣壓(공기). 水壓. 彈力. 摩擦力

*뉴턴 -사과 -重力 -3가지 운동의 법칙
1) 관성의 법칙. 2) 가속도의 법칙. 3) 작용. 반작용 법칙

인간이 神에게 바치는 선물, 술

千里를 가볍게 가는 千里馬(驥),
한 번 쏟으면 천리 가는(一瀉千里) 물(氵)도 있지만
나를 버리고 가신님은 10里도 못가 발병 났다네(아리랑)

보통사람들은 千里를 가면 몸이 무거워지고(重=千+里)
더 진행하면
그 무거움(腫+肉. 月. 헛살 swell+重)과
너무 치우친 양(瘍=疒 + 昜)의 기운이 만나
腫瘍(종양. 암 癌)이 생길 수 있으므로
神(십자가 十)이 도와주는(協 합할 협)
힘(力)을 들여 움직여야(動=重+力)
암(癌)을 예방할 수 있다네
위협하는 육신(月)의 힘(力)으로만 하지 말고(위협할 협 脅)

해(日)는 일리(里)만 가도
그 이치를 헤아릴 수 있지만(量=日+一+里)
보통사람들은
千里길(重)을 손(寸)에 술병을 받들고
神에게 술(酒)을 공손히 바쳐야(尊重) 神의 섭리를 알 수 있다네
술(酒)은 인간이 神에게 주는 선물이고
물(水. blue oil. 푸른 금덩이)은 神이 인간에게 주신 선물이므로
사람들이 술을 마셔서는 안 되는데
star(별)가 되려고
또는 진정한 술꾼(酋=八+酉 추장)이 되고자
8자(사주팔자) 따라 8잔 까지 마시면 辱(욕=辰 별+寸)이 된다네
설령 술을 먹는다 해도
닭(酉)이 물(氵)먹듯 조금씩 마셔야 하는데(酒=氵+酉)

어르신들이 술을 마시는 이유는?
神(어르 神)이니까?
으 하하하!

醫師들이 禁酒하라는 이유는?
반발심으로 술을 더 먹고 병(病)이 생겨야 돈? 으 하하하!
그러고 보니 '醫'字 속에 술(酉=酒)도 있고,
치료하는 기구(匚. 矢. 殳)가 있는 것이 모두 이유가 있었구만
그래도 추천할 만한 좋은 술(酒)은?
요(堯)임금처럼 존귀한 것을 불(火)로서 다스린 소주(燒酒)
*참조: 酉 *참조: 衾. 이태백

一口二言二父子(일구이언이부자) -하나의 입으로 두 말을 한다

는 것은 자식이 두 아비를 섬기는 부끄러운 짓.

季布一諾(계포일락) -계포라는 초나라 장수 왈, 한번 승낙한 일은 지켜라.

허락할 낙(諾) -청하거나 부탁한 말이 나의 뜻과 같으니(若) 허락하다.

＊一攫千金(일확천금). -한 번에 천금을 움켜쥔다.

矍(새가 두 눈으로 두리번거릴 확). 攫(손으로 붙잡을 확)

耳聽得心 60년

말하기는
혀(舌=千+口)로 천(千)번 말(口)을 연습하면 할 수 있지만
男兒一言重千金(남아일언중천금)이라고
천금처럼 무겁게(重) 뱉어야 한다
가볍게 뱉으면 발 없는 말
천리 간다네(無足之言 飛于千里 무족지언 비우천리)

밥그릇 차지하려고(器) 4번 큰 소리 치는 개(犬)들이나
3번 큰소리치는 무당은 암에 안 걸리지만(靈)
보통 사람들은
山에서 3번 헛소리(口口口) 하면 암(癌)에 걸리고
말을 반복하면(曰) 배불뚝이(腹)가 된다네
왜냐하면
입(口)은 재앙이 들어오는 문(口是禍之門 구시화지문)이요
혀(舌)는 몸을 베는 칼(舌是斬身刀 설시참신도)이기 때문이라네
말 대신 노래를 하면 장수하고 치매도 예방 된다네
癌이 제일 싫어하는 것은 위로의 말이 아니라, 웃음이라네

사람의 품격(品格)은 입에서 나온다
입(口)을 다스리는(尹) 사람이 군자(君子)이다
입으로 하는 말은 사흘 가지만
듣는 귀는 1000년 동안 기억한다

남의 험담처럼 맛있는 안주는 없다
역사가 시작한 이래 칼이나 총에 맞아 죽은 사람보다는
혀끝에 죽은 사람이 더 많다
사람(人)은 다른 사람의(人) 말 한마디(一)에 쉽게
상처(傷=人+人+日+勿)를 받으니 함부로 말을 하지마라(勿)

잘 듣는 것(聽) 즉 침묵을 배우는 것은
무려 60년(耳順) 이란 시간이 필요하다
말은 단(單)순하게 2마디(口口) 이상 하지 말고
듣기만 해 보소

말 잘하는 사람에겐 귀(耳)를 열지만
잘 듣는 자에겐 마음(心)을 연다네
상대의 마음을 얻으려면 자신의 귀(耳)부터 열어라(耳聽得心)

삶의 지혜는 듣는 데서 비롯하고
삶의 후회는 말하는데서 비롯된다네

예수님은 온 몸이 귀(耳)였다.
지혜로운 자는 말을 잘하는 사람이 아니라
경청을 잘하는 사람이다.
말하는 것은 지식의 영역, 듣는 것은 지혜의 영역이다

루터는 이렇게 기도했다. 주여 말씀하소서. 종이 듣겠나이다.

말은 쑥떡같이 해도 찰떡같이 듣는
福 있는 자의 귀는 성령의 말까지 들을 수 있다네

그럼, 왜 세상에 태어났는지 그 이유를 들어 보세요
종교의 핵심(황금률) 3가지가 대신 답을 합니다
자기도 이롭고 남도 이롭게 하라(自利利他 자리이타. 불교).
자기가 하고 싶지 않은 것을 남에게 시키지 말라
(己所不欲 勿施於人 기소불욕 물시어인. 논어).
너희는 남에게 바라는 대로 남에게 해주어라(마태복음)

3가지 외에, 듣는 智慧로운 마음(Shema)은?
사랑(천국의 열쇠)하고 용서하라(공자)
집착을 버리고, 봉사(섬김)하고, 從처럼 겸손하라
교만과 인색함이 없고, 항상 웃고, 감사하라
좋은 일 할 때마다 한 송이씩 피는 장미꽃을 백만 송이 피워라
日用할 양식으로(過猶不及. 꿀병 속의 개미. 中庸, 安貧樂道)
기다리는 삶(盡人事 待天命)을 즐기면서(carpe diem)
하나님이 꿈꾸는 세상, 차별 없는 '평화'를 꿈꾸어라

이청득심 60년을 10년으로 땅길 수 없나요?
없지요
왜?
타고난 팔자(8)는 거꾸로 바꾸어도 8자니까

그렇다고 기뻐하거나 슬퍼하지 말라

왜?

지금의 즐겁고 좋은 일(色)은
인연 따라 생긴 것으로
인연이 다하면 언젠가는 없어질 것이니(空)
마냥 기쁨에 들뜰 일이 아닙니다

지금 겪고 있는 고초와 역경(色) 또한
지나온 인연에 의해 생긴 것으로
인연이 다하면 마침내는 없어질 것이니(空)
너무 원통해 할 일만은 아닙니다
으 하하하! 塞翁之馬(새옹지마)네
神은 인간들을 편안하게 해주시지
왜 어렵게 끌고 가시게 했을까(攝)?

자신의 生을 귀하게 여기고 편안함만을 추구하면(貴生)
生이 위태롭게 되고 몸이 망가지지만,
자신의 生을 억누르고 고생시키면(攝生)
生이 아름다워지기 때문이라네(*老子 도덕경)

기독교에서는
하나님의 섭리인 제 3의 귀(耳)를 통해서 알려 주신다
향후 인간들은 유전을 통해서가 아니라 '좋은 전염'을 통해서
'그리스도의 마음을 품은 새사람'을 만들어 주려고(*참조: 귀 3개)

청각장애인들은 시각장애인들보다 삶의 질이 더 낮다
왜냐하면 청각장애는 사람들로부터 고립시키기 때문이라네

음악 공연장에서
시각장애자들은 박수를 치지만
청각장애자들은 박수를 치지 않는다
TV를 보는 사람보다
라디오를 듣는 사람에게 알츠하이머 발병률이 낮다네

오감 중 가장 예민한 것은 '청각'
청각이 시각보다 더 원초적인 감각
보기 싫은 것을 보는 것보다
듣기 싫은 소리를 계속 들을 때 더 괴롭다
귀가 더 보수적이다

*여자는 청각(대화. 무드), 남자는 시각(누드)에서 사랑이 시작 *男시女청
*무드셀라 *탈-무드는 여자만 읽어야 한다?
여성이 사용하는 하루 단어: 3만개, 남성: 7000개
*言中有骨(언중유골) *참조: 聽
*참조: 말하기는 1분에 125 단어. 듣기는 1분에 500 단어
*참조: 새옹지마. 塞 *참조: 舌舌 긴다. 사람의 귀, 3개
*진짜 현실 같은 메타버스에서 인간의 오감 중 가장 큰 청감이 가장 중요(공간음향)

卽 곧 즉. 卽=皀(고소할 급)+卩(병부 절)
皀=흰 밥(白)과 숟가락(匕) 앞에 무릎 굽히고(卩) 하는 일
- '곧. 즉' 식사한다
刻=亥+刂 -돼지가 입으로 땅을 부단히 쑤시며 앞으로 나아가듯
칼(刂)로 새긴다고. 1刻은 15분
즉각(卽刻)적인=인스턴트=곧. 바로. 卽時. 色卽是空. 一觸卽發
인스턴트 식품 -라면. 햄버거

햄버거 병

5세 이하 어린이들이 햄버거 먹고 피똥(피 섞인 설사) 싸면
즉각(卽刻), 응급이라고 생각하시게

햄버거의 익히지 않는 쇠고기 패티. 오염된 우유. 물. 채소를 먹은 후
장(腸)출혈성 대장균의 감염으로 생긴 병인데

적혈구가 비정상적으로 파괴되고
손상된 적혈구가 신장의 여과 시스템에
찌꺼기처럼 끼어 신장기능을 망가뜨리면
용혈성 요독증후군(hemolytic uremic syndrome HUS)이라는
무서운 합병증으로
평생 신장 투석(2~7%)을 해야 하기 때문이라네

잘 익혀 먹는 것이 최선의 예방이라네

인대와 힘줄 /프롤로와 옻닭

增 더할 증, 많아질 증. -흙(土)이 거듭되니 '더하다.
　점점'增殖(증식). 인대-힘줄 증식치료(강화 주사)
　proliferation therapy=프롤로(prolo therapy) 증식 치료술
　　고농도(10%~25%)의 dextrose=포도당=글루코스 주사
　　삼투압을 이용해 세포막 파괴-증식. 본래 세포는 죽는다.
　　흉터생성 이용
　　관절 치료. 통증 완화 ＊옻닭

＊靭帶(인대) -뼈와 뼈 연결

腱(건).힘줄 - 뼈와 근육 연결

인(刃=刀+丶 칼에서 불똥같이 빛나는 칼날

질길 인(靭)-칼날 같은 가죽(革)이니 '질기다'

세울 건(建)-붓(聿)을 끌고 갈 때는(廴) '세우다. 서다' 建設(건설)

굳셀 건(健) -사람이 서 있으니 '굳세다. 건강하다' ＊참조 聿

힘줄 건(腱)-몸(月)을 세우게(建)해주는 것이 '힘줄'

번성할 식(殖=歹(앙상한 알) +直 -앙상한(歹)것도 곧게(直)
세우니 '번성하다. 불리다' 增殖. 生殖

曾 일찍, 이미, 이전에 증

나눠서(八) 창문열고(罒)말(曰)을 하니 '이미 알던 사이'

＊九族-고(高)조부. 증(曾)조부. 祖父(할아버지). 父. 본인(나).
아들. 손자. 증손자(曾孫子). 현손자(玄孫子). 3족(부.나.아들)

＊아래 자손에는 높다는 뜻의 高 자는 쓸 수 없기 때문에
너무 멀고 가물가물하게 보이는 검은색의 하늘처럼 가물가
물하고 먼 자손을 玄孫(현손)이라한다.

＊僧(중 승) -일찍(曾) 일어나는 사람(人)이니 '중'

사람다운 사람이 가장 일찍 되는 '중

憎 미워할 증 -마음속에 거듭 쌓이니 '미워하다' 憎惡(증오) 愛憎(애증)

贈 줄 증. 더할 증 -돈을 거듭 주니 '선사하다. 주다' 贈呈

贈與(증여) 推定(추정) -미루어 생각하여 결정함

推(밀 추, 밀 퇴)=새(隹)의 손(扌)=날개

-날개를 움직이는 모습이 마치 공기를 밀어내는 듯한 모습

推敲(퇴고) -미느냐? 두드리냐? 여러번 원고를 고침

敲(높게 지은 집의 문을 두드리는 모습. 두드릴 고)

與(줄 여. 참여할 여. 더불어. 함께. 너):

4개 손으로(좌우 2개+ 아래 2개) 의자. 가마 등 물건을 들고 있는 모습

臼(절구 구)=E+ㅋ 손이 좌우 2개)

廾(공) 아래에 손이 2개, 与(여) -물건

擧(들 거) -손으로 참여하니 '들다. 일으키다' 科擧(과거). 檢擧(검거)

譽(칭찬할 예) -베풀었다고(與) 말(言)을 하니 '칭찬하다' 名譽(명예)

授受(수수) -줄 수(授)-손(扌)이 받도록(受) 주다

받을 수(受) *授精(수정). 授乳(수유). 授業(수업)

손(手) 큰 자 누구냐 (救援 호산나. C4)

손 큰 자 누구냐 ?

이 세상에서 가장 손(手)이 많은 자가 누구냐?
이 세상에서 가장 많이 퍼 준 자가 누구냐?
손이 4개인 하나님이시다
하나님이 베푸신 구원의 援(救援. 손 4개. 호산나)
하나님이 베푸신 증여의 與(贈與. 손 4개)
하나님이 만드신 인체의 구성성분인 탄소(C)도 손이 4개

다음은 授受(수수. 授=손 3개)
按手집사(손 2개)
그리고 손이 하나뿐인 白手이다

*黑 = 罒+土火=炎 불길이 올라 창문(罒)으로 나가니
'그을린다. 검다'

*會-8명(八)이 하나의(一) 창문(罒)을 열고 말(日)을 하며 회의한다

*船

창문을 열어다오(黑. 增. 會. 僧)

창문(罒)을 열어다오(八)

불(灬)을 때면 불길(土+火=炎)이 올라
창문(罒)이 그을려 검게 되고(黑)
일찍부터(일찍 증 曾) 쌓이고 쌓인 마음은 답답하네

창문(罒)을 열어다오(八)
그을음이 앉아있는 옛 창문을 버리고
일찍이 거듭 새로 재사용. 재활용 해주세요

흙(土)으로 재활용 하면 增(더할 증),
1층집(尸) 기초 위에 거듭하여(曾)
2층 이상으로 건물을 올리면 層(층집 층),
恨(한)을 거듭(曾) 層하면 미워지므로(憎 미워할 증)
타인에게 돈(貝)을 거듭(曾) 주는 贈(줄 증)이 되게 해주세요

세상 사람들보다 한 걸음 앞서가는 사람(人),
일찍이 家出(가출)한 사람이 존경받는 僧(중 승)이 되듯이

창문(罒) 하나(一)라도 열고(八)
입(口)에서 입김(一)이 나가면서 '말이 됨' 처럼
이웃 사람들하고 일찍이 이야기하면(曰 가로 왈)
會(모일 회=八+一+ 罒 +曰)가 되고
일찌기(曾) 전례가(有) 없었던(未)
未曾有(미증유)의 시원함을 느끼리라

證 증거 증. 등불(燈의 약자)이 어둔 밤을 밝히듯이 진실을 밝히는 말(言)

*登(燈의 약자) -불꽃처럼 오르다

*據 의거할 거. 근거 거. 원숭이 거 *증거 재판주의. 증거 장막성전

-손(扌)으로 호피무늬(虍) 돼지(豕)를 막았다고? 근거(거)를 대봐!

據 -돼지가 호피 무늬꼴을 한 원숭이는 손을 의지해서

나무를 오르내린다

知 알 지- 아는 것이 많아 화살(矢)처럼 대답한다(口)

知足者富(지족자부)-스스로 만족할 줄 아는 사람이 곧 부자다

*참조: 樂山樂水(요산요수) 知山樂水(지산요수) 知者動. 知者樂

智 슬기 지.지혜 지. 智=알지 知+日

아는 것이 많아 온 세상을 해(日)처럼 비추니 '슬기. 지혜'

*智異山(지리산) *참조 故, 姑

*智者樂水(지자요수) -지혜 있는 사람은 사리에 통달하여

물과 같이 막힘이 없으므로 물을 좋아한다

*仁者樂山(인자요산) -어진사람은 산을 좋아한다

*青山綠水 *푸른 초장

	知. 知識 Knowledge	智. 智慧 *日-하나님의 은총 Wisdom. sense. 솔로몬의 지혜 (Shema 쉐마)
먹는다 (口)	입으로 먹는다. 육체적인 힘	머리로 먹는다. 정신적인 힘
남에게 전할 수	있다. *배워서 안다	없다 *지혜는 본래 마음에 있는 것
시간	아는 것을 달달 외우는 것은 짧다	영원하다 배우지 않는 것을 아는 것(창조)

	＊과학은 자연이 감추고 있는 비밀을 밝혀내려는 노력이다	＊慧=丰+丰+ㅋ+心 돼지머리와 같은 더러운 마음을 깨끗이 쓸어낸다
	知: 아는 것 / 智: 믿는 것(믿음)	知를 먹고 慧를 낳는다

Homo(사람. 인간)-sapiens(슬기롭다. 현명한. 향이 나다. 생각하다)

포노사피엔스 팬덤. QR 코드

-지혜가 있는 인간(호모 사피엔스)

＊phono-sapiens(포노 사피엔스) -지혜가 있는 폰을 쓴 인간

-포노들이 인류의 문명을 새롭게 쓰고 있다

-스마트 폰이 낳은 신인류

-5장 7부 -간 밑에 쓸개, 쓸개 밑에 스마트 폰

＊fan(팬) -좋아하는 팬. 선풍기. 부채 / 서포터. 애호가. 마니아

＊fan-dom=fanatic(광신자. 열광자) +

dom(領地. 나라. 스타를 좇는 팬들의 무리)

-특정인물이나 분야를 열성적으로 좋아하는 사람들 또는

그러한 문화현상 ＊참조: 舌. 운은 입에서 출발한다(입소문)

-대중매체(신문. 방송)의 지배를 받지 않는다.

＊QR 코드 -guick response code ＊참조: 仁의 不仁 - PIN

-사각형의 2차원 바코드

사진. 동영상. 지도. 명함 등 다양한 정보를 고속으로 인식

智慧(지혜).

기독교: Shema 듣는 지혜로운 마음. 송사를 듣고 분별하는 지혜

불교: · 반야(지혜) 色即是空. 空

*종교의 황금률 3개 (참조: 서론 盡)

1) 自利利他(자리이타)(불교). 자기도 이롭고 남도 이롭게 하라.

2) 자기가 하고 싶지 않는 것을 남에게 시키지 말라(논어)

3) 너희는 바라는 대로 남에게 해주어라(마태복음)

*이 세상에 태어난 이유

좋은 일 하면 한 송이씩 피는 장미꽃을 100만 송이 피우려고

*100만 송이를 다 피우면, 기독교(천국). 불교(열반)

-이 좋은 말씀(福音)을 꼭 다른 사람에게 알려야 한다.

기독교(전도). 불교(受持讀誦 수지독송후, 爲他人說 위타인설)

*지혜 얻는 법: 기독교(믿고 따라만 간다). 불교(혼자 깨우쳐야 한다)

*직위: 기독교(장로. 권사). 불교(상좌=장로. 보살)

蜘蛛膜(지주막)=거미 막. 참조: 毋 spider. arachnoid

支 지탱할 지. 가를지. 支分(지분)=가르고(支). 나눔(分)

십자가(十)를 열(十) 시간 잡고 지탱한다

止 그칠지 *참조: 足=口+止(발이 서있는 모양. 그치다)

之 갈지

芝 지초 지. 영지. 영지버섯

芝蘭之交-영지와 난이 서로 사귄다.

*담양, 芝室 마을(정 철 후손들)

지초와 난초가 있는 방에 들어가면 그 사람과 그 향기에 동화. 고로, 처신에 조심하라 (꽃향기냄새/ 생선냄새)

地 땅 지.

至 이를지 *참조: 不*화살 떨어진 곳.至(지) 倒(도) 致(치) 室(실) 屋(옥)

至= *天文臺. 臺 - 좋은 일(吉)이 모이는(至) 집(冖). 누각

至聖所(지성소) -하나님이 계시는 가장 거룩한 성막

紙 종이 지. 실(糸) 뿌리(氏)같은 섬유질이니 '종이'

指 가리킬지. 扌+旨(뜻 지. 맛 지). 그릇(日)에 담긴 음식물을 수저(匕)로 맛보다. 음식 맛을 보는 손(扌)

*검지(指) -두번째 손가락으로 맛보다. 가리키다 *脂(기름 지)

(엄지와 검지의 엄. 검은 우리말)

指南力(지남력). orientation. 남쪽이 어디인지 모르는 병(인지장애)

*譫妄(섬망 delirium. acute confusional state) -안전부절. 불면증. 환시. 소리 지름. 지남력 장애.

*지속성인 치매와 다름

*간성(肝性) 혼수(간성뇌병증)에 빠지면 – 환자가 욕을 한다

譫(헛소리 섬), 妄(허망할 망. 망령될 망) *참조:詹(이를 첨)

智異山(지리산) *참조: 姑

職 직분 직. *참조: 識

直 곧을 직. 바를 직 (十+目+ㄴ) 십자가(十)를 눈(目)에 보이지 않는(ㄴ) 마음에 담고 직진하라. '곧고 바르게' 살아라.

*참조: 置(둘 치)

眞 참 진(匕+目+ㄴ+八).

人 --匕(사람이 태어나고 죽는 변화는 자연의 본성. '참眞' 이다)

죽어서(匕) 눈(目)에 보이지 않게(ㄴ) 분해(八)해서 위로 올라간다.

鎭 진압할 진. 영혼이 분해해서(八) 위로 올라가듯 종이나 책이 날아가지 않도록 쇠(金)로 만든 물건으로 억누룬다.

鎭痛劑(진통제). 鎭壓(진압)

辰 별 진(신. 生辰 생신)

診 진찰할 진. 볼 진(言+人+彡)-환자(人) 말(言)을 듣고 3분(彡) 진료한다.

*으 하하하! 그래서 3시간 대기, 3분 진료(診療) 했구만!

*링컨 게티스버그 연설(3분)-국민의, 국민에 의한, 국민을 위한

*살필 찰(察)-집안(宀)에서 제단(示)에 고기(月)를 손(又)으로

올려 제사를 지내면서 神의 뜻을 살핀다. 고로, 환자를 神 보듯이 진찰(診察)하라! ＊警察(경찰)

＊참조 -療(병 고칠 료)

盡 다할 진 -盡人事待天命(진인사대천명) 사람으로서
할 수 있는 최선을 다하고 천명을 기다림
세상살이 노력만 한다고 되는 것이 아니다.
자신의 운이 닿는 일을 해야 한다. 그걸 알 수 있나요?

陳 베풀 진. 묵을 진. 늘어놓을 진. 나열할 진(陳列)
말하다(陳述. 陳情). 姓氏. 新陳代謝(신진대사)
阝+木+申 볕이 잘 드는 언덕(阝) 위에 나무(木)가 펼쳐져(申) 있듯이 베풀다.(東=木+申) 또는 東을 여행객의 주머니(행낭) 또는 여행객이 묵는 곳이란 뜻도 있다.
＊申(펼 신)-펴다. 거듭하다. 반복. 申申(거듭거듭)當付한다
＊阝(언덕. 막다) -院(완전히 막혀 잇는 큰 집).
險(언덕이 모두 막혀 험하다)
障(글을 몰라서 막히면 장애다)
阿(옳은 말을 막으니 아첨할 아)

津 나루 진. 강물(수)을 붓(진)으로 가로획을 긋듯이 배가 항상 건너다니는 곳 '나루' 광나루(廣津). 노량진. 耽津(탐진)
＊나루는 사람과 물자가 다니는 곳이므로 '윤택하다'는 뜻도 있다. 興味津津(흥미진진)
＊浦(개 포. 갯벌 포) -물가. 바닷가. 갯벌이 있는 항구

進士(진사). 선비로 나아감. 사류에 참여할 수 있는 자격증
조선 과거제도의 초시(1차)합격자
성균관에 입학하여 졸업 후 문과(2차)에 응시할 자격이 주어짐

*小科 - 진사과 -선비로 나아가는 과거(詩文을 짓는 창작시험)
- 生員科 -학생이 되는 과거(明經科. 유교경전 암기시험)
小科에 합격하면 '양반 인증서' 를 받는다
大科(2차 시험) -성균관 졸업자(진사. 생원)가 보는 시험
先達(선달). 閑良(한량)-대과(2차)에 합격했지만 관직이 없는 사람
僉知(첨지)-특별한 사회적 지위가 없는 나이 많은 남자 *合의 僉

疾 병 질. -화살(矢)처럼 급작스럽게 다가오는 병(疒) *疾風怒濤
嫉 질투할 질. -여자(女)들의 병(疾)

執(=幸+丸=잡을 극(丮)의 변형) 행복을 잡을 집.
집착(執着). 고집(固執). 집착을 버리는 것이 無所有 *참조: 禪
多幸而(다행이) 수갑 찰 번했는데, 운 좋게 위험을 면했다.
두 손이 수갑(手匣)에 채인 사람의 모습
千萬多幸(천만다행). 아주 다행(幸)하다.
고환(睾丸) -血+幸 -다행이(多幸而) 핏줄(血)을 전하는 신체기관
衆=血+人人人 무리 중. 피가 끓은 3사람이 모였으니 '무리. 군중'
*氏=人+人 *睾=血+幸

집착(執着)- 어떤 것에 마음이 쏠려 매달림.
- 어떤 일에 집착을 가장 잘하는 사람 - 執事(집사). 으 하하하!
*참조: 着 붙을 착- 양(羊)들이 눈(目)으로 서로 보며
추위에 체온 유지를 위해서 떼를 이루고 있으니 '붙다'

*羍 새끼양 달 -土+羊 -땅에만 있는 양이니 '새끼 양 '
*이를 달(達) -숙련되고 통달한 양치기는 羊이 어느 땅(土)으로
뛰어다닐지(辶) 잘 안다 '이루다. 통하다.
懲 징계할 징. 懲戒(징계) *참조: 판소리 人

＊차착찬찰참창채책처척천철첨첩청체초촉촌총최추축춘출충췌취
측층치칙친칠침칩칭

茶 차 다. 차. 사람(人)이 나무(木)의 풀(艹)을 먹는 것이니 '차'
車 수레 거/차 ＊중 고등학생이 타는 차 -중고차
且 또 차. 一+月 그릇에 고기(月)가 또 쌓여있으니 '또. 거듭. 장차'
＊조사할 사(査) -나무를 또(且) 살펴보니 '조사하다'
＊도울 조(助) -또(且) 힘주니(力) '돕다. 유익하다'
＊조상 조(祖) -신(示) 앞에 또(且) 있고 있으니 '조상' ＊참조 佑
＊조사할 사(査=木+且 뗏목이 잘 묶였는지 살펴보다. 조사하다)
査頓(서로 겸손하게 고개 숙이고, 살펴주는 사이) 實査.國政監査
次 버금 차, 차례 차

자동차(車)도 피곤하면 하품(欠)을 한다 (軟骨)

피곤하면
하품을 한다
그 글자가 '欠(하픔 흠)'이다
하품(欠) 하듯이 입을 크게 벌린다는 '마실 음(飮)'도 있지만,
얼음(冫)이 얼 정도로 추운 날에 피곤하여 하픔(次)하고
입 벌리고 침을 흘린다면(盜. 氵의 변형 次)
'모자라게. 부족하게' 보인다고
'버금 차, 다음, 두 번째(次善. 次期. 次席. 次官)' 라는 뜻이 생긴다

목숨 다음이 재물이라고 資(재물 자)
임금 다음이라고 恣(방자할 자)
여성은 품성 다음 용모(모양. 자세. 자태)라고 姿(맵씨 자)

자동차(車)도 피곤하면 하품(欠)한다
무릎 연골판도 피곤하면 하품(欠)을 한다
혈관과 신경이 없어 통증이 없는 軟骨(연골 cartilage)과 달리
초승달이라는 뜻의 (meniscus) 연골판은
혈관과 신경이 있으므로 무리하면 통증이 생기고 무릎이 붓는다
過猶不及(과유불급)이 답이네

*덜 떨어진 사람(次) -절벽에서 떨어지다가 나무에 걸려 살아난 사람
*침 흘리고(冫)+입 벌리고 -부족하게 보인다
*亞 (등뼈 굽은 2사람은 보통사람보다 체력이 약하다고 -둘째
- 쇼스타코비치 - 왈츠 2번(둘째) -보통 왈츠보다 더 슬프다고

差 다를 차. 어긋날 차 差=羊+工
羊으로 만든(工) 물건이지만 다 '다르다'
差等(차등). 無差別(무차별). 無等山
差別(차별).
*別(나눌 별. 다를 별) - 칼(刂)로 가르니 '헤어지다. 다르다'
另(헤어질 령)=口+力 입으로 힘을 쓰니 '헤어지다'

하나님이 꿈꾸는 세상

하나님은
첫(一) 사람(人) 아담(子. 存)을
흙(土)으로 만드셔서(在)
존재(存在)하게 하셨다

하나님이 꿈꾸는 세상은
오직 하나
平和(義)

창조된 사람들이 인종차별, 남녀차별 등
差別 없는 교회와 세상에서
서로 섬기며(奉仕) 살기를 바라셨다

*예수님과 가장 천한 사마리아 여인 (요한:9)
-물을 달라 하는 예수님에게
'어찌하여 사마리아 여자인 나에게 물을 달라 하나이까'

辶(辵) 쉬엄쉬엄 갈 착(책받침)
着 붙을 착. 羊들이 눈(目)으로 서로 보며 떼를 이루니 '붙다'
*참조 執
錯 섞일 착. 어긋날 착 *錯覺(착각). 錯視
쇠(金)가 오래되어(昔) 어긋나 못쓰게 됨
쇠가 오래되어 불순물이 섞였다. 잘못되다. 틀렸다
昔(옛 석), 鵲(까치 작) -한 곳에 오래 사는 새
醋(식 초) -술(酉)이 오래되면(昔) 시어진다

讚 칭찬할 찬. 기릴 찬. -말(言)로 도와주니(贊) 칭찬하다
讚美(찬미). 讚嘆(찬탄)
讚揚(찬양) -칭찬하여 드러냄. 揚(높일. 드러낼 양)
讚頌(찬송) -덕을 기리고 찬양함. 頌(칭송할 송) *참조 頌
*先 먼저 선. -소(牛)와 사람(儿)이 걸어 갈 때 소(牛)가 앞서니 '먼저'
贊 찬성할 찬, 도울 찬. 先+先+貝 다투어 먼저 돈(貝)을 준다
'돕다. 칭찬하다' 贊助(찬조). 贊同(찬동). 協贊(협찬).贊成(찬성).姜邯贊
*大統領(대통령)-통치(統)의 최고(大) 우두머리(領)
거느릴 통(統)-실(糸)이 가득(充) 있으니 잘 거느리다.
거느릴 령(領)-명령(令)하는 머리(頁)이니
令(령. 영) -사람들이(合)이 임금 앞에 무릎 끓고(卩) 앉아있다.
두령. 수괴. 두목 보다는 통령. 총통. 미국이라 예의상 大

대통령(president=pre 앞+ side 앉다 + nt 라틴어 동사의 현재분사형)
preside(주재하다) 동사에서 유래(앞에 앉은 사람. 회의 주재자)
'먼저 가면 先이고, 먼저 앉으면 大統領'
*professor(教授 교수) =앞+떠드는 사람=교수는 앞에서 떠드는 사람
餐 먹을 찬. 뼈(歺)를 손(又)에 들고 맛있게 먹다(食). 朝餐 午餐
晩餐(만찬)
*晩(늦을 만) -해(日)가 져서 해를 벗어나다. 면하다. 고로 저녁이 되다.
斬 밸 참. 斬首(목을 절단)
斬=車(수레. 극형 틀)+ 斤(도끼). 수레로 잡아 당긴 후 도끼로 찢어 죽임.
*斬新(참신) -무엇인가를 베었을 때 새로운 모습. 활력. 생기. 참신하다.
慙 부끄러울 참. 베어내고 싶은 마음은 - 부끄러움
*暫(잠깐 잠) -베일 때 해(日)가 보이는 순간은 - 잠깐
*漸(점점 점) -물이 베어가는 방식은 - 점점
參 간여할 참. 참여할 참. 석 삼. - 3(厶厶厶) 사람(人) 머리털(彡)

參禪(참선). 參政權(참정권). 參宿(삼수). 參判(참판)

慘 참혹할 참. 慘敗(참패). 마음(忄)이 근심으로 섞이다(참석할 참 參)

*滲(스밀 삼) -물(氵)이 섞이어(參) 들어간다. * 滲透壓(삼투압)

唱 부를 창. 獨唱(독창) *창성할 창(昌-해日처럼 널리 퍼지는 말 曰왈)

-입(口)을 벌려 모두 큰소리로 널리 퍼지게(昌)

囪 창문 창 *참조: 悤 聰

同窓과 同門

窓 창문 창. 穴+悤. 총명함을 받아들이는 구멍(穴)

*背山(현관)臨水(창. 도로. 水. 재물)

*동창(同窓)-같은 창문을 바라보면서 같은 스승으로부터 공부한 사이(일본)

동문(同門)-窓보다 넓은 의미의 같은 학교의 校門을 드나든 문하생(중국)

創 비로서 창. *창고 창(倉=食+口, 먹을 것을 에워싸고 있는 창고)

비로서 칼(刂)로 재먹을 잘라 창고(倉)를 '만든다. 시작하다'

*創造

愴 슬플 창. 마음(忄)이 곳집(倉=人+戶+口. 지붕+출입문+받침돌)

처럼 갇혀서 슬프다.

*悲愴(비창)-참담하도록 슬프고 서러움.*베토벤(8번), 차이코프스키(6번)

*慈悲(자비)-크게 사랑하고 가엾게 여김

策 꾀 책 *참조 術(술)

責 꾸짖을 책. 責任 주인이(主) 돈(貝) 갚으라고 꾸짖다.

*績(길쌈할 적. 공 적)-실(糸)을 맡아서 責任지고 하는 것 '길 쌈'

紡績. 功績

*積(쌓을 적) -벼를 맡아서 책임지고 하는 일 '쌓음'

*蹟(자취 적) -발에 책임 있는 것은 '자취'

處暑와 處置

處 곳 처. 돌아갈 처. 휴식할 처(安息處). 처치할 처(處刑. 處斷. 處置)
-날쌔게 움직이는 호랑이(虎)가 뒷발을 꿇은채 의자에 웅크리고 앉은 모습(動의 반대) '장소. 살다. 멈추다. 머물다"
傷處(다친 곳). 處所(머무르는 곳)
-暑(더울 서) -해(日)가 머리위에서 비추는 者
-處暑 -더위가 그친다. 더위 물렀거라. 더위가 휴식함
-處方-방법에 따라 처리함. 증상에 따라 약을 짓는 방법
-處女-결혼을 하지 않아서 친가에 편안히 머무른 성년의 여자
-處置 -상처나 헌데를 치료함 *참조 應. 應急處置
-處士 -벼슬을 하지 않는 선비(집에 있는 선비)

妻 아내 처. 집안에서 주권(十.십자가. 빗자루)을 잡은(彐) 여자는 妻, 서있는(立) 여자는 妾, 손(手 又)으로 일하는 여자는 奴

彳 조금 걸을 척

脊 등성마루 척. 등마루. 산마루. 등뼈
人+二+二+月 사람 몸(月)에서 가지런히 양쪽에 있는 뼈
*椎(쇠몽둥이 추) -새 꼬리 같은 나무(木) 뭉치. 등뼈

天 하늘 천. 天地(천지).
天地不仁(천지불인)-공짜는 없다.
하늘은 스스로 돕는자만 돕는다
문을 두드려라. 그래야 열린다
-세상은 어질지 않다. 세상은 인지상정이 없다(가혹하다)
-자연은 원래 그러한 것이니, 자연의 법칙에 순응하라
*天香 - 뛰어난 향기.
天香國色(모란).
傾國之色(경국지색) = 傾城之美(경성지미)

= 나라 안에 으뜸가는 미인

= 임금이 혹하여 나라가 뒤집혀도 모를만한 미인

古香 -옛 향기(古色이 창연하다)

*일로향실(一爐香室) -다로(茶爐)의 향이 향기롭다. 화로 하나 있는 다실

天火同人(천화동인), 火天大有(화천대유)

- 火天. 天火=하늘, 大有(크게 얻는다).

同人(함께하는 사람. 협력. 성취)

- 사람과 재물을 모아 천하를 거머쥔다.

天敵(천적) 쥐/고양이. 모기/사자. 거머리/코끼리. 파리/전갈

啇=立+古(뿌리 적) -나무를 오래(古) 서게(立) 떠받치는 것은 -뿌리

敵(원수 적) -전쟁에서 쳐서(攵) 이겨야 하는 상대는 '적'

-뿌리(啇)가 뽑힐 때까지 치는(攵) 상대 *敵産家屋

千 일천 천. (一瀉千里. 千里馬)

千 밑에 里가 오면 重, 千 밑에 口가 오면 舌. 一攫千金

千 밑에 있는 풀(艹)이 땅(土)으로 떨어지면(드리우면) 垂(드리울 수)

垂 좌측에 눈(目)이 오면 잠기고(睡), 입(口)이 오면 침이 난다(唾)

우편 우(郵=변방 수 垂+고을 읍 邑. 阝)

우체부(郵遞夫)는 변방 마을(阝)에 호랑이(虎)처럼 빨리

거의(垂, 거의 수) 간다 *垂(수) 참조

*참조- 침 타(唾), 갈릴 체(遞. 郵遞局), 무거울 중(重)

*서울 천만명 시민이 동시에 소리를 지르면? -천만의 말씀

天佑神助. 참조: 佑. 千載一遇(천재일우). *참조 :배우자

千字文(白首文) -저자 주흥사 *참조: 훈몽자회

마지막 문장 '謂語助辭(위어조사), 焉哉乎也(언재호야) 라!

천자문에서 마지막 승리자는 '야'

謂(이를 위)-뱃속 깊은데서 나온 말, 충심을 담은 말,

옛날 사람들은 말(言)이 胃에서 나온다고 생각
위(胃 밥통)에서 소화시킨 다음 *所謂(소위)

天何言哉(천하언재) -하늘이 언제 말 하더냐? *참조: 潔(결)의 春

舛 어그러질 천. 걸(傑).

李舜臣의 순(舜)- 손톱(爪)같이 어그러진(舛) 꽃잎이 덮여있는(冖) 꽃
- 花無十日紅이 아닌 100일간 꽃이 핀다(축복 계속)
- 舜(무궁화 순)=無窮花(무궁화) *참조 舜(이순신)

*窮(궁) -배가 활(弓)처럼 불룩 임신한 여자가(身) 좁은 동굴(穴)에 들어가는 격으로 더 이상 들어가지 못함.

無窮-끝이 없다 궁극(窮極=마지막)적으로

鐵 쇠 철. 金+土+口+王=戈 *참조: 丁

쇠(金)로 좋은(吉) 창(戈)을 만들려면 기술이 최고(王)여야 한다.

* 聽

우리 몸속에는 작은 못 1개(3~4g)의 철(Fe)이 있어야 헤모글로빈 단백질에 있는 철(Fe)이 산소를 운반한다. 고로 철이 부족하면 빈혈(+) 철이 들어야!

*寸鐵殺人(촌철살인)-한치(寸) 쇳조각으로 사람을 죽이다.
짤막한 경구와 단어로 사람을 감동시키다. 핵심을 찌르다.

*龍鬚鐵(용수철) 용의 수염과 같은 철
봄은 용수철처럼 나무. 풀. 꽃 등이 튀어 오르는 탄력을 가진 계절

尖 뾰죽할 첨. 뿌리가 굵고 끝이 뾰죽한 것

stylus(尖筆 첨필)-점토나 왁스판 위에 글자를 새기는 침모양의 펜(붓)
스타이러스 펜(스마트 폰의 S Pen. 전자 펜. 마법 봉)

두꺼비(섬진강)과 섬망(譫妄)

詹 이를 첨. 넉넉할 담. 두꺼비 섬. 살필 첨 *참조:危(위). 厄(액)

위험한 언덕(厂)위에서 멀리 있는 사람에게 크게 말하다.
말로 전하다. 이르다. 말이 많다 * 詹=人+厂+儿+言

*섬망(譫妄)의 譫(섬)-말이 많다. 헛소리
妄(망령 망) -여자가 망하니 '망령' *老妄氣(노망기).輕擧妄動
亡=亠(人)+ㄴ=사람이 달아나 숨으니 '망하다'

*膽(담) -언덕 위처럼 쓸개 끝이 간 밖으로 돌출되어 붙어 있다고.

*擔(담) -절벽 위에 있는 모습이 어깨에 무언가 둘러멘 모습
擔保. 擔任

*蟾(섬) -두꺼비 수컷이 암컷위에 올라타 짝짓기 하는 모습.
섬진강

肝膽이 서늘한 두꺼비(蟾)를 보러 蟾津江에 갈까?
擔任선생님 따라 첨성대로 갈까?
위험한(危險) 癡呆(치매). 老妄(노망). 譫妄(섬망)을 피하고 싶다

*瞻(쳐다볼 첨) 살피다. 瞻星臺(첨성대)

妾 첩 첩. 본마누라(女)의 머리끝에 올라서서(立) 아양 떠는 여자

*接(접근할 접) -첩의 손(扌)처럼 다가오니 '접근하다' 面接. 接見

聽 들을 청. 10개의 눈(目)을 갖고 일심으로 듣는 것(耳)이 최고(王)이다

*참조: 耳聽得心

靑 푸를 청 *고무래 정(丁) 참조

*靑=붉은(丹 붉을 단) 돌 틈에서 피어나는 새 싹(生)은 더 푸르다

*새싹이 나오는(生) 땅속을 파보면(井) 붉은 광물(丹)이 나온다.
때로는 푸른색(靑丹) 광물(丶)도 나온다.

*돈(貝) 때문에 책망하면(責) 얼굴이 붉으락(丹), 푸르락(靑)

*옥(玉)돌(石)이 너무 하얗게(白) 빛나면 푸르게 빛나고(碧),
눈의 푸른 곳은 눈동자(睛), 물이 맑고 깨끗하면 푸른 색(淸),
싸우다가도(爭) 푸른색을 만나면 맑고 고요해진다(靜),

*아스퍼거(자폐증) 환자들은 희망을 상징하는 파랑색(blue)을 좋아함

쌀(米)은 푸른빛이 날 때까지 씻어라(精)-초밥 2년 쌀씻기 교육

*精肉店(정육점)의 精-지방이나 뼈 따위를 발라낸 살코기로서 쌀알의 푸른빛처럼 깨끗하다는 뜻 *精神

*밤에 스마트 폰의 블루(blue) 라이트(青色)는 멜라토닌 분비를 억제하여 수면장애를 초래하므로 주의를 요한다.(망막손상은 없다)

*잠 깨는 호르몬 코티솔(cotisol), 잠 재우는 호르몬 멜라토닌
cortisol 어원은 라틴어 cortex(나무껍질)
melatonin은 melano(검은 색깔. 암울함. 우울함)에서 유래
serotonin-혈장(serum)에서 발견된 혈관을 수축(tonin) 시키는 물질
낮에는 세로토닌(행복 호르몬) 형태로 있다가,
밤에는 잠자게 해주는 멜라토닌으로 바뀐다
멜라닌 세포-겉피부(표피)에 분포하여 자외선으로부터 피부 보호
멜라닌 색소- 항균효과가 있음

*백인들은 멜라닌 색소가 적어 금발. 흰 피부. 파란 눈이 나타남

*melano, melanin 검은색의 단백질 색소
비 올 때 melancholy *참조: 憂
까메라(까맣다)
melanin의 어원은 '검다'는 뜻의 희랍어 melas *참조: 黑. 睡眠(수면)
머리카락의 색소를 만들어 내는 세포가 퇴화하면 머릿결이 흰색

天地玄黃

하늘이 깜깜해야(黑. 玄) 잠을 자고
하늘이 파라면(青) 깨어나서 일하는 것이
자연의 섭리이다

*默. 默珠 -개(犬)도 깜깜해야 잠을 잔다. 조용해진다. 默念

잠잘 때는 '멜라토닌' 이라는 호르몬이 나오고
아침에 새벽잠을 깰 때는 '코티솔' 이라는 호르몬이 나온 것도
자연의 섭리이다

불면증은
이 자연의 법칙을 어기는 사람들이다
분노를 일으켜 코티솔(cotisol)을 높이거나
파란색의 빛(blue light)을 보면
잠을 이룰 수가 없는 것은 당연한 것 아닌가?

千字文 처음에 나오는
'하늘은 검고 땅은 노랗다'는 뜻의 천지현황(天地玄黃)
밤에는 불 끄고 잠 잘 자라는
깜깜한 하늘(玄)의 뜻 이제 알겠네

신혼부부가 가장 좋아하는 곤충은?
'잠자리'

적폐 청산과 황진이 청산

淸 맑을 청. 물(氵)이 푸른색이니 '맑다. 깨끗하다'
*淸掃(물과 손으로)
*淸算(청산) -셈할 산(算)=竹+갖출 구具-대나무를 갖추어 두고 '셈하다'
積幣淸算(적폐청산) -오랫동안 쌓인 폐단, 잘못된 관행, 부정부패,
비리, 악습 등을 깨끗이 씻는다 *積幣-累積弊端의 준말
積(쌓을 적)=주인이(主) 쌀(禾)과 돈(貝)을 쌓는다 *微積分(미적분)

責(꾸짖을 책)=朿의 변형 主+貝,

-貝(돈. 농산물)를 내지 못해 가시나무(朿) 기둥에 묶이다.

-債(빚 채)-남에게(人) 갚아야 하는 돈(貝)

弊(폐단 폐)=두 손(廾)으로 수건(巾)을 두 번 찢고(八八) 때리는(攵) 폐단 폐를 끼치다 *참조: 수선할 선(繕)-실(糸)로 옷을 좋게 한다

*老廢物(노폐물) -생물체의 신진대사과정에서 만들어진 찌꺼기

폐할 폐廢(쏠 발發+집 엄广) -집에서 모두 떠나니 '폐하다' 廢校(폐교)

쏠 발(發)=癶+弓+殳 -활과 몽둥이를 가지고 걸어간다 '일어나다. 쏘다' *참조- 오를 등(登)의 걸음 발(癶)

*푸른 시냇물(綠水)은 흘러 흘러가지만

青山(푸른 산)은 변하겠는가(황진이)

*여호와는 나의 목자시니 , 푸른 초장(청산). 쉴만한 물가(녹수)

*青山은 나를 보고 말없이 살라하고(나옹 선사, 무학대사 스승)

*青山裏(청산리, 푸른 산 속) 碧溪水(벽계수=맑은 시냇물)야 수이감을(쉽게 빨리 흘러감) 자랑마라.

一到蒼海(일도창해, 한 번 넓은 바다에 이르게 되면)하면 다시오기 어려워라.

*청색(靑)을 볼 수 없으므로 청'이라는 소리만 들어도 시기(猜忌 시기할 시. 꺼릴 기)하는 개(犭)들이 '적폐청산의 清算이 개들이 생각했던 青山이 아니라고 기뻐한다네. 으 하하하!

*꺼릴 기(忌) -마음 속(心)에 굽이치는(己) 원한이 생겨 미워하고 꺼리다.

廳 관청 청. 백성의 소리를 귀담아 듣고 일하는 큰 집(广)

*참조: 聽(들을 청)

體 몸 체. 많은 뼈(骨)들이 풍성하게 모여 만들어진 몸

풍성할 풍(豊)-수확한 곡식(曲)을 커다란 그릇(豆)에 넣어둔 모양

*나 여호와가 너를 항상 인도하여 마른 곳에서도 네 영혼을 만족케 하며 네 뼈(體=骨+豊)를 견고케 하려니 너는 물댄 동산 같겠고 물이 끊어지지 아니하는 샘 같을 것이라(사 58:11)

滯 막힐 체. 물위에 띠가 생겨 막힌다. 체한다. 停滯(정체). 滯留(체류)

*참조: 帶(띠 대). 帶下(기운의 띠) 허리 띠 기운이 약해져서 흘러내린다.

遞 갈릴 체. 갈마들다. 갈음하여 들다. 서로 번갈아 들다(나타나다)

벼랑(厂)을 범이(虎) 한발 한발(辶) 올라가는 '갈마음'

교통체증(遞增). 체신(遞信)

*우체국(郵遞局)의 우(郵)=드리울 수(垂)+ 阝 *참조: 침 타(唾)

드리워지다=가지가 길게 늘어지다=거리가 멀다=길다 뜻

중앙에서 멀리 떨어진 변방(阝)에 문서를 보낸다.

*우체(郵遞) -멀리 변방으로(郵) 말(馬)대신

사람이 호랑이처럼 빨리(遞) 전하다.

*역참(驛站)

역참 역(驛)-공문서를 전달하기 위해 말을 세워 둔 곳.

*역마을 참(站) =중국어 역(釜山站=부산역)

膵 췌장 췌. 月+ 艹 +卒

*卒 - 졸병들은 모자가 부족해서

갓(亠) 하나로 2명(人人)이 사용하는 병졸이 많다(十)

-전쟁에서 장수보다 빨리 죽는다 *참조: 遠

'끝마치다. 다하다' 卒業. 腦卒中(뇌졸중)

-卒의 초서 九十 (구순잔치. 卒壽 졸수 90세 잔치)

-望九(81세)-90까지 장수하시라는 덕담

*萃(모일 췌) - 풀(艹)처럼 무더기로 모이다.

膵 -몸(月)에 탄수화물(아밀라제). 지방(리파제). 단백질(트립신) 등

'전부 분비한다'
'모든(pan-) 궂은 일을 도맡아 한다'
'졸병 신세의 살점 덩어리(-creas)
췌장 膵臟 (pancreas=pan 모든 凡 全 總 +creas 살코기 月 肉)

五臟(오장)도 아닌 것이 이자만 비싸네

체(췌장)!! 랑게르한스 섬(島)에서
인슐린 더 만들려고 돈을 빌렸는데
이자(=췌장)도 비싸네
췌장 左右에는 두 친구 12지장과 지라(spleen)가 있는데
이 중 우측의 12지장에 연결되어 있는
쓸개(담낭) 빠진 놈 때문에
비위(脾胃=지라=피 주머니) 상하니까
면역력 떨어지고 지랄(지라)하겠네

*五臟 -간장. 심장. 비장. 폐장. 신장
*臟 오장 장. 감출 장 (=月+艹+爿+臣+戈)
-풀(艹)속에 나뭇조각(조각널 장 爿)과 창(戈)을 들고
눈을 크게 뜨고 숨어있는 사람(臣)
*참고: 비장(脾臟 지라)-면역기능+적혈구 처리
췌장(이자)-인슐린(당뇨). 글루카곤 분비
췌장-외분비 샘 -췌장액(소화효소) 분비
내분비 샘 -호르몬(인슐린. 글루카곤. 소마토스타틴) 분비
內分泌(내분비)-'랑게르한스'섬처럼 혈액으로 바로 분비되어
표적기관에서 쓰이고 사라진다

분비의 泌(물 흐를 비 氵+必)-물(氵)은 반드시(必) 흐른다
호르몬 뜻: 자극

랑게르한스 섬(islet 아일렛. 작은 섬)=이자 섬
-췌장內에 섬모양으로 산재하는 내분비 세포군(100만개)
islet(작은 섬) & island(아일랜드)-섬(島)
iceland(아이슬랜드)-나라 이름
Ireland(아일랜드) -나라 이름
insulin(인슐린) -라틴어 insula 섬(島)
-랑게르한스 섬(이자 섬)에서 생산되는 '섬(insulin)'표 물(호르몬)
glucagon=glu(그리스어 sweet) +cagon (bringing 가져오기)
glycogen=glyco(그리스어 sweet) +gen(생산하다)

*당뇨병과 관계있는 췌장 보호법
1) 채소섭취 -糖(당)지수 상승속도 억제
2) 비만 방지-인슐린 분비량 때문에 췌장이 쉽게 피로
3) 인슐린 분비량을 올려 췌장기능을 약화 시키는
- 술. 담배. 밀가루 금지

*spleen(지라. 脾臟 비장) -일종의 림프절(면역 기능. 림프구 생성)
-적혈구 파괴 처리(혈액 필터 기능)
-피 주머니(인체의 혈액 10% 보유)

生水 (상표: 인슐린)

생명을 상징하는 물(水)은

神이 인간에게 무료로 주신 선물이다
지금은
푸른 금덩이, blue oil 이라 불리 우고
기름값 보다 더 비싸다네

당뇨병 환자들에게 꼭 필요한 생수
'섬(島)'표 生水
섬이라는 뜻의 '인슐린' 은
췌장 속에 있는 100만개의 섬에서 만들어 지는데
그 섬이 바로 랑게르한스 섬(島) 이라네

너희가 기쁨으로 구원의 우물물에서
물을 길으리로다(이샤야 12;3)
생명의 근원인 나에게서 물을 떠가라
그리고 여호와의 이름을 빛내라
물세례를 주시는 이유, 이제 아시겠는가

*물 댄 동산(사 58:11). *여호와는 나의 목자시니 내게 부족함이 없으리로다
그가 나를 푸른 풀밭에 누이시며 쉴만한 물가로 인도 하시는도다(시 23:1~2)
*神 : 8잔(尊. 酋)

彩 무늬 채 * 彡(삼)
屮 풀 초(草 ++) 초두머리. 왼손 좌. 싹 날 철
草 풀 초. 草木(초목)=풀과 나무. 草 = 풀(++)은 빨리 자란다(早)
*참조: 綠. 草綠同色
初 처음 초. 옷(衣)을 만들 때 맨 처음 하는 일이 칼(刀)로 옷을 자르는 일
炒 볶을 초. 炒馬面(초마면=짬뽕면).
*馬는 입이 얼얼하게 맵다는 麻(마)의 잘못된 표기

*秒(시간 단위 초) -벼의 아주 작은 까끄라기 조각. 작은 단위 시간

*炒 - 불이 적은 약한 불로 노릇하게 볶다는 뜻

초록효과 -공원걷기. 정원을 보기만 해도 통증이 완화된다.

숲이 보이는 창가의 입원환자가 더 빨리 치유된다.

寸 마디 촌

村 마을 촌. 가까운 거리(寸)에 있는 나무(木), 마을 뒷동산

聰 총명할 총. 귀 밝을 총(聰氣 총기. 聰明 총명)

정수리 신(囟) -유아의 두개골, 머리뼈가 봉합되는 부분

뇌 뇌(腦) -몸(月)속의 머릿골(囟)+머리카락(터럭 삼 彡)

聰=바쁠 총(悤) + 귀 이(耳)

-말이나 소리를 한꺼번에 모아(悤) 들으니 귀(耳)가 밝다.

聰明不如鈍筆(총명불여둔필)-총명한 머리보다 둔한 연필이 더 낫다.

總 모두 총. 거느릴 총. 糸+悤(마음이 바쁘다).

*總長 -바쁜 사람들을(교수들) 실(糸) 하나로 묶을 수 (모으다. 합치다. 총괄하다) 있는 사람

*總角-결혼 전 남자들의 머리를 양쪽으로 갈라 뿔 모양으로 동여맨 머리

*편지 끝에 悤悤(총총)-바쁘고 경황없어 이만 끝낸다는 뜻

*悤(바쁠 총. 급할 총).마음을 가다듬으면 급하고 바쁘겠지만 밝고 슬기로운 생각이 떠오른다.

마음의 창. 마음은 굴뚝 같지만

*囱(굴뚝 창. 창 창)- 집(宀)을 쳐서(攵) 만든 구멍(一), '창문 창. 창문' 窓=穴+悤

창문 밖으로 저녁때 연기 나온 것을 보니 마음이 바쁘다 (식사 준비. 가축들 먹이 준비. 온돌방 불 때기 등등)

＊聰(총)=恥+囪 -창문이 맑아야 잘 듣고 聰明해진다.

＊恥(부끄러워할 치)- 귀(耳)로 마음(心)의 소리를
들어보니 '부끄럽다' 厚顔無恥(후안무치)

最 가장 최. 말(日)로 취한자니 '최고'

最高 최고.

最後의 만찬. 유월절 ＊참조: 快癒의 유월

崔 최고 최- 山을 좋아하는 새. 산속에서 새를 잡는 사냥꾼

＊새똥 -구아노 비료 - 나무가 잘 자란다

＊崔(山 위를 나는 새), 鶴(지붕宀 위를 나는 새)

＊耽津(탐진) 崔씨 -강진의 옛 이름

-耽津江(탐진강)-耽羅(탐라도. 제주도) 사람이 육지에 배를 댔다고

＊冘(冖+人) -망설일 유. 나아갈 임 -사람의 목에 걸친
멍에(덮개) 때문에 움직이기가 부자연스럽다(망설이다)

＊枕(베게 침) -목에 걸친 나무

＊沈(잠길 침)-물속에 들어가면 잠길 수밖에

＊耽(즐길 탐)-축 처진 귀(耳)처럼 지나치게 즐긴다.(좋아하다)
-흥미 있는 이야기에 귀가 솔깃하여 빠지다. 耽美 耽讀
~을 탐하다. 지나치면 탈이 난다.

＊眈(노려볼 탐) -虎視眈眈(호시탐탐)

催 재촉할 최. 사람(人)이 높이(崔) 올라가도록 재촉한다.
催眠(최면) -인위적으로 재촉하는 수면

隹 새 추

推 밀 추. ＊참조: 贈. 推敲(퇴고. 추고)

推拿요법(추나). 손으로 밀고 당기거나 마찰을 일으켜
비틀린 체형을 교정하는 치료법.
推(밀 추), 拿(잡아당길 나) ＊拿捕(나포).推敲(퇴고)

＊拿 :Kiss(合=人 + 一 + 口) 다음에는, 손(手)으로 잡아당긴다

椎 몽치 추 *참조: 脊椎(척추)

酋 추장 추. 八+술(酉)-술 8병(8잔)은 먹어야 추장감이 될 수 있고
존경(尊敬) 받는다 (공경할 존 尊 =八+酉+寸)
*술 먹고 들깨 먹지 말 것-술이 덜 깨니까
*하루에 물을 8잔 마시면 身數(신수=운수, 운명)가 훤해진다.
7~8월 여름철 탈수가 심하면 혈액농도가 짙어져 혈전 발생율이 높다.
높일 존(尊)=술 익을 추(酋)+마디 촌(寸)-神에게 높여 바친다.
따를 준(遵)-神에게 술을 바치며 따른다(辶) -遵法(준법).

秋 가을 추. 벼이삭(禾)을 불(火)에 구워 먹는 계절. 곡식을 추수린다
一刻如三秋(일각여삼추), 一日千秋(1일천추), 一日三秋(1일3추)
秋=年, 하루가 천년 같다. 하루가 3년(3개월) 같다.
사모하는 마음이 간절하다. *千秋의 恨(한)

秋史가 비엔나 스테판 성당에 간 이유

秋收(추수). 가을 추(秋) -벼이삭(禾)을 불(火)에 구워
알맹이를 먹는 계절
거들 수(收) -이삭에 붙은 낱알(얽힐 구)을 쳐서(攵)
거두어 들인다.
*추사(秋史)라는 명호는 24세 중국 연경에 갈 때부터 사용.
-秋史 뜻 -秋霜같이 엄정한 금석서화가(金石書畵家) *참조 -道
秋 -가을. 훨훨 나르다. 추상(秋霜) 같다. 오행 중 金
史 -사관. 문장가. 서화가 *참조: '최준호 저, 추사 명호처럼 살다'
*추사 김정희가 오스트리아 비엔나에 간 이유?
추사 호(명호)와 비엔나 스테판 성당 남쪽 탑 계단이 343개
이므로. '자' 나 '호'를 만드는 이유는

-생체리듬에 맞춰 부름으로서 화를 피하는 지혜이다.

-부모가 지어준 이름은 자꾸 바꿀 수 없기 때문에.

*스테판(그리스어: 스테파노스, 영어: 스티븐. 뜻: 왕관. 면류관)

-최초 집사(그리스어: 디아고노스. 일꾼. 청지기).

-聖殿을 모독했다고 첫 순교자(사도행전 7장)

*면류관. 왕관(王冠). Crown. Corona

祝 빌 축. 빌 때는 먼저 兄에게 잘 되라고 빈다. 祝賀(축하)=축하함 *說

縮 줄어들 축. *참조 經

蹴 찰 축. 발(口+止=다리)로 잘 차는(축구 잘하는) 서울(京) 개(犬)

春 봄 춘. *참조: 毋의 毒

-여자 3사람이 만나면 접시가 깨진다고 하지만,

겨울잠 자던 해(日)도 깨어나 따뜻한 봄(春)이 된다

암탉이 '제대로' 울면 집안이 興(흥)한다

마누라 말 잘 들으면 자다가도 떡이 생긴다

*春夏秋冬(춘하추동) *해(日)가 3개면, 晶(밝을 정. 수정 정)

春分(춘분) 봄을 나누다. 낮과 밤의 길이가 같다.

봄을 나누다(春分), 부활

2021년 봄(春)은 이렇게 시작한다
3월5일, 개구리가 깨어나(경칩 驚蟄) 외친다
처녀가 잉태했다고

3월 20일(春分)
낮과 밤의 길이가 같아지면서
우리 모두 평등하다고 외친다

3월 27일, 배가 완전히 부른 滿月(보름달, 음력 15일) 후
4월 4일, 처음 맞이하는 일요일에
'부활절' 이라는 새로운 창조와 탄생으로 분만을 한다
4월 4일 축하한다고 하늘이 맑아진다(淸明)

봄바람(東風)이 불어도 봄을 모르는 안타까운 사람들
馬耳東風(마이동풍)

*경칩(驚蟄). 敬(공경할 경)-귀(++)를 쫑긋 세운 개(句)가 몽둥이(攵) 앞에서 공손해진다.
*驚(景+馬, 놀랄 경)-쉽게 놀라는 말. *춘분=평등 *眞(八 나누다)
*蟄(틀어박힌 칩. 執+虫)-겨울동안 벌레처럼 웅크리고 틀어 박혀 있음.
*부활절 -음력. *경칩 -춘분 -부활절 -청명

出 날 출. 높은 곳에서 보면 山 아래 또 山이 솟아나오고 나가니
'나올 출. 나갈 출' 出入(출입)=나가고 들어옴.
忠 충성 충. 마음(心) 속에는(中) 늘 충성함이 가득 하여야 한다는 의미

忠壯路(충장로)

*충장로(光州 중심지라고 본정. 김덕령 장군(1568~1596)의 시호에서 유래. 무등산에 충장사 묘역)
-충장로 1가에서 누문동 144번지까지 1,093m
금남로(일제시대: 일본천황. 명치정)-금남군 정충신 장군으로부터 유래
- 임동 94번지에서 국립아시아문화전당까지 1,473m
- 정충신 아버지 태몽: 무등산이 갈라지며 청룡과 백호가 뛰어나와 가슴에 안김
*錦南路 -남쪽으로 뻗은 비단 길. *忠壯路 -충성스럽고 용맹한 길
*湖南 -호수(금강)의 남쪽 *壯(씩씩할 장) *豪言壯談(호언장담)
*권율(1568~1596)의 사위들: 이항복(1556~1618), 정충신(1576~1636)

무등산이 보고 있다

태어날 때부터 모두 평등하다고(無等)
일일(11)히 팔치(87)를 채워주는 山(1,187 m)
충장 김덕령 장군이 잠들어 있는 山
금남군 정충신 장군이 氣를 받고 태어난 山

충성스럽고 용맹한 길, 忠壯路에서
김덕령 장군의 豪言壯談 소리 들어 보았는가
정충신 장군의 남쪽으로 뻗은 비단길, 錦南路에서
위대한 광주 시민들의 5.1.8 함성 들어 보았는가
無等山이 보고 있다

充 가득할 충(充滿 충만). 거꾸로 子. 머리부터 분만 후,
育(애기가 자라 月) 두발로 충분히 선다(儿).
取 취할 취. 적의 귀(耳)를 가져오니 '취하다'.
趣 달릴 취. 뜻 취. -취하기 위해 앞으로 가니 '달리다' 趣向(취향)
側 곁 측. 사람(人)이 재물(貝)을 나눌 때는 法則(법칙)을
곁에 두고 살아야 한다. '곁'
齒 이 치 –팔(八)이 4개 이니 이빨 총수는 32개
恥 부끄러워할 치. ＊참조: 聰

治 다스릴 치(氵+台 별 태. 받침대. 전망대)
홍수를 막기 위해 전망대(台)위에서 물(氵)의 세기를 지켜보며 조절
-숨구멍 厶(코) + 목구멍 口(입)=호흡작용(생명력)을
유지하는 코와 입에 물(氵)을 잘 쳐야(잘 다스려야) -治

＊治療

＊혀(舌)에 물(氵)을 쳐야 - 活

＊始(처음 시) -인간은 여자로부터 태어남

고로, 여자는 생명의 받침대(台)

＊예수님이 물(氵)위를 걸으시기만 해도(요한복음 6:16)
풍랑의 바다가 조용해진다

＊기차도 물(氵)을 쳐야 간다 - ＊참조 - 汽

＊台 나이 태. 클 태(기뻐하다. 기르다. 늙다)

＊治 -물(氵)을 아이 다르듯 기르듯이(台) 잘 다스리는 것

治山治水

농사에 필요한 물 관리를 잘하는 임금이 백성을 잘살게 하는 것이므로 이를 정치의 근본으로 삼았다.

＊土 하나를 가리켜주면 열을 안다.
씨앗 하나(一)+ 많은 곡식(十)

＊去=土+厶 -개인적인(厶) 땅(土) 욕심
-이것을 다스리는 것이 法

＊法 -위에서 아래로 흐르는 것이 당연한 이치인 물(氵)로 다스림

＊治 -개인과의 시비(口)에서 비롯된 것을 물(氵)의 잣대로 공평하게 다스린다.

致 이를 치. 致命(치명)목숨을 바침. 致富(치부)부자가 됨.

侈 사치할 치 ＊참조: 者

置 둘 치. 베풀 치. ＊참조 -應

稚 어릴 치. 幼稚園(유치원) ＊참조: 樂

癡 어리석을 치

＊癡呆(치매)-영혼을 갉아먹는 병. 암보다 무서운 병 ＊참조: 海馬

＊치매 약-리아백스(Vax)(췌장암. 치매. 전립선비대 치료제)

*인체 면역 시스템(처리 방법 2가지 A B)
A) 체액성 면역(예방백신 원리)-체액을 타고 다닌다고
B) 세포성 면역(치료백신 원리)-세포를 직접 공격한다고

처치방법- 적군(병균. 항원)이 들어오면
-면역세포(대식세포. B세포. 수지세포)가 잡아서 분해
-분해된 조각을 주렁주렁 달고 항원을 제시하면
-helper T(보조 T세포)가 B. T 세포에게 알린다.
*보조세포가 없으면 AIDS 발생

A) 체액성 면역 -
-골수 B세포에게 -항체 생성하라고 명령
a)형질세포(항체를 생산해서 항원의 기능을 약화)
b)기억세포(다음 공격에 대비해서 기억)
-혈액. 림프액등의 체액을 타고 몸을 순환하면서 항원 체포
B) 세포성 면역 -T세포(세포독성 T세포. cytotoxic T cell)
또는 NK세포(자연살해세포 natural killer cell)가
직접 항원을 공격(녹이고 분해해서 죽인다 -치료)
*참조: 癌. 이이제이.
*리아백스(Vax=vaccine 약자) 원리
-암세포가 만들어 낸 영원불멸의 '텔로머레이스'를
적군으로 인지하도록 학습시켜 죽인다.
(인체에서 만드는 것은 아군이라고 생각)

*염색체 끝부분은 구두의 굽처럼 생긴 '텔로미어'가 보호한다
telemere = telos(끝) + meros(부위). DNA 보호(복제 끝나면 소실)
콩 음식이 텔로미어 보호

텔로미어 복원효소 -텔로머레이스(항암유전자 치료제-텔로머라이신)
정상세포 - 조금씩 달아서 짧아지고 결국 죽는다(노화과정)
암 세포 -'텔로머레이스' 효소를 이용해서 계속 재생한다(무한증식)
고로 이 효소를 죽이는 것이 암 치료의 원리이다.

*참조: 이이제이

*리아백스-항암 유전자 치료제(텔로머라이신)
텔로머레이스에서 유래한 16개의 아미노산으로 구성된
펩타이드로 체내 면역세포를 활성화 시켜 암세포 공격
-면역. 항암. 항산화 효과가 있다(노화 방지)

코로나 19 때문에
몇 달 만에 가본 교회
하얗게 바랜 기다림 때문인지
교회 벽은 하얗게 변해버렸네

나대신 기도해 준
텅 빈 교회 창밖 꽃들이 환하게 웃으면서 말한다
텔로미어가 짧으면
코로나 19 바이러스에 더 잘 걸리므로 주의하라고
콩이 텔로미어에 좋다는 소문 때문인지
콩 먹으려고 호텔로 가는 사람들 미어 터지네

*텔로미어 역설
암세포의 텔로미어는 항상 길다(무한증식 하므로)
정상세포는 점점 짧아져 없어진다
오래 살고 싶으면 텔로미어가 길어야 한다
암세포를 없애려면 텔로미어를 짧게 해야 한다.
진퇴양난이네

백혈구

光州에 행정구역상 동구. 남구. 북구, 서구. 광산구 등이 있듯이,
백혈구에는 과립구(호산구. 호중구. 호염구), 단구,
림프구(T 림프구 & B 림프구)가 있다
이 중에 단연 돋보이는 주인공은 '림프구' 라네
癌(암)을 치료하려면 2,000개(1mm) 이상 있어야 하므로

외부에서 세균이 들어오면 '도움 T 세포(helper T cell)'가
'사이토카인(cyto 세포+ kein 움직임)이라는 면역세포 전달물질을
(단백질)분비하라고 한다
특정세포에서 피나 림프관으로 분비되는 호르몬과 달리
모든 세포의 면역세포에서 분비되는 사이토카인(Cytokine)은
'살해 T 세포' 와 'B 세포'의 활성을 증대해서
살해 T 세포는 감염된 세포들을 파괴하고, 바이러스를 죽이고
'조절 T 세포' 는 면역 활동을 조절한다

- *백혈구
  - 과립성 —— 호중구. 호염기구. 호산구
  - 무과립성
    - 단구
    - 림프구
      - B 세포
      - T 세포
        - 살해 T 세포(Killer T cell)
        - 도움 T 세포(helper T cell)
        - 조절 T 세포(regulatory T cell)
        - 기억 T 세포(memory T cell)

*사이토카인(호르몬 아님) 종류(면역세포 전달 물질)
1) 인터루킨(T 세포에서 분비) - T 세포 공격목표 : 바이러스
2) 인터페론(B 임파구. 마이크로파지에서 생성) - B 공격목표 : 박테리아

3) 림프카인(림프구에서 분비)
4) 모노카인(대식세포에서 유래)
5) 종양괴사인자(Tumor necrosis factor TNF)

親 친할 친. 어버이 친. 나누(木) 위에 서서(立) 멀리 바라보는(見)
*친절에 '끊을 절(切)' 자를 쓰는 이유
명예를 최고의 가치로 삼고 있는 일본 무사들이 불명예로 할복자살 할 때 바로 죽지 않고 고통스러워하는 모습을 보여주지 않으려고 믿을만한 친구나 부하가 뒤에서 목을 베어준다는 일본식 漢字.
*親舊: 친하게 예전부터 사귀던 사람 *참조: 舊
*동무(순수 우리 말)

漆 옻나무 칠. 木+八+水+氵 물을 2번이나 나눠주는 나무 *먹漆(칠)하다 '옻나무' / *참조 -새(隹)가 새(鳥 꿩)를 잡는 응(매)
*무릎 슬(膝) -몸에서 옻나무처럼 매끈한 곳. 기름칠(水氵) 두 번 할 것.
膝蓋骨(슬개골)-무릎을 덮고 있는 뼈
관절염 치료에는 '아보카드'가 좋다.(호랑이. 말 들이 좋아한다)
-무릎관절에 좋은 운동 -스쿼트
근육에는 겉 근육 과 속 근육=코어 근육(core 중심)
속 근육을 보강시키는 스쿼트 운동이 무릎통증에 효과적이다.
*黎明(여명). 膝(슬)=무릅 *무릎 통: *참조: 膝甲盜賊
*옻나무-옷을 주는 나무가 아니고, 물을 두 번씩(氵水) 무릎에 뿌려 통증을 막아주는 나무
*옻(공업용)-변하지 않는 특성을 이용해서 도료. 광택. 나전칠기
옻 -위장병. 신장결석. 간(肝)질환. 여름철 보양식. 손발 저림. 냉증 뼈나 근육이 끊어진 것을 이어주고 통증에 좋다.
*참고: 프롤로 증식 치료

七七節(칠칠절. 五旬節. 맥추절)-예수님 부활 후, 40일째 승천하시고 50일째 오순절에 성령 받는 날 기념

*3대 주님의 축제 -
1월 광복절(유월절 逾越節), 5월 부활절(칠칠절. 오순절. 맥추절), 11월 초막절(추수절)

*유월절(passover.광복절. 過越節 과월절)-
-장자들의 죽음(재앙)을 넘어가고, 이집트 노예생활을 탈출하는 광복절
*초막절(草幕節 추수절. 추석)-광야를 횡단할 때 초막에서 살았던 기억과
가을 추확을 기억하는 축제
*오순절 -미래지향적인 성령이 오신 날. 신약교회가 시작된 날(신약교회의 생일)

快癒(쾌유)

코칭(coaching) -코치의 어원은 마차(coach)라는 말에서 유래. 마차에 타고 있는 사람이 가고자하는 목적지에 도착할 수 있도록 하는 마부의 역할을 말한다.
快 시원할 쾌. 마음을 펼쳐 활짝 연다. 爽快(상쾌).
*夬(터놓을 쾌)는
央(가운데 앙)의 좌측 옆구리를
칼로 잘라 펼친다. 깨지다. 갈라진다. *참조-央
*決(터질 결) -큰 물(氵)로 제방이 터진다. 可決(가결)
*快(시원할 쾌) -마음(忄)을 터놓으니(夬) 시원하다.
*快癒(쾌유) -병이 완전히 나음(낫다)
쾌유를 빌 때는 마음(忄)을 터놓고(夬) 시원하게(快) 말하세요.
병(疒)든 사람(人)은 1인당(一) 고기(月) 2줄(괴 巜)은 먹어야 마음(忄)부터 좋아진다고. *참조: 齊 고기 2줄. 齋
癒(병 나을 유. 治癒) - 疒+人+ 一 +月+巜+心

* 巛 (큰 도랑 괴), 더 넓으면 巛 (천)
劉備(유비)
劉=卯(토끼 묘)+金+刀 '묘금도 류'/ 좌우대칭(卯) 쌍칼로 '죽일 류'
榴(석류나무 류)-나무(木)가 물 머물 듯(留) 침을 고이게 한다.
* 快辯(변호사)
* 兪(통할 유). 逾(넘을 유).
* 越(건널 월)-도끼(戉 월)를 들고 달려감 超越. 超人的. 追越
* 逾越節(유월절)-넘어가고 건너가는 절기. 재앙이 넘어가는 절기 * 戈(창 과). 戉(도끼 월)

유월절과 최후의 만찬

* 유월절(pass over)과 최후의 만찬(The last super)
유월절 -어린 羊의 피로 이스라엘 민족을 재앙으로부터 해방(율법)
최후의 만찬 -예수님의 피로 모든 인류를 해방(율법 대신 새 언약)
* 참조 : 우리의 죄를 赦하여 주시고 ..
* 晩餐(저물 만. 늦을 만 / 먹을 찬)
상식에 벗어난 석양(夕)에 점(卜)치면 외과(外科)에 가야하므로, 석양(夕)에 점(卜)치지 말고 손(又) 씻고 식사(食)를 해라.

* 만두 옆구리 터진 글자
1) 決 -옆구리 터져 물이 센다 -決定. 判斷
2) 快 -옆구리 터져 마음이 시원하다 -快感. 快樂
3) 央 -양팔을 벌리고 누운 사람(大)

* 침묵과 수다 (50분 강의하고 10분 쉬기)

(50분 이어폰 듣고 10분 쉬기)

* 쾌락중추 -초콜릿을 먹거나, 혼잣말을 하거나, 수다를 떨면 快樂(쾌락)중추가 활성화 된다.
* 2시간 정도 침묵하면 학습과 회상에 관련된 뇌영역에 새로운 뉴런생성이 촉진되어 스트레스가 완화되고 창의성도 생긴다.
* 공자 왈: 부유하면서 교만하지 않는 것보다 가난하면서 즐길 줄 아는 것이 더 훌륭하다(知<好<樂)

唾 침 타, 타액(唾液)

드리울 수(垂) -千 字 밑에 십자가(十十) 2개를 옆으로

두 번(二) 그으면(垂) 꽃잎이 아래로 쳐지면서

좌측 입(口)에서는 침이 흐른다(唾).

좌측 눈(目)은 스르르 감긴다(졸음 수 睡).

우측 마을(⻏)에는 우체국이 생긴다(郵)

*참조: 갈릴 체(遞). 垂. 睡

打 칠 타. 손(扌)에 못(丁)을 들고 '치다. 때리다' *手打

他 다른. 남 타. 사람(人)을 대하는 모습이 뱀(也)처럼 차다.

*참조: 解. 他人能解(타인능해) . 쌀통을 열수 있다

啄 쪼 탁. 줄탁(啐啄)同時. *緣(彖)

*(떠들 줄). 口+衣(여러사람이 동일한 복장(衣)을 한 병졸)

병졸들이 여기저기서 입(口)으로 떠든다

*啄(쪼 탁) 줄에 묶인 돼지(豕)가 발버둥치면서 부리(口)로 쫀다

誕 탄생할 탄, 낳을 탄. 거짓 탄

-탄생의 스토리는 사실을 잡아 늘려 과대하게 포장.

-말씀(言)에 이끌려(延) 태어남

보라 처녀가 잉태하여 아들을 낳을 것이요(이사야 7:14)

-성탄절(聖誕節)

脫 벗을 탈. 脫=月+兌(기쁠 태. 바꿀 태. 날카로울 예. 예리)

사람의 얼굴은
하하하(八) 웃으면서 말하면(口)
기쁘게(兌) 또는 예리(兌利)하게 바뀌고(兌),
곤충과 뱀은 기쁘게(兌) 허물을 벗는다(脫)
육체적인(月) 속박에서 벗어나면(兌)
크게 기쁘지만(脫)
마음(心)까지 기쁨(兌)을 더하면
더 기뻐지므로(悅 기쁠 열)
말(言)도 기쁘게(兌) 해야 하고(說)
세금(禾) 마저도 기쁘게(兌) 내야 한다(稅)

탈무드(Talmud) 뜻: 배움. 연구. 학습. 교훈. 판례집
-토라(Torah)=율법=모세 5경.
모세 5경: 창세기. 출애굽기. 레위기. 민수기. 신명기
民數기(인구조사). 申命기(되풀이할 신. 규칙 명)
-랍비 뜻: 스승
*탈(脫) 무드 : 여성은 무드에 약하므로 탈무드 할 것 (참조: 이청득심)

耽 즐길 탐. 耳+冘(冖 + 儿 .머뭇거릴 유, 베개 음) *참조: 崔
사람(儿)이 베개(冖)를 베고(冘) 귀(耳)로 소리를 즐기다
청진기(stethoscope= stethos 가슴+ scope) 이전에는
醫師들이 아름다운 여인의 가슴에 귀를 대고 진찰(즐겼다고?)
* 恥(부끄러울 치) - 부끄러운 일을 하면 수치심으로
귓불이 붉어진다
* 貪瞋癡(탐진치). 枕溪樓(침계루). 耽美(탐미). 耽讀(탐독)
湯 끓일 탕. *참조 昜(양) 蔘鷄湯(삼계탕)
蕩 쓸어 없앨 탕. 방탕할 탕 *탕자(성경의 가장 큰 비유)

-풀(艹)이 끓는 물의 위아래가 뒤집힌 것처럼 뒤집힌다.

蕩 쓸어버릴 탕, 흐르게할 탕. 실가리국(艹)을 끓인다. 蕩平策(탕평책)

太 크다 태. *클 태(泰)

態 모습 태. *本態性(본태성)-본래 태어날 때부터 성질 *참조: 能

殆 위태할 태. 높은 전망대(태)에서 떨어지면 뼈(歹)도 못 추릴 정도로 위험함. *앙상한뼈 알(歹)

胎 아이밸 태. 생명의 받침대(台)라 할 수 있는 어머니 체내(月)에 있는 태아

怠 게으를 태. 마음(心)을 받쳐주는(台) 기본이 없으니 게으르다.

宅 집 택. 媤宅(시댁) 할 때는 '댁(宅)'으로. 宅地(택지). 宅配(택배)

兎. 免 (일본어) 토끼 토.*참조 免. 卯(묘). 용궁 다녀온 토끼.

*독일 토끼

구(勹)+머리(口)+ 몸통(口)+ 꼬리(.) 兎死拘烹(토사구팽)

*토끼(兎)가 달아나면(辶) -숨다- 편안하다. 無事安逸(무사안일)

*토끼에서 점(.)을 면제(免除)해주면 면허증(免許證).면역력(免役力)

테라 terra(땅. 지구). tera(10^{12}) 테라바이트

討 꾸짖을 토. 말을 할 때마다 마디마디(寸) 흠을 잡는다.

*참조: 業의 對

吐瀉癨亂(토사각란) -갑작스럽고 빠르게 나타나는 급성위장염

- 吐瀉=토사=위(上)로 토하고, 아래(下)로 설사
- 곽(곽란 곽. 癨(疒+雨+隹)여러 마리 새가 빗속을 날 때 날갯소리. 갑자기(빠르게), 푸드덕 나는 소리. 어지러울 난(亂)
- 吐瀉狂亂(토사광란) 아님

吐瀉각(疒+雨+隹)亂(토사각란) - 급성 위장병 *곽란 곽

- 吐瀉=上토下사=위로 토하고, 아래로 설사
- 吐瀉狂亂(토사광란) 아님

通 통할 통. 모든 식물은 냄새(흙냄새)로 서로 통신한다.
사람은 하나님과 祈禱(기도)로 소통한다 *참조: 湧(용)

統 거느릴 통 *참조 贊(president)
統=糸+充(가득차다 충) - 統計. 統一. 統治. 統合. 傳統
充을 180도 회전 - 子(어린아이)+ 儿(어른) - 성인이 되는 과정
-정신적. 육체적, 지적으로 가득차다. 다스리다. 거느리다.
-실마리를 찾아 잘 풀리게 해서
-만사를 해결한다. 일사불란(一絲不亂)
領=令(호령)+頁(머리) -몸의 윗자리에서 통솔하다.
-大統領(대통령). 要領
* 總統(총통) -총괄하여 다스리다. *대통령의 統과 총장의 總
-실(糸)을 다루던 시대에 여러 가닥의 실을 한데 묶는다(실다발)

痛 아플 통. *참조: 湧 *幸의 매운 맛
*痛 다음에 快. 아픈 만큼 성숙. 열매는 꽃이 떨어진 그 자리에 맺힌다.
*同苦同樂(동고동락): 고통 다음에 즐거움. 동거동락(x)
괴로울 때나 즐거울 때나 항상 함께함
*고난(고통)을 겪는 이유 -겸손하라고
배고파야 밥맛이 있다. 고통이 있어야 능력이 생긴다.
고통은 세트로 함께 온다.
고난은 모든 인간(그리도인 포함)의 공통 필수과목
힘들고 어려울 때(고통. 고난) -위를 바라보면서(성산. 예루살렘의 시온산. 광주의 무등산) 소망을 기도하면 하나님의 응답을 들을 수 있다.

退 물러날 퇴. 辶+艮 달리는 것을 그치니 '물러나다'.
退勤(퇴근). 後退(후퇴). 隱退(은퇴)

腿 넓적다리 퇴. 몸(月) 뒤로 물러나(退) 있는 곳이니 '넓적다리'
大腿骨(대퇴골)

鬪 싸울 투. 양쪽에 두 사람(l l)이 서있고 각각 손(ㅋ=王)을 뻗어
싸우는 형태이며, 나중에 소리를 나타내는
콩 두(豆)자와 싸우는 손(寸)이 추가

*鬪爭(투쟁) -손이 5개 (손이 많다고 좋은 것이 아니다)

*神은 4개(援)

特 특별할 특. 절(寺)에 소(牛)가 있으니 특별함

중대한 일을 할 때는 더 크고 힘센 소를 신의 제단(寺)에 바침

特有(특유)=특별히(特) 갖고 있음(有)

* 別 헤어질 령(=口+刀의 변형 力+刂)

-칼(刀)로 물건(口)을 '가르다. 나누다. 헤어지다. 다르다'

*모든 사람은 하나님의 눈에 特別하게 보이신다

破傷風(파상풍). 다친(破) 상처(傷)로 균(風邪 풍사. 나쁜 바람)이 들어와 몸이 뒤틀리는 마비증상을 일으키는 병

破(깨트릴 파)=石+皮(가죽 피) 돌을 벗기다. 둘을 깨부순다

邪(간사할 사)=牙(어금니 아)+阝.

*단단한 어금니로 남을 씹고 다니는 '간사함' *角者無齒

*파상풍균은 막대형(clostridium). *botulism(botulus)뜻: 소시지

*파상풍균은 嫌氣性(혐기성)미생물. 생존에 공기가 필요 없음 공기 중의 산소에 노출되면 치명적. 무산소 상태.

*嫌(싫어할 혐)=女+兼(禾+禾).

여자(女)가 두 남자를 겸(兼)하는 것을 싫어하다

남자들은 양다리 걸친 여자를 싫어한다

*한방은 세균 대신 風 : 중풍, 통풍, 풍진, 風齒(풍치)

判 판단할 판. 칼(刂)로 소를 반(半)으로 나눈다.

같은 내용을 2장 작성해서 하나씩 나누어 가진 뒤, 후에 문제가 생기면 이를 증거로 판단

板 널판지 판. 원래 상태로 돌아오는(反) 나무(木). 널빤지. 합판

八 여덟 팔 *중국 사람들이 八 숫자를 좋아하는 이유는 돈을 번다는 의미의 發과 발음이 같기 때문이다.

敗家亡身(패가망신) -집안의 재산을 다 써버리고 몸을 망침

便紙(편지) -사람 편에 보내는 글

便 편할 편 *便(변) 참조

平 평평할. 화평할 평 *常 黨 無常 恒常

平常心是道(평상심시도) -용서는 道. 道란 非常心을 잡는 것(달라이라마)

*참조: 諸行無常. 항상 변하므로 중심을 잘 잡아라. 常 黨 無常 恒常

호랑이한테 물려가도(달라이 라마 평상심)

*호랑이한테 물려가도 정신차려라.

閉塞(폐색) 닫을 폐, 막힐 색. 변방 새(塞翁之馬 새옹지마)

塞=집안(宀)의 우물(井)이 흙(土)으로 막힌 것을 18(一八)일째 알았다.

廢 폐할 폐. *참조 淸

弊 폐단 폐. 헤어질 폐. 해질 폐 *참조 淸

弊 -두 손으로(廾) 수건(巾)을 두 번 찢고(八八) 나무막대기로 친다 (攵). 이때 조각편들이 떨어지는 모습의 헤진 수건(巾)을 형상화. 廾(스물 입. 두 손 마주잡은 공)

*齒幣舌存(치폐설존) -단단한 것이 먼저 사라짐. 부드럽게 살아라!

抛 버릴 포. 抛棄(포기) *참조 九

布 베풀 포. *보시(布施)

葡 포도 포. 덩굴처럼 기어가는(匍) 풀(++). 머루

*길 포(匍)-勹 (싸다. 감다)+ 甫(클 보)

匍(기어갈 포. 길 포. 엎드러질 포)-몸을 웅크려(勹) 기어가다.

-무언가 넓고 크게(甫) 감싸 안으려면(㧓) 자세를 낮추어야 한다. 오만하게 방자해서는 결코 크고 넓어질 수 없다.

*포도 도(萄) -포도알이 질그릇(匋)처럼 둥굴고 껍질에 윤이 난다고

*질그릇 도. 가마 요(匋)

*장군 부(缶)-목이 좁은 병, 將軍이 아니라 액체를 담는 용기(똥장군)

*질그릇 도(陶) -그릇을 굽는데 질 좋은 흙이 있는 언덕(阝)에서 굴(勹)을 파고 그릇(缶)을 굽는 모습의 글자

陶=阝+勹+缶

*葡萄(포도) -이스라엘은 건기(5월~10월)에 비(雨)가 안 온다.

고로, 물을 대신하는 하나님의 과일이다.

表 겉 표. 흙(土)으로부터 몸을 보호하는 옷(衣)이니 '겉. 가죽'

*참조: 遠 *옛날 옷은 대개 모피이므로 털 부분이 밖으로 나옴

票 불똥튈 표. 제사(示)를 지낸 뒤 끝으로 부적을 태우는(罒) 모습

標 표 표. 부적(票)을 나무(木)에 붙여 표를 하다. 標記(표기). 標本

標的(표적) 항암제 *참조: 이이제이

漂 떠다닐 표. 불에 태운 부적의 불똥(票)이 물(氵)에 둥둥 떠다님

漂流(표류). 漂白(표백)

品 물건 품. 여러 입으로 말하니 '품평하다'

風 바람 풍. 바람. 풍속. 경치. 기질

風習=풍속+습관=옛날부터 그 사회에 전해오는 생활 습관

風俗(풍속)-바람처럼 광대한 면적에 미치는 사람들의 인문, 또는 문화적 수준 *일본에서는 성적표현(風俗犯. 風俗事犯)

俗 -사람(人)이 골짜기에 살면서 생기는 풍속

風光(풍광). 바람의 빛

凡(무릇 범) -자루에 쌓인 공기(丶)는 무릇 평범하다(凡常. 凡人)

*진리는 평범(平凡)하다

風=凡+蟲 -벌레들이 사는데 필요한 공기(바람이 있어야 날다)

几(궤)+虫(뱀=용)=뱀을 神으로 모시는 자리 *참조: 鳳. 공기. 뱀. 새

風霜. 사과 & 뱀. 꽃뱀 *참조 伯(환웅의 風伯).

聖靈(성령)은 바람과 같이 아무도 몰래 온다

*환웅의 막내아들 복희氏가 風山에서 살았다고 姓氏: 風

風流 -바람의 흐름. 하늘의 기운을 깨닫는 길

風樂(風流音樂) -신나는 음악

-악기를 의미하는 악(樂),
-그 연주를 들으면 즐거워지는 락(樂)
-좋아하면 요(樂). 요산요수(樂山樂水)

風物 -풍년이 들게 하는 물건

消風(소풍)-보폭을 느리게 작게(肖) 쉬엄쉬엄 가다
여유 있는 발 거름으로 대자연의 바람결을 쐬러간다

白凡(백범) -신분이 낮고 배움이 적은 평범한 사람들도 배우기 만 하면 나라를 바로세울 인재가 될 수 있다는 뜻
(교육을 통한 문화강국)

白 -'희다' 외
1)없다'는 뜻 白衣從軍(흰옷이 아니라 직책이 없다). 白丁
고려시대에는 직업(관직)이 없는 일반 농민 백성
조선시대에는 도살업자(백정)을 뜻
2)말하다. 아뢰다 (주인 白). 告白 獨白

바람, 風

환웅이
바람. 비. 구름
귀한 친구 3명과 함께 지상에 내려온 이유는

바람(風)이 있어야
음악이 울리고(風樂)
바람(風)이 있어야

풍년이 들고(風物),
聖靈도 바람과 함께 몰래 온다는 것

師자 붙은 雲師(구름), 雨師(비)와 달리
바람만 風伯(풍백)이라고 제일 중요시 한 이유도
이제야 알았네

바람과 함께 몰래 오는 코로나 19는(疾風怒濤)
바람과 함께 몰래 사라졌으면 하는
희망(希望)아닌, 바람(所望)을 가져본다

'왜 사라지지 않느냐' 고 코로나에게 물어 보았더니
빽빽한 아파트 때문이란다
태풍 때, 해운대 고층아파트의 깨진 유리창을 보아라

코로나도, 그물망(罒)처럼 짜인 길로
말(馬)을 타고 와서 서로 만나
행복해지는(역 驛=馬+罒+幸) 나그네(旅)처럼
지나가고 싶단다

*참조: 희망의 주체는 사람, 소망의 주체는 하나님(로마서 15:13소망의 하나님)
: 毋의 고층 아파트

風門穴(풍문혈)- 찬바람이 들어와 감기기운이 들어오는 문
-목덜미 아래 어깨뼈 사이 흉추 2. 3번 사이
風池穴(풍지혈)- 감기 기운이 머무는 곳(연못)
*大椎穴(대추혈)-모든 勞動을 강담한다고 百勞穴 -열을 빼준다

*椎(쇠몽둥이 추. 쇠뭉치 추. 등골 추) -脊椎(등골뼈). 腰椎(허리뼈)
-꽁지 짧은 새(隹)처럼 나무꽁지가 뭉치처럼 생겼다고
-쇠뭉치처럼 단단하고 빈틈이 없다고
*池(연못 지. 못 지)
-也(야)는 먹이를 통째로 삼킨 뱀, 주전자의 부풀어진 주둥이 모양
-물(氵)이 부풀어(也) 쭉 펼쳐진 못
*耳鳴(이명) 치료 -풍지혈을 손가락으로 두드림(18회/ 1일 2회)
-鳴天鼓(명천고) 퇴계 건강법

감기의 원인, 현대의학과 한방의학의 차이점

*현대의학의 감기는 코. 입을 통한 호흡기질환으로 원인균(바이러스)이 있지만, 한방의학은 원인균도 없고, 원인은 퐁문(風門)으로 찬바람이 들어와서 생겼다고 함.

皮 가죽 피. 손으로 짐승 가죽을 벗기는 모양의 글자
굴(厂) 속에서 송곳(丨)으로 또(又) 가죽을 벗긴다. *참조: 革
膚(살갗 부) -호랑이 밥통(胃)도 살갗으로 만들어졌다.
皮剝(피박) -벗길 박(剝=나무 깍을 록 彔+칼 도 刀) -strip
strip -(동사)껍질. 옷 등을 벗기다. 돈을 빼앗다. 스트립 쇼
(명사)길 다란 땅이나 물건 -랜딩 스트립(활주로)
-도로를 따라 형성된 사업지구(라스베이거스 스트립)
*破 깨뜨릴 파 -돌껍질. 돌껍데기. 깨지다 破字(파자)
돌(石) 위에 皮氏가 앉으면 배가 파산

被褐懷玉(피갈회옥) 입을 피. 굵은베 갈. 품을 회. 구슬 옥

현인이 지덕을 갖추고 있으면서도 겉으로는
드러내지 않음. 거친 옷을 입었으나 속에는 玉을 지녔다.(老子)

＊懷-부모님이 갑자기 돌아가시니 옷고름(衣)으로 눈물(罒水)을 훔치며 그 슬픔을 가슴(忄)에 품다

피아노 건반 - 88개

- 사람이 들을 수 있는 소리 영역은 20~2만 Hz 이다.
  이 중 뇌가 구별할 수 있는 주파수는 4,000Hz 까지 이고
  건반 수는 88개가 최적이다.
  그 이상의 건반에서 나는 소리는 잡음으로 들린다.

  ＊참조: 識 職 432~528 Hz -영혼을 치유하는 천상의 音

彼此(피차) -彼此間. 此日彼日(차일피일). 於此彼(어차피). 彼此一般
彼(저쪽 피)-가죽(皮)이 천천히 벗겨 나갈 때(彳). 바깥쪽. 먼 곳. 조상
此(이쪽 차)-발(止)로 사람(匕)이 딛고 있는 곳 '이 곳'
彼安則此安(彼安此安說 피안차안설)-조상이 편안하면 후손이 편안하다

筆 붓 필. 대 죽竹+붓 율 聿=오른손 우又 ⺕ + 풀무성할 丰(붓끝)
疋 필 필. 발 소 -베. 짐승을 세는 단위 필
必 반드시. 그럴 필. 빗나간(丿) 마음은 반드시 고쳐야 한다.

도적놈들도 神을 존경한다

심장 닮은 漢字가 心(마음 심)
심장에 못(恨)이 박힌 비뚤어진 마음(必=心+丿)은
반드시(반드시 필 必), 기필(期必)코 고쳐야 한다

神(示)은 반드시(必) 보이지 않고 숨어(秘) 있다고
본래는 秘의 '禾+必' 대신 '示+必' 였으나 (*便秘)
벼(禾)를 도적으로부터 숨겨야 한다고 秘(=禾+必)가 되었다네

도적놈들도 神을 존경한다네
흔적 없이 숨고(秘) 싶어서

도적놈들 직업란에 무어라고 쓴 줄 아세요
보석 유통업
으 하하하!

神은 지나가도 흔적이 없지만
인간과 바이러스는 지나가면 반드시(必) 흔적이 남는다
물(氵)은 반드시(必) 흐른다(물 흐를 비. 스며 흐를 비 泌)

코로나 바이러스도 神처럼 숨으려고(秘) 하지만
언젠가는 그 치료법이 반드시(必) 밝혀지리라
벌(虫) 집(宀)에는 반드시(必) '꿀(꿀 밀 蜜)'이 있다
인간들이 좋아하는 황금은 반드시(必) 땅에 떨어진다
황금빛 석양, 노랑색 낙엽처럼

코로나 19가 가리켜 준 교훈, 한 가지
親환경을 넘어 必환경 시대로 가는 것이(必須. 必要)
事必歸正(사필귀정)이라고

＊하학한할함합항해핵행향허헌헐험혁현혈혐협형혜호혹혼
홀홍화확환활황회획횡효후훈훤훼휘휴휼흑흔흘흠흡흥희힐

夏 여름 하. 머리 혈頁+느리게 걸을 쇠夊
거꾸로 놓인 발(夊)이라 천천히 걷는데, 그것도 땀이 난다고
머리(頁)속으로만 왔다 갔다(夊) 하는 계절. 여름
하하(夏夏) 덥다, 추워서 발을 동동(冬冬) 구른다.

＊참조 -腹-사람(人)이 매일(日)뒤로만 천천히 걸으니(夊)
배가 불룩 튀어 나올 수밖에(배불뚝이)

걸을 쇠(夊)

걸을 과 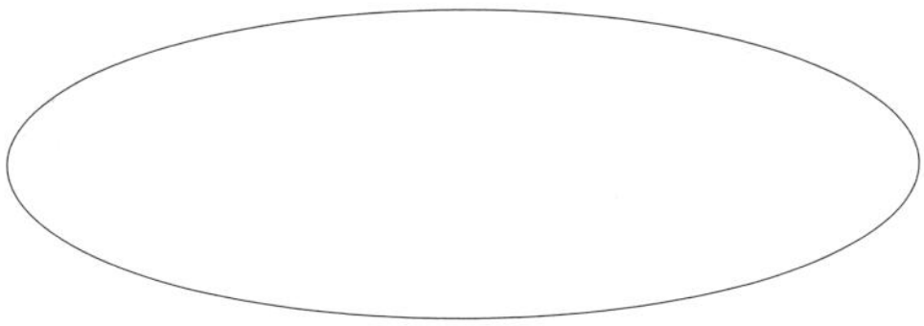 걸을 과

발 지(止)

왼발 오른발 舛 - 뛰어날 걸 桀

＊머리(首)가 뜨거워서 천천히 걷는(夂) 계절 -여름(夏)
불알이 얼 정도로(冫) 추워서 천천히 걷는(夂) 계절 -겨울(冬)
벼가 불타듯이 익는 계절 -가을(秋)

세 사람이 햇볕을 쬐는 계절 -봄(春) *옛날은 春秋(1년)
*夊 -뒤쳐저올 치, 천천히 걸을 쇠(더우니까 천천히 夏),
내려가다(고로, 우울하다 憂). 발이 아래로 뒤로 따라온다.
-다른 글자의 '발 부분'에 위치
-거꾸로 지(止). 거꾸로 子(育). 거꾸로 首(縣)
-옆으로 계(⺕) - (E)

夏蟲疑氷(하충의빙)-여름의 벌레는 얼음을 안 믿는다.

下 아래 하. 下車(하차)=차에서 내림

荷 멜 하. *荷役(하역). 荷物(하물)
사람(人)이 옳은(可) 일을 어찌해야 할지에 대한 의문(何)이
잡초(++)처럼 꼬리를 무는 것은 다른 사람들과의 인연이라는
짐(何) 때문이다. 인연이 계속 더해져 부담스러운 짐을 메는 것.
풀(++)이 어찌(何) 더러운 물에서도
고결한 연꽃(荷)이 피어나는지?

雨荷(빗속의 연잎)

연잎은 감당할만한 빗방울만 싣는다
그 이상이 되면 미련 없이 비워 버린다
마음을 비운 연꽃은 향기로운 행복을 알려준다
빗물을 머금은 연잎
빗속의 연잎(雨荷 우하)이 되고 싶다

하하하 -癌(암)이 제일 싫어하는 것은 웃음
-이왕이면 하늘을 향해 기지개를 펴면서 말도 해라!
'뭐, 어때' '냅둬 불어'

라떼 대신 '뭐떼' 커피를 마셔보자

*爪의 윌리암 제임스(웃기 때문에 기쁘다. 신체가 심리를 지배)

*웃음은 언제 많이 생기나?

- 성품이 둥굴둥굴 할 때(원형)

-물방울, 수박, 동공, 어류 알, 과일, 혈관 등이 둥근 모양인 이유 넓이. 부피가 가장 넓기 때문

-과일은 움직이지 못하므로 동물이 먹고 난 다음 씨를 뿌리도록 가급적 동물의 입맛에 맡게끔 과즙이 풍부하고 맛이 있어야 한다

-물고기 알은 물속의 압력을 견디고 부화하기에 알맞은 온도와 골고루 빛을 받기 위해서 원형

-동공은 어느 한편에서 빛이 많게 또는 적게 들어오면 사물의 형체가 왜곡되므로 원형

-혈관은 같은 시간에 혈액을 골고루 많아 보내려고 원형

學 배울 학. 學校(학교).學期(학기)=배우는 때 *大學-크게 배우는 곳

虐 사나울 학. 虐(虍+ㅌ)을 떼다

*虎에서 어찌나 사납던지 儿이 빠지고

할킨 爪(발톱)이 옆으로 누인 글자

말라리아에서만 瘧疾(학질) *鎌狀赤血球貧血症

*학질(모기. 文) malaria=mal(나쁜) + ar(air 공기)+ ia(병. disease)

年 3억~5억명 발병/ 200만명 사망. 백신(-)

韓 나라/한국 한 *참조: 革

*아침(卓) 햇빛을 받아 가죽(韋) 옷을 입은 사람처럼

위대하고(偉) 빛나는(卓) 큰(몽골語 칸. 한) 나라 '한국'

韓=卓(풀숲에서 태양이 떠오르는 형상)+韋(에워싸다. 둘레의 옛말)

-해 돋는 곳의 두레(둘레). 아침 햇빛이 찬란한 곳

*朝(아침 조) -막 떠오르는 태양(日)과 저물어 가는 달(月)

*두레 -서로 돕고 사는 작업공동체. 품앗이. 공동노동

*징기스칸 (칸. 한)의 칸(한) -크다. 王

漢 한나라 한. 하늘에 있는 물기 없는 강=은하수

寒 찰. 가난할 한. 집(宀)안 우물(井)이 얼은(冫)것을 보고 한(一) 사람(人)이 춥다고 한다 *참조: 塞(새)

할렐루야. 할렐(찬양하다)+루(너)+야(야훼. 하나님)
너의 하나님을 찬양하라.

요한 계시록

아포칼립시스(Apokalypsis) !
너희들의 죄를 사하여 주고,
요한 계시록을 통해서
마지막으로 하나님 나라의 비밀을 공개하노니,
이제부터는 오직 너희 하나님만을 찬양 하라
메시아를 작곡해서 할렐루야를 일찍이 찬양했던
음악의 어머니, 헨델처럼

*Handel's Messiah(구세주) - 독일 태생 헨델(1685~1759)은 27세에 영국으로 귀화
*신약성경에서 유일하게 요한계시록 19장 1~6절에 '할렐루야' 4번 처음 등장
*아포칼립시스 뜻: 드러내다. 폭로하다. 베일을 벗기다. 하나님의 비밀을 공개하다

咸 다 함. 짤 함. 개(戌)가 먹는(口) 밥은 다 짜다 *海鹹河淡
개들이(戌) 다함께 짖는다(口).
무기(戌)를 들고 다함께 입으로(口) 함성을 지른다

合 합할 합. 사람(人)의 입(口)이 하나로(一) : 키스 *참조 舌

대답 답(答) -키스 대신 대나무에 글을 써서 답하다.

合唱(합창)=함께 부름

*僉(다 첨. 여러 첨)=合+合+人+人 ,

두 사람(人人)이 입(口口)으로 키스.

여러 사람이 다(僉) 키스 했다는 것을 아는(知) 사람. 김 첨지

恒 항상 항 -태양(日)이 東과 西 두 길에서 항상 펴고 뻗친다.

설파제. 페니실린. 606

抗生劑(항생제) -미생물의 발육을 억제 또는 사멸시키는 약품
-설파제. 페니실린. 살바르산

1) 설파제(sulfamine 劑 거품 제) -세균을 죽이는 최초의 항생제
이름 유래: 유황이 포함되었다고
설폰아미드기(설포닐 아마이드. 설파닐 아미드)를 가진 염료는
모직물에 빨리 단단하게 결합하므로
단백질의 일종인 세균에도 이 물질이 단단하게 달라붙어
세균의 기능을 상실케 할거라고 생각

2) 페니실린(penicillin)

플레밍이 감기 후 배양접시에 떨어진 콧물 주변에는 전혀 세균이 없는 것을 발견하고(포도상구균을 죽임), 이 때 찾아온 곰팡이를 행운의 '푸른곰팡이'라 함.

푸른곰팡이 중에 penicillin notatum이라는 屬(속)의 분비물을 추출해서 만든 항생제 페니실린은 박테리아의 세포벽을 파괴해서 삼투압에 의해 빵 터지게 함.

세포벽 외에 또 한 겹의 외막이 있는 그람 음성균에는 효과가

없음. 이 외막 때문에 검사 시 violet 염색이 안 된다.

푸른색의 바늘(pen) 곰팡이에서 나온 약(-ine)이라고 페니실린
바늘 곰팡이가 푸르다고 푸른 곰팡이

＊식물세포는 동물세포에 없는 세포벽이 있고,
그람음성균은 양성균에 없는 외막이 있다.＊있다 있다(식물. 그람음성)

3) **살바르산**(뜻: 구세주) 606번째의 실험 끝에 만들어진 매독치료제

세균은 항생제로 해결이 되었는데, 코로나와 같은 바이러스는 언제쯤 치료약(항바이러스제)이 나올까?

＊WD 40-water displacing-녹을 만드는 물을 쫓아내다.
-40번째 실험 성공했다고 40. ＊참조: 綠
dis(반대말. 멀리)-place =바꾸어 놓다. 대신 들어서다. 쫓아내다.
dis-agree(반대). dis-like(싫어하다)

解 풀 해. 칼(刀)로 소(牛) 뿔(角)을 잘라낸다.
解剖(해부). 解釋(해석) -目+辛. 용서할 석(保釋). 부처(釋尊)
설명하다- 解明. 和解. 理解心
뭔가 어려운 일을 위해 뿔달린 동물을 칼로 베어 하늘에 바친다
가장 으뜸가는 재산을 제물로 바친다 -유목민의 羊, 농사의 소

角者無齒(희생양). 쥐. 羊/ 午(말). 牛(소)

＊뉴욕 증권가의 황소(Bull)- 성난 활황장,
주가가 연일 상한가를 치는 활기찬 시장을 상징
＊소(牛)와 말(午)의 차이점 -뿔의 유무
쥐와 양 -쥐뿔도 없는 놈

육식동물은 이빨과 발톱이 날카롭기 때문에 뿔이
필요없다. 角者無齒(각자무치):뿔이 있으면 치아가 없다.

＊午= ノ+干(방패 간).

- 너무 더운 날에는(正午 12시) 햇빛(ノ)을 피하기 위해(방패 干) 파라솔을 사용

＊許(허락할 허) -청하는 말(言)이 이치에 맞으면 대낮(午) 같이 밝고 시원하게 허락해 준다.

＊他人能解(타인능해) -나 아닌 타인을 위해, 누구나, 타인도 쌀독을 마음대로 열고 닫게 하여 굶주린 사람을 없게 하라는 뜻

-雲鳥樓(운조루) -구름 위를 나는 새가 사는 빼어난 집

海 바다 해. 어머니(母)는 아이(人)를 매양 젖 주고 돌본다(매양 每)
바다는 매양(항상 每) 물(氵)이 차 있다 ＊참조: 每

＊매화 매(梅) -매년(每) 매실이 열리는 나무

＊민첩할 민(敏)- 매번(每) 후려치면(攵) 동작이 민첩해진다. 牧師

해마(海馬) -기억력 장치 -운동하면 항상 정상

＊1) 베타 아밀로이드 -건강한 뇌에서 박테리아를 막고
-腦에 있는 천억 개의 뉴런(신경세포)들 간의 소통

2) 타우 단백질 -세포골격을 구성하는 아주 작은 관들의 구성
이 2개의 단백질이 분해되지 않고 쌓이면
축삭돌기와 수상돌기에 해를 끼침
-세포들간의 소통을 막고
-죽게 되어 뇌의 부피가 줄어든다 ＊참조: 癡呆(치매)
이러한 나쁜 물질과 침전물을 청소하는 시스템 -'운동'
스트레스를 멈추면 -수상돌기가 재생된다.

害 해칠 해 ＊참조: spoiler(방해꾼)

亥 돼지 해. 해(돼지머리 해. 亥의 머리 부분 亠) 돼지 뼈

*60갑자 중 마지막 '끝'

*咳 -기침은 감기 끝 아니면 사망 *骸(뼈 해)-뼈만 남았다

咳 기침 해. 돼지 울음소리가 코가 막혀있는 기침소리 같다고.

百日咳(백일해). 鎭咳劑(진해제)

該 갖출 해. 마땅 해. 말(言)에 뼈대를 넣는다. '갖춤' 該當.

* 該博(해박) -세상사의 이치를 폭넓게 알아 편견에 치우치지 않고 균형을 맞추어 말할 수 있는 것 .

該當-해당. 그것에(該) 관계됨(當) *예: 해당 사항 없음.

* 言中有骨(언중유골)

咳嗽(해수=해소)

* 嗽(기침 수. 기침할 수)=口+束(묶을 속)+欠(하품 흠)

-입(口)을 벌려(欠) 속에 묶여있는(束) 가래를 배출하는 가래기침

*咳(가래는 없고 소리만 있는 기침),

嗽(기침소리는 없고 가래만 있는 기침)

돼지(亥)뼈 감자탕

말(言)에 돼지 뼈(亥)를 녹이면
맛있는 감자탕이 될 뿐만 아니라
잘 갖춰진(該 갖출 해) 該博(해박)한 전문가로서
힘써 노력하는(劾 캐물을 핵)
조직의 뼈대(骸)가 되고
높은 서열의 核心적인 인물이 된다네

돼지 뼈 먹을 때 주의사항은?
기침(咳)을 빼고는 해당(該當)사항 없음

*돼지 닮았다고 '돼지 해(亥)'
*아이가 돼지처럼 통통하다고 '아이 해(孩)'
*말(馬)이 뛰니까 돼지가 놀랜다고 '놀랄 해(駭)'
*환자들이 마지막 뼈만 남았다고 '뼈 해(骸)'
*과일의 열매 '씨 핵(核)'
*칼(刂)로 새겼다고 '꾸짖을 핵(劾)'
*60 간지 중, 亥는 마지막 끝이라고, 기침하면 감기의 마지막 또는 사망하던지 끝장

마음은 봉 2개짜리 빗자루로 쓸어라

집(宀)에서 하는 청소는
봉(丰) 1개짜리 빗자루로 충분하다
단, 말(口)로 타인을 해코지하지 마라(害=宀+丰+口)
해(害 spoiler 훼방꾼. 妨害)가 되니까

내 마음(心)의 욕심을 쓸어내면(慧=丰丰+⺕+心)
지혜(智慧)가 생기는데, 그 때는
봉 2개(丰丰)짜리 빗자루를 손(⺕)으로 꼭 잡고
열심히 청소를 해야 된다네

지혜와 은혜의 혜는 똑 같은가요?
지혜의 혜(慧)는 마음을 청소했기 때문에
사리를 바르게 판단하고
일을 잘 처리하는 능력을 얻는 慧(지혜)이고,
은혜(恩惠)의 惠는

네가 노력해서 얻는 것이 아니라
하나님의 선물로만 받을 수 있는 惠라네

*丰 -예쁠 봉. 무성할 봉. 妨-방해할 방 -여자가 모난(方) 행동을 하다.
*참조: 惠

幸 다행 행. *happy를 일본에서 만든 한자
*행운 happy (형용사)(hap 우연한 행운) :다행히 얻게 되는 福
*幸=흙(土)이 + 떨어지는(八) 것을 + 방패(干)로 막으니 다행
- 肝(간)이 최고 행복
*우리 땅(土) 팔도강산(八)을 방패(干)로 막아 잘 지켜온 것은 다행이다.
*幸은 후회되는 과거도 아니고, 깜깜한 미래도 아닌,
바로 지금(Right Now) 이다. 지금을 즐겨라!
幸이 오면 바로(right now) 무릎 끊고(卩) 즐기고 또(又) 주시
라고 알리고(報) 그 은혜를 베풀어라 *참고: 報. 同行同幸
*神은 우리 몸에 심장을 1개 주셨지만, 우리 마음에는 심장이
2개(양심) 있으므로 더 행복할 수 있다. *심쿵(심장이 쿵쾅거린다)
심장이 3개 있다면, 행복 대신 세심(3心)해 진다. 으 하하하!

사람들은 왜 매운맛(辛)을 좋아할까요?

辛(매울 신. 辛=立+十)은 십자가(十) 위에 서(立) 있는 꼴이니
얼마나 맵고 고통스러울까?
오죽하면 시신(尸)도 맵다고(辛) 피하라고
말(口)할까(피할 피 辟)?

그래도 사람들은 왜 매운맛(辛)을 좋아할까?
한번(一) 매운맛(辛)을 보면
뇌를 흥분시키고 타액 분비를 촉진시켜
육체적으로 풍미가 향상되어 幸(一+辛)복해 지기 때문이라네
기독교인들은 심장이 2개(양심)이므로
십자가(十) 2개 사이 위아래에 서야(立)
더 영적인 幸福(행복 幸=十+立+十)을 얻는다고 생각한다네

*참조: 主禮辭. 辭表. 能

하나님은 幸福을 미리 주시지 않는다
고통을 준 후,
나락으로 떨어질지(辛. 십자가 1개),
하늘로 치솟을지는(幸. 십자가 2개)
고통 받는 자의 선택(選擇)에 맡긴다
운은 神이 조종하고, 행복은 내가 조종 한다.

幸은 그 과정이 맵고 어려움을 동반한다
痛快라는 글자도 고통(痛) 다음에 쾌락(快)이다
세상에 공짜는 없다
겨울은 반드시 봄을 데리고 온다
축복하다 Bless(블레스)의 어원도 '상처를 입히다'는 뜻이다
神이 항상 용서하시는 것도
고통 다음에 축복을 주시려는 이유이다

행복을 더 얻고자 한다면
싫더라도
내가 먼저 상대방을 노크해야한다(knock 법칙)
싫더라도

내가 먼저 웃어야한다(mirror 거울의 법칙)
싫더라도
내가 먼저 주어야 한다(베품의 법칙 give & take 授受)

시냇물은 물길을 막는 돌이 있어야 '졸졸졸'
청아한 목소리가 나타난다.
돌들이 없으면 쏜쌀 같이 흐르므로 소리를 잃게된다
영혼은 걱정과 고난 없이 성장할 수 없다.
사람에게 고통이 없다면,
몸만 자라고 마음은 자라지 않는다.

교회는 왜 가나요?
神은 항상 용서 해주시니까
천국은 확실히 있나요?
그럼요.
미리 좀 알려주시고,
성경도 좀 쉽게 이야기해 주시면 안 되나요?
영화의 spoiler처럼 미리 알려주면 재미가 없지요

천국 가는 법을 모르는 사람들은?
성령만 있으면
매운맛을 좋아하는
변(辯)호사(보혜사. 예수님. 성령. 상담자. 도우미)를
무상으로 보내주시지요
성령이 있는지 없는지를 볼 수 있나요?
볼 수는 없지만 알 수 있지요
어떻게?

구주 예수님을 믿는다는 확실한 믿음이 그 증거 이지요

여보시게 친구
죽어서 천당 가는 것도 중요하지만
사는 동안, 지금(right now)
목사님과 함께 천당 같은 교회에서 살지 않으려나

*참조: 以夷制以의 天國과 spoiler
*즐거움(욕망)+괴로움 , 항상 동반, 이걸 끊으면 열반
즐거움(욕망)을 버리면 (즐거움도 없고 괴로움도 없는) - 해탈
*어리석게 살지 말고, 지혜롭게 살아라 (知好樂)

돈 나오는 구멍에 저승사자도 함께 나온다(천석궁. 만석궁)

*돈 나오는 구멍에 저승사자도 함께 나온다
*錢(돈 전)-돈에는 도적이 따라 다닌다
*코끼리의 상아. 인도의 목화
*천석궁은 千가지, 만석궁은 萬가지 걱정이 있다
*창문에 동시에 들어옴(즐거움+괴로움. 신선한 공기+연기. 노아의 선과 악, 짝)
*에덴동산의 사과. 세상의 천석궁, 예수님의 8 福,
福은 神이 주신 것이고, 富는 집안(宀)에서 준다
길을 갈 때 좌측행, 우측행, 중앙을 선택하는 것은 자신의 몫이다
열매는 꽃이 떨어진 바로 그 자리에서 맺힌다(아픈 만큼 성숙해 진다)
*천국 시민 자격증 (참조: 전원호 목사 지음, 제 십일시를 사는 인생)
1) 절망에서 기적적인 행복을 얻은 사람
2) 죽음 같은 상황에서 기적적인 부활을 경험한 사람
3) 상상할 수 없는 축복을 받은 사람(무료로 받는 은혜)
4) 외모. 능력. 공덕. 인격 이나 우리 스스로 될 수 없음

行 다닐 행

杏 살구나무 행. 나무를 바라보며 살구꽃이 예쁘다고 한마디씩 말한다

向 향할 향. 方向(방향)

香 향기 향. 香水(향수)=향기 나는 물

鄕 시골 향, 고향 향. *故鄕(고향)

鄕=幺+白(흰밥)+匕(숟가락)+阝

-작을 때(幺. 어릴 때) 밥(白+匕) 먹던 마을(阝)

故 -오래된(古) 일을 다시 들추어낸다(攵. 때리다. 치다. 다듬다)

* Flee as a bird to the mountain 새처럼 저 山으로 날라 가시오

새처럼 날아서 자유롭게

본래 스페인 민요였으나 미국에서 聖歌曲이 됨

우리나라: 고향생각 (홍 난파 우리말 번안)

은혜 찬송가 57장. 저 새장의 새가 날 듯

*음계(音階) -참조: 階

도레미파솔라시도

C D E F G A B

다라마바사가나다

*도(Dominus)	하나님,
레(Resonare)	하나님의 음성
미(Miragestorum)	하나님의 기적,
파(Familituorum)	하나님의 가족들,
솔(높은음자리표 G. 쏠)	구원, 하나님의 사랑,
라 (낮은음자리표 F. 도)	하나님의 입술. 사도들
시(Sancteloannets)	성요한

고향 (故鄕, Flee as a bird)

머나먼 옛날(古)
태어나서(1942)
어렸을 때부터(幺) 밥(白+匕) 먹고 자란 그 곳(阝)
光州 동구 충장로 5가 44번지

사람의 5覺은 뱃속 태아 때부터 생긴다
듣고(청각), 보고(시각), 맛보고(미각), 냄새 맡고(후각),
엄마가 배를 쓰다듬는 촉각을 느낀다
이 중에 청각은 사망 직전의
의식불명 상태에서도 살아 있으므로
말은 못해도 가족들의 말을 들을 수 있다
마지막 순간까지 따뜻한 위로와
사랑의 말을 해주는 것이
소중한 선물이 된다

나는 '새처럼 날아 보세요(Flee as a bird)' 라는
스페인 민요 고향생각을 듣고 싶다
한 마리 새가 되어
구세주께서 모든 눈물을 닦아 주시는
그 곳으로 가고 싶기 때문에
*1492(스페인 그라나다 탈환. 콜럼버스 신대륙 발견)

許 허락할 허.
　밤에는 잠자고, 낮(낮 오 午)에만 말은 할 수 있도록 허락한다
虛 빌 허

헛(Hut) 반달형의 오두막. 빨강모양은 오두막의 지붕을 상징
Pizza -토마토소스와 치즈를 얹은 이탈리아 빵 요리
헛 사운드(hut sound) -헛소리
*傳道書 -헛되고 헛되며, 헛되고 헛되니 모든 것이 헛되도다 (심경의 낙)

獻 바칠 헌. 어진 사람 헌 *獻金(바치는 돈) *참조: 隔
虍+鬲+犬-호랑이 가죽을 씌운 신성한 그릇(솥)에 개고기(犬)를 담아 윗사람한데 바친다
*개(犬)같이 벌어서 정승같이 쓴다(헌금)
*文獻(논어 팔일 편) -지나간 일들을 기록한 책이 文이고, 그 시대의 어질고 현명한 사람이 獻(어진 사람 헌)이다

驗 시험할 험. 馬+僉(다 첨). 말(馬)의 우수한 정도를 여러(僉) 사람이 살펴서 '시험하다'

가죽옷(韋) 입은 사람(人). 偉 革. 革命

革 가죽 혁(털을 제거한 가죽. 확 바뀐 가죽. 개혁). 皮(털이 붙어 있는 가죽)
*韋(가죽 위. 부드럽게 가공한 가죽)=舛+口
-원래는 가죽이 아니라 '위아래 발이 어긋나다'는 뜻인데, 어긋나지 않게 page(대나무)를 묶다 보니까 가죽의 의미
*韋編三絶(위편삼절) -책을 맨 가죽 끈이 3번이나 끊어지다.
-독서에 힘쓰다 (공자)
-대한민국의 韓은 아침(卓)부터 국민의 소리가 어긋난다(韋). 그러나 가죽처럼 번쩍번쩍 빛나는 나라이다. '韓國'

-偉(훌륭할 위) -가죽(韋)을 가지고 있는 사람. 돈 많은 사람.

*革-머리 뿔(艹)의 작은 털(一)부터 몸통(口)의 긴 털(一)까지 수직(丨)으로 벗겨낸 가죽. 고친다. 改革. 革新. 革命

-풀잎으로 만든 옷 대신 동물 가죽으로 옷을 만드는 革命(혁신)

*衛(지킬 위)-가죽옷을 입고 왔다갔다(行) 지키다. 衛生服(위생복)

*皮 -오른손(又)에 칼을 들고 죽은 짐승의 껍질(尸)을 벗기는 모양

종류		
皮 피	1차 가죽. 털이 있는 가죽	짐승으로부터 벗긴채로의 가죽
革 혁	2차 가죽. 털이 없는 가죽	털을 뽑아 만든 가죽
韋 위	3차 가죽. 가공한 가죽	다시 가공한 무두질한 가죽.

잔인한 4월

1960년,
이승만 대통령의 불의와 독재에 항거했던
서울의 4. 19는
1961년, 박정희 장군의 5.16 군사혁명 때문에
그 빛을 잃었고

광주의 4.19는
1980년, 5.18 광주민주화운동 때문에
거의 존재조차 희미해졌으니

4월은 잔인한가 보다

*동학과 관계가 깊은 부친 때문에 박정희 대통령은
동학혁명을 4.19 혁명 보다 더 중요시했다.
4.19 기념탑은 역사 현장인 광화문 대신 수유리에 세워졌고
그 탑은 친일. 친 독재 조각가 김경승이 만들었고
탑에 새겨진 글은 이승만을 성웅 이순신 같은 위인으로 극찬하고
5.16 쿠데타에 자금지원을 하고
창당 선언문을 써주었던 이은상의 글이다.
*光州 국립아시아 문화전당 분수대 옆쪽에 위치한 '민주의 종' 에는
광주학생독립운동. 광복절. 5.18 기념일의 의미가 담겨있지만,
'4.19' 에 대한 기록은 없다
*이병열(4.19 당시 光高 3년 재학 중) 4.19 민주혁명기념사업회 회장의 노력으로
광주고등학교에 4.19 민주혁명역사관. 4.19 도로 명. 4.19 버스 등이 있을 뿐이다.
*필자: 광고 3년 때 1960년 4.19 참여
1980년 5.18 충장로에서 개업 중, 그 당시 광주 인구 75만여명, 개업의 493명

懸 매달 현-이현령비현령(耳懸鈴鼻懸鈴)
귀에 걸면 귀걸이 코에 걸면 코걸이
고을 현(縣=나무(一)에 줄(糸)을 매어 죄인 머리(首 머리 수)를
거꾸로(県) 매단 모습 *참조 盾=干+目
나중에 '고을'이란 의미로 바뀌면서 오랫동안 그 기억이
마음에 남아 있다고 心자를 넣은
'매달 현(懸)'을 새로 만들었다
*鈴(방울 령). 縣(고을 현). 郡(임금 君이 다스리는 고을 邑/ 阝)
顯 나타날 현. =日+絲+頁 . 顯忠日. 顯微鏡
누에고치(日)의 실(絲)머리(頁) (실마리)를 찾아서 풀면 '나타나다'
賢 어질 현. 일을 능히 잘 해 낼(又, 手) 정도로 현명하다
재물(貝)을 나누어줄 정도로 어질고 착하다*積처럼 싸지 않고(적폐)
*腎臟(신장. 콩팥). 腎=臣+又+月
노예(臣)가 도망가지 못하도록 손(又)으로 단단히 붙잡는다.
腎=우리 몸(月) 단단한 기관 *腎의 뜻: 신하. 노예

玄 검을 현. 아득할 현. 하늘 현. 오묘하다. 깊고 고요하다

玄=亠+幺 -작은 것을 위에서 덮으니 가물가물. 어둡다

검다(黑) 뜻 보다는 '가물 현'이 더 옳다

머리(亠)+糸(실 사)=실처럼 가느다란 머리. 머리는 검다

天地玄黃- 하늘은 가물가물하여 멀고 땅은 누렇다

*畜(가축 축) -기르는 가축이 밭(田)에 뿌린 검은 색의 똥.

*蓄(쌓을 축) -가축에게 먹을 풀(艹)을 '쌓는다. 모으다' 蓄膿症

玄孫(현손) -손자의 손자는 가물가물하다고

자산어보(玆山魚譜) 인가 현산어보 인가

玆=玄+玄 (검을 자). 玄이 2개라 매우 검기 보다는

사람의 말이나 지혜로는 그 이유를 밝힐 수 없는 가물가물 한 것

玆山을 '자산'이라 안하고 '현산' 이라 함(玆山魚譜 현산어보)

정약전의 玆山魚譜 - 黑山島의 黑山을 玆山

*慈(사랑 자) -검디검게(玆) 마음(心)을 태우는 사랑

慈悲 - 사랑하고 불쌍히 여기는 마음

慈善 - 사랑과 선의를 베풀다

玄關(현관) 불교용어-깊고 묘한(가물가물) 이치에 이르는 문

*關(관계할 관) 機關(기관). 關稅(관세). ~에 關한. 關係. 機關

門+絲+丱 문에 실 꿰듯 걸어두는 '빗장' 나아가 '관계'

*關節(관절) - 뼈마디(節)가 서로 통하는 곳

*聯(연이을 련. 연) -베틀의 귀(耳)에서 실이 계속 나오는

'연이어 있다' 聯盟(연맹), 聯合(연합)

大道無門과 玄關(현관)

*大道無門(대도무문.약자: 大門)불교용어 *참조: 삶에는 정답이 없다.

1) 큰길에는 문이 없다.

2) 사람으로서 마땅히 지켜야 할 큰 도리나
걸어야 할 바른 길에는 거칠 것이 없다.

3) 佛法 - 큰 도리를 깨우치려는 원력만 있으면 언제 어디서나
부처님의 위대한 진리의 문에 들어갈 수 있다.

現 나타날 현. 옥(玉)에서 빛이 나타난다.

血 피 혈. blood(피) *참조: 恤(휼) *貧血 -피가 가난하다
bloody-피 묻은, 피로 덮인. 피의. 피비린내 나는. 지독한
bloody fresh(블러디 프레쉬) 끝내주게 시원하네. 맥주
bloody weather 짜증난 날씨

혈압강하제

*血이 위로 튀면 -高血壓 -혈압강하제 (6가지) *고혈압과 고층
*雲外蒼天

1. 이뇨제		코자플러스 로자타플러스 텔미원플러스	플러스 플러스 플러스 *이플플
2. 베타 차단제		아테노롤. 비소프로롤 카르베디롤	롤. 롤. 롤 *베롤롤
3. 알파 차단제	*전립선비대증 치료	테라조신. 탐스로신	신. 신 *알신신
4. 칼슘채널 차단제	칼슘: 심장근육을 뛰게 한다	암로디핀. 니페디핀. 펠로디핀	핀. 핀. 핀 *칼핀핀

5. 안지오텐신 전환 효소 억제제(ACEI)	안지오텐신: 혈압을 올리는 호르몬	캅토프릴. 라미프릴 에날린프릴.	릴. 릴. 릴 *안릴릴
6. 안지오텐신 수용체 차단제 (ARB)		로라르탄. 발사르탄. 텔미사르탄. 파마사르탄	탄. 탄. 탄 *안탄탄

*텔미누보(텔미사르탄+암로디핀. / 칼핀핀. 안탄탄
*부작용: 무기력증. 어지럼증. 발기부전 *ACEI (기침)
*혈압 약은 혈류 속도를 느리게 하므로 뇌경색이 뇌출혈보다 8:2로 더 많다.
*혈압을 나쁘게 하려면 우(우유)측 고생계(고기. 생선. 과일. 계란)를,
좋게 하려면 현채과(현미.채소)를 잡수세요.

血小板(혈소판) -피(血)는 동지죽의 형태이다.
죽(핏물. 혈장)+새알시미(알맹이=붉은피톨+흰피톨+작은 피티. 혈소판)
적혈구+백혈구+혈소판(혈액응고. 붕대역할) *낫(鎌)모양 적혈구 빈혈증

協 합할 협. 십여명(十)이 힘쓰니 '합하다. 돕다'
脅 위협할 협, 겨드랑이 협(옆구리). 脅迫(협박)
*진액 즙(汁) -완전한(十) 물(氵)의 진액
꾀할 계(計) -말을 열 번 생각하니 *참조: 計
狹窄(협착). 참조: 乍(사)

亨 형통할 형-양고기(了)를 높이(高) 쌓아올려 제사지냄. 萬事亨通
*참고 - 熟(숙) *享(누릴 향). 享樂
*높은 곳은 神만이 살아야 한다(사람이 血처럼 위로 튀면). 왜냐하면 고층 아파트(5층 이상)에 살면, 정신질환자. 우울증. 자살률. 조현병. 야뇨증 등이 많아지고 남을 도와주는 의지가 약해지기 때문이다.
形 형상 형, 모습 형

열린 문틈(開의 开)에 비친 머리털(彡) 形狀 *참조: 狀

*開 -門의 빗장(一)을 양 손(廾)으로 들어서 뺀다

우물(井의 변 형)에 비친 머리털 形狀 *참조: 狀

衡 저울 형, 평평할 형 *참조: 배우자

惠 은혜 혜.(叀+心) 손(寸)으로 물레를 돌리는 어머니 모습: 오로지 *참: 恩

專 을 가로로 눕히면 물레를 손(寸)으로 돌리는 모습

*참조: 失敗와 실패(專)

오로지(專) 한결같은 마음으로(心) 남에게 은혜를 베푼다.

慧 슬기로울 혜. 마음(心)을 빗자루(彗)로 쓸어내니 '밝다. 슬기롭다'

*彗(비 해)−丰丰 +ヨ =풀을 손으로 엮으니 '빗자루'

*참조:3慧. 潔(결)

護 보호할 호 -辯護士와 看護師의 護=言+雈+又

손으로 감싸듯이(보호) 중요한 말

*변호사는 辛 라면을 좋아해서 2개씩(辯) 먹지만

辛(辛) 라면이 싫어서 벽을 쌓는(임금 벽 辟) 사람도 있고

멀리 피하는(피할 피 避=辶+辟. 避暑 피서) 사람도 있고,

옥(玉)으로 완벽(完璧. 옥 벽)하게 만든 사람도 있다.

胡 오랑캐 호. 중국인들을 낮춰 부르는 말.

오래된(古) 고기(月)=말린 고기(육포)를 먹는 민족, 흉노족을 지칭

*참조: 오랑캐 戎 胡 夷

*西洋의 洋에서 온 단어 -양단. 양말. 양잿물. 양철. 양초. 양파

*중국의 胡에서 온 단어 -호떡. 호박. 호도. 호배추. 호주머니

湖 호수 호. 물(氵)이 오랜(古) 세월(月) 괴어있는 곳

물(氵)이 오랫동안(古) 고여 있고, 달빛(月)이 비추는 곳

虎 호랑이 호. 머리(虍)+ 다리(儿) *우체부의 遞(체)=호랑이(虎)

虎列刺(호열자) -호랑이가 살을 찢는 듯 무섭고 고통스러운 병

-콜레라

豪言壯談(호언장담) -의기 양양하여 자신있게 말함

*豪=高+豕 :호탕한 남성처럼 돼지 털이 높고 쎄다

*豚(月: 식용 돼지)

好奇心(호기심 curious) -신기한 것을 좋아하는 마음

(사모함. 간절함)

odd. funny. extra-ordinary. wonderful. aberrant

strange. peculiar. queer. well-thought-out

-화성 탐사로봇 이름 -curiosity

-치매의 최고 예방약

-인간의 초능력으로 'AI'를 이길 유일한 대안

-아인슈타인: 특별한 재능이 있는 것이 아니라, 단지 호기심이 많다.

-커피는 지적 호기심을 자극한다.

-영어 속담: 호기심이 고양이를 죽인다. Curiosity killed the cat

알면 다쳐! 지나친 호기심은 금물이다.(위험하다)

호기심이 고양이를 살릴 수도 있지만, 신세를 망칠 수도 있다.

婚姻(혼인) *참조: 장가간다. 시집간다

洪 넓을 홍. 큰물(氵)이 함께(共) 있으니 '넓다'

弘 넓을. 클 홍. -활(弓)을 쏠 때 자신(厶)의 넓은 팔 모양

弘益人間(홍익인간) -널리 인간세계를 이롭게 한다.

益(더할 익) -접시(皿)에 물(水)이 옆으로 넘쳐 더한다.

*弘益人間(홍익인간) -널리 인간세계를 이롭게 한다

益(더할 익) -접시(皿)에 물(水)이 옆으로 넘쳐 더한다.

*在世理化(재세이화) -세상에 나아가 이치(진리)대로 다스린다

紅 붉을 홍. -중국인들이 실(糸)로 천을 만들 때(工)

제일 많이 만드는 색이 '붉은 색'

*工(장인 공)- 뜻 1) 교묘하다　　*하늘(一)+사람(丨)+땅(一)

2) 기술자

3) 만들다　　*참조: 亞

칠 공(攻)-교묘한(工) 방법으로 상대를 때려서(攵) 치다.

빌 공(空)-구멍을 만들면 속이 '비다'.

강 강(江) -물(氵)이 완만하게 굽어(虹 무지개) 흘러

만들어진(工) 江

火 灬 불 화. 불(火)을 의미하는 글자(照明. 熱. 焦)

*불(火)과 관계없는 글자 (鳥. 烏. 燕. 魚. 無. 馬)

*義士(의사: 의로운 선비) -목적을 달성하고 죽은 사람 - 안중근

烈士(열사)-목적을 달성하지 못하고 죽은 사람 - 유관순

畵 그림 화　*書(서) 참조

禍 재앙 화

化 될 화. 변화할 화. 교화할 화. 特化(특화)

똑바른 사람(人)도 늙으면 허리가 굽는다(匕)

花 꽃 화. 풀이 바뀌어 꽃이 된다

話 말씀 화. 혀(舌)로 하는 말(言). 手話(수화)

華 빛날 화. 十자 6개 + 一 자 1개= 61=회갑

和 화목할 화. 화목하려면 먹는(口) 문제부터 해결하라

수확한 벼를 여러 사람이 나눠 먹어야 화목하다.

*일본의 건국이념 和(화) ;주위 배려. 사이좋게. 밥 나눠먹기. 和食

確 굳을 확. 집안(宀 새장)에 든 새는 돌(石)로 확실히 맞출 수 있다

덕이 있는 사람은 반드시 따르는 사람이 있다는 뜻. 確實(확실)

擴 넓힐 확. 손(扌)으로 넓게하다(廣)

擴散(확산)- 고체. 액체. 기체를 통해 발생 ＊擴聲器(확성기)

＊滲透(삼투) -특별한 유형의 확산. 투과성막을 통해 물이 이동함

＊參(석 삼. 셋. 참여할 참)- 나를 위한 사람이 3명이 서 있다.

＊滲(스며들 삼)-물이 3번이나 적시니 '스며들다'.

＊蔘(인삼 삼) -3명(三 彡)을 구할 수 있는 풀(艹)이니 '인삼'

＊透(통할 투) -빼어난(秀) 사람은 장애물도 잘 뚫고 간다.

＊散(흩은 산)-풀(艹) 밑으로(一) 들어갈 만큼 고기(月)을 쳐서(攵) 흩음

患 근심 환. 꼬챙이에 꽂아 놓은 것(꼬챙이 곶 串) 조갯살은 상하기 쉬우므로 근심하는 마음(心) -환자(患者)

幻(허깨비 환. 변할 환. 헛보이다. 괴이하다. 신기하다)

幻=予(여)를 갈고리(갈고리 궐 亅)로 뒤집어 놓은 글자

＊엔니오 모리꼬네 작곡: 넬라 판타지아(Nella Fantasia. 내 환상 속에서)

＊헤리티즈(Heritage) -나라를 대표하는 遺産들(경복궁. 숭례문. 고인돌 ...)

＊遺産(유산)- 남겨 놓은 재산.

＊遺(남길 유)-귀중한 것(貴)을 가지고 쉬엄쉬엄 가서(辶) 내버려두다. 남기다. 전하다

環境(환경)-우리를 고리(環)처럼 둘러싸고 있는 주위의 여건(境)

＊環(고리 환. 두를 환)- 옷(衣)에 달린 화려하고 둥근 (고리 모양) 玉이 눈(罒. 目)에 보인다

＊境(지경 경) -땅이 마치는 곳, 영토(土)의 끝. 경계. 국경

＊竟(=音+儿 끝 경. 마칠 경. 마침내 경)-옛날에는 음악회가 끝나면 반드시 사람이(人) 일어나서 인사를 했다고, 악기의 연주가 끝난다는 뜻 *참조: 音. 章

＊누가복음(14:10~11) 끝 자리에 앉으라. 끝 자리가 좋다

무릇 자기를 낮춘 자는 높아지리라(겸손. 땅. 아담). *참조: 亥(12번째)

*ESG-환경(environment)+사회(social)+
지배구조(govermance)
기후변화 해결책- 탄소세(친환경세금)
인간다운 삶을 위해 비재무적 요소를 강조함
(기후변화. 물 관리. 성차별. 인종차별 등)

闊 넓을 활. 문(門) 위에 활(活) 조조. 門이 너무 넓으니(闊) 줄여라!
活 살 활. 活用(활용)=살려(活) 씀(用) *活潑(활발)
黃 누를 황. 二十一 由 八. 어미닭이 21일 품은 수고로 말미암아(由) 비쩍거리며 팔자걸음(八)을 하고 누런(黃)병아리가 나온다고
*참조: 昔: 21일

*二十(이십) 一(일)주가 지난 까닭에(由) 팔방(八)이 누렇게 변한다.
*모차르트 피아노 협주곡 21(2악장) -노랑색(가을)
*노랑색- 五行에서 중앙. 土(흙)에 해당
무덤의 땅을 팔 때 노랑색(吉地), 검정색(물이 나오므로 피하라)
黃泉. 黃土. 금(누렁이). 불상(노랑빛). 황룡(고분벽화)
平壤(평양) -평평하고 늘 젖어있어 만물이 잘 자라는 곳
*壤(부드러운 흙 양). 天壤之差(천양지차)-하늘과 땅 차이.
*土壤(토양). 讓步(양보)
*黃. 堇=黃+土. 廣(광역시). 勤. 謹. 難

黃泉(황천) 가셨다 -불로장생하는 황금빛 샘물을 마시러 가셨다.
*귀(貴)한 물(氵)이 빠지면 潰瘍(궤양) *참조 潰(궤)
皇 임금 황. 왕(王)관에 휘황찬란하게 빛나는 구슬(白)이 더 있다.
孝 효도 효

무교절에 누룩을 사용하지 않는 이유

酵 삭힐 효. 삭힐 교. 酵母(효모), 酵素(효소), 無酵節(무교절)
술은 사람이 만든 것이 아니라 酵母(yeast)라는 미생물이 만든다.
음식물의 당분을 에틸알코올과 이산화탄소로 바꾼다(발효)
빵 - 밀가루 반죽을 발효시켜 부풀려 구운 음식
無酵(무교) -발효시키지 않는 부침개. 빈대떡. 납작한 빵
무교절-누룩 없는 떡의 축제(7일간), 출애굽기 기념축제
酵-적당히 삭힌 술은 어버이가 마시기에 좋다(孝)
-부모를 섬기 듯(孝) 정성스럽게 술을 빚는다.
* 미생물이 스스로 살기 위해 유기물을 분해하는데,
우리에게 유용한 물질을 만들 때는 '발효'라 한다.
이에 반해 우리가 사용하기 전해 유기물을 분해해서
악취와 함께 못쓰게 만들 때는 '부패'라 한다.

* 성경에서는 누룩을 1)부패, 2)더러운 것, 3)교만을 상징한다고
하나님을 찬양할 때(무교절)는 사용을 금지시킨다.

* yeast(효모. 누룩).easter-부활절. 봄(춘분)과 새벽의 여신. 여신의 축제. 유월절과 같은 시기
* 부활절 때 삶은 달걀을 주는 이유(고난을 통해 더욱 단단해 지라고)
* 부활절 때 토끼 초콜렛을 주는 이유(봄의 女神 이스터가 죽어가는 새에게 새 생명을 불어넣어 토끼로 바꾸어 주었는데 그 토끼는 새의 습성을 따라 생명 부활을 상징하는 알을 낳는다. 토끼 알)

後 뒤 후. 천천히(彳) 조금씩(幺) 뒤따라오니 뒤(뒤져올 치夊)

* 참조 : 幺

後悔(후회) -지나고(後) 난 뒤의 뉘우침(悔)

* 참조: 靈의 噬臍莫及(서제)

后 임금 후, 뒤 후.

집(厂)에서 명령(口)을 내릴 수 있는 한 사람(一). 王后. 后宮

*垢(때 구) 임금 앞에 흙을 묻힌채 나아가니 '때. 수치' *참조:垢

侯 제후 후. 과녁. 후작

喉 목구멍 후

候 철 후, 염탐할 후. 조짐. 상태. 기다림

嗅 냄새 맡을 후. 自(鼻의 약자)+犬 +口(구멍) - 개 코구멍

嗅覺(후각) - 음식의 후각 자극은

1) 냄새 a) Aroma(아로마) -음식 먹기 前, 올라오는 냄새

b) Flavor(플레이버)-음식 먹은 後, 느끼는 후향, 풍미

2) 촉감 - 바삭한, 사르르 녹는 식감. 차고 뜨겁게 먹는 식감

3) 腦(뇌) -감정을 느끼는 변연계(해마)가 기억으로 저장

-어머니의 손 맛, 고향의 음식 맛

4) 좌우 코의 후각(버터 땅콩 이용)의 차이로 치매 진단.

*후각 -오감. 육감 중에서 정보력이 가장 뛰어나다.

뇌(腦)에 머무는 시간 -청각. 시각은 6초. 후각은 30초

*냄새에 따르는 삶이야말로 진실한 삶이다 (장 폴 사르트르)

이비인후과 喉와 기후 候

옛날에는 과녁(그+矢)에 활을 잘 쏘는 사람(人)은
제후(諸侯, 王 侯=人+그+矢)가 될 수 있었다
지금은 활을 과녁에 잘 맞추듯이 공부를 잘 하면
이비인후과(喉=口+侯. 입의 과녁은 목구멍) 醫師가 될 수도 있다

활을 쏘고 난 후, 그 화살이 정확하게 꽂혔는지를 확인하면서,
기다리고, 물어보는 또 한 사람이(丨) '물을 후(候=人+丨+그+矢)'이다

웃어른에게 건강하시냐고 물었다고 氣體候(기체후) 萬康,
기상청에 날씨를 물었다고 기후(氣候),
아픈 조짐을 물었다고 症候群(증후군),
유권자들의 안녕을 물었다고 立候補者(입후보자)
모두 '제후 후(侯=人+ㄱ+矢)' 아닌
또 한 사람 'ㅣ'이 들어간 '물을 후(候=人+ㅣ+ㄱ+矢)'이다

코로나 바이러스 최고의 예방은 '손 씻기'라 한다
우리 민족은 옛부터 그것을 알았다
어떻게?
'氣體候(기체후) 萬康하소서 의 康을 보세요
집(广)에서 손(⺕)을 물(水)로 씻어라(康=广+⺕+水)
와!

*참조
候 -묻다. 기다리다. 살펴보다. 염탐하다. 망보다
氣候-조짐을 살핀다. 1년의 24氣(節氣)와 72候(節候)를 줄인 말
氣(節氣) -15일간 날씨, 총 24절기
候(節候) -5일간 날씨(5일장) 기후변화를 나타내는 최소 단위
총 72候
*바쁜 현대인은 춘하추동 4계절과 24절기는 알고 있지만
1년에 72번 변하는 候는 거의 모르고 있다
진실로 패션을 아는 자는 1년에 옷을 72번(候) 바꿔 입어야 한다
氣體候=氣力+體力
體候 -남에게 안부를 물을 때 건강 상태를 높여서 이르는 말

訓蒙字會(훈몽자회) 3660 -최세진 작. 1527년(중종 22년)
-어린이(冡)를 가르치는(訓) 글자(字)를 모아 놓은(會) 책
-어린이들이 한자를 배우기 前, 미리 학습하는 조선식 천자문

*천자문 -저자: 양나라 주흥사(468~521) 白首文

*訓民正音(훈민정음) -백성을 가르치는 올바른 소리

*訓(가르칠 훈) -말(言)이 내(川)처럼 흐르는 순리

*蒙-입다. 덮다. 받다. 숨기다. 어리석다. 어둡다. 어린사람. 무릅쓰다.

++(풀 초) + 冖(덮을 멱)+구멍(-)+돼지(豕)

돼지가 새끼 낳을 때는 외부로부터 보호하고자 한다.

구덩이(-)에 풀이나 거적을 덮으므로 '어둡다'.

새끼들은 아무것도 모르므로 '어리석다'.

*훈민정음 해례본(解例本)

-조선 세종 28년(1446) 훈민정음 28자를 세상에 반포할 때 창제의 취지를 밝힌 서문

回 돌 회. 회귀신경(回歸神經). *참조 師의 歸(귀) *spin

*노인들의 4가지 덕목 *참조: 용서

*回歸(회귀) -세상에 들어왔으면(탄생의 門), 죽을 때 나가는 門이 있다. 고로 목적지가 있어야 한다.

-세상 門을 나갈 때는 Good Bye 하면서 만날 장소, 목적지를 알려주어야 한다. 새 하늘과 새 땅을 볼 수 있는 2 개의 천국 열쇠를 주는 베드로 앞에서 만나자고 꼭 약속할 것

會者定離(회자정리) 去者必返(거자필반) -

만나면 반드시 헤어진다(정리 합시다). 가버린 사람은 반드시 돌아온다.

會 모일 회.

8명이(八) 한(一) 창문(四)을 열고 '다 모이시오. 라고 말한다(曰)

*참조: 曾(일찍 증) -창문(四)을 열고(八) 말(曰) 하는 사이

悔 뉘우칠 회. *참조: 每. 終(悔改)

徽 아름다울 휘 -徽文

休 쉴 휴. 사람(人)이 나무(木) 밑에서 쉬다.

烋 아름다울 휴. 소방관 왈: 불꽃(灬)이 멈추니(休) '아름답다'

携 이끌 휴. 들어올릴 휴. 가질 휴

잡은 새(隹)를 밧줄(乃)에 묶어 손(扌)에 들고 간다.

携帶(휴대)폰. 적그리스도. 7년간 환란 前 携擧(휴거). 再臨

데살로니가(Thessalonica) -뜻: 승리 *니가 데살로 인가?

-알렉산더 大王 동생, 마케도니아 王 부인 이름을 딴 도시

*참조: 고린도(뜻: 뿔. 국제 항구도시. 구린 도시 ? 산상무녀1000명) *角者無齒

에베소(뜻: 인내)-성모 마리아 임종한 곳. *고린도 근처 항구도시

-사도 바울 이 3년간 에베소에서 전도(에베소서)

사울(히브리어) 뜻- 큰 자, 바울(로마어) 뜻: 작은 자

-누가복음의 '누가' 무덤이 있는 곳

*갈라디아서(5:17)-지금의 터키 지역

- 육신을 따르는 자는 육신의 일을 생각하므로

영을 따르는 것과 갈라지라고 갈라디아서

-초창기 교회 분위기는 할례를 받고, 율법을 지켜야 한다고 생각

*再臨(재림). second coming. 臨終. 臨戰

臣(신하 신) -신하가 임금 앞에 고개를 숙여 눈을 크게 뜨고 말씀을 듣다.

賢(어질 현) -아래쪽을 내려다보면서(臣) 조개(貝)를

손(又)으로 주다.

臥(누울 와) -어른(人) 앞에서 눈을 크게 뜨고 무릎 꿇고 고개 숙인다. 마치 엎드려 누워있는 모습

*再臨의 臨은 겸손(아담. 휴먼) *驥尾(기미). 從心

山 위의 음식처럼 높은 것만 먹으면(口口口) 癌(암)

땅에 엎드릴 정도로 겸손하게 먹으면(口口口) 臨(재림)

黑 검을 흑. 땅(土) 밑의 불길(灬)이 창문(창문 창. 굴뚝 창 囱)을 시커멓게 탄다.

*검은 것(黑)을(黑字를) 높이는(尙) 사람들의 모임 - 黨(무리. 집단 당)

*참조: 曾(증) 창문(囪 = 고문자 皿)을 열고(八) 말(日)하는 사이

*흑을 좋아하는 개(犬) -默. 默示(묵시)

*말벌은 검은색을 천적의 색으로 인식해 공격성이 강하므로 벌초 때 주의

*개(犭)의 스승(師) -사(獅)자

*참조 :靑. 코티솔. 멜라토닌

黑死病(흑사병) Black death. Pest. 1346년(3년 계속) 유럽인구 1/3 사망

*페스트로 인해 노예제도가 생겼지만, 아이티는 흑인노예들의 봉기 때 나폴레옹이 보낸 2만5천 명의 진압군이 황열병(간이 손상되어 눈동자가 노랗게 변함)으로 3천명만 살아남자 1804년 독립하였고 노예제도가 폐지되었다.

흑염소 -왜 머리를 까맣게 염색하세요?

흑염소가 더 비싸니까

*염소새끼 이야기 '다 말'해버릴까?

-'유다(뜻: 찬양)'는 야곱(이삭의 아들)의 넷째 아들

가나안 여자와 결혼

유다의 첫 며느리는 가나안 출신의 '다말(뜻: 종려나무)'

시아버지 유다는 다말과 염소새끼 한 마리 주고 하룻밤 지냄

이 때 태어난 쌍둥이 형이 '베레스(예수님 직계)'

-롯의 딸들은 아버지와 동침(큰딸 아들 모압, 작은 딸 아들 벤암)

연필(흑연)과 그래핀

黑鉛(흑연), 鉛筆(연필심). 石墨(석묵)

graphite-글 따위를 쓰다. 그리스어 graphein.
-연필심으로 쓰이는 흑연
*흑연에서 추출한 그래핀(graphen=graphite+탄소이중결합 접미사 -ene)

*그래핀 -꿈의 물질. 실리콘 다음의 최첨단 신소재.
-탄소원자 1개 층으로 이뤄진 벌집구조의 얇은 막으로
실리콘 보다 전자의 이동성이 100배 이상 빠르다.
구리보다 전기가 100배 이상 빠르다.
강철보다 강도가 100배 이상 높다(방탄복)
열전도성이 최고인 다이아몬드 보다 2배 이상 높다.
*그래핀 양자점(quantum dot)- 그래핀의 가장 작은 형태
*의료용 -염증제어. 섬유화 예방. 치매. 파킨손병 치료
*자동차 앞 유리창에 열풍 대신 투명 히터
鉛(납 연) -金+연(늪 연). 늪의 흙처럼 무루고 잿빛이라고
㕣(연) -갈라진(八) 입구(口). 산속 늪(㕣) 이라는 뜻
물 따라 흐를 연(沿)에서 氵가 생략된 글자

恤 불쌍히 여길 휼 *참조: 矜恤(긍휼)

欠 하품 흠 *참조: 次. *吹打(취타) -관악기를 불고, 타악기를 침
吹(불 취) -하모니카의 도미솔은 불고, 레파라시는 들이마심

吸 숨 들이쉴 흡. 흡충(吸蟲). 肝. 肺 디스토마=di(2) stoma(입)
*呼吸 : '호'하면서 입으로 불고(뱉고), 코로 천천히 흡(마신다) 한다. 개처럼 빨리 호흡하면 생명이 짧다
- 吸收(흡수), 吸煙(흡연), 흡인성 폐렴
吸引(흡인)=사레. 사레 걸리다(새알 걸리다. 경남 사투리)
*주고, 받는다(give & take), back & forth(왔다 갔다).
授受(수수). 호흡(2초 내쉬고, 4초 들이 마신다), 깨고 자고

엘리베이터 나가고(호) 들어온다(흡)

*목으로 숨을 내쉰다(울음을 터트린다, 목숨=生命)

허파는 비운만큼 공기가 들어온다

*西山大師 詩碑 : 들이마신 숨 내뱉지 못하면, 바로 죽는 것이다

興 일어날 흥. 舁(마주들 여)+同(술 잔) *興味津津

양손(廾)으로 술잔(同)을 들고 여럿이 한마음으로 들어 올리다.

*桐(오동나무 동) -술잔(同)을 만들 수 있는 나무(木)

喜 기쁠 희. 콩(豆)을 열 개(十)씩 먹으면(口) 기뻐진다.

*참조: 가로수(樹 나무 수)

마디(寸)마다 열(十)개의 콩(豆)이 열리는 나무(木)도 *참조: 鵲.

喜樂(희락) -기쁨과 즐거움

*데살로니가 전서(살전 5:6~18) 항상 기뻐하라, 쉬지 말고 기도하라, 범사에 감사하라. 기쁨이 기도보다 우선이다.(知好樂)

希 바랄 희. *펼 보. 베 보(布=왼손 좌 屮+巾)=손으로 베를 만드는 모양

*불교에서는 '베풀다'는 뜻의 布施(보시)

*希望(희망 hope. 기쁠 희) -어떤 일을 이루거나 하기를 바람.

-안 되는 것도(x) 베풀어 달라고 '바라다'

-축복의 씨앗 (사랑-눈물의 씨앗)

雲外蒼天(운외창천) - 구름 너머에 푸른 하늘, 희망이 있다는 뜻

X-선을 쬐면 布. 希. 學. 爽. 交. 校. 教. 效

X-선 1번 수건(巾)에 쬐면 布施(보시)
X-선 2번 수건(巾)에 쬐면 希望(희망) *참조 師의 帝
X-선 2번 어린이 양손(臼)에 쬐면 공부 잘하고(學)
X-선 2번 쬐면서 동시에 사랑의 매를 곁들이면 가리키기가 쉽다. 教
X-선 4번 大人에게 쬐면 시원 상쾌(시원할 상 爽. 爽快 상쾌)
X-선 6번을 쬐야 사귈 수 있다. 交
X-선을 6번 목조건물(木)에서 쬐는 곳이 學校
X-선을 6번 쬐면서 사랑의 매질까지 더하면 藥效(效果)가 더 좋다
*여성이 教會 많이 다니고 공부(學) 잘하는 이유
學. 教의 xx 2개와 여성 성염색체 xx 가 2개씩 동일하므로
*失望(실망) 바람을 잃다.
바람기(風)가 나쁜 것만은 아니네. 으 하하하
높이 올라 갈수록 바람(風)도 쎄다
*望 망할 망 / 없을 무. 亡=亠(人)+ㄴ=사람이 달아나 숨으니
'망하다. 죽다. 없어지다'
-마음을 잃고(亡) 북쪽(壬)을 향해 서서 달(月)을 보니 '바란다'
稀 드물 희. 벼(禾)가 해마다 풍년들기를 바라지만 매년 풍년은 힘들다(希)

희생(犧牲), 소(牛)와 양(羊)

犧牲(희생) 희생 희, 희생 생 *燔祭
-犧=牛+羊+秀+戈 - 흠 없는(秀) 羊과 소(牛)을 창(戈)으로 잡아 희생시킴
-牲=소(牛)를 산 채로(生) 잡아 제물로 희생시킴
犧牲羊(희생양)-농사에 필요하고, 가격이 비싼

소(牛) 대신 羊을 대신해서 희생시킨다.

*이양역우(以羊易牛)-羊을 소와 바꾸다(바꿀 역 易)

*피카소 '황소머리' 작품가격: 300억

*덩치 큰 소(牛)는 부끄럽게도 양(羊) 뒤에 숨는다.

羞惡之心(수오지심). 부끄러울 수(羞=羊+丑)

*告(알릴 고, 고할 고) -잡힌 소(牛)를 神에게 바쳐 고(口)한다

*사건 건(件) -사람(人)이 소(牛)에 받히면 큰일(사건) 난다

*神에게 바치는 4대 동물 -소. 양. 돼지. 개(獻金. 蹴球)

우이독경(牛耳讀經) -소귀에 경 읽기

- 가르치고 일러주어도 알아듣지 못함

읽을 독(讀) -상인이 물건을 팔기 위해(賣) 큰소리로(言) 외치는 것

-신라 문자 이두(吏讀)

살 매(買) -그물(그물 망 罒. 网)로 조개(貝)를 잡아

그걸 판돈으로 물건을 산다.

팔 매(賣) -물건을 내 놓아(出의 변형 士) 판다.

-고할 고(告=牛+口)-소(牛)를 神에게 제물로 바치고

입(口)으로 고하다.

-지을 조(造) -건물을 지을 때는 관청에 가서(辶) 告하고

허가를 받아 '짓는다'.

-羊頭狗肉(양두구육) -羊머리를 걸어 놓고 개(狗)고기를 판다.

-도(돼지. 돌돌돌 운다고). 개. 걸(양). 윷(소). 모(말)

*하나님은 말(馬)과 소(牛) 중에 어떤 동물을 더 좋아하셨나요?

예수님은 말구유에서 탄생했을 정도로 말(馬)을 좋아한다.

소(牛)는 시내山에서 십계명을 가지고 내려오실 때 바알神을

형상화한 금송아지를 모세의 형 아론이 보여 주었기 때문에

犧牲(희생)처럼 재물로 사용된다.

수많은 인간들이 내 젖을 먹어도

나를 엄마라고 부르는 놈은 하나도 없다.
소가 웃으면서 소원을 빕니다.
"소(牛)가 웃는 세상이 없었으면 ……." 우(牛)하하!
*말(馬)은 죽은 사람의 영혼을 천계로 안내한다(11~13시)
*참조: 解(午 와 牛)

예수님의 삶: 시작(말구유=낮아짐), 끝(십자가=희생)

*예수님의 삶: 시작(말구유=낮아짐), 끝(십자가=희생)
*꼰대 시대 -라테 이즈 호스(Latte is horse 나 때는 말이야)
*말(馬)이 가장 싫어하는 것 -말꼬리 잡는 것

*사람들도 하나님처럼 하루에 천리를 달린다는 천리마(驥)가 되어 후원자 역할을 해야 한다.
말(馬) 대신 훌륭한 책으로, 강의로 또는 아이디어로

驥尾(기미) -천리마의 꼬리에 '파리'가 붙어있으면 가만히 있어도 하루에 천리를 간다.
*커피에 빠진 파리가 죽으면서 남긴 말: 쓴맛 단맛 다 봤다
*다윗王 -인생의 쓴맛, 단맛 다 본 사람

*타인의 행동을 유도하는 부드러운 행동이나 주의를 끌기 위해 보통 팔꿈치로 슬쩍 찔러 주의를 환기 시키는 행동(선택을 이끄는 힘)이라는 뜻을 가진 넛지(Nudge)의 대표적인 사례가 남자화장실 변기에 그려진 '파리' 때문에 80%가 깨끗해 졌다는

것이다.

漢字를 자동으로 공부하고 싶어지는 선택을 이끄는 부드러운 개입 또는 간섭하는 넛지는 없을까요?

*최선이 참이 아닐 수 있다. 열린 자세를 가져라.

스스로 그 오류를 찾아내 수정하라."라고 세상을 떠나기 며칠 전 제자들을 불러 놓고 양심선언을 했던 퇴계 선생님이 생각납니다.

이번의 漢字책 역시 최선이지만 반드시 오류가 있으므로 독자 스스로 찾아내 수정하시기를 기원합니다.

한자 부수(部首)

丨	뚫을 곤	丶	점주
丿	삐침 별	亅	갈고리 궐
亠	돼지머리 해. 머리 두 亥의 머리 부분(亠) 市(5획)= 亠 + 巾	彐 ＊⺊(虐) --- E. 거꾸로 彐 --- 丰	돼지머리 계 --- '손'字의 변형 --- 풀 무성할 봉
儿	어진사람 인	冂 ＊안석 궤 几	멀 경(멀리 떨어진)
几=丿+乙	안석 궤	凵	입벌릴 감
匚 匸	상자 방 감출 혜	卩 㔾	병부 절. 무릎마디 절
厂	굴바위 엄	广	집 엄
厶	사사로울 사. 마늘 모	夂	뒤쳐올 치
夊	천천히 걸을 쇠	宀	집 면 ＊ 冖 덮을 멱. 민 갓머리
屮	왼손 좌. 싹날 철	巛 川	개미허리 천. 내 천
尸	주검 시	寸	마디 촌
干	방패 간	幺	작을 요
廴	길게 걸을 인	廾	두 손 맞잡을 공 받들 공, 스물 입 廿
弋	주살 익	人 亻 儿 𠆢	사람 인
彡	터럭 삼	彳	걸을 척
戈	창 과	戶	지게 호
扌 手	손 수	攴 攵	칠 복

斤	도끼 근	歹歺	앙상한뼈 알
殳	갖은 수. 창(몽둥이)수 안석 궤 几=丿+乙	水 氵氺	물 수
爪	손톱 조	爿	조각널 장
片	조각 편/爿 널조각 장	牛 牜	소 우
犬 犭	개 견	疋	짝 필. 발 소
疒	병들 녁	癶	걸음 발
皿	그릇 명	矛	창 모
矢	화살 시	禾	벼 화
糸	실 사	缶=午+凵	똥 장군 부
肉 月 自	고기 육. 육달 월 왼쪽(肝).또는아래(胃) 달 월은 오른쪽(朝)	臼	절구 구
舛	어그러질 천	艸 艹	풀 초
衣 衤	옷 의	豕	돼지 시
貝	조개 패	辵 辶	쉬엄쉬엄 갈 착
邑 阝	고을 읍	阜 阝	언덕 부
隹	새 추	黑	검을 흑
酉	닭 유	頁	머리 혈
亼	삼합 집	巾	수건 건
鬯	술 창	歹	뼈 앙상할 알
鹵	소금밭 로	罒	그물 망
月	肉. 舟(服). 血(脈)	得	彳+貝(변형 旦)+寸
止	그칠 지	人 亻 儿 勹	사람 인(人) 어진 사람인 발(儿)
西	서녁 서	襾	덮을 아

縣(고을 현)	県은 거꾸로 首	羞	羊+丑
盾	干+目	帝	立+巾
韋	舛+口	商	立+古
ㄴ	숨길 은, 直. 眞	㔾무릎마디절	巴-더 자세히 표현

마침표	.	쌍점	: ;
물음표	?	큰 따옴표	“ ”
쉼표	,	작은 따옴표	‘ ’
줄표	—	붙임표	-

광주 醫史 116년 History

*1885년(고종22년) 지석영, 전라도 牛痘 교수관으로 파견
*1896년(고종33년) 광주에 전남도청 설치
*1904년 서양의사 오웬氏가 광주에서 최초로 나환자 진료
*1905년 광주 최초병원 제중원(광주기독병원) 개원
*1910년 광주 자혜의원(전대병원) 개원
*1917년 광주 황금동에 광산의원(김종섭 원장) 개업의 1호 개원
*1940년 광주 의사회 창립(초대회장 김흥열)
*1944년 광주의학전문학교(전남의대) 개교
*1966년 조선의대 개교
*1971년 조선대학교 병원 개원

서양의학은 기원전 5세기 히포크라테스 이후에, 동양의학은 기원전 3세기 중국에서 자리를 잡았다.

질병을 '神의 분노'라고 생각하고 초자연적인 힘 또는 마법으로 사제들이 주문과 기도로 치료를 시도했던 것이 인류 최초의 의학이다.

그리스 출신의 히포크라테스가 질병의 원인은 초월적 존재가 아닌, 자연현상이므로 자연치유력으로 치료해야 한다는 합리적 의학의 근거를 제시한 것이 서양의학의 뿌리가 되었으나 의학은 주로 철학의 분야에 머물면서 과학의 도구를 빌려다 쓰는 정도였다.

그리스 이후 로마로 옮겨진 의학은 도시화가 진행되면서 공중보건(집단위생)에 관한 높은 인식으로 해부학과 생리학이 발달되었으며, 유럽 최초의 의학교가 이탈리아 남부에 세워졌으며, 르네상스 시대에 이르러 인체의 구조에 관련된 해부학과 생리학의 눈부신 발전이 이루어지면서 과학이 차지하는 비중이 점차 커졌다.

1910년 미국에서 의학개혁이 일어나 과학중심의 의학이 자리 잡았다.

*1400년대 후반,

포르투갈과 스페인 협정에 의해
동쪽으로 진격한 포르투갈-아프리카. 인도양. 중국. 일본으로
서쪽으로 나간 스페인- 대서양을 넘어 신대륙. 태평양을 횡단하여 필리핀. 인도네시아
*그 뒤 영국과 화란이 스페인과 포르투갈을 대체

*1492년, 콜럼버스 아메리카 발견

16세기 초, 중국(1500년대)과 일본(1543년)은 서양과 교류(선교사 입국)했으나 우리나라는 중국. 일본 보다 300년 후, 1830년대 선교사가 처음 들어옴으로서 서양의학이 일본보다, 300년이나 뒤지게 되었다

오장육부를 중요시 한 중국의 한방적 사고방식은 서양의학에 대한 관심이 적었으나, 일본은 적극적으로 서양의학(외과 수술)을 받아들임으로서 아시아에서 가장 먼저 서양의학이 발달되었다
*메이지 시대에 독일의 군의학교 시스템 도입

*1543년, 나까사끼에 외국인 출입 허용,

특히 기독교를 퍼뜨리지 않겠다는 네덜란드 사람들이 많이 들어와 화란(和蘭) 학문이라는 뜻의 난학(蘭學(랑가쿠)이 발달 그 때 들어온 서양의 총을 본뜬 것이 49년 후 임진왜란(1592년) 때 사용된 조총이다.
*1628년 박연, 1653년 하멜 등이 우리나라에 들어 왔지만 지식층이 아님.

모차르트(1756~1791), 베토벤(1770~1827)
슈베르트(1797~1828)가 아름다운 음악을 만들 때

*1773년, 영국의 제너(Jenner)도
마마를 예방하는 백신을 만들었다

*1774년, 네덜란드 해부서 '타펠 아나토미아'를 일본 의사가 번역한 해체신서(解體新書) 발간
*1823년, 나카사키에 최초의 사립의학교 개설
*81년 후, 우리나라 최초 세브란스 의학전문학교(1904년)
*121년 후, 광주의학전문학교(1944년)
*1860년. 오스트리아 성직자 멘델 유전자 존재시사
*1876년(고종13년), 조일수호조약 이후 일본거류민을 위한 재생병원 개설

*1880년, 지석영 선생이 김홍집을 따라 일본에 가서 일본후생성의 도움으로 현대의학의 종두법을 배워 우두의 제조법과 저장법, 종두 시혜법을 배워와 보급했으며, 경성의전의 전신인 관립의학교를 만들어 그 책임자로 있었다.
*미국 에디슨 전구 발명
*1885년(고종22년),
전라도 우두(牛痘) 교수관으로 파견되어 이 고장과 처음으로 인연을 맺었다.
*1884년 (고종21년) 미국 선교의사인 알렌이
서울 재동 헌법재판소 자리에 국내 최초의 현대식 병원인
광혜원(제중원 1885년) 설립

하여튼, 의과대학 다니지 않고 천연두의 종두법 때문에 醫師가 된 두 사람 영국의 제너와 한국의 지석영

*1886년, 코카콜라가 두통치료제로
*1893년, 펩시콜라가 소화불량 치료제로 등장하는 그 사이에
*1889년, 서재필(1864~1951) 박사,

갑신정변 후 미국 망명. 한국인 최초 미국 의사 취득 후에 귀국 해서 배제학당에서 강의(수제자-이승만 1875~1965)

*1896년(고종33년),

팔도강산(태종13년)이 482년 만에 13도로 재편되면서 전남 도청이 光州 금남로 1가 전일빌딩 자리에 설치되었고 지금의 광산동 옛 도청건물은 1930년에 신축되었다.

*2005년 109년 만에 남악으로 전남도청 이전

*전라도는 노령산맥 이남-전라남도(제주도 포함)
노령산맥 위 -전라북도

*1897년, 대한민국 최초의 양약, 활명수(소화제) 등장

*1899년, 병원관제 제정 이후 病院(병원)이란 이름이 처음 생김.

醫院 -의사가 숙식하면서 환자를 돌보는 시설

病院 -병자가 숙식하면서 치료받는 시설

*현재는 병상 30개 이상을 병원, 그 이하를 의원이라 함.

*1900년, 김점동(박에스더 1876~1910) 한국인 최초 미국에서 여의사 취득

*1904년, 서양의사 오웬氏가

光州에서 최초로 나환자 진료를 시작했으며

*1905년, 광주에 최초의 병원 제중원(광주기독병원)이 설립되었다.

아인스타인은 특수상대성 이론을 발표하고, 을사보호조약이 체결되고, 경부선(경성-부산) 철도가 개통되었고, 체코에서 각막이식수술 성공

*1906년. 알츠하이머病 보고(독일)

*1907년. 피카소 (26세)의 '아비뇽의 처녀들' 입체파 작품 발표

*1910년, 안중근 의사가 사형되던 해

전대병원의 전신인 공립 광주자혜의원이 개원한다.

*1911년, 중국 신해혁명. 청나라 멸망. 최초의 공화정부 수립(손문 임시 대통령)

*1915년, 베게너(Wegener 1880~1930)

대륙이동설(Pangaea 판게아. 그리스어 pangaia. 하나의 대륙. 초 대륙)

지구전체(도넛츠 형). 판 깨야지 !

*1917년, 러시아 볼세비키 혁명이 일어나던 해

광주 황금동에 김종섭 원장이 광산의원을 최초로 개원(개업의 1호)

*1918년, 스페인 독감 창궐(5천만 명 사망, 조선 20만 명 사망)

*80년이 지난 1997년에 정확한 독감 원인균 규명

1차 세계대전(1914~1918. 2천5백만 명 사망).

2차 세계대전(1939~1945. 6천만 명 사망)

*페스트-유럽 인구 1/3. 2천만 명 사망

-젖소 키우는 낙농가족은 자연치유(우유. 식초 .발효식품)

*1919년, 3.1 만세운동

독일 바이마르 헌법(최초 사회권 규정)

*1918년 제1차 세계대전에서 패전의 책임으로 독일왕정이 무너지고 독일 역사상 첫 민주주의 국가인 바이마르 공화국 수립

*1920년, 춘원 이광수 부인 허영숙 여의사(동경여자의학전문학교 1917년 졸업)가 우리나라 최초 여의사로 서울에서 영혜의원을 개원

광주에서는 서중. 광주일고 전신인 광주고보 개교

*1925년, 광주에서 개성출신 김흥열(경성의전 1회 졸업)이

두 번째로 중앙의원 개원(개업의 2호)

*1926년, 6.10 만세운동

권계수 호남의원(경성의전 3회 졸업) 개원

*1927년, 김범수 남선의원 개원(25세)

*경성의전 2회로 입학(1917년)

*2학년 때 3.1운동 참여로 3년 복역 후 복학(1921년)

*인민위원회 간부, 보도연맹 가입 때문에 한국전쟁이 일어나자 예비검속 대상으로 광주형무소 투옥

*빨치산 의무대에 징발되어 빨치산 전남도당 사령부가 있었던 화순 백아山에 있다가 1951년 국군토벌대의 백아산 공격 때 사망 추정

*참고: 박해현 저, 의사 김범수 연구(2020년) *1924년 개원?

*1928년, 황해도 출신, 현덕신(동경여자의전 졸업 1921년)이

무등산 석아정 주인(후에 오방정. 춘설헌)인 남편 최원순을 따라 光州 최초의 여의사로서 현덕신 의원 개원한다.

*1929년, 11.3 광주학생독립운동

광개토대왕비에도 있는 東海라는 이름이 일본해로 둔갑
*1934년, 이난영 목포의 눈물 발표
김성파 성모의원(동경여자의전 4회)
노종갑 대동의원(세브란스 의전 졸업)

*1935년, 미국, 엘비스 프레스리 탄생
전남대학교 초대 총장과 참의원을 지냈던 최상채 박사
(경성의전 4회 졸업) 개업

해방 후 광주시장,
제5대 전남지사와 내무부장관을 지냈던
민병기 박사(경성의전 졸업)가 민내과 의원 광산동에서 개원
*참고: 아들 민성기- 전남의대 학부 1회 출신

광주. 전남의 인구가 220만 여명인 1930년대
선교사 출신 엘리제 셰핑(1880~1934 한국명 서서평)이
최초의 간호사로 활동한다.
그녀의 좌우명
'Not success, But Service(성공이 아니라 섬김이다)'
광주극장 개관(최선진)
*1939년 '바람과 함께 사라지다' 영화 대히트
최영욱 박사 광주에서 서석의원 개원
전남지사 재직 시 조선대 야간대학원 인가(박 철웅 초대 총장)
4대 광주 의사회장
의전졸업 후, 캐나다 토론토대 의과대학에서 의학박사 학위
*최영욱의 부인 김필례(1891~1983) 여사는
미국 콜럼비아대학을 졸업하고
정신여중 교사 및 광주 수피아 여고 교장을 역임
*참고 : 보학연구 30호, 2014년

기독교로 맺어진 세브란스 의전 출신들 3인 : 서씨. 김씨. 최씨
김필순(광산 김씨. 1908년 세브란스 의전1회 출신.
서간도 및 치치하얼 독립운동(1997년 애족장)
김필순 친구 -서광호(세브란스 의전1회 출신. 목사 아들)
김필순 여동생 -김필례
김필례 남편- 최영욱(세브란스 의전 6회 출신. 최흥종 목사 동생)
김필례 여동생 남편(김규식 독립운동가)

*최학신 씨 첫째 부인 국씨 —최흥종 목사 -사위(목사)
둘째 부인 공말자 - 최영욱(의사. 도지사)
-최영온 - 아들 (정율성. 음악가)

*일제 강점기 3대 항일 독립운동 국가유공자 후손의 醫師들
(1) 1919. 3.1 운동
(2) 1926. 6.10 만세운동
(3) 1929.11.3. 광주학생독립운동

1919년 3.1 만세운동 참여 후 옥고(애족장) -최 현숙
1919년 3.1 만세운동 참여 -최 원순. 김 범수
1929년 11.3 광주학생독립운동 참여 후 퇴학 -이 순. 주 말순

光州 의료계 초창기 항일 독립투사 후손들

성명			배우자	가족
최영욱1881~1950 의사 (세브란스 의전 6회)	캐나다 토론토대학 박사학위. 광주의사회장(4대). 美군정 시절 전남 도지사	김필례는 최영욱의 서석병원 지하실에서 2.8 독립선언서 복사(3.1 만세운동 참여)	김필례1891~1983 서울 연동여학교(1907 졸업) 일본 동경여자학원 중고등부 졸업(1916) 미국 콜럼비아 대학 수피아여중교장(1945) 정신여중교장(1947) 여성지도자 교육자	*김필례 여동생 남편(김규식) *형;최흥종 목사 *조카 장율성(음악가) *김필순(광산 김씨. 1908년 세브란스 의전1회 출신. 서간도 및 치치하얼 독립운동(1997년 애족장)
현덕신1896~1963 1919년 3.1 만세운동	1928년 호남 최초 여의사 개원	오빠(목사) 이화학당 졸업 동경여자의전 광주YWCA 2대 회장	최원순1891~1935 (와세다대학 재학 중) 도쿄2.8독립선언 과 3.1 만세운동 참여 독립운동가. 1923년 결혼 동아일보 편집국장	손자: 최진훈 (서울의대) 뉴욕 최내과 *최영훈 (서양화가)
김범수 1899~1950	경성의학전문 졸업 1927년 광주. 남선의원 개업	최한영과함께 3.1 만세 운동 참여 옥고 3년		손녀: 김행자 (전남여중 31회) 전남여고 역사관장

현진 최현숙1904~1984 崔賢淑 1919년 3.1 만세운동 *독일(1919년) 바이마르 헌법 최초로 사회권 규정	1919년 3.1 운동 훈격: 애족장(1990) 수피아여학교 고등과 3학년 재학중(15세) 3.1 만세운동 참여 후 옥고 흥학관 참여 1990년 공로인정 *제석산 애국지사추모동산에 독립비와 흉상 건립	수피아여학교 고등과 재학중(3년), 15세 3.1만세운동 참여 후 옥고. 흥학관 참여 서울정신 여학교 수석 졸업 (1924년) 광주. 전남 최초 동아일보지국여기자 (1928년)	방원 김용환 (1900~1969) 광주농업학교졸업. 흥학관 선생 광주고보학생의거 배후주도 동아일보 광주지국장. 5대 국회의원. 항일 반독재 인권투사. 광산김씨방원공파 종회시조	아들 *김연균 (전남의대 학5회) 5.18 당시 광주국군통합병원장(대령) *김양균 (초대헌법 재판관) 전대법대3회
이 순 李 順 (1913~1991) 1929년 11.3 광주학생독립운동	1929년 11. 3 광주학생 독립운동 유공자 勳格: 대통령표창 (2019년) *광주학생독립운동기념관 1층 참배실 위패안장	광주여자고등 보통학교(4년제), 2학년재학 중 광주학생독립운동 참가 후, 1930년 1월20일 퇴학 昭和4년 11월17일 무기정학 전남여중2회 명예졸업장 (제21호)수여	조운행 1913~1943	아들 *조성내(전남의대 학12회)뉴욕. 정신과전문의 *조홍주(전남의대 학 17회) 조이비인후과 *사위(장인원) 전남의대학1회 전남의대교수
주말순(2회)	대통령 표창 (2019년)	광주학생 독립운동 참여(퇴학)		아들: 심재영(전남 의대 학12회) 광주.심산부인과

*흥학관(1914년)- 3.1 만세운동이 큰 성과 없이 끝난 후 실의에 빠진 광주. 전라민들을 위해 최명구(1860~1924)가 청년들을 위한 수양회장으로 서광산정에 세웠고 그의 아들 최상현(1880~1945)이 이어받았다. 학생투쟁지도본부. 민족교육의 요람인 흥학관에는 사립보통학교와 고등과 강습소. 노동야학. 여성 야학교가 있었다.
광주학생독립운동(1929)의 주역인 왕재일, 성진회 회원들이 흥학관 출신이다.

*醒進會(성진회 1926년) -항일학생운동단체로 광주학생독립운동(1929년)의 주역
장소: 장재성(사회주의자) 빵집에 있는 학생소비조합. 문방구를 통해 운동자금 조달

1940년, 광주醫師會 창립(초대 회장: 김흥열)
창씨개명과 쌀 공출령이 강제되면서
조상 전래의 성씨도 못 쓰고, 쌀밥구경도 못한다

1941년, 12월 일본군이 진주만을 기습 폭격하면서 태평양전쟁 시작

1944. 5. 20 전남의대 전신인 광주의전(교장 최상채) 설립 및 제1회 입학식
*전남의대 역사
1910년 전남대 병원 전신 자혜의원 개원
1944년 광주의학전문학교(4년제) - 5회 졸업생까지 배출
1946.9 광주의과대학(초대학장 최상채) 6년제 승격 -1회 졸업생 배출
1952.6 전남대학교(초대 총장: 최상채) 개교 및 전남의대(6년제)

광주의전 설립을 도와주신 대표적인 분들은
최흥종 목사. 현준호,
손창식(일백만圓). 김영준(10만圓) 등등

그 당시, 광주여자고등보통학교(현 전남여고)
설립위원장이었던 현준호는 최흥종 목사의 부탁으로
손창식을 찾아 상해로 달려가
광주의학전문학교(전남대 의대) 설립기금
일백만圓(쌀 20만가마)의 기부금을 받아 와
광주의전(전남대 의과대학 전신)
탄생에 결정적인 역할을 한다

손창식은 현준호의 2남. 3남 가정교사로 있다가
현준호의 도움으로 일본에 유학을 가서
졸업 후, 상해에서 크게 성공한 사업가였다.

영암 출신 호남갑부로
일제시대 조선총독부 중추원 참의를 지낸
현준호(1889~1950)는
전형적인 친일파와 달리
전남의전의 산파 역할을 했을 뿐만 아니라,
자신이 설립한 호남은행에
일본인 직원의 채용을 안 하고
일본어 사용을 금지하고
창씨개명을 하지 않아 은행을 빼앗기는
아픔을 맛보기도 한다.

손창식을 일본으로 유학 보냈던 현준호처럼
김성수는 춘원 이광수(1892~1950)를 일본으로 유학을 보냈다

김병로. 송진우. 김성수(고정주 사위) 등은
춘강 고정주(1863~1933)가 세운
창평 초등학교의 전신 창평학숙(창흥의숙) 출신들이다.

김성수의 도움으로
일본에 유학을 갔던 이광수는
5년 아래 허영숙(1897~1975)을 만나
1921년 결혼하여 30여년 함께하면서 3남매를 낳았다.

1946년, 광주 최초 전남의과기제작소(전남의료기상사) 대표 김상순

*1948년부터 배출된 광주 의과대학 출신 의사들

A) 광주의학전문학교(4년제)

전1회 졸업생(1948년)- 김영인, 김두상. 국희종. 김용문.우제인, 김학윤. 노철원. 박홍균. 황인담. 황종규

전2회 졸업생(1949년)- 김형순. 박병일. 박보한. 박윤식. 송인현. 우정현. 임선호. 임상철. 정담진. 조영국

전3회 졸업생(1950년)- 강연수. 김헌두. 서정규

전4회 졸업생(1951년)- 고재택. 박정서. 박종갑

전5회 졸업생(1552년)- 길원식

B) 광주 의과대학(6년제)

광1회 졸업생(1952년)- 김정자. 국원영. 오일휴. 조동을

c) 전남대 의과대학(6년제)

학1회(1953년)- 강종남. 권충식. 김영표. 장인원. 천명철. 최재권. 문병갑. 민성기. 국영종. 박용휘. 송양술. 정희봉. 최병조. 하기수

학2회(1954년)- 김제권. 안태휴. 하인호. 김영휘

*참고 (전남대 동창회보 42보, 2017년)

국희종(광주 의전 1회) - 1944년 첫 입학 102명(조선인 50%)
- 목포에서 의사 아들로 출생
- 동생(학1회 국영종)
- 순창군 복흥면 정린리 혜인의원 개원(복흥의 성자)

1945년 2차 세계대전(1939~1945) 끝 & 해방

1950년, 6.25 전쟁

1953년, `프랜시스 크릭과 제임스 왓슨 - DNA구조 발표

1960년, 4.19 혁명

신 현 외과에 부상자 이송

(당시 광주고등학교 3년 이병열.

4.19민주혁명기념사업회 회장. 2020년 국민훈장목련장 수상)

1957~1958년도(4.19 당시 의사 회원들)

A) 광주 개업회원

중앙의원(김흥열). 임내과(임종철). 홍안과(홍승민).

남이비인후과(남영소). 김외과(김녹호). 신외과(신현).

신소아과(신임우). 최외과(김학윤). 협화의원(노천은).

십자의원(권병래). 임산부인과(임영학). 고외과(고재순).

춘광의원(이춘우). 화평의원(국순홍). 동아의원(김용문).

이철의원(이재영). 신광의원(김성기). 최내과(최동주).

남향의원(박동일). 태양의원(김인중). 제화의원(김대한).

성모의원(김성파). 광화의원(맹환기). 최의원(최기섭).

서석의원(고대규). 위생의원(송정자). 대동의원(노종갑).

유성의원(이현수). 자모의원(서희원). 손의원(손재택).

흥인의원(최윤영). 최의원(최기섭)

B) 야간 개업회원

김소아과(김덕성). 손소아과(손철). 이내과(이재춘).

이순익내과(이순익). 서산부인과(서정규). 정산부인과(정규).

김산부인과(김희달). 박안과(박홍균). 윤안과(윤윤호).

동인X-선과(김복진).이비인후과(이진기). 김남기외과(김남기).

유의원(김영제). 영남의원(남천은). 황정형외과(황종규).

명인의원(명승표). 제생의원(변정찬). 계림의원(장정식).

정내과(정담진). 호남의원(권계수). 동산의원(이태익).

국영의원(국원영). 민외과(민인기). 인동의원(장지홍).
성심산부인과(강우향). 태평의원(이대원). 대성의원(박찬지).
동화의원(이판규). 김규섭의원(김규섭). 명인의원(명정석).
인광의원(홍석희). 아세아의원(박동수). 강의원(강의원).
신생의원(이세욱). 고려의원(신승환). 모자의원(임인경).
서내과(서정수). 삼성의원(김용철). 임선호의원(임선호).
공설의원(민병갑). 조의원(조동을). 김동열소아과(김동열).
박내과(박종갑). 최병재내과(최병재). 삼화의원(김병우).
김내과(김기창). 춘광의원(이춘우). 신광의원(김성수).
제화의원(김대한). 유인의원(김영제). 서석의원(고대규)

C) 공직회원

이진기. 안창호. 조우현. 박영휘. 김성희. 임영훈. 김영인. 우제인. 조영환. 박보한. 송인현. 김성중. 조영국. 김형순. 김헌두. 최재권. 김동열. 장인원. 길원식. 박윤식. 김태섭. 문병갑. 박종갑. 박정서. 천명철. 조규혁. 이민화. 문영벽. 강기택. 이종윤. 양석성. 이근배. 최희천. 김영표. 김상태. 구제선

1961년, 5.16 군사혁명.

광주 의사회 '湖南醫報' 창간호 발행(회장: 홍승민) 4294년 6월 29일 금요일

1966년 조선의대 개교 ＊1973년 1회 졸업생 배출
1971년 조선대학교 병원 개원

＊1946.9.9. 광주 야간 대학원 설립(설립자: 박철웅)
1946.9.29. 조선대학교 개교
1948년 조선대학교 종합대학(초대총장 박철웅)
＊조대의대 출신 의사들
1회 졸업(1973년)- 신호. 반재철. 류재운
＊전남대 의대 학21회와 동년 대(1973년)-김정길. 이여일. 황태주

2회 졸업(1974년)- 이원구. 조건국
3회 졸업(1975년)- 기찬종. 이정남

1980년 5월 18일, 공수부대가
강렬한 회오리바람 토네이도(tornado)로 변해서
75만 선량한 시민들의 가슴에 모질게 불어 닥친다
그 때, 다치고 사망한 환자들의
아픔을 묵묵히 치료한
493명의 헌신적인 光州 개업醫師들의 봉사정신이
금남로에 지금도 살아 움직인다.

광주민주화 운동이 일어났던
그 해 7월, 뉴욕에서 열린 제1회 한미학술대회에
광주 의사회원들
전남의대의 김학윤(외과). 윤종만(내과). 강영준(내과) 교수.
개업가에서는
김기창 내과, 강연근 소아과, 송양술 산부인과,
조홍주 이비인후과, 신청남 전일의원 원장이 참석했다.
뉴욕의 거리, 빌딩의 벽면에서
군부독재를 규탄하는 프랑카드를 보았다.

1980년, 12월, 광주광역시 의사회관 준공(반상진 회장)
*대지 103평, 건평 300평 지하1층, 지상 4층(공사비:1억여만원)
1993년, 상무지구 회관부지 매입(김승완 회장), 300평: 6억여만원
2006년, 의사회관 리모델링(허 정 회장), 공사비: 1억 6천여만원

1990년, 광주 의사의 날 및 무등의림 대상 제정(김두원 회장. 대한의사협회 회장권한대행)
1991년, 광주 의사 신협 창립(김승완 회장)

2020년, 상무지구 회관(12층) 개발(양동호 회장)
2017년, 2017 회원명부 발간(홍경표 회장)
2021년, 의학박물관 개원(의사회 4층). 2021년 회원명부 발간 (박유환 회장)

2011년 9월 5일

5.18 광주민주화운동을 기록한 자료와 사진 등이
유네스코 세계기록유산으로 공식 선포됨으로서
민주. 인권. 평화 공동체를 추구했던 80년 광주정신이
세계가 인정하고 추앙하는 자랑스런 역사가 되었다.

군기밀상 진료기록부가 공개될 수 없다는
광주국군통합병원(원장 김연균 대령) 의료진을 제외한
전남대병원(조영국 원장). 광주기독병원(허진득 원장).
조선대병원. 광주적십자병원(이무원 원장)
그리고 1980년 5월
광주광역시 의사회(반상진 회장) 소속
493명 開業醫들의 역사를 담은
'5.18 의료백서 I(임종호 회장)'이 1966년에 발행되었고,
2010년에 '광주광역시 의사회
70년史(이정남 회장)' 에 이어서
2018년 광주국군통합병원의 실상이 처음 소개된
'5.18 의료활동 II(홍경표 회장)'를 발행함으로서
'기록이 남겨지지 않으면 역사가 아닌 전설일 뿐' 이라는
光州 醫師會의 역사인식이 자랑스럽다.

＊참고문헌: 光州廣域市 醫師會 70年史(2010년 발간),
편찬위원장(조홍주)

*1945.08.15. 해방 前 의과대학 현황(8개)

1) 세브란스 의학전문학교(1904년)
2) 대한의원 부속 의학강습소-경성 의학전문학교(1916년)-서울대
3) 대한의원(총독부의원. 광제원. 1907년)-경성제대 의학부 부속병원 (1926년)-서울대
4) 조선 여의사 강습소(1917년)-경성여자 의학전문학교(1938년) -수도. 우석. 고려대
5) 대구 사립 의학강습소(1923년)-대구 의학전문학교(1933년)-경북 의대
6) 평양시립 의학강습소(1923년)-평양 의학전문학교(1933년)
7) 광주 의학전문학교(1944년)-전남 의대
8) 함흥 의학전문학교(1944년)

＊참고

	光州 인구	의사 숫자
1789년 ＊光州는 1896년 전남도청 소재지가 된 이후 거대 도시로 발전	＊조선시대 광주는 전라도 50여 고을 중 중간규모 도시로 그 당시 인구는 전주 7만, 나주 6만, 광주 3만 2천여명	
1910 — 1919년 /3.1 만세운동 1926년 /6.10 만세운동 1929년 /광주학생독립운동	인구: 1910년, 81,171명 (일본인 1,326명) 인구: 85,432명 (일본인 3,939명) 고종 독살설로 촉발. 독일 바이마르 헌법 (최초 사회권 규정) ＊1918년 제1차 세계대전에서 패전의 책임으로 독일왕정이 무너지고 독일 역사상 첫 민주주의 국가인 바이마르 공화국 수립 1925년 인구 23,533명 1930년 인구 32,547명	＊1904년 광주 최초 서양의사 오웬 나환자 치료 ＊1905년 광주기독병원 (제중원) 개원 ＊1910년 전대병원 (광주자혜의원)개원 ＊1917년 광주 최초 광산의원(김종섭)개원 ＊1928년 광주 최초 여의사 현덕신 개원 ＊1937년 광주 醫師 16명 조선인(11명) 일본인 (5명) -김범수. 최영욱. 권계수. 현덕신. 김흥렬. 민병기. 김용남 등
1940년	광주 의사회 창립	10명

1945년 해방직후	8만 3천 여명 *1949년 광주부에서 광주시로 승격	*1944년 광주의학전문학교 첫 입학 102명(4년제) (조선인 50%) *1948년 - 광주의학전문(4년제) 1회 졸업 *1950~53년 : 6.25전쟁
1957년 1959년	1955년 인구 191,048명 30만 6천 500명	100명
1964년 1970년	1965년 인구 365,611명 인구 50만 2천명	214명
1980년 /5.18 민주화운동	75만 여명	493명
  2010년 2019년 2020년	*1988년 직할시 승격 *1995년 광역시로 승격 1백43만 여명 광주광역시청은 전국 도시 중 '복지 선진 도시' 1등	2,560명 (개원의 950명, 봉직의 920명, 전공의 691명) 3,338명 개원의 1,105명 3,400 여명
2021년 2월 기준	1,447,953명	3,500 여명 *이 필수(흉부외과) 전남의대 출신 최초 대한의사협회 41대 회장 취임

전남여고 역사관 방문기(2019년)

*1905년, 광주 최초 병원 제중원 개원(현: 광주 기독병원)
*1910년, 한일 합방.
공립 광주 자혜의원(현: 전남대 병원) 개원
*1917년, 광주 황금동에 김종섭 광산의원 최초 개원
*1919년, 1월 고종 승하. 3.1운동
*1925년, 중앙의원 개원(경성의전 1회, 김흥열)
*1926년, 호남의원 개원(경성의전 3회, 권게수)
*1927년, 남선의원 개원(경성의전 김범수)
*1927년, 광주 공립여자 고등보통학교(전남여고 전신) 개교
*1928년, 현덕신(동경여자의전 출신) 광주 최초 여의사 개원
*1929년 서중. 광주일고 전신인 광주고보 개교

*1929년 11월 3일
일제강점기의 3대 독립운동 중 하나로서 우리 독립운동사에 큰 영향을 미쳤던 광주학생독립운동이 일어났다.

*1929년 10월30일에 발생해서 1930년 3월까지 전국에서 320여개 학교, 5만 4천여명 이상의 학생들이 이끈 3.1 운동 이후 최대의 민족운동이다.
그 여파로 무려 582명이 퇴학당했고 2330명이 무기정학 처분을 받았는데도 이들 중 건국훈장 246명, 건국포장 56명, 대통령표창 125명 등 현재까지 학생독립운동 유공자로 정부포상을 받은 유공자는 모두 427명에 그치고 있다.

국가보훈처는 3.1 운동 100주년 및 항일학생운동 90주년이 되는 2019년 학생운동 계열 독립유공자 포상에 적극 활용할 계

획이라고 발표함과 동시에 2018년에 전국 166개 학교 중 학적부가 국가기록원 또는 학교에 보관돼 있는 것으로 확인 된 55개 학교를 대상으로 전수조사해서 현재까지 국가기록원에서 확인된 22개 학교 독립운동 관련 처벌자는 400 여명으로, 이 중 85명이 퇴학처분을 받았다는 것을 밝혀냈다.

이 중 광주에서는 광주일고(광주 공립 고등보통학교),
광주자연과학고(광주 공립 농업학교),
전남여고(광주공립여자고등보통학교) 3곳이 해당되었고,
그 결과로 유공자가 되신 어머님(李 順 1913~1991)의 표창장,
기념품 그리고 메달을 2019년 3월5일 전남여고 역사관에 기증하였다.

저의 어머님(李 順)은 4년제인 광주보통여자고등학교
(광주여고보. 현 전남여고) 2학년 재학 중에 퇴학 당했다.
(昭和 4년 11월 17일 무기정학 . 제적 1930. 1.20)

*참고자료를 친절하게 안내해주신 광주학생독립운동 기념관
선양과 학예사님들에게 감사를 드립니다.

1) 광주학생 독립운동사
부록 718 광주학생독립운동 희생자(退學) 명단. 四 광주여자고등보통학교
2) 독립운동사 제9권 학생독립운동사 559 p
3) 조선일보 소화 5년, 1월 16일자
4) 광주학생독립운동 90년사
5) 국가 보훈처, 독립유공자 공훈록 제25권 2019년도 포상자
6) 전남여고
명예졸업장(제 21호)- 전남여중 2회 졸업생
제적증명서. 성적표. 생도 가족상황.
7) 동 사무소 -제적등본. 주민등록등본

*1927년 개교한 광주공립 여자 고등보통학교(현 전남여고)는
개교 다음 해인 1928년 3월 본관을 개관했으며, 광주학생 독립운동을 주도했던 본관 건물은 현재까지 원형 그대로 고스란히 보존돼 역사적 현장의 가치를 시각적, 상징적으로 연출하는 위상 때문에 광주광역시 기념물 제26호(1999년)로 지정되었다.
(역사관장 김행자, 전남여고 교장 강정란)

*광주 일고, 광주 농고의 1929년 역사적인 본관 건물은 사라짐

*4.19 혁명 때 광주 최초 발생지, 역사적인 광주 고등학교 본관 사라짐. 붉은 벽돌로 지어진 아름다운 '학생독립운동 여학도 기념 역사관'에는 1927년 개교 이래의 전남여고 역사가 잘 정리 정돈되어 있으며 특히 역사관의 2층에는 일제의 식민통치를 물리치고 독립을 쟁취하기 위해 몸부림쳤던 전남여중생들의 힘찬 기백을 생생히 전하는 광주학생독립운동 발상지의 현장을 확인할 수 있었다.

광주학생독립운동에 참여했다가 퇴학당한 이 순 여사(전남여중 2회)의 며느리(32회 최정숙. 조홍주 이비인후과)와 주말순 여사(전남여중 2회)의 아들(심재영 산부인과), 장재성의 딸(장봉진 전남여중 32회. 광주피부과 김기선) 그리고 전남여중 개교(1927년)하기 8년 前 1919년 3.1 만세운동에 참여했던 김범수(남선의원. 경성의학전문학교) 원장의 손녀(김행자 31회) 등 醫師가족과 관계된 항일 독립 운동가들의 자료가 전시되어 있어 더욱 반가웠다.
애국애족의 정신을 이어받아 민주. 인권. 평화도시 광주의 자랑스러운 시민으로서 자긍심을 갖게 해주는 전남여고 역사관에 감사를 드린다.

*유공자 자료를 친절하게 안내해주시고 정리해주신 광주지방보훈청 보훈과 김창훈 팀장님을 위시한 관계자 모두에게 감

사를 드립니다.

*참고: 학생독립운동 기념'탑'은 4개,

광주일고(1954). 광주교대(2008). 광주자연과학고(농고)(2011). 화정동(2004). 학생독립운동 기념'비'는 2개(1959) 전남여고(교정)와 광주농고(자연고의 역사관) 탑(塔)은 여러 층으로 또는 높고 뾰족하게 세운 건축물 비(碑)는 사적을 기념하기 위해 돌이나 쇠붙이. 나무 따위에 글을 새기어 세워 놓은 것

전남여자고등학교 역사관

* 참조: 독립유공자 공훈록 제25권 2019년도 포상자(국가 보훈처 발행) -492 쪽

이 순(李 順)

·생 몰 년 : 1913.9.1~1991.11.21
·본　　적 : 전남 광주
·운동계열 : 학생운동
·훈　　격 : 대통령표창(2019)

1929년 11월~1930년 1월 전라남도(全羅南道) 광주(光州) 광주여자보통고등학교(光州女子高等普通學校) 학생으로 광주학생운동 동조시위 운동에 참여했다. 1929년 11월 3일 전라남도 광주군에서 광주학생운동이 일어났다.
일본인 학생들과 다툼이 있었던 한국인 학생들은 부당한 처벌을 받았다. 광주여자고등보통학교 학생들은 11월 14일 아침부터 교정에서 구속학생의 석방을 요구했다. 학생들은 독립가(獨立歌)를 부르고 유리창을 파괴하는 등 격렬하게 항쟁하였다. 15일 만세를 부르며 항쟁을 이어갔다. 학생들은 16일부터 수업을 거부했다. 19일 임시휴교를 발표하였다.
학생들은 1930년 1월 8일 개학하자 동맹휴학과 시험을 거부하는 백지동맹으로 식민지교육 거부의 의지를 표출하였다. 당시 광주여자보통학교 2학년에 재학 중이던 이순은 구속학생 석방과 식민지교육 철폐를 요구하는 교내시위와 동맹휴학에 참여했다. 11월 17일 무기정학을 받았다. 개학 후에도 백지동맹 등으로 계속 항쟁하다가 1930년 1월 20일 학교에서 퇴학당하였다.
정부는 2019년 대통령표창을 추서하였다.

참고문헌

· 조선일보(1930.1.20)
· 광주학생독립운동사(광주학생독립운동지회,1974) 718면

*이 순(李 順) (1913.9.1~1991.11.21)
전주 李씨 양녕대군파 40대손

*배우자: 조운행(趙雲行) (1913.9.4~1943. 6. 8)
한양 조씨 良節公派 25대손
漢陽 趙씨의 시조는 송태조(宋太祖) 후손으로 800여년 前
고려 말에 정착한 조지수 할아버지
5세손 양렬공 할아버지는 이성계 여동생 정화 공주와 결혼
-큰 아들 양절공(양절공파)
- 조광조 할아버지(10세손)

*자녀 (2남 1녀) -양절공파 26대손
조숙례 (사위 장인원. 전대병원 병원장. 이비인후과 교수)
조성내 (미국 뉴욕 정신과 전문의. 자부: 김유순)
조홍주 (광주 조이비인후과 원장. 자부: 최정숙)
*손자 들 -양절공파 27대손
조숙례 (장철호. 장준혁. 장은실)
조성내 (조창식. 조재민. 조선아) *在美
조홍주 (조한상. 김진희 / 조성윤. 문진욱)

*참고: 일제 강점기 3대 항일 독립운동가 후손의 전남여중 출신의 醫師 가족들

1) 1919.3.1 만세운동

2) 1926. 6.10 만세운동

3) 1929.11.3 광주학생독립운동

이름	전남여중 출신	활동 내용	서 훈	醫師 가족
김범수(의사) 1899~1950	자부:박용숙(9회) 딸:김 순(9회) 딸:김정현(15회) 딸:김길현(17회) 딸:김소현(24회) 손녀:김행자(31회)	최한영 등과함께 3.1 만세 운동참여 옥고(3년)		배우자: 박 옥
이 순(2회) 1913~1991	딸:조숙례(22회) 子婦:최정숙(32회)	광주학생 독립운동 참여 (퇴학)	대통령 표창 (2019년)	아들:조성내(전남의대) 뉴욕 (정신과) 아들:조홍주(전남의대) 광주.조이비인후과 사위:장인원(전남의대) 이비인후과 교수
주말순(2회)	딸:심경혜(36회) 딸:심경주(41회) 자부:박희정(34회)	광주학생 독립운동 참여 (퇴학)	대통령 표창 (2019년)	아들:심재영(전남의대) 광주. 심산부인과
장재성 1908~1950	여동생:장매성(1회) 딸:장봉진(32회)	광주고등보통학교 재학중. 광주학생 독립운동 醒進會 조직(1926) (옥고4년)		사위:김기선(서울의대) 광주 피부과

후기(後記)

한자는 단어이고, 漢文은 漢字로 이루어진 문장입니다.
한자는 그림이 아닙니다. 그리는 것이 아닙니다.
알파벳(부수)따라 생각하면 저절로 쓸 수 있는 글자입니다.
Think(생각하다)와 Thank(감사하다)는 어원이 같습니다.
말이 씨가 된다고 했습니다.
한자를 좋아한다는 생각이 중요합니다.
위대한 예술가는 훔친다고 했습니다(피카소).
어려운 漢字를 내 식으로 쉽게 편집하고
짜깁기를 잘 해야 합니다.
티칭(teaching)이 아니라 서로 코칭(coaching)하면서.
환자가 불러서 가면 심부름(티칭) 이지만
환자가 부르기 전에 먼저 다가가면 서비스(코칭) 입니다.
漢字를 심부름으로 익히는 것 보다는
스스로에게 서비스하는 百讀自通(백독자통)이
최고의 비법입니다.

사람의 기억은 레코드판의 홈에 음악이 저장되는 것처럼
흔적을 남기는데 이것을 엔그램(engram)이라 하지요.
빛과 유전자를 이용해 특정세포를 조절하는 기술의 광유전학에
의하면 기억은 종류에 따라서 해마뿐만 아니라 피질. 기저핵.
소뇌. 편도체 등 서로 다른 뇌(腦) 부위에 저장된다고 합니다.
아직은 기억하는 장소를 정확하게 찾지 못했지만 언젠가는
기억하기가 너무 쉬운 날이 올 겁니다.

인간은 기억력을 포기하고, 대신 지능을 선택했습니다.
정보를 저장하는 것이 아니라 처리하는 능력을 선택했습니다.
기억력이 나쁘다고 좌절하지 말고, 사고력을 길러야 합니다.
기억력이 나쁠수록 진화합니다.
사람은 평균적으로 7(± 2)개의 정보를 기억하므로
7개 그룹으로 묶어서 외우는 것이 좋습니다.
기억은 생존을 위한 뇌의 기능이지만,
망각은 행복을 위한 인간의 반란입니다.
7개(Magical number) 단위로 百讀自通 하세요.

○ 詩人 강경호. 정찬애 부부에게

1996년 창간 이후, 한번도 빠짐없이
광주. 전남의 대표 詩 전문 문예지
계간 '시와사람'을 100번째(2021년) 출산 시킨
주인공 강경호 詩人과 그 부인 정찬애 대표의
'좋은 성품 지수'는 혈액 검사 상 至毒할 정도로 높다
가슴 넓고 따스함으로 푸근한 이 부부는
책으로 만들어진 숲에서 살고 있다
전에는 멍멍 짓는 개도 있었고
꽃피는 나무도 있었다
자신들의 生을 귀하게 여기고
편안함만을 추구하는 貴生을 버리고
生이 위태롭고, 몸을 억누르고, 망가지고 고생시키는
攝生을 아름답다고 선택한 걸 보면
神의 攝理를 아시는 분들이다
세상은 항상 변하는 諸行無常이라 했는데도
2001년부터 출판관계로 12번째 만나는 지금까지
변치 않는 평상심을 가진 두 분 때문에 정말
至毒할 정도로 행복했다. 감사합니다.

7종 혈액검사로 건강 체크

○ 빈혈을 검사하는 혈색소

_정상치 남 13.0~16.5g/dL, 여 12.0~15.5g/dL

적혈구는 폐로부터 산소를 운반해 혈류를 통해 우리 몸 구석구석에 산소를 전달하는 역할을 한다. 이 적혈구 안에 혈색소 (헤모글로빈)가 들어 있기 때문에 적혈구가 산소를 운반하고 이산화탄소를 체외로 배출하는 역할을 잘 수행할 수 있다. 혈색소가 정상보다 수치가 낮으면 빈혈이 발생한다.

○ 당뇨병을 검사하는 공복혈당

_정상치 100mg/dL 미만

혈액 속 포도당 농도를 혈당이라고 하는데 인슐린에 의해 일정한 수준으로 유지된다. 하지만 인슐린의 분비량이 감소하거나 만들어지지 못하면 혈당이 에너지로 이용되지 못하고 쌓여서 당뇨병이 발생하게 된다. 혈당치는 식사의 영향을 쉽게 받으므로 검사 전 금식을 해 공복 상태로 측정해야 한다.

○ 간 기능을 검사하는 AST, ALT

_정상치 AST 40U/L 이하, ALT 35U/L 이하

AST와 ALT는 간세포 속에 많이 들어 있는 효소다. 간세포가 파괴될 때 혈중으로 유출되는데, 이를 측정해 간 기능을 검사한다.

○ 알코올 간 장애 지표가 되는 감마지티피(γ-GTP)

_정상치 남 11~63U/L, 여 8~35U/L

아미노산을 세포 내로 운송하는 작용을 하는 효소다. 알코올이나 약물로 간 장애가 생기면 감마지티피가 대량 생성돼 혈중에 증가하

게 된다. 특히 알코올에 민감하게 반응해 알코올에 의한 간 장애의 지표가 되는 검사다.

○ 신장질환을 파악하는 혈청크레아티닌, 신사구체여과율(e-GFR)
_정상치 혈청크레아티닌 1.5mg/dL 이하, 신사구체여과율 60mL/min/1.73㎡ 이상

크레아티닌은 체내에서 에너지로 사용된 후 혈중으로 유출되어 신장으로 배출된다. 사구체는 신장에서 소변을 거르는 최소 단위이며, 신사구체여과율이란 1분에 소변을 얼마나 거르는가를 확인하는 검사다. 혈청크레아티닌 수치, 나이와 성별 등을 토대로 신사구체여과율을 계산해 신장 기능을 평가하고, 신장질환 발병 위험을 확인할 수 있다.

○ 심혈관계 질환을 예방하기 위한 콜레스테롤 4종 검사
_정상치 총콜레스테롤 200mg/dL 미만, HDL콜레스테롤 60mg/dL 이상, 트리글리세라이드 150mg/dL 미만, LDL콜레스테롤 130mg/dL 미만

혈액 속에는 크게 네 가지 지방질이 들어 있다. 총콜레스테롤, 중성지방 트리글리세라이드, 나쁜 콜레스테롤이라 불리는 저밀도지단백 콜레스테롤(LDL), 좋은 콜레스테롤이라 불리는 고밀도지 단백 콜레스테롤(HDL)로 나뉜다. 혈액 속에 지방질이 필요 이상으로 많아지면 심혈관 질환 발병 위험이 높다.

○ 대사증후군

5가지 중, 3가지 이상 한사람에게 동시다발적으로 나타나는 성인병

-1) 복부비만(허리둘레 남성 90, 여성 85cm 이상)
2) 고중성지방혈증(중성지방 150mg/dL)이상
3) 좋은 콜레스테롤(HDL). 4)고혈압. 5)고혈당